权威·前沿·原创

皮书系列为
"十二五""十三五"国家重点图书出版规划项目

广州蓝皮书
BLUE BOOK OF GUANGZHOU

广州市社会科学院/编

广州旅游产业发展报告
（2017）

ANNUAL REPORT ON TOURISM INDUSTRY
OF GUANGZHOU (2017)

主 编/徐 颖 尹 涛
副主编/李若岚 蔡进兵 秦瑞英

社会科学文献出版社
SOCIAL SCIENCES ACADEMIC PRESS (CHINA)

图书在版编目(CIP)数据

广州旅游产业发展报告.2017/徐颖,尹涛主编.--北京:社会科学文献出版社,2017.12
(广州蓝皮书)
ISBN 978-7-5201-2090-6

Ⅰ.①广… Ⅱ.①徐… ②尹… Ⅲ.①旅游业发展-研究报告-广州-2017 Ⅳ.①F592.765.1

中国版本图书馆CIP数据核字(2017)第320836号

广州蓝皮书
广州旅游产业发展报告(2017)

主　编 /	徐　颖　尹　涛
副 主 编 /	李若岚　蔡进兵　秦瑞英
出 版 人 /	谢寿光
项目统筹 /	邓泳红　郑庆寰
责任编辑 /	张　媛
出　　版 /	社会科学文献出版社·皮书出版分社(010)59367127
	地址:北京市北三环中路甲29号院华龙大厦　邮编:100029
	网址:www.ssap.com.cn
发　　行 /	市场营销中心(010)59367081　59367018
印　　装 /	北京季蜂印刷有限公司
规　　格 /	开本:787mm×1092mm　1/16
	印张:23.5　字数:353千字
版　　次 /	2017年12月第1版　2017年12月第1次印刷
书　　号 /	ISBN 978-7-5201-2090-6
定　　价 /	99.00元
皮书序列号 /	PSN B-2018-689-15/15

本书如有印装质量问题,请与读者服务中心(010-59367028)联系

版权所有 翻印必究

广州旅游产业发展蓝皮书编委会

主　　　编　徐　颖　尹　涛
副 主 编　李若岚　蔡进兵　秦瑞英
编辑部成员　（按姓氏笔画排序）
　　　　　　　王世英　毛必文　付　瑶　皮圣雷　李明充
　　　　　　　杨代友　肖　华　陈　峰　罗瑞瑞　秦瑞英
　　　　　　　高永光　郭贵民　蔡进兵

主要编撰者简介

徐　颖　广州市旅游局副巡视员，分管行业培训指导处、离退休干部工作处、广州城市旅游问询服务中心（广州旅游紧急救援中心）及其他专项工作。

尹　涛　广州市社会科学院党组成员、副院长、研究员，广州市人民政府重大行政论证专家、广州市人文社会科学文化产业重点研究基地主任等。完成广州市哲学社会科学院规划立项课题1项、重点委托课题2项；科研成果获省部级二等奖及省部级三等奖等。

摘 要

《广州旅游产业发展报告（2017）》为广州蓝皮书系列之一，是由广州市社会科学院、广州旅游智库牵头完成的关于广州市旅游产业发展研究的系统性报告，2017年是其正式出版的第一年。

本书由22篇报告组成，分成总报告、专题篇、全域旅游及"旅游+"篇、区域篇、行业篇与借鉴篇六部分。其中总报告对广州市旅游产业发展情况进行了比较全面、深入的分析和探讨：对广州旅游业发展历程进行了梳理，分析了兴起探索、起步、稳步发展、快速发展四个阶段的特征；总结了广州旅游业发展的现状，认为广州旅游产业作为支柱产业的地位突出，旅游设施日益完善，旅游服务保障有力，旅游产品日渐丰富，旅游管理机制不断完善，旅游综合改革成果初现，城市旅游营销持续加强，旅游发展环境不断优化；并对广州市旅游业发展存在的主要问题进行了探讨，如产业综合实力较弱，客源市场开拓滞后，旅游产品创新不足，产业要素支撑乏力，产业组织程度不高，旅游公共服务有待完善，城市旅游形象不够鲜明；还对广州市旅游业发展面临的机遇与趋势进行了分析，最后提出广州旅游业发展的未来展望。

其他各篇还从各个领域和视角对广州旅游产业发展进行了研究，提出了建议。总之，本报告试图在全面反映广州市旅游业发展状况的基础上，围绕做大做强旅游产业，从理论和实际两方面探讨如何促进广州建设成为国际著名旅游目的地，从而为广州旅游产业发展和有关政策制定提供理论支撑，为广州推进国家重要中心城市建设的宏伟事业贡献绵薄之力。

关键词： 广州　旅游产业　全域旅游

Abstract

Annual Report on Tourism Industry of Guangzhou (2017) will be one of Blue Book Series of Guangzhou, 2017 is its first year of official publication, is supported by government departments such as the Guangzhou Municipal Tourism Bureau. As the same time, universities, research institutions and key enterprises participate in this work. Guangzhou Academy of Social Sciences led the completion of the systematic report around on the development of tourism industry of Guangzhou.

The first public report in 2017 is composed of 23 experts report by the Guangzhou Municipal tourism departments and districts, scientific research institutions, within the industry. They are divided into general report, special studies, global tourism and tourism +, regional articles, industry analysis, and reference the 6 part area. The general report as an important part of the book, the development of tourism industry in Guangzhou city in 2016 are discussed, and the development of tourism industry in Guangzhou in 2016 the main report will be summarized as the follows: the Stage characteristics of the development of Guangzhou tourism of Budding Period, Rise Period, Exploratory Period and Development Period; the tourism industry is becoming more and more perfect, tourism facilities is increasing, the tourism service is strong, the tourism products are becoming more and more abundant, and the tourism management mechanism is constantly improving, and the tourism management system is becoming more and more popular, the results of the reform are initially apparent, urban tourism marketing continued to strengthen, the environment of tourism development continues to optimize. On this basis, the main report of the Guangzhou tourism industry development of the core problems were analyzed, such as the comprehensive strength of the industry is weak, the customer market development lag, lack of tourism product innovation, industrial factors support fatigue, industrial organization is not high, tourism public services to be improved, the image of urban tourism is not clear enough. The end of the main report of the tourism development in Guangzhou City, discussed the new trends and new opportunities, and future development prospects.

In addition to the general report, the other chapters also from various fields and perspectives on the development of tourism industry in Guangzhou conclusion a study, put forward a lot of valuable ideas and suggestions. In conclusion, this book tries to reflect the comprehensive status of Guangzhou's tourism industry in 2016. Closely around the bigger and stronger tourism industry, from the theoretical and practical aspects of Guangzhou to build a well-known international tourist destination, distribution center, so as to provide theoretical support for Guangzhou tourism industry development and relevant policies formulation, which is to contribute to building a cultural-rich and well-being province in Guangdong Province.

Keywords: Guangzhou; Tourism Industry; Tourism Destination

目 录

Ⅰ 总报告

B.1 广州市旅游产业发展形势分析与趋势预测
　　　　　　　　　　　　　　尹　涛　蔡进兵　秦瑞英　罗瑞瑞 / 001
　　一　广州旅游业发展阶段 ／002
　　二　广州旅游业发展现状 ／008
　　三　广州旅游业发展面临的问题 ／024
　　四　旅游业发展的新机遇与新趋势 ／028
　　五　2018年广州市旅游业发展展望 ／032

Ⅱ 专题篇

B.2 供给侧改革背景下培育广州旅游产业新优势研究
　　　　　　　　　　　　　　　　　　　　庄伟光　邹开敏 / 041
B.3 广州会奖旅游发展现状及对策分析 李若岚 / 053
B.4 广州市邮轮旅游发展现状研究 蔡进兵 / 073
B.5 广州民宿旅游产业发展报告 刘　捷 / 102
B.6 广州智慧旅游发展的主要任务 广州市旅游局规划发展处 / 113

B.7 加快推进广州市乡村旅游的几点思考 ………………… 夏太文 / 127
B.8 基于空间句法理论的沙湾古镇空间组织研究 ………… 史艳荣 / 132

Ⅲ 全域旅游及"旅游+"篇

B.9 全域旅游背景下的县域旅游转型与发展方向
　　　　………………………… 潘秋玲　李开宇　尹　彤 / 150
B.10 发展全域旅游,助推广州旅游跨越式发展 …………… 郭贵民 / 159
B.11 广州商旅文融合发展的对策研究 ……………………… 李冬蓓 / 169
B.12 天河区创新提升商旅文融合发展,助推全域旅游
　　　示范区建设 ………………… 张海波　温玉华　罗琼芳 / 180

Ⅳ 区域篇

B.13 花都区旅游消费偏好分析 ………………… 花都区旅游局 / 188
B.14 荔湾区文化旅游产业的发展现状与对策 …… 陈丹凤　周洪江 / 220

Ⅴ 行业篇

B.15 广州市酒店业的发展思路与探索
　　　………………………………… 广州市旅游局旅游饭店管理处 / 238
B.16 广州市旅游投诉分析 ………………… 广州市旅游局质监所 / 245
B.17 广州地区旅游人才培养现状及对策分析 ……………… 秦瑞英 / 259
B.18 广州地区院校旅游专业设置现状及对策分析 ………… 罗瑞瑞 / 280
B.19 在线评论有用性影响因素研究
　　　——基于去哪儿网酒店在线评论数据 ………………… 王　玥 / 296

Ⅵ 借鉴篇

B.20 国内主要城市旅游发展的比较研究 ………… 秦瑞英　罗瑞瑞 / 315

B.21 国内邮轮旅游发展经验借鉴 ……………………………… 王世英 / 330

B.22 德清民宿发展借鉴
　　　——花都精品民宿发展的思考
　　　………………………………… 李振健　来雄智　王婷婷 / 344

B.23 后记 …………………………………………………………… / 353

皮书数据库阅读使用指南

CONTENTS

I General Report

B.1 Analysis of the Development of Guangzhou's Tourism Industry
and Trend Forecast   *Yin Tao, Cai Jinbing, Qin Ruiying and Luo Ruirui* / 001
    1. The Development Stage of Tourism of Guangzhou   / 002
    2. The Present Situation of Tourism Development   / 008
    3. Problems in the Development of Tourism   / 024
    4. New Trends and New Opportunities in Tourism Development   / 028
    5. Prospect of Tourism Development in Guangzhou in 2018   / 032

II Special Reports

B.2 A Study on the New Advantages of Cultivating Tourism Industry
in Guangzhou under the Background of Supply Side Reform
Zhuang Weiguang, Zou Kaimin / 041

B.3 Analysis on the Present Situation and Countermeasures
of the Development of Guangzhou MICE Tourism   *Li Ruolan* / 053

B.4 A Study on the Development of Cruise Tourism
in Guangzhou   *Cai Jinbing* / 073

CONTENTS

B.5　The Development of B & B Tourism Industry Report
　　　in Guangzhou　　　　　　　　　　　　　　　　　　　　　*Liu Jie* / 102

B.6　The Main Task of the Development of Wisdom Tourism
　　　in Guangzhou　　　　　　*The Planning and Development Department of*
　　　　　　　　　　　　　　　　Guangzhou Municipal Tourism Bureau / 113

B.7　Some Thoughts on Speeding up Rural Tourism in Guangzhou
　　　　　　　　　　　　　　　　　　　　　　　　　　　　Xia Taiwen / 127

B.8　Research on the Spatial Organization of Shawan Ancient
　　　Town based on Spatial Syntax Theory　　　　　　　　*Shi Yanrong* / 132

III　Global Tourism & Tourism+

B.9　County Tourism Transformation and Development in the Background
　　　of Global Tourism　　　　　*Pan Qiuling, Li Kaiyu and Yin Tong* / 150

B.10　The Development of Global Tourism, Boosting the Development
　　　of Tourism in Guangzhou　　　　　　　　　　　　　　*Guo Guimin* / 159

B.11　A Study on the Development of Commercial, Tourism
　　　and Cultural Fusion in Guangzhou　　　　　　　　　　*Li Dongbei* / 169

B.12　Tianhe District Innovate to Enhance the Integration Development
　　　of Business, Tourism and Culture, Boosting the Construction
　　　of Global Tourism Demonstration Area
　　　　　　　　　　　Zhang Haibo, Wen Yuhua and Luo Qiongfang / 180

IV　Area Reports

B.13　Analysis on Tourism Consumption Preference of Huadu District
　　　　　　　　　　　　　　　　The Tourism Bureau of Huadu District / 188

B.14　The Present Situation and Countermeasures of Cultural Tourism
　　　Industry in Liwan District　　　　*Chen Danfeng, Zhou Hongjiang* / 220

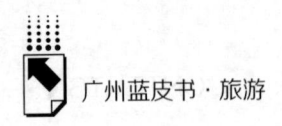

V Industry Reports

B.15 Development Ideas and Exploration of Hotel Industry in Guangzhou

The Marketing Department of Guangzhou Municipal Tourism Bureau / 238

B.16 An Analysis of Tourism Complaints in Guangzhou

The Quality Supervision Epartment of Guangzhou Municipal Tourism Bureau / 245

B.17 Analysis on the Current Situation and Countermeasure of Tourism Professional Talent Cultivation in Guangzhou

Qin Ruiying / 259

B.18 Analysis on the Current Situation and Countermeasure of Tourism Professional Settings in Guangzhou *Luo Ruirui* / 280

B.19 Research on the Influencing Factors of Online Comments on Usability

—Based on the Online Comments Data of Where *Wang Yue* / 296

VI Reference Reports

B.20 A Comparative Study on the Development Tourism of Major Cities in China *Qin Ruiying, Luo Ruirui* / 315

B.21 Experience of Domestic Cruise Tourism Development

Wang Shiying / 330

B.22 Learn from the Development of B & B in Deqing

—Reflections on the Development of Huadu Fine B & B

Li Zhenjian, Lai Xiongzhi and Wang Tingting / 344

B.23 Postscript / 353

总报告

General Report

B.1 广州市旅游产业发展形势分析与趋势预测

尹涛　蔡进兵　秦瑞英　罗瑞瑞*

摘　要： 广州作为具有 2200 多年历史的"千年商贸之都"，是全国重点旅游城市，也是我国首批历史文化名城以及首批全国优秀旅游城市，旅游业的发展从唐宋时期的商贸和国际交往开始，经历了兴起探索、起步、稳步发展和快速发展四个阶段，广州旅游业在国民经济中的作用不断增强，支柱产业的地位日益突出，旅游基础设施日渐完善，旅游产品不断丰富，旅游服务水平较高，旅游综合改革成果明显，旅游市场营销和发展环境不断优化，旅游业综合实力长期居于国内副省级

---

* 尹涛，广州市社会科学院副院长、研究员、博士；蔡进兵，广州市社会科学院产业经济与企业管理研究所副所长、研究员、博士；秦瑞英，广州市社会科学院产业经济与企业管理研究所研究员、博士；罗瑞瑞，广州市旅游智库研究员、硕士。

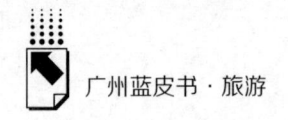

城市首位。但与世界旅游名城的发展目标还存在一定差距，主要体现在产业综合实力较弱，客源市场挖掘不深，旅游产品创新不足，旅游从业人员整体素质不高，产业组织程度不高，旅游公共服务和城市旅游形象有待进一步完善，等等。

因此，在旅游业快速发展成为全球经济复苏的重要动力、新常态背景下旅游业成为我国经济发展新增长点的趋势下，广州市旅游业迎来了跨越发展的新机遇，对旅游业的重视程度越来越高，旅游综合改革持续深化，"旅游＋""互联网＋"趋势明显，邮轮旅游等新业态发展迅速，全域旅游蓬勃发展，区域旅游合作前景广阔。今后应有力推动旅游业发展，加快确立其战略性支柱产业地位，实现国际旅游集散中心和世界旅游名城的建设目标。

关键词： 广州　旅游产业　旅游服务

一　广州旅游业发展阶段

广州市作为一座具有2200多年历史的商贸古都，是全国重点旅游城市，也是我国首批历史文化名城以及首批全国优秀旅游城市，旅游业发展历史悠久，依据发展规模、发展速度及影响行业发展的大事件、产业制度、管理体制等，广州市旅游业发展可分为四个阶段：兴起探索阶段（1978年前）、起步阶段（1978～1993年）、稳步发展阶段（1994～2004年）、快速发展阶段（2005年至今）。

（一）兴起探索阶段（1978年前）

1. 对外贸易发达，但未形成旅游市场

早在秦汉时期，广州就是海上"丝绸之路"的主要起点，是著名的商贸中心和对外交往中心，浓厚的商贸氛围培养出居民开放的旅游观念，商旅和对外交往兴盛，旅游发展从秦代开始萌芽，从商贸和国际交往起步。明清时期，广州市"一口通商"的特殊地位进一步促进了地方商贸的兴盛。浓郁的商业文化和繁华的商业氛围吸引了众多游客，城市逐渐出现了豪华舒适的馆舍、由外国人办的旅馆（如"波斯村"）、可接待海内外游客的酒楼食店，以及中西式并存的会馆等。随着城市的发展，进入20世纪以后，广州旅游市场逐步平民化，以休闲、观光、商务等为主的旅游活动获得了发展；逐步有意识地进行旅游开发，规模也逐步扩大，如建立起人民公园、海珠公园、永汉公园等一系列公园。这一阶段，社会经济发展水平低、国内旅游市场还未发育，广州旅游业发展水平较低，波动较大。

2. 旅游活动政治化，未形成旅游产品体系

改革开放以前，我国旅游市场化程度低，旅游业发展还处于探索阶段，国内旅游业主要着眼于政治接待，广州旅游业也以政务性的外事接待为主，接待对象是当时社会主义阵营的朋友和广交会的来宾、客商，以及少量回国探亲的华侨、港澳同胞，其他旅游者极少。有限的旅游产品开发仅以自然风景区为依托，如白云山风景区、广州文化公园、广州起义烈士陵园、流花湖公园、华南植物园、广州动物园等，基本未进行其他旅游产品的开发。

3. 旅游经营初现专业化特点

得益于发达的商贸业，广州早在1914年就有了引进西方管理方式的酒店——东亚酒店，以后相继兴建了西濠、亚洲、新华、胜利、爱群等规模较大、功能较为齐全的大酒店，其中爱群大酒店是当时华南地区的最高建筑，成为广州地标。新中国成立后，华侨大厦、羊城宾馆（现东方宾馆）、流花宾馆、红棉酒店、海珠宾馆、矿泉别墅、广州宾馆、白云宾馆等一批酒店建立起来，其中，白云宾馆成为广州20世纪80年代的最高建筑。旅行服务方面，1933年，广州第一家旅行社——中国旅行社广州支社成立，其后，中国国际旅行社广州分社、广东省中国旅行社、广州市中国旅行社、广东省粤侨旅游公司等国有企业，及顺风旅行社和闽侨旅行社等少量私营企业相继成立。

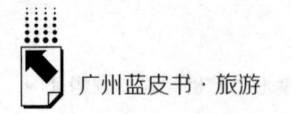

4. 旅游行业管理逐步制度化

新中国成立之前，广州就开始出现一些专门的官方机构与旅游管理组织，形成一些行业管理制度。成立于1936年的广州市交通管理处是广州市最早管理旅行游览事务的官方机构，主要负责监督管理全市水陆交通运输设施及导游事宜，制定了旅馆开业、卫生、服务经营以及公园游览等方面的规范。

新中国成立后，1965年成立广州市旅游业管理处，旅游行业管理逐步具体化、规范化，如先后颁布《旅店管理暂行办法》《旅店业治安管理暂行规定》《广州市饮食卫生工作守则》等相关法规，行业管理制度化趋势初现。

（二）起步阶段（1978～1993年）

1. 旅游管理机构从无到有

1980年，广州成立广州市旅游公司，负责广州市旅游接待工作，1982年在市旅游公司基础上成立广州市旅游局，负责全市旅游事务管理和广州地区旅游景点的规划和建设，并于1982年、1986年和1992年先后成立广州旅游工作领导小组、广州旅游文物事业发展规划领导小组、广州地区旅游事业管理委员会，市长、副市长等主要领导挂帅，其他旅游相关部门领导担任成员。广州地区酒店协会、旅游业协会也于1988年、1991年相继成立。

2. 制定旅游产业政策

1978年，全国旅游工作会议提出旅游工作要从"政治接待型"转变为"经济经营型"，通过转变旅游业发展思路，引导旅游业向市场化转型。1986年，旅游业首次被列入国民经济和社会发展计划，标志着我国首次明确了旅游业的产业地位。广州市对旅游业的重视不断加强，制定实施《广州市旅游业1986～2000年发展规划》《广州市"八五"旅游发展规划》《外地旅行社驻广州旅游办事机构管理暂行办法》等一系列政策法规，引导旅游业发展。

3. 旅游市场从入境旅游为主转向国内旅游为主

1978年以来，广州作为沿海开放城市以及综合改革试验区中心城市，以建设中国优秀旅游城市等为目标，为广州市现代旅游业发展创造了良好条件。这一时期旅游观念深入人心，旅游逐步"生活化"，广州旅游业由改革开放初期探亲访友与公务经商的入境旅游为主，发展到以观光休闲为主，探亲访友、公务经商为辅；旅游市场由入境旅游主导转变为国内旅游主导，形成国内旅游主导、三大旅游市场快速发展的格局。国内旅游人次从1980年的3.38万人次增长到1993年的845.19万人次，接待国内旅游人次占旅游总人次的比重从1.9%增长到81.9%。

（三）稳步发展阶段（1994~2004年）

1. 旅游业政策体系日趋完善

在国家旅游业发展战略指导下，广州市1994年出台《关于加快发展旅游业的决定》，在《广州市国民经济计划和社会发展第九个五年计划及2010年远景目标纲要》（以下简称《目标纲要》）中纳入了旅游业，并且制定了《广州市旅游发展战略纲要（1996－2005年）》。同时，每年的广州市《政府工作报告》中，都明确提出要"大力发展旅游业"。20世纪90年代后期，广州市将培育支柱产业的重点放在加快中心城市第三产业的发展上。在《目标纲要》中，将旅游业作为六大支柱产业之一，提出加快培育和推进旅游业发展。

2. 行业管理力度加大

广州市不断强化行业管理规范，先后出台《广州地区旅游行业管理规定》《广州市"一日游"管理规定》《广州地区国内旅游团队定点餐饮管理意见》《广州市旅行社旅游广告管理实施办法》《广州市旅游管理条例》等规章制度，加强对旅游服务质量的监督管理。对广州地区酒店进行星级评定，并定期复核，促进酒店业发展；加强旅游市场尤其是出境游市场整顿，严格执行旅行社质量保证金制度，依法对旅行社进行年度审查验证，严格导游持证上岗检查，建立旅游团队定点接待制度。

3. 旅游业占据广州经济重要地位

进入20世纪90年代，旅游业已经成为广州市国民经济的六大支柱产业之一、第三产业的龙头，是广州经济发展新的增长点。1994～2004年，全市过夜旅游人数从1164.2万人次增长到2674.7万人次，增长1.3倍；入境过夜旅游人数从203.08万人次增长到437.15万人次，增长1.16倍；旅游总收入从96.46亿元增长到547.03亿元，增长4.67倍（见图1）。

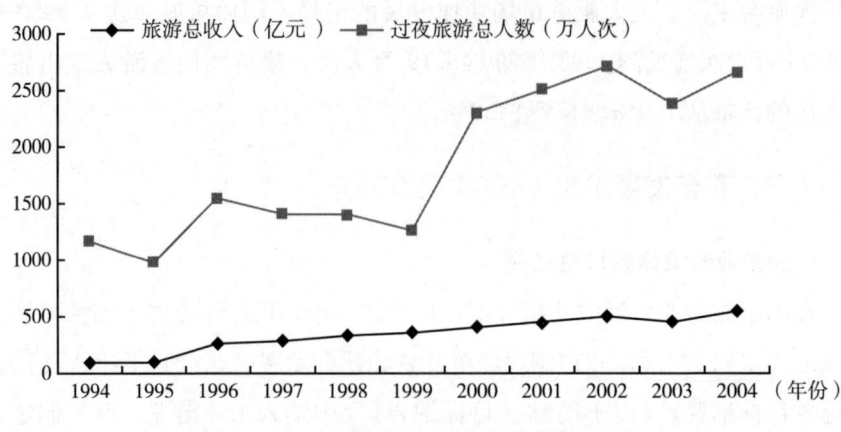

图1 1994～2004年广州市旅游业发展规模

资料来源：《广州年鉴》（1995～2005）。

4. 穗港澳珠大旅游区域合作加强

随着改革开放进一步深化，广州充分利用地处珠三角"人"字形城市群极化中心、临近港澳、面向东南亚的区位优势，与珠三角城市以及港澳的旅游合作越来越多。从1996年开始，广州每年都会组织"广州旅游（香港）推介会"，加大力度对外宣传"穗港澳珠三角大旅游区域"，组织企业参加港澳台等地举办的各种国际性旅游展销推介活动，开展营销促销、管理协调、规划开发、人才信息等多方面的合作。1994～2004年，港澳入境过夜旅游人数占入境过夜旅游人数的比重保持在60%左右，成为广州入境旅游的主力军。

（四）快速发展阶段（2005年至今）

1. 旅游管理体系更加完善

2003年SARS非典事件之后，广州市针对性地加强旅游行业管理，如2008年出台《广州市旅游条例》《广州市工业旅游景区服务规范》《广州市特色旅游购物街区旅游服务规范》，2009年颁布《广州市社会导游人员管理暂行办法》等多种旅游规范，促进旅游行业管理逐步规范化。2009年《国务院关于进一步加快旅游业发展的通知》要求把旅游业作为战略性支柱产业来发展，广东成为"中国旅游综合改革示范区"；同年广州出台了《关于加快旅游业发展建设旅游强市的意见》，大大推动了广州旅游业的发展，并推动广州旅游业逐步转向市场化、产业化与规范化。2011年以来，广州市密集制定并实施规范化管理的政策文件，先后出台《广州市旅行社组织外国人来穗旅游奖励办法》《广州市乡村旅游区（点）服务规范》《广州市旅游景区评定工作暂行管理办法》《关于加快广州国际邮轮产业发展的若干措施》《广州市人民政府关于进一步加快旅游业发展的意见》等。一方面，扶持旅游行业，特别是重点行业发展，促进旅游企业进一步做强、做大；另一方面，规范旅游市场的发展，保障游客合法权益，提高游客旅游质量。

2. 旅游产业体系逐渐形成

这一时期，广州星级酒店增长较快，形成星级酒店、经济型酒店、公寓式酒店、青年旅馆、国际学生旅馆、其他旅馆等多种类型的住宿体系；旅游饮食服务形成了以粤菜为主体、多种菜系并存和共同发展的多层次、多元化的经营格局；旅游购物形成了特色鲜明的城市商业游憩区、购物街区与具有广州特色的旅游商品体系；旅游交通指引系统、旅游集散中心、旅游景区公交网络等逐步完善。逐步形成由旅游住宿、餐饮、购物、交通、游览、娱乐、邮电通信等构成的较为完善的现代旅游产业体系。

3. 旅游业发展迅猛

近十年来，广州市旅游业加快发展，其增速逐渐高于全市GDP增长速度，成为经济发展新的增长点。除2008年受国际金融危机影响，增速减缓外，其他年份的旅游收入和旅游增加值都保持两位数的增长，尤其是2009年出现了报复性暴涨，旅游增加值同比增长41%，旅游收入则在2011年增长29%。2010年广州亚运会的举办，成为广州旅游业发展的加速器。2011~2016年，广州旅游总收入、旅游增加值分别从693.26亿元、1630.80

亿元增长到 1367.89 亿元、3217.05 亿元，年均增长率分别为 16.93%、16.92%，同期全市 GDP 增速为 10.55%（从 2011 年的 12423.44 亿元增长到 2016 年的 19610.94 亿元），旅游业的发展速度远高于全市 GDP 增速，旅游业发展呈现良好的势头。

4. 旅游产品多元化

近十几年来，广州强调环城游憩带发展，大力发展乡村旅游，结合广州特有的山、水、海、林等自然资源及商贸、历史遗迹等人文资源，推进乡村旅游发展；以中医药文化和温泉养生为引擎，推动广州中医药博物馆、药业等与旅游结合，形成了一批具有岭南特色的健康旅游产品；2016 年以来，广州积极推动邮轮产业的发展，先后推出了以中国香港、越南、日本为目的地的 3 条邮轮线路；以"中国第一展"广交会为龙头，广州成功举办了第24 届广州国际旅游展览会，形成了以会展为主体的商务旅游；将工业旅游资源开发成工业旅游产品，深入珠江啤酒、珠江钢铁厂、广州本田、广州钢琴、广州重型机械厂等大型企业内部进行参观学习。旅游产品逐步多元化，初步构成以乡村游、医疗游、邮轮游、工业游、商务游等为主体的旅游产品体系。

二 广州旅游业发展现状

（一）支柱产业地位日益凸显

1. 旅游产业对经济发展的贡献持续增加

近年来，广州市旅游业增加值占 GDP 和第三产业的比重总体呈上升趋势，旅游业的快速发展对整体经济和第三产业的贡献不断增加，旅游业已经成为支柱产业。2005～2015 年，广州市旅游业增加值从 203 亿元增长到1221.25 亿元，年均增长 19.9%；旅游总收入不断增加，年均增长 16.45%，稍低于旅游业增加值增速。旅游总收入占 GDP 和第三产业的比重也呈现上升趋势（见图 2）。2015 年，广州市旅游业增加值占 GDP 的比重接近 7%，占第三产业的比重已超过 10%（见图 3）；旅游总收入占 GDP 的比重达

15.9%，占第三产业的比重达 23.64%。旅游业逐渐成为支撑广州经济发展的重要产业。随着国民收入水平的提高、生活条件的改善，居民消费结构不断升级，旅游消费需求越来越大，广州市旅游总收入占比会继续上升，旅游产业的重要地位将进一步巩固。

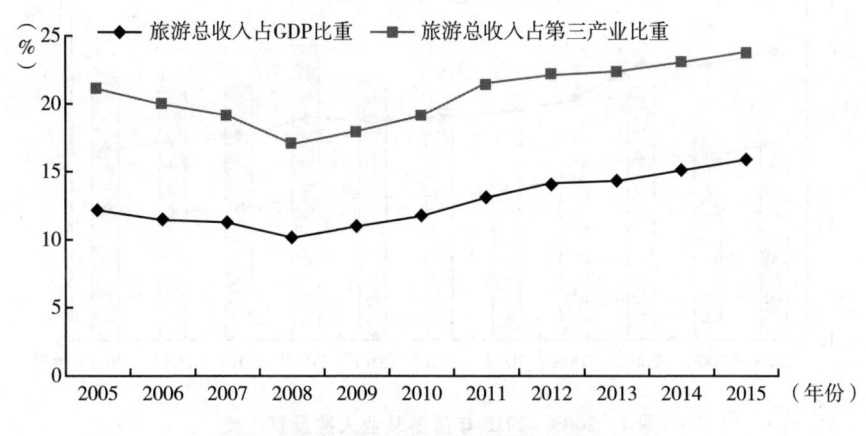

图 2　2005~2015 年广州市旅游总收入占比

资料来源：根据《广州统计年鉴》相关数据计算。

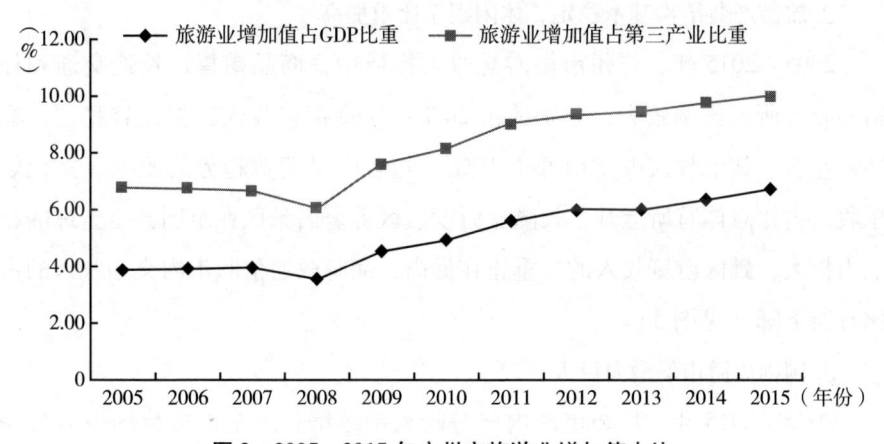

图 3　2005~2015 年广州市旅游业增加值占比

资料来源：根据《广州年鉴》和《广州统计年鉴》相关数据计算。

旅游业发展极大地促进了社会就业。因统计数据的可得性，本报告采用宾馆（酒店）、旅行社和旅游景区的从业人数来核算旅游从业人数。近五

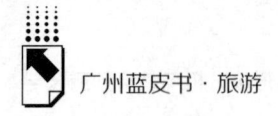

年，广州市旅游从业人数保持在16万人以上，占全社会从业人员比例波动不大，保持在3%~5%（见图4）。

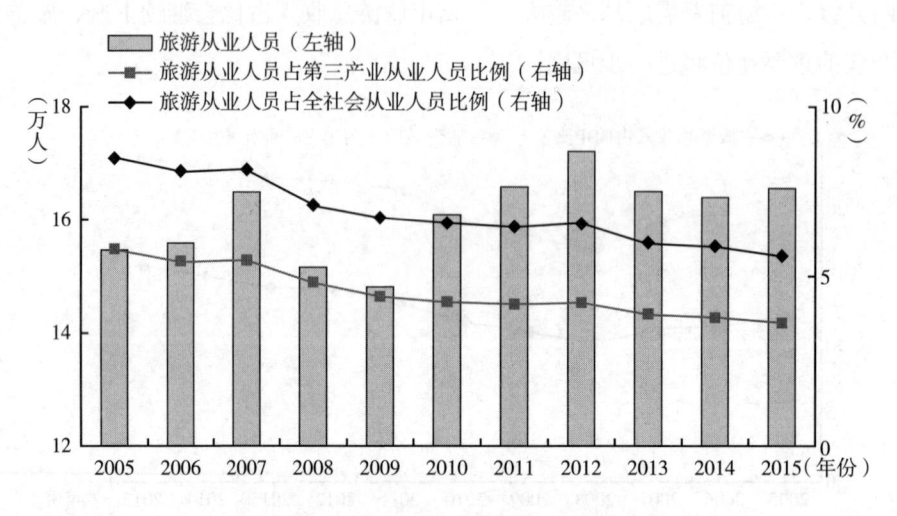

图4 2005~2015年旅游从业人数及其占比

资料来源：《广州市旅游统计汇编》。

2. 旅游产业结构基本稳定，休闲娱乐比重提高

2005~2015年，广州市旅游总收入构成中，商品销售、长途交通和住宿等收入所占比例较大，分别约占20%；饮食销售收入比例比较稳定，在15%左右；其余收入占比均低于10%。随着国民消费趋势的改变，文化娱乐收入占比总体有所上升，长隆旅游度假区等著名景区在全国甚至全球的影响力扩大，景区游览收入的比重正在提高，而邮政通信和市内交通收入的占比有所下降（见图5）。

3. 国内旅游市场潜力巨大

2005~2015年，广州市国内旅游收入持续增长。全市接待国内过夜旅游人数年均增长7.36%，国内旅游收入年均增长18.35%，都超过了入境旅游，国内旅游市场成为推动广州市旅游发展的主要动力。尤其是近五年，广州市接待国内过夜游客人数增长速度加快，2015年，接待国内过夜旅游人数达4854.37万人次；国内旅游收入占旅游总收入的比重达到87.76%（见

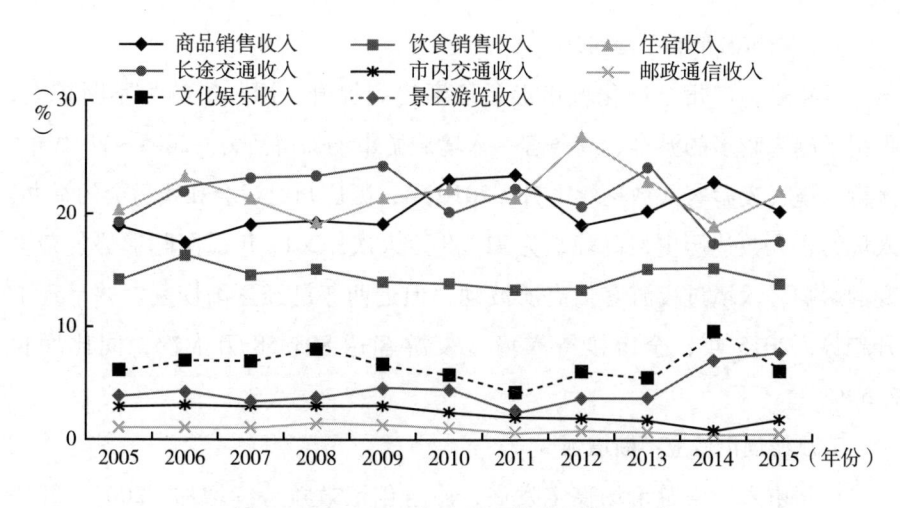

图5　2005~2015年广州市旅游总收入构成

资料来源：《广州市旅游统计汇编》。

表1）。随着居民生活水平的提高和旅游消费意愿的增强，国内旅游市场仍将保持快速增长，进一步推动全市旅游业的发展。

表1　2005~2015年广州市国内旅游收入及其占旅游总收入的比重

单位：亿元，%

年份	国内旅游收入	旅游总收入	国内旅游收入占比
2005	434.9601	624.6801	69.63
2006	477.5614	700.5057	68.17
2007	554.9556	798.1457	69.53
2008	620.1536	837.7132	74.03
2009	746.5193	994.0359	75.10
2010	935.9720	1254.6072	74.60
2011	1315.4657	1630.7964	80.66
2012	1586.1068	1911.0898	82.99
2013	1882.2948	2202.3853	85.47
2014	2185.3680	2521.8201	86.66
2015	2520.5200	2872.1800	87.76

资料来源：根据《广州统计年鉴》计算。

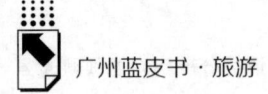

4. 入境旅游市场平稳回升

近年来，广州全球化城市形象逐渐得到提升，国际影响力不断扩大，吸引了越来越多的游客、商务客，入境旅游市场保持活力。2005~2010年，接待入境过夜游客人数逐年上升，2010年，因广州亚运会和残运会的举办，入境游客人数达历史最高峰，为814.8万人次；2011年受国际形势复杂多变的影响，入境过夜游客量有所波动，但近两年已经逐渐恢复，并呈现上升趋势，2015年，全市接待入境过夜游客达803.58万人次，同比增长2.59%。

5. 旅游创汇效应不断增强

广州市入境旅游市场稳定发展，旅游创汇效益持续增加。2005~2015年，全市旅游外汇收入年均增长10.71%。旅游外汇收入占对外贸易出口额的比重平均为8.40%。但近五年来，受国际金融环境影响，广州市旅游外汇收入占对外贸易出口额的比重有所下降，2015年下降到7.02%（见表2）。

表2　2005~2015年广州市旅游外汇收入及其占对外贸易出口额的比重

单位：亿美元，%

年份	旅游外汇收入	对外贸易出口额	旅游外汇收入占对外贸易出口额的比重
2005	22.94	266.68	8.60
2006	27.97	323.77	8.64
2007	31.91	379.03	8.42
2008	31.30	429.26	7.29
2009	36.24	374.03	9.69
2010	46.89	483.79	9.69
2011	48.53	564.74	8.59
2012	51.45	589.15	8.73
2013	51.69	628.07	8.23
2014	54.75	727.13	7.53
2015	56.96	811.67	7.02

资料来源：《广州统计年鉴》。

（二）旅游设施日益完善

1. 旅行社服务能力不断提升

旅行社数量不断增长。2005~2015年，广州市旅行社数量逐年上升，年均增长10.16%，尤其是近三年加速增长，2015年全市已有460家旅行社。旅行社组团规模稳步扩大。2008~2015年，广州市旅行社组团人数呈现总体上升趋势，年均增长10.28%。2015年，组团人数达1462.16万人次。组团结构上，虽然组团入境旅游人数从2008年的35.75万人次增加到2015年的45.84万人次（见表3），但组团国内旅游还是占绝对地位，国内旅游者出游人数占全市旅行社组团旅游总人数的比重一致保持在95%以上，2015年达到96.9%。

表3 2008~2015年广州市旅行社组团情况

单位：万人次

年份	组团人数	组团入境旅游人数	组团国内旅游人数
2008	742.13	35.75	706.38
2009	769.20	31.49	737.71
2010	901.66	45.67	855.99
2011	1046.92	40.46	1006.46
2012	1144.36	46.94	1097.42
2013	1074.23	25.03	1049.20
2014	1211.84	46.19	1165.65
2015	1462.16	45.84	1416.33

资料来源：《广州统计年鉴》。

营销手段不断创新。全市大多数旅行社侧重于开拓和发展散客市场，并采取买断航线、买断机位、采购专列、策划特色线路等方法争取客源。大型旅行社发挥一体化大规模采购议价优势，以"大客户十大采购"整合策略，使包机切位、买断资源等大宗采购项目逐步常态化，降低采购成本。为拓展市场，旅行社纷纷拓展线上销售渠道，利用微信、QQ、微博等即时通信平台及手机APP进行业务推广，线上线下相结合，通过多种营销手法来带动销售。

虽然近些年广州市旅行社数量在上升，但是受市场激烈竞争等因素影响，旅行社营收情况不容乐观，营业收入增速放缓，利润总额甚至出现负增长。2005~2015年，广州市旅行社营业收入总体呈现上升趋势，年均增长14.37%，但2013年以来增速明显放缓，2014年不增反降，2015年则有小幅增长；旅行社利润总额在经过一段时间的上升后于2013年达到最高峰，此后呈现下降趋势，2015年全市旅行社利润总额仅有8083.37万元，仅是2013年利润总额的32.3%、2014年的56.1%；旅行社利润率也呈现下降趋势，从2005年的1.3%下降到2015年的0.30%（见表4、图6），旅行社经营受到极大挑战。

表4 2005~2015年广州市旅行社营业收入、利润总额及利润率

单位：万元，%

年份	旅行社营业收入	旅行社利润总额	旅行社利润率
2005	704871	9181	1.30
2006	825704	6048	0.73
2007	1018255	10389	1.02
2008	992750	1532	0.15
2009	1099553	7114	0.65
2010	1537964	12297	0.80
2011	2072652	18453	0.89
2012	2345491	16063	0.68
2013	2542019	25036	0.98
2014	2511675	14403.27	0.57
2015	2697800	8083.37	0.30

资料来源：《广州统计年鉴》。

2. 住宿业接待能力稳定增强

2005~2015年，广州市星级酒店数量保持在200家以上，2010年最多，为255家，2015年最少，为204家。酒店接待能力不断提升。2005~2015年，广州市主要宾馆（酒店）接待过夜旅游人数年均增长6.62%，2015年达到1787.95万人次。住宿业营业收入逐年上升，从79.04亿元增长到155.04亿元；利润总额从5.08亿元增长到13.31亿元，总体呈上升趋势，平均利润率为5.21%（见表5），远高于旅行社平均利润率。这与酒店业的

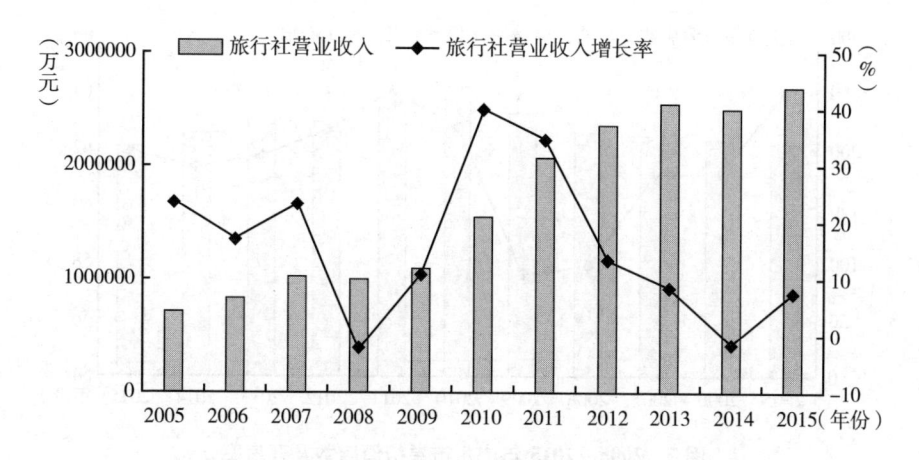

图6 2005~2015年广州市旅行社营业收入及增长率

资料来源:《广州统计年鉴》。

开房率保持在较高水平有一定关系。2005~2015年,广州市星级酒店开房率虽有波动,但总体保持较高水平。2010年、2011年,因亚运会和残运会的举办,酒店开房率总体较高,近几年则在61%~62%的区间内波动,2015年星级酒店开房率为61.83%,比2014年上升0.55个百分点(见图7)。

表5 2005~2015年广州市住宿业营业收入、利润总额及利润率

单位:万元,%

年份	住宿业营业收入	住宿业利润总额	利润率
2005	790378	50786	6.43
2006	832327	42826	5.15
2007	931287	43512	4.67
2008	990089	25864	2.61
2009	987294	17515	1.77
2010	1199227	80562	6.72
2011	1388728	90055	6.48
2012	1399675	73909	5.28
2013	1358646	62105	4.57
2014	1440205	72100	5.01
2015	1550445	133087	8.58

资料来源:《广州统计年鉴》。

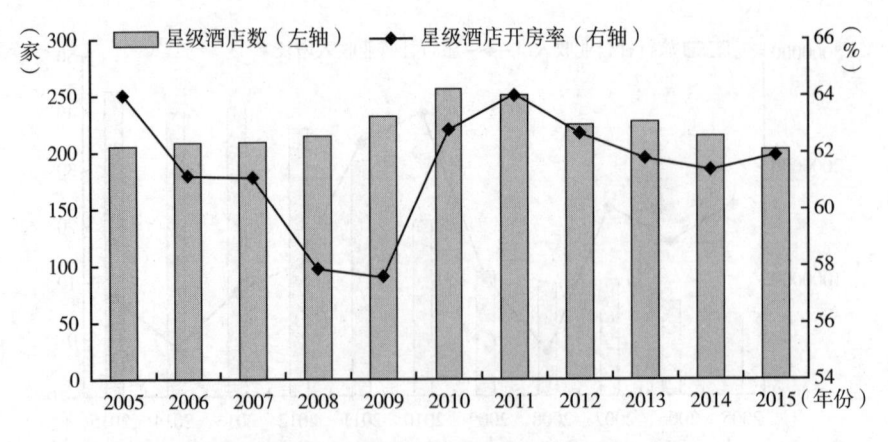

图 7 2005~2015 年广州市星级酒店数及开房率

资料来源：《广州统计年鉴》。

3. 旅游景区（景点）发展良好

2015 年，广州市拥有国家 A 级景区 49 家，其中，5A 级景区有长隆旅游度假区和白云山景区 2 家（见表 6）。2005 年以来，广州市旅游景区营业收入总体呈上升趋势，从 10.12 亿元增加到 49.64 亿元，年均增长 17.24%。旅游景区营业收入增长率大起大落，2006~2007 年，年增长率都在 35%

表 6 2005~2015 年广州市景区、A 级（5A、4A）景区数量

单位：家

年份	景区	国家 A 级景区	5A 级景区	4A 级景区
2005	69	12	0	7
2006	92	13	0	8
2007	89	16	1	12
2008	87	21	1	13
2009	94	21	1	14
2010	102	22	1	15
2011	116	34	2	18
2012	124	39	2	20
2013	128	43	2	22
2014	122	46	2	23
2015	130	49	2	23

资料来源：《广州市旅游统计汇编》。

左右，2008年出现陡崖式降速，只增长5.70%，之后逐渐加速，2012年又出现陡降，其后开始呈现加速态势，2015年增长率达20.79%（见图8）。

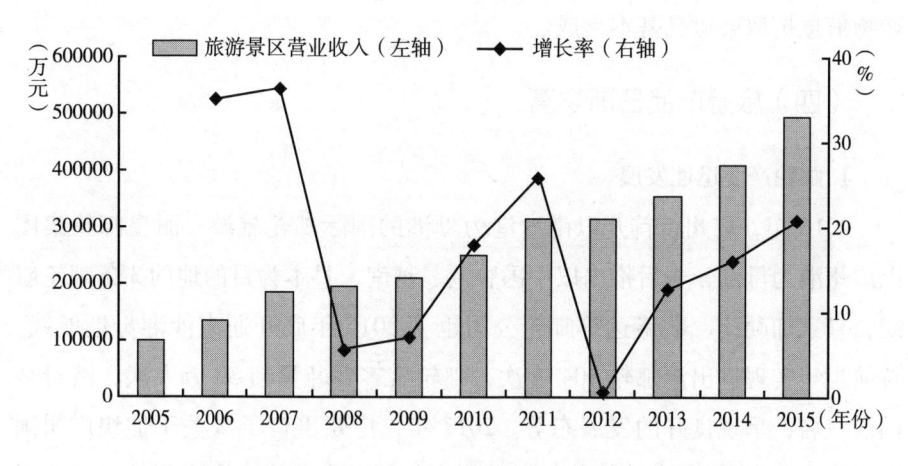

图8　2005～2015年广州市旅游景区营业收入及增长率

（三）旅游服务保障有力

1. 餐饮业多业态多元发展

近年来，广州市餐饮业得以迅速发展，整体上形成了以粤菜为主、多种菜系并存的多层次、多元化经营格局。具体来看，仍以传统的中式正餐型服务为主，具有岭南特色和港澳特色的茶餐厅数量较多；同时，茶点、小吃、凉茶饮料、咖啡馆、酒吧、书吧等其他经营业态也日益增多。这种多层次、多业态的发展格局极大地促进了广州餐饮市场的发展，"食在广州"的饮食文化得以充分体现。

2. 旅游商品消费旺盛

目前，广州市旅游商品销售网络已经由传统的免税商场、旅游定点商店、景点商店发展到城市综合购物商场、旅游综合购物商场、商业步行街、商业文化广场、百货店、超级市场、大型（综合）专业市场、便利店、仓储式商店、专卖店、购物中心等多种业态。在传播渠道方面，从传统的报刊、广播、电视、商品包装、印刷品、柜台、活动幻灯片、电视广告等发展

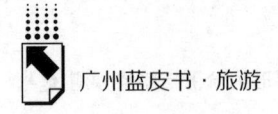

到现代的互联网、移动网络、电子翻转牌、现场展示等形式，多方位向游客传递海量的购物信息。多功能的旅游商品销售网络和全方位、立体化的旅游购物信息扩散渠道已基本形成。

（四）旅游产品日渐丰富

1. 邮轮产业迅速发展

2016年，广州市首开以南沙港为母港的国际邮轮旅游，丽星邮轮集团以广州港为母港，先后推出以中国香港、越南、日本为目的地的3条邮轮航线，皇家加勒比、歌诗达等邮轮公司也于2016年底开通南沙港母港航线。首航当年实现进出港邮轮104艘次，邮轮旅客吞吐量超32万人次，跻身全国前三名，呈现良好的发展态势。2017年，广州出台了《关于加快广州国际邮轮产业发展的若干措施》，提出国际邮轮母港建设、资金支持、产业引导、配套服务等7条措施，促进广州邮轮产业发展。随着2018年底南沙国际邮轮母港的建成，以及对邮轮公司、邮轮代理服务公司、港口运营服务、船供配送、邮轮维修等邮轮产业链条支持力度的加大，广州将成为集邮轮码头、口岸通关、免税商城、观光旅游和主题酒店于一体的亚洲最大邮轮母港之一。

2. 积极培育健康旅游

广州市医疗资源丰富，每年吸引外地来此求医的患者数量众多，在全国医疗资源较为丰富的一线或省会城市（如北京、长沙等）医疗机构中，广州中医药大学第一附属医院位居第二。近年来，广州市发挥中医药技术和资源优势，以中医药文化和温泉养生为引擎，推动广东中医药博物馆、神农草堂中医药博物馆、陈李济博物馆、萝岗香雪药业等与旅游结合，增加旅游元素，形成一批具有岭南特色的中医药及温泉养生健康旅游产品，也吸引了大批来自欧美和东南亚地区的民众。目前，广东已有中医院养生旅游示范基地40家，其中6家单位在广州，如广东中医药博物馆、广州白云山和记黄埔中药有限公司神农草堂中医药博物馆、扶元堂医疗康复医院等。2017年，广州成立了互联网中医医联体，共享医疗资源，以更好地满足群众的健康需求。

3. 乡村旅游蓬勃发展

广州市乡村旅游资源丰富，既有历史悠久的古建筑群，又有现代农业产业园以及依托主要景区集聚的乡村建设。2015年以来，广州市以创建"美丽乡村"为抓手，扎实推进海鸥岛、万花园、莲麻村、沙湾古镇、红山村、塱头村等重点乡村旅游资源开发，进一步提升乡村旅游发展水平，涌现了从化香蜜山果庄、南沙永乐农庄、黄埔古港古村等10个"广州乡村旅游示范点"。一批乡村旅游点和经营户在国家旅游局组织的乡村旅游"百千万品牌"评选活动中榜上有名，其中有3个中国乡村旅游模范村、3个中国乡村旅游模范户、15位中国乡村旅游致富带头人、47个中国乡村旅游金牌农家乐。乡村游逐渐成为广州市甚至广东省内休闲旅游的主打产品，小长假期间得到了广大市民的青睐，是其首选的"明星产品"之一。

4. 会展旅游成为城市品牌

广州市充分发挥"千年商都"的优势，以"中国第一展"广交会为龙头，以各类国际性展会为平台，以广州国际旅游展览会、广州迎春花市、广州国际龙舟节等特色旅游节庆活动为载体，着力打造和宣传推广广州的城市形象。2015年，广州市已成功举办第24届广州国际旅游展览会，吸引全球45个国家和地区的956家旅游相关企业参加，国际参展商比例达63%，现场接待观众及游客12.36万人次。会展业实现增加值51.96亿元，拉动旅游消费226.85亿元，拉动旅游外汇收入12.22亿元。与国内其他城市相比，根据中国城市会展业竞争力指数，2015年广州市会展业竞争力居全国第三，仅次于上海、北京两大直辖市；根据会展业发展综合指数，广州市居全国第二，仅次于上海。会展旅游逐渐成为广州的城市品牌。

5. 低空旅游稳步发展

低空旅游已经发展成为火热全球的旅游项目。广州市近年来积极鼓励引导企业探索发展低空旅游市场，中航工业集团下属的幸福运通航空公司正在番禺区兴建水上飞机基地，将开展旅游观光等业务；南航已经成立专门的通用航空公司，开通到澳门的航线；越秀地产等企业共同开通运营广深珠城际直升机航线。2016年，制定《广州市通用航空发展规划（2016－2030

年)》，提出规划建设中部通用航空服务集聚区和东北部通用航空服务集聚区。其中，东北部主要依托从化温泉、增城森林公园等旅游资源，打造航空休闲高地，重点开展直升机、热气球等空中游览和飞行体验项目，探索空中绿道旅游，与陆上、水上绿道形成三位一体的3D绿道新体验，形成多条低空旅游特色线路。

（五）旅游管理机制不断完善

1. 旅游决策机制高效有力

2016年，广州市政府建立市旅游发展工作联席会议制度，成员由20家市直单位和各区政府主要负责人组成，建立由市、区主要领导挂帅的旅游发展促进机制。联席会议将研究成立广州市旅游发展专家咨询委员会，负责市旅游工作会议筹备及推进综合改革等事宜，通过领导挂帅，形成信息通畅、沟通及时、执行有利的旅游决策机制。2017年6月，出台《广州市人民政府关于进一步加快旅游业发展的意见》，提出要加快旅游业供给侧结构性改革，逐渐把旅游产业培育成为广州战略性支柱产业以及市民的幸福产业。7月，召开全市旅游发展大会，市委、市政府主要领导提出要着力提高旅游供给质量和效率，提升城市旅游品牌感知度，推进旅游业创新发展，扩大旅游开放，把广州建设成为世界旅游名城和重要的国际旅游目的地、集散地。

2. 行业管理机制不断完善

广州市颁布并实施旅游行政管理权责清单，积极推进市旅游局的顶层设计、引导和服务。设立审批管理处（与旅行社管理处合署办公），成为第一批进驻广州市政务服务中心的行政审批事项集成服务单位。向区旅游行政管理部门全面下放旅行社分支机构备案管理权限；部分职能权限下放给行业协会承接，旅游局发挥指导监管功能，简政放权，转变职能，推动旅游行业管理重心下移。拟定《广州市旅游市场综合监管工作方案》，探索建立旅游市场综合执法监管机制，进一步打击违法违规行为，规范旅游市场秩序。

3. 景区管理体制改革不断深化

通过开展市属旅游景区最大承载量测定和公示工作，引导部分景区实行联票制,如广州塔与珠江夜游推出联游套票等。逐步实现市属旅游景区下放到区及行政事业性景区的体制改革。

4. 旅游产业评价机制不断完善

积极推进旅游统计方面的改革创新,在接待总人次、旅游总收入、旅游业增加值等常规统计指标外,逐步增加能体现广州旅游业发展特点的旅游统计指标,力求准确、全面、真实地反映广州旅游业发展的状况。

(六)旅游综合改革成果初现

1. 旅游综合改革决策推进机制基本形成

建立旅游综合改革试点工作联络制度,并积极组织召开广州市国家旅游综合改革试点工作联络员座谈会,积极推进落实试点工作,提出阶段性目标任务及工作进度,加强工作的沟通协调和统筹推进。加强旅游综合改革试点工作的督办落实,抓好旅游综合试点工作督办、情况收集、汇总上报等,召开局长办公会议,专题听取综合改革试点工作推进情况,确保相关工作有效落实。

2. 旅游创新政策不断落地

首先,优化旅游开放政策。积极探索外资、中外合资旅行社在广州经营出境游的政策措施;优化"72小时过境免签"政策和"144小时便利签证"政策;争取内地游客在穗办理港澳旅游签证试点政策,逐步放开持居住证在穗办理出入境证件及外地户籍人口在穗办理出入境证件的政策,进一步降低办证门槛。其次,扩大旅游消费政策。落实带薪休假制度及国民休闲计划的相关政策、降低旅游企业刷卡费率的政策、公益性景区门票费用优惠政策等。最后,深化旅游产业扶持政策。培育旅游市场主体,鼓励本地旅游企业开拓非洲、南美洲、南太平洋岛国等新兴旅游市场;组织广州长隆、广州塔等地标性品牌企业参加境内外旅游展及推广活动;设立广州市旅游产业发展子基金,拓宽融资渠道;盘活存量集体建设用地,优先保障集散中心、游客中心、旅游厕所、停车场等旅游公共设施用地。

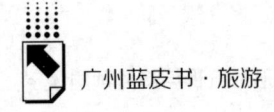

3. 旅游开放合作体系创新发展

第一，构建"一带一路"旅游合作机制。广州已与越南、印度、日本等多个海上丝绸之路相关国家，泉州、宁波、扬州、福州等港口城市紧密联合，建立良好的合作交流关系。第二，构建中国优秀旅游城市旅游合作促进机制。与全国近40个城市、地区签订并执行区域旅游合作协议，深耕细作国内旅游市场。第三，完善泛珠三角内地城市旅游合作机制。区域旅游合作联盟覆盖到大半个广东省，包括粤港澳"一程多站"、穗港、穗澳、广深珠、广佛肇、广清韶、广中江、穗莞、华南五市等。第四，深化穗港区域旅游合作机制。联合广州地区旅行社行业协会、香港旅游业议会、香港旅游发展局，在全国首创"红名单"制度，联手遏制不合理低价、强迫购物等违法行为，规范穗港旅游市场秩序。

（七）旅游营销持续加强

1. 旅游城市战略营销不断完善

以"千年商都，南国明珠"为主题，拍摄广州旅游形象宣传片，在中央电视台重点栏目播放。与《广州日报》签订三年战略合作协议，进行大型旅游专题活动系列报道。在南航航机杂志《空中之家》、广九铁路《直通车月刊》中专题宣传广州旅游。利用网站、微博、微信、APP及国际社交媒体进行旅游宣传推广，不断扩大广州旅游宣传资讯受众面。借助美国、加拿大、澳大利亚、新西兰、英国和日本、韩国、马来西亚8个境外旅游宣传推介机构，向境外宣传推介旅游资源和旅游政策措施，提升广州城市形象和国际影响力。

2. 培育打造旅游品牌

政府部门引导企业围绕每年的宣传主题策划组织全年系列旅游宣传推介活动。充分利用广州作为国家中心城市的聚集、辐射效应，树立品牌旅游理念，增强旅游服务意识，擦亮海上丝绸之路、千年商都、岭南文化、近现代革命、国际展都、时尚广州、广州花市、食在广州以及珠水繁星等一系列旅游品牌。

（八）旅游发展环境不断优化

1. 旅游集散体系日渐完善

推进大沙头码头、罗冲围汽车客运站、越秀南汽车客运站、滘口汽车客运站、广东省汽车客运站、广州市汽车客运站等旅游集散中心筹建工作，初步形成布局合理、管理规范、运行有序的旅游集散中心体系。花城广场、火车东站、广州南站3个旅游咨询点建设有序展开，全市共设旅游信息咨询中心27个，旅游咨询服务网络初步建立。

2. 智慧旅游服务体系初步建立

编制完成《广州市智慧旅游发展总体规划（2015－2020年）》，正式启动广州智慧旅游公共服务平台，推出广州旅游服务平台APP 2.0版，集"吃、住、行、游、购、娱"等旅游信息于一体，全面提供个性化的旅游资讯服务。推进广州3A级以上景区实现WiFi覆盖相关工作。

3. 自助游服务体系日益完善

在增城、从化、花都、黄埔、南沙等区设置300多块旅游景区道路标示指示牌，引导自驾车游客出行。注重发挥行业协会的作用，指导成立自驾车（房车）旅游协会。在增城、番禺等区加快自驾车营地及配套服务设施建设。

4. 旅游厕所建设逐步推进

2016年作为"厕所革命创新城市"，广州市全面推进市属72座旅游厕所建设任务的落实，其中新建19座、改扩建53座。综合运用政策引导、资金补助、标准规范等多种手段，大力加强旅游厕所的建设与管理。

5. 旅游安全保障体系逐步健全

积极推进落实市委、市政府和国家旅游局、省旅游局关于安全旅游的工作部署，重点做好春节、五一、端午等节假日及重点时段旅游安全保障工作。创新安全旅游的宣传方式，在天河城、北京路步行街等游客集散地的大型LED显示屏上投放旅游安全宣传公益广告，营造良好的旅游环境。

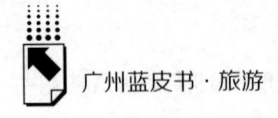

6. 文明旅游逐渐形成

加大文明旅游宣传力度，在广州电视台重点频道、重点栏目和北京路、天河城LED大型广告屏播放文明旅游宣传片。加大诚信旅行社评定及宣传力度，评选公示诚信旅行社104家，进一步弘扬正气，树立正确的行风导向。

7. 旅游人才培训得到加强

制定《广州旅游人才智库建设方案（征求意见稿）》，有序推进广州旅游人才智库建设。2016年上半年举办导游岗前培训9期，培训导游988人。积极开展酒店英语移动培训，培训广州地区酒店前台、餐饮类一线员工600人次。

三 广州旅游业发展面临的问题

虽然近些年广州旅游业发展迅速，在地区经济中地位日益凸显、旅游基础设施逐渐完善、旅游产品更加丰富、旅游服务保障能力大大提升、旅游综合改革成效明显、旅游发展环境不断优化等，但其仍存在短板，特别是与其他旅游业发达城市比较，在某些方面还有很大的进步空间。

（一）产业规模增速相对较慢

从国内看，广州市旅游业增加值和旅游总收入虽继续保持全国第三，增长速度快于北京、上海，但是在近几年重庆、天津、成都等城市高速增长和快速追赶的背景下，广州市与后者的差距在不断缩小。2015年，深圳、杭州、成都旅游总收入分别增长14.03%、16.66%、22.68%，分别高于广州（13.89%）0.14个、2.77个、8.79个百分点。广州旅游业存在"前有强敌，后有追兵"的发展危机，产业规模增长速度有待提升。

（二）客源市场开拓滞后

1. 国外旅游市场开拓不够

从全球来看，2015年，广州市接待入境过夜游客数和旅游外汇收入分别排名第12、第18位,但是剔除占比61.7%的港澳台入境过夜游客,入境外国游客数则较少,与国际著名旅游城市差距较大。2015年,广州市接待入境过夜游客数仅占过夜游客总数的14.20%,且近五年下降趋势明显。从收入结构看,广州旅游外汇收入占比从2005年开始急剧下降。2005~2015年,国内旅游总收入和旅游外汇收入的结构从2005年的2.29∶1转变为2015年的7.17∶1,说明广州市入境旅游市场增速较慢,总体旅游市场结构不平衡。

2. 客源市场以省内及周边省份为主

广州市国内旅游市场以省内为主,省内游客占50%以上,具有明显的"内源型"客源特点。2015年,通过抽样调查发现,广州市接待过夜国内游客中有54.16%为省内游客;省外游客中,以周边城市及高铁沿线城市游客为主,排名前五的省份为湖南、广西、江西、湖北、福建,分别占接待过夜国内游客的7.01%、5.19%、3.37%、3.33%和3.20%。广州旅游客源仍然集中在长江以南的省市,北方地区的游客数量仍然偏少。

(三)产业要素支撑乏力

1. 产业发展用地受限

根据新的城市规模划分标准,广州市已由"特大城市"调整为"超大城市",建设用地指标有限、新增土地供应紧缺等问题凸显,单位面积收益相对较低的旅游项目将更难获得建设用地,并进一步提高了投资开发成本。

2. 资金投入不足

当前,广州市级财政对旅游业发展扶持资金的投入严重不足,在某种程度上也影响了旅游企业的市场化投入。2015年,广州市旅游发展资金投入仅为0.5亿元,与国内其他主要城市差距不小。北京从2011年起每年的旅游发展专项资金投入达10亿元以上;天津从20世纪90年代起就设立旅游发展专项资金,截至2015年旅游发展专项资金增加到1.2亿元,并主要用在旅游市场促销、旅游项目以及旅游培训等方面;上海市则设立每年0.9亿元的旅游专项资金。

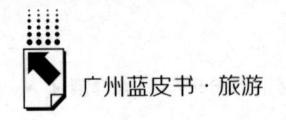

（四）行业对人才的吸引力不足

1. 从业人员待遇偏低

2015年，广州市旅游企业从业人员人均工资为5.40万元/年，比2014年增长了0.17万元；从内部各行业看，旅行社、星级酒店和旅游景区的从业人员人均工资分别为5.32万元/年、4.68万元/年、7.19万元/年，同比增长-7.16%、-2.92%、25.26%。然而，即使旅游景区从业人员的人均工资相对最高，增长幅度明显，但是与全市职工平均工资水平相比，仍然存在较大的差距。2015年，广州市在岗职工平均工资为8.12万元/年，高出旅游景区从业人员平均工资12.9%，高出旅游企业从业人员平均工资50.4%。

2. 从业人员整体素质不高

广州市旅游从业人员大多为年轻人，从事旅游服务一线的员工年龄集中在18~28岁，35岁以下的员工约占60%，旅游业从业人员整体文化程度偏低、平均年龄偏小。从学历结构看，旅游从业人员的学历普遍偏低。在旅游住宿、餐饮、零售及交通等行业，从事一线服务的人员大多只有高中或初中学历，中专以下学历的员工占比超过70%，本科及以上学历的员工仅占10%左右。从行业构成看，人才"供需错位"现象严重，如目前广州旅行社严重缺乏高素质人才，成为影响旅行社发展的主要问题之一。

（五）企业总体竞争力有待加强

1. 旅游企业数量少

2015年，广州市旅游企业总数为712家[1]，其中星级酒店204家，旅行社460家，A级景区48家。旅游企业数量仅是北京、上海、重庆、杭州的35.73%、43.92%、69.60%、76.97%，与之相比，广州市旅游企业数量较少（见图9）。从旅游企业营业收入看，广州市虽位列第三，但与北京和上

---

[1] 出于统计以及数据可获得性的原因，这里只汇总旅行社、酒店、景区三类企业数量。

海相比，差距较大；2015年，广州旅游企业营业收入474.46亿元，仅是北京的40.69%，旅游企业的经营效益有待提高。

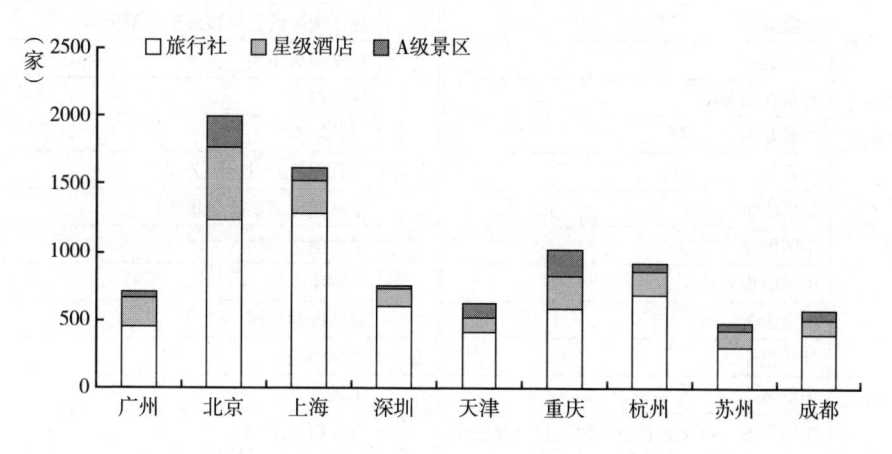

图9　2015年国内城市旅游企业数量及结构

资料来源：各地方统计年鉴。

2.劳动生产率不高

2015年，广州市旅游企业的劳动生产率为69.09万元/人，虽高于深圳的50.59万元/人，但从2014年的数据可知，与北京、上海相比仍存在很大差距。2014年，北京、上海、广州旅游企业的劳动生产率分别是66.58万元/人、97.12万元/人、48.58万元/人，相比而言，广州旅游企业的技术水平、经营管理水平、职工技术熟练程度偏低。因此，未来在发展旅游业的过程之中，广州亟须引进拥有高技术的旅游管理人才，并对员工进行专业化培训，提高员工的服务水平和工作积极性，提升员工产出水平。

3.龙头企业带动效应较弱

从上市旅游企业数量来看，与国内其他城市相比，在全国具有较高影响力的广州旅游企业数量较少，主要有岭南集团、长隆集团，北京有首旅集团、神州租车、中国国旅等实力强的企业集团，上海有锦江国际、携程网、景域国际等，深圳有华侨城、华强方特等（见表7）。与其他主要城市比较，广州旅游企业的规模有待扩大且竞争力有待提高，具有规模优势的旅游企业数量相对少。

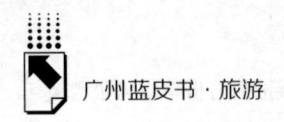

表7 国内主要城市旅游行业知名企业名单

城市	企业名称	城市	企业名称
广州	长隆集团	上海	锦江国际酒店发展股份有限公司
	岭南集团		如家酒店集团
北京	北京首旅集团		携程网
	去哪儿网		春秋航空
	中青旅		号百控股股份有限公司
	众信旅游		景域国际旅游运营集团
	中国国旅		华住酒店集团
	中弘股份		一嗨租车
	凯撒旅游		海昌海洋公园
	神州租车	重庆	世纪游轮
深圳	华侨城	杭州	宋城演艺
	深圳华强方特文化科技集团股份有限公司		开元旅业集团
	深圳新都酒店股份有限公司		
	零七股份		
	腾邦国际		

（六）旅游业发展协调机制需要进一步完善

目前，广州市旅游公共服务的发展没有与整个城市的公共服务建设实现很好的融合，仍未建立起有效的多部门合作及沟通协调机制。主导旅游公共服务建设的政府部门在实际运作中很难胜任部门间协调者和合作推动者、组织者、落实者的角色。需完善协调机制，推动旅游业主管部门与交通部门、规划部门、发改部门、城建部门等进行跨部门沟通协作，从城市发展的角度提升公共服务水平。

四 旅游业发展的新机遇与新趋势

（一）旅游业发展面临的机遇

国家经济结构的调整，促进旅游业转型升级。近年来，国家经济政策重视"结构调整"。2015年11月，在中央财经领导小组会议上，习总书记提出，在适当扩大总需的同时，也要大力加强供给侧结构性改革；2016年12月，中央经济工作会议全面阐述"五大政策支柱"，强调供给侧结构性改革，部署"去产能、去库存、去杠杆、降成本、补短板"这五大任务。随着供给侧结构性改革的深化，旅游业转型发展将在供给侧结构性改革中面临更大的机遇。首先，旅游需求转变，未来旅游消费将是国民的刚性需求及增长潜力最大的需求；其次，旅游产业具有比较优势，旅游业的竞争是一个相对自足的体系，旅游市场规模的扩大将推动旅游业成为供给中的新动能；最后，旅游业的良好发展是服务业发展的关键，旅游业是关联度高、带动性强的服务业。所以，随着供给侧结构性改革的深化，旅游业将迎来良好的发展机遇，在国民经济中的比重将进一步提升，促进旅游业转型升级。

国家政策的支持，为旅游业发展提供保障。近年来，国家旅游局联合各个部门出台了很多促进旅游业发展的相关政策，为旅游业发展提供有效保障。2014年8月，国务院发布《关于促进旅游业改革发展的若干意见》，提出到2020年，旅游业增加值占GDP的比重要超过5%。2015年7月，国务院发布《关于进一步促进旅游投资和消费的若干意见》，强调通过改革创新促进旅游投资和消费。2015年，国家旅游局发布《关于实施"旅游+互联网"行动计划的通知》，提出到2020年，实现旅游业各领域与互联网的全面融合。2016年12月，国家旅游局、国家体育总局发布《关于大力发展体育旅游的指导意见》，提出到2020年，体育旅游总人数达10亿人次，在旅游总人数中占15%，体育旅游总消费超过1万亿元。2016年12月，国家旅游局、农业部下发《关于组织开展国家现代农业庄园创建工作的通知》，计划到2020年建成100个国家现代农业庄园，突出国家现代农业庄园的旅游功能。2016年12月，国家发展改革委、国家旅游局下发《关于实施旅游休闲重大工程的通知》，提出要积极引导社会资本投资旅游业，不断完善旅游基础设施和公共服务体系，丰富旅游产品和服务。这些政策为旅游业发展带来良好机遇。

居民生活水平的提高，为旅游消费带来机遇。随着国民物质生活水平越来越高，居民更加注重生活品质，休闲生活让消费者对旅游业有着不同的需求。如退休老年群体有了更多休闲时间，可组团到周边景点进行短期旅游休闲；上班族利用带薪休假或周末时间，自驾到周边公园、远郊、景区景点、农家乐等休闲娱乐。2016年，我国居民人均可支配收入23821元，比上年实际增长6.3%；居民人均消费支出17111元，比上年实际增长6.8%，人们有能力体验旅游休闲、享受休闲生活。从全国居民人均消费支出的构成来看，交通通信占13.7%，教育文化娱乐占11.2%，医疗保健占7.6%，而这些与旅游关系紧密，国民在休闲或旅游方面的消费意愿持续增强。

（二）全球旅游产业发展趋势

2016年，全球旅游产业增速高于全球经济增速，全球旅游产业的快速发展成为全球经济复苏的重要动力。全球旅游总人数达105亿人次，同比增长4.8%；旅游总收入达5.17万亿美元，同比增长3.6%，相当于全球GDP的7.0%；其增速均显著高于全球GDP增速（3.4%），全球旅游经济对世界GDP增长的贡献率达5.49%。

2017年，全球旅游经济仍将好于全球经济。据《世界旅游经济趋势报告（2017）》预测，2017年，全球旅游总人数和全球旅游总收入将分别增长7.5%和4.2%，高于国际货币基金组织和世界银行对2017年全球GDP 3.4%和2.8%的增速预测，且2017年旅游经济对世界GDP增长的贡献率将达到5.87%。[①]

全球旅游形成三足鼎立格局，欧洲、美洲、亚太三大板块在全球旅游经济中占据绝对主体地位。全球将掀起基础设施建设热潮，预计到2025年，全球交通基础设施投资年均增长约5%。旅游共享经济将快速发展，旅游业与其他产业的融合度不断提高，目前全球已有众多共享经济企业，涉及交通、餐饮、空间、物品、资源、知识、服务、医疗及金融等多个领域；旅游与文化、商贸、医疗及信息技术等的融合日益加强，出现了多种旅游业发展

---

① 资料来源：http://www.360doc.com/content/17/0110/10/39551996_621470631.shtml。

的新业态,如医疗旅游、生态旅游、养生旅游、隔代旅游、教育旅游、休闲旅游等逐渐成为旅游热点。全球出行更加便利,签证便捷程度持续提升,根据世界旅游组织最新发布的《签证开放度报告》,越来越多的游客将获得免签。城市是世界旅游经济的核心承载地和发源地,未来在全球范围内将形成若干个旅游超级城市节点,全球性交通枢纽的建设将促进这些城市节点旅游业快速发展,预计到2030年,全球将形成50个超级城市群,形成基础设施便利、供应链网络发达的地理节点,吸引全球的资金、资源、人才和技术。

(三)中国旅游业发展趋势

2016年,中国旅游经济发展形势好于全国经济,旅游业成为新常态下我国经济新的增长点。2016年,我国国内旅游44.4亿人次,同比增长11%;国内旅游总收入3.9万亿元,同比增长14%,增速均明显高于全国GDP的增速;旅游业增加值相当于全国GDP的5.24%。2016年,我国仍是世界第一大出境旅游消费国,我国出境旅游人数达1.22亿人次,旅游花费达1098亿美元,人均花费900美元,中国成为全球最大的客源国。

2017年,我国旅游经济将持续保持高速发展。预计2017年我国国内旅游人数达48.8亿人次,同比增长10%;国内旅游总收入达4.4万亿元,同比增长12.5%。[1] 2017年,中国旅游发展呈现以下九大趋势:政策关注度提升——从宏观指引到落地实操;"旅游+"促进融合发展——从单打独斗到全面融合;"互联网+"实现信息、技术的利用——从单点切入到全产业链渗透;旅游产业资本来源多元化——从业内投资到跨界资本涌入;产品供给方式转变——从"资源+土地"到"投资+情怀";市场需求待挖掘——从浅层次消费到深层次参与;旅游服务覆盖面广——从节点服务到全程全域服务;旅游全球化发展——从资本先行到深度合作;咨询行业——从规划咨询到文旅生态。

---

[1] 资料来源:http://www.china.com.cn/travel/txt/2017-01/09/content_40064004.htm。

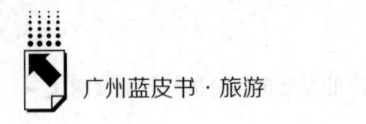

五 2018年广州市旅游业发展展望

（一）旅游综合改革深化

1. 体制和政策的创新

建立广州市旅游工作联席会、专家咨询委员会，定期对旅游发展的重大问题进行研究。转变政府职能，推进旅游行业管理重心下移，强化属地管理，建立权责清晰的旅游行业管理体制，形成市区联动、行业监管、社会参与的旅游市场监管制度。创新旅游发展政策，全面推进"72小时过境免签"政策的实施，努力争取国家"144小时过境免签"政策和邮轮入境免签政策等。大力推进旅游消费，积极调整休假和外来游客离境退税政策。

2. 推进机制的建设

建立科学有效的旅游业评价机制，推进旅游业科学发展。推进泛珠三角城市、穗港澳、国内优秀旅游城市及政府、协会、企业的合作机制建设。转变旅游发展促进机制，推进旅游聚集发展、旅游产业融合机制建设。完善人才、安全、法律、智慧旅游、旅游集散等相关保障体系，推进旅游综合改革深入进行。

3. 旅游配套公共服务的完善

加快推进广州市旅游集散中心和问询中心建设，建设布局从珠江南岸扩展至北岸；规范旅游市场秩序，成立依法治理旅游市场秩序领导小组，严厉打击违规行为；全力推进旅游厕所改革，制订落实旅游厕所建设管理行动方案，推进旅游厕所建设管理；积极推进智慧旅游建设，扩大广州旅游微信、广州旅游APP使用范围和影响力，形成包括政务网、资讯网、微博、微信和旅游APP等的智慧旅游服务平台。

（二）政府更加重视旅游业发展

1. 加强规划布局

积极推动全市范围的旅游业整体发展规划，促进旅游业健康发展。落实

《广州市旅游业"十三五"发展规划》，加快南部滨海旅游产业，北部空港文化旅游产业，中部商贸文化创意旅游产业，珠江经济、创新、景观产业带以及天河都市休闲购物娱乐产业商圈建设，实现旅游产业错位发展，形成"一带一圈多区"的全域化旅游发展格局。

2. 积极推进政策落地

积极争取"144小时过境免签"政策落地广州，实现海陆空口岸过境免签政策联动；调整休假和外来游客离境退税政策，境外旅客在离境口岸离境时，对其在退税商店购买的退税物品退还9%的增值税；推动南沙申报成为我国邮轮旅游发展实验区，并把邮轮码头作为实施境外旅客购物离境退税政策的口岸，让境外游客享受到购物离境退税的优惠政策。

3. 进一步加大投入力度

随着广州市政府对旅游业发展的重视，其对旅游业发展的资金投入，尤其是对新兴业态领域的投入力度加大。《广州市人民政府关于进一步加快旅游业发展的意见》提出，要引入社会资本，设立广州旅游产业基金，依托现有产业引导基金，合作设立旅游子基金，促进社会资本在重点旅游项目、旅游新业态等领域的投入。《关于加快广州国际邮轮产业发展的若干措施》提出，自2016年起，邮轮产业发展资金每年投入3000万元，连续扶持3年，大力推动邮轮产业发展。

（三）市场规模将不断扩大

1. 客源市场将进一步多元化

随着国民生活水平的提高，旅游休闲逐渐成为人们的一种生活方式，不断完善的高铁网络等，使泛珠三角地区、长江中上游地区甚至更远的地区有越来越多的游客选择到广州旅游。同时，随着国际航运枢纽、国际航空枢纽的建设，广州将更加便捷地通达全球，并通过出入境等政策的创新，实现海外游客市场的扩大。通过"走出去、请进来"的策略实施，吸引国内外游客，建立多元化的客源市场。

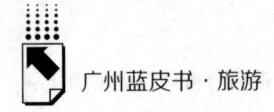

2. 旅游市场更细分

随着游客消费的个性化、多样化，当前的旅游市场将进一步细分。遗产旅游、历史旅游、工业旅游等满足老年人怀旧、回忆需求的旅游形式，以夏令营为主的学生旅游，满足中青年人需求的商务旅游等旅游业态将进一步发展。不同消费层次的旅游品类将更加丰富，满足低、中、高端游客需求。

3. 旅游产品更丰富

对广州山水、乡村、文化、商贸、会展、医疗等多种资源进行组合，打造城市休闲游、文化体验游、康体养生游、商务会展游、乡村田园游等多条精品旅游线路。在扩大观光旅游、商务旅游、会展旅游的基础上，大力发展乡村旅游、创意旅游、自驾车旅游、邮轮旅游等一批新兴旅游业态，丰富旅游产品体系。对传统文化与现代经济、社会资源等进行深层次挖掘、整合和利用，特别注重"海上丝绸之路"、千年商都、岭南文化等资源的开发。打造具有广州特色、现代主题的"秀"创意产品，如民俗、文化、教育、科技等主题的创意产品。更加注重游客的旅游体验，增强旅游产品开发和组合过程中的"创意性"，提升旅游服务品质及游客的体验质量，增加旅游产品的消费价值。

（四）"旅游+"全面融合

1. 旅游与农业的融合

农业、乡村与旅游的融合，将成为支撑农民创收的新方式。依托广州市北部和东部的农业资源优势，开展"一村一品"建设，打造一批宜居、宜业、宜游的旅游文化特色村；围绕生态农业、种养体验、果蔬采摘、户外运动、休闲度假等不同特色，大力发展特色休闲农业游。积极研发、生产以农副土特产品为原料的特色旅游商品，深入挖掘本地传统手工艺制作，开发具有地方特色和民俗特色的工艺旅游商品、艺术品，让传统副业成为旅游产品的供应来源，提升其附加值。

2. 旅游与体育的融合

"体育产业+旅游"将成为消费升级背景下的必需品。依托广州市

"山""水""林""田""海"等丰富多样的自然资源，大力推进户外健身运动休闲基地建设，以及户外露营、漂流、健走等户外运动旅游产品的开发。充分利用南部滨海地区的旅游资源优势，开展游艇、帆船、海钓、航海运动等高端滨海休闲体育活动。

3. 旅游与制造业的融合

以广州市具有产业优势的基础性工业为支撑保障，以市场需求性产业为引导，培育壮大大型旅游商旅设施、旅游用品、旅游装备等高端制造业。

4. 旅游与文商贸的融合

重点实施商务旅游带动策略，充分利用"广交会""广博会""广展会"与精品旅游的结合，形成以会展带动旅游、以旅游促进会展的良性互动模式。挖掘广州市岭南文化中心地、近现代革命策源地、改革开放前沿地、"海上丝绸之路"发祥地的历史文化底蕴，塑造具有鲜明特色的文化旅游精品。充分挖掘商都文化，创新个性化旅游服务体验，巩固广州"千年商都"品牌优势。

5. 旅游与生产性服务业的融合

广州要大力推动旅游服务、旅游信息、旅游金融、旅游创意等产业的融合，加快发展游学、医疗保健旅游、养老旅游等社会性服务外包，不断深化旅游与生产性服务业的融合，构建一个以旅游为主要功能的现代服务业圈。

6. 旅游与互联网的融合

行业间实现信息共享。利用大数据、云计算形成科学的数据支撑，使政府部门、协会、高校、旅行社、旅游景区、酒店、餐馆、交通运输和其他相关的旅游企业实现旅游信息系统互联互通和信息资源开放共享。线上营销系统更加优化。应用移动互联网、视联网技术，使宣传推广方式和手段更直观、生动，并与移动网络运营商及大型互联网企业加强合作，实现广州旅游信息在移动终端推送。旅游公共服务信息化程度进一步提高。借助移动互联网，各类旅游服务信息提供方可利用移动渠道传输信息，游客随时随地可以使用移动终端获取所需信息和服务；同时，物联网、视频、卫星通信和定位

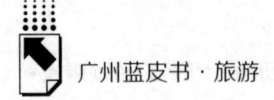

等信息技术的大量利用，实现了在重点区域、部位、时段对游客（量）进行监测调控和应急搜救。

（五）全域旅游全面推进

1. 树立全域旅游发展理念

发展全域旅游的关键是领导重视，把握大局，以全局性、战略性高度重视全域旅游。以全域旅游理念，全领域谋划，全要素整合，推动旅游全要素发展；以全域旅游模式，发挥旅游业的带动作用；以全域旅游路径，通过"旅游+"促产业融合发展；以全域旅游机制，推动形成旅游发展综合协调机制。

2. 做好顶层设计

规划引领，加快构建全市全域旅游发展格局。研究制定《广州市全域旅游发展规划》，将全域旅游规划作为区域顶层设计，引导实现"多规合一"。规划出版全新视角的系列丛书，打造精品旅游商品，优化重点旅游线路的功能。同时，注重全域理念和制度创新的顶层设计，为机制运行及规划设计提供保障支撑。

3. 旅游人才队伍建设

全域旅游对"高、尖、新"人才提出更大需求，发展和推进全域旅游，要求旅游人才掌握更广、更新的知识和技能，迫切需要优化提升人才供给侧，提高旅游企业的培训水平，提高从业人员的适岗能力；创建多元培训平台，扩展旅游从业者的提升渠道；夯实旅游院校基础，创新旅游新兴业态的课程体系，丰富、完善文化与职业素养方面的基础课程，优化人才培养结构。

4. 全域旅游覆盖全市

突破传统景区、景点的局限，打破门票经济，在番禺区、越秀区、增城区、从化区等旅游发展重点区县创建一批全域旅游目的地，实现广州市从"景点旅游"向"全域旅游"的转型升级，营造"处处有美景、人人有美感"的全域旅游氛围。结合城市发展趋势，基于自然生态环境、民俗历史文化等旅游资源的分布以及重点旅游项目、旅游服务基础设施情况，形成

"一心、一轴、四区、五廊"的旅游发展空间格局。落实国家关于全域旅游的发展政策，全力争取纳入国家旅游宣传推广重点支持范围，实现产品营销与目的地推广的有效结合。围绕"深化旅游产业转型升级"，加快旅游产业融合发展，加快旅居养老、生态度假、休闲养生、会展旅游等新型业态的发展，努力打造"全域旅游"品牌。

（六）智慧旅游深入发展

1. 智慧服务

充分利用新技术，大力发展智慧旅游，这已经成为全球旅游发展的重要趋势和特征。发展智慧旅游应该从游客角度出发，运用信息技术来提升游客旅游的体验和质量。让旅游者在获取旅游信息、制订旅游计划、预定支付旅游产品、实际体验旅游、回顾评价旅游的过程中，享受到智慧旅游带来的全新服务体验。

2. 智慧管理

积极推动旅游产业由传统管理方式转向现代管理方式，在利用信息技术的基础上，及时、准确地掌握游客的动向以及旅游企业经营管理的信息，主动获取并全面了解相关信息，实现科学决策和管理。同时，积极与交通、工商、公安、卫生、质监等部门合作，实现信息共享和协作联动，不断完善旅游预测预警机制，提高旅游应急管理能力。大力支持与鼓励旅游相关企业运用信息技术来提升其管理水平，从而提升旅游产品及服务的竞争力，推动城市旅游产业整体发展。

3. 智慧营销

建立旅游信息管理中心或数据库，对旅游舆情监控和旅游数据进行深入分析、挖掘，熟知游客的需求和当前的旅游热点，积极引导旅游企业开发符合市场需求的产品，推动旅游产业的创新和旅游市场营销的创新。利用新媒体的优势，吸引游客自觉、主动对其体验过的旅游产品进行传播，不断对游客数据、旅游产品消费数据等进行整合，逐渐形成自媒体营销平台。

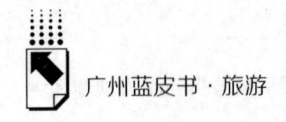

（七）邮轮旅游高速发展

1. 市政府重视程度高

2016年，广州市迎来邮轮旅游的大发展，2017年1月出台《关于加快广州国际邮轮产业发展的若干措施》，大力支持邮轮企业发展、邮轮业务拓展、邮轮母港建设等，推动邮轮产业发展。未来要积极争取有关部门的支持，推进邮轮上岸免签政策，优化邮轮母港交通体系，改善邮轮旅游经营模式，制定邮轮旅游合同范本，完善应急处置机制，提升邮轮旅游品质。

2. 邮轮母港建设加快

加快推进广州南沙邮轮母港建设。以客运码头的标准来进行建造，达到国际领先水平，给游客以更好的体验，促进业态发展。加快南沙码头的配套基础设施建设，打造集酒店、餐饮、娱乐、旅游及公共服务于一体的集聚区，促进游客上岸消费。

3. 邮轮旅游市场优化

坚持邮轮旅游的中高端产业定位，追求质量，避免邮轮产业发展的低价竞争，规范邮轮旅游市场，完善相关法律法规，制定专门针对邮轮旅游的专项合同与相关条例，促进邮轮行业信息透明与对等。推进邮轮技术升级（如邮轮制造）与人才储备，加大资金和技术研发的投入力度，与高校建立邮轮发展智库，举办邮轮发展国际研讨会等活动，提高邮轮发展集群的竞争力。

（八）区域旅游合作加强

1. 与珠三角区域的合作

加强与国内其他城市尤其是珠三角城市群其他城市之间的区域合作，充分利用广州作为珠三角经济中心、交通中心的地位，不断强化广州旅游的集散整合功能，推动珠三角区域旅游一体化实现跨越式发展。加强广州市各区之间的合作与联动，以区域特质为根本，以价值主线为引领，以功能打造为目的，以交通整合为保障，整合资源，优化线路，共享利益，通过科学合理的旅游空间布局，实现广州市各区文化旅游的联动发展，提升广州市旅游的整体功能、价值、效益与影响力。

2. 与泛珠三角区域的合作

联合泛珠三角区域各旅游城市，创建泛珠三角无障碍旅游圈；制订旅游行动计划，打造泛珠三角区域旅游品牌；建设"网上珠三角"智慧旅游信息平台，形成泛珠三角旅游共享信息网络；建立区域旅游协调发展基金，创新旅游投融资平台，举办和参与旅游项目投融资推介会。务实推进穗港澳、广深珠、广佛肇、广清韶、广中江及泛珠三角地区旅游合作，发挥地域文化优势，深化穗港澳及泛珠三角区域旅游合作，整合多方资源，打造合作品牌。推进智慧旅游试点，加快推进区域旅游资源营销、旅游代理、电子支付和安全认证的一体化服务，形成点面结合的区域数字旅游体系和产业链。

3. 与高铁沿线城市的合作

加快广州市与南宁市、长沙市、南昌市、昆明市、武汉市、南京市等高铁沿线城市的旅游交流合作，并通过高铁枢纽城市铁路部门的助力，积极开发"乘高铁、游广州"等相关旅游产品，共同打造区域精品旅游板块。

4. 与国际友好城市的合作

广泛建立与国外主要城市的旅游合作关系，特别是"一带一路""海上丝绸之路"沿线国家，以商务、宗教、教育、体育、文化等为平台，积极开拓国际文化旅游市场，推进区域旅游客源组织、文化交流等领域的合作。加强与港澳的合作，完善穗港澳区域旅游合作机制，加强穗港澳邮轮、游船、游艇等方面的旅游合作，以血缘、地缘、文化为纽带，提升广州市旅游对港澳市场的吸引力。

参考文献

肖佑兴：《制度视角下的广州市旅游发展历史阶段及其特点》，《广州城市职业学院学报》2015年第2期。

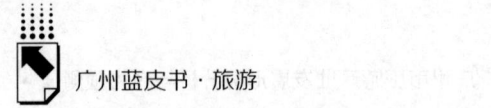

傅云新等：《旅游业竞争力研究——以广州为例》，科学出版社，2015。

王建军、宋传敏：《广州旅行社行业人才需求分析及对策研究》，《物流工程与管理》2016年第4期。

广州市地方志编纂委员会：《广州市志（卷六）》，广州出版社，1996。

广州年鉴编委会：《广州年鉴》，广州年鉴社，1995～2005。

广州市统计局：《广州统计年鉴》，中国统计出版社，2005～2016。

广州市旅游局：《广州市旅游统计汇编》，2005～2016。

专题篇
Special Reports

B.2
供给侧改革背景下培育广州旅游产业新优势研究

庄伟光 邹开敏*

摘　要： 推进供给侧结构性改革，是当前我国应对经济发展新常态的重大举措。新常态背景下广州经济面临增速换挡、动力转换局面，同时广州旅游业却逆势发展，居民消费已经步入快速转型升级的重要阶段，巨大的旅游市场需求正在加速释放，其作为经济战略性、支柱性产业的地位日益突出，广州旅游业迎来黄金发展期。因此，在"一带一路"背景下，在粤港澳大湾区建设过程中，如何根据市场需求的变化，推进旅游业供给侧结构性改革，提高供给体系质量和效率，引领需求

---

* 庄伟光，广东省社会科学院旅游研究所所长、研究员，广东省政府决策咨询顾问委员会专家委员，广州市人民政府第三届决策咨询专家；邹开敏，广东省社会科学院旅游研究所副研究员。

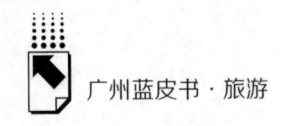

结构升级，提升综合竞争力与影响力，并为广州旅游业发展提供持续动力，是本研究的要旨。

关键词： 供给侧改革　旅游产业　旅游市场

一　旅游业发展促进广州供给侧结构性改革

"在适度扩大总需求的同时，着力加强供给侧结构性改革，着力提高供给体系质量和效率，增强经济持续增长动力"，是广州解决当前经济社会发展中深层次结构性矛盾和问题的攻坚战。广州作为中国对外开放最早的南方沿海商业港口都会城市、首批全国历史文化名城和中国最佳旅游城市之一，在推进全域旅游发展，促进产业深度融合方面有三大着力点：一是推进国家旅游综合改革试点，加大旅游重大项目和片区的开发建设力度，发挥旅游在广东供给侧结构性改革中的龙头示范作用；二是推进"21世纪海上丝绸之路"等区域旅游合作，落实"十三五"规划纲要，完善旅游公共服务体系，构建城市旅游标志性品牌形象宣传推广体系；三是推进南沙自贸区、粤港澳大湾区建设，承担龙头旗舰"先行先试"的探索使命。旅游业作为供给侧结构性改革的先行产业、动力产业和优势产业，其对广州供给侧改革的助推作用主要体现在以下两个方面。

（一）有助于广州供给侧结构性改革政策措施的有效落地

在现阶段"去产能"工作中，必然伴随着部分产业工人离岗、分流，其中大部分工人未来的就业领域将由工业转向服务业，而旅游、休闲、娱乐产业等则是承接劳动力转移的最佳产业。通过"旅游+"的途径，融入现代技术以及旅游元素与功能，构建个性化、层次化、多元化的供给产品体系，拓展发展新空间，旅游业能够发挥其他产业难以替代的承载就业的作用。

(二)有助于推进广州旅游业自身的供给侧结构性改革

广东省人民政府《关于促进旅游业改革发展的实施意见》明确提出，"十三五"期间，将按照创新、协调、绿色、开放、共享发展的要求，加快旅游业发展方式转变，增强产业内生动力，扩大对外开放，着力打造"活力广州"旅游品牌，促进旅游强省建设。2017年6月，广州市出台《广州市人民政府关于进一步加快旅游业发展的意见》（穗府函〔2017〕79号），强调推进旅游业供给侧结构性改革，推进全域旅游发展。目前，广州旅游业的发展存在着有效供给不足、城市休闲空间与度假产品品质尚需提升等问题，城乡基本公共服务及设施已经不能很好地满足民众日益增长的休闲与文化消费需求。广州旅游业应进一步推动自身的供给侧结构性改革，在粤港澳大湾区建设背景下，不仅要从内部寻找增长引擎，而且要更多地从外部获得创新动力。因此，旅游与文化、商贸等其他产业和新技术跨界跨业融合成为广州旅游业发展的必然趋势。发展全域旅游，推动"互联网+旅游"融合，通过文旅融合、产业新城、特色小镇、乡村旅游、精品民宿、汽车营地、邮轮游艇、低空飞行、医疗康养旅游等新业态的发展，优化结构，盘活资源，创造新的消费点，给旅游产业带来新的市场、新的方向和新的生命周期，促进广州旅游业的创新发展与优势凸显，推动广州供给侧结构性改革有效进行。

二 广州旅游业供给侧结构性改革及产业发展的优势与短板分析

目前，全国都在积极推动全域旅游、"旅游+"跨界跨业融合发展，特色小镇建设如火如荼，广州亦应在"一带一路"倡议与粤港澳大湾区建设中，主动实施创新驱动发展战略，为构建个性化、层次化、多元化的旅游供给市场提供支撑，从而使广州成为中国南部旅游开放合作新高地，重塑中国南部旅游版图。但总体上广州旅游业仍存在规划缺位、投入不足、联动不强、融合不够四大发展问题，供给与需求不相匹配，高品质、个性化、精细化的新业态和休闲度假产品供给严重不足，呈现结构性过剩与结构性短缺并存的局面，阻碍旅游产业新优势的形成。

(一) 广州旅游产业发展优势

广州是旅游大市，在发展旅游业方面具有天然的优势：一是全市生态环境优良，四季常青，主题公园、森林公园、城市花园、生态景观带、商务旅游设施建设均处于全国领先地位；二是交通四通八达，构建了海陆空一体化的交通网络，实现了以广州为中心枢纽辐射全省的高速网络；三是广州四季温润，气候宜人，非常适合旅游；四是旅游资源丰富，尤其是城市商务度假、主题公园、文化旅游、温泉康养、森林生态、滨海游艇等休闲旅游产业体系完善；五是旅游消费能力强，出游热情高，旅游休闲度假蔚然成风。一直以来，广州各项旅游指标均位居全省第一，国内知名。

(二) 广州旅游产业发展创新力不足

近年来，较之于国内一些旅游强市的追赶超越，广州旅游业面临着发展理念保守、发展空间与环境遭到挤压、发展模式陈旧等新老问题的困扰，随着商务旅游以及主题公园在全国各地的兴起，其固有的吸引力在下降，尤其是创新力不足，极大地制约着广州旅游产业优势的发挥。其具体表现在三个方面：一是广州2016年旅游总收入虽然继续保持在全国前列，但与其他省份的强市以及省内深圳等市的差距缩小，广州旅游总收入3217.05亿元，深圳为1368.66亿元，而杭州实现旅游总收入2571.84亿元，同比增长16.87%。二是旅游接待人次随着商务旅游在全国的兴起也有所下滑，2016年广州旅游接待5941.23万人次，深圳旅游接待5695.72万人次，而2016年杭州接待中外游客14059万人次。在当前中国入境游客数量整体处于稳定期的情形下，2016年杭州入境游客更是达到363.23万人次，同比增长6.34%。成都则持续推进旅游业供给侧结构性改革，2016年全市旅游总收入突破2500亿元，同比增长22.55%；接待游客数量突破2亿人次，同比增长4.71%，其中，接待入境游客270万人次，同比增长17.39%，接待国内过夜游客6800万人次，同比增长21.71%，世界旅游目的地城市建设已见成效。2016年武汉旅游总收入达2501.34亿元，同比增长13.83%，游客接待量达2.33亿人次，同比增长12.47%。三是2016年拥有的5A级景区数量方面，江苏和浙江也超过了广东（见图1），而广州只有两个，分别是长隆旅游度假区与白云山景区。

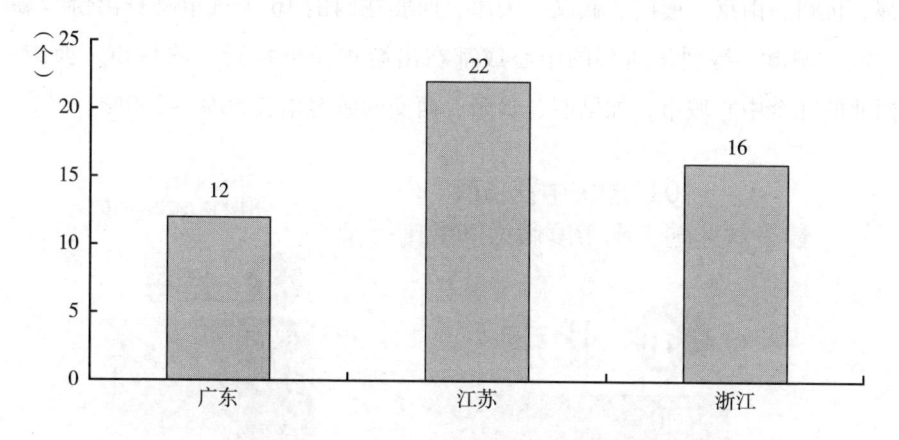

图1 广东、江苏、浙江5A级景区数量

从2016年旅游城市吸引力排行榜来看，以国家旅游局命名的339个中国旅游城市中的地级以上城市及中国旅游研究院的60个国内重点旅游样本城市为基础，从各地区旅游接待人数、旅游总收入和百度搜索整体指数三个维度进行评价，吸引力指数位居前10名的城市分别是上海、北京、重庆、成都、杭州、广州、天津、武汉、深圳和西安。广州虽然有长隆野生动物世界等少数知名景区，但整体吸引力还是相对较低。

分析2017年国庆中秋假日的旅游数据发现，广州对外地旅客的吸引力偏低。2017年国庆中秋长假期间，从在线预订旅游度假产品的人数看，国内旅游度假目的地前10名中没有广州，最受欢迎的城市包括北京、上海、杭州、三亚、昆明、厦门、桂林、成都、张家界、贵阳（见图2）。根据携程网发布的2017年十一黄金周国内景区网络人气排名：杭州西湖、北京故宫、上海外滩、厦门鼓浪屿、浙江乌镇、安徽黄山、上海迪士尼、西安兵马俑、丽江古城、三亚亚龙湾人气最高（见图3），成为国庆期间人流最密集的景区，这其中也没有广州的景区。2017年国庆中秋长假期间，"出游力"排行榜排名前20的城市是上海、北京、深圳、广州、成都、武汉、杭州、南京、西安、天津、长沙、重庆、厦门、昆明、合肥、贵阳、青岛、济南、郑州、无锡，上、北、广、深依然是"十一"假期旅游的主力军。包括成都、杭州、南京、厦门、武汉、天津、西安在内的16个城市跻身出游"新一线"城市，特别是西部的中心成都在出游规模上接近一线城市。西南、西北的几个中心城市，如昆明、贵阳、西安的游客增长50%~100%。

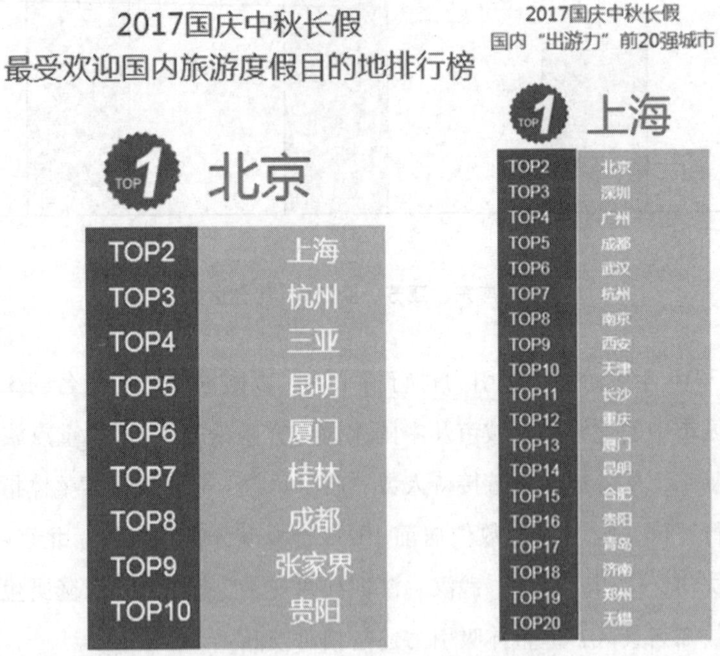

图2 2017年国庆中秋长假国内旅游城市排名

资料来源：携程旅游。

2017十一黄金周 国内景区网络人气 TOP10

TOP1	杭州西湖
TOP2	北京故宫
TOP3	上海外滩
TOP4	厦门鼓浪屿
TOP5	浙江乌镇
TOP6	安徽黄山
TOP7	上海迪士尼
TOP8	西安兵马俑
TOP9	丽江古镇
TOP10	三亚亚龙湾

图3 2017年十一黄金周国内景区网络人气排名

资料来源：携程旅游。

根据2017年国庆旅游趋势分析，人均消费最高的城市分别是上海、北京、沈阳、广州、大连、福州、深圳、武汉、成都、天津，与收入水平基本成正比，北京、上海两个"超一线"城市"十一"出游的人均消费达到约7000元（见图4），与其他城市拉开差距，出境游消费更是超过万元（见图5）。除此以外，广州、青岛、杭州、南京、温州等东南沿海城市的消费水平也较高。

从上述数据分析来看，受来穗商务出行等综合因素的影响，广州在旅游发展总体规模上仍具有一定优势，但与其他旅游发达城市比较，作为旅游目的地的吸引力还相对较低，与其游客来源地及消费能力的地位不相称，未来旅游产业创新发展还有巨大的空间。

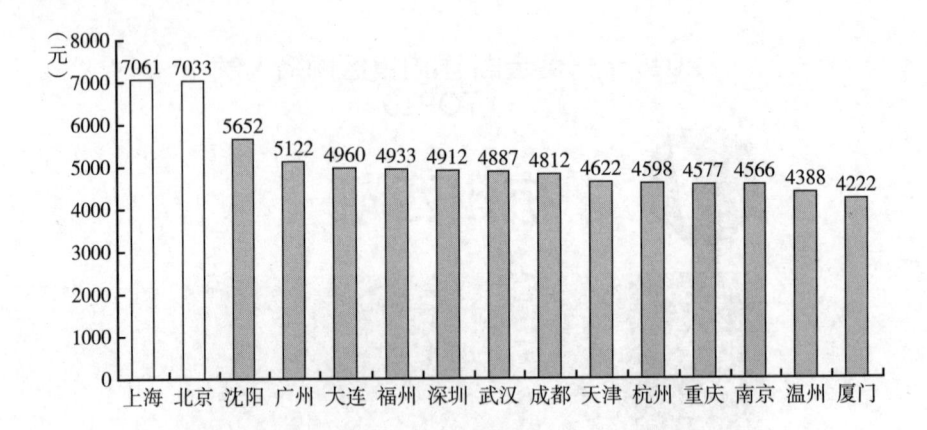

图 4　2017年国庆中秋长假国内旅游消费能力排名

资料来源：携程旅游。

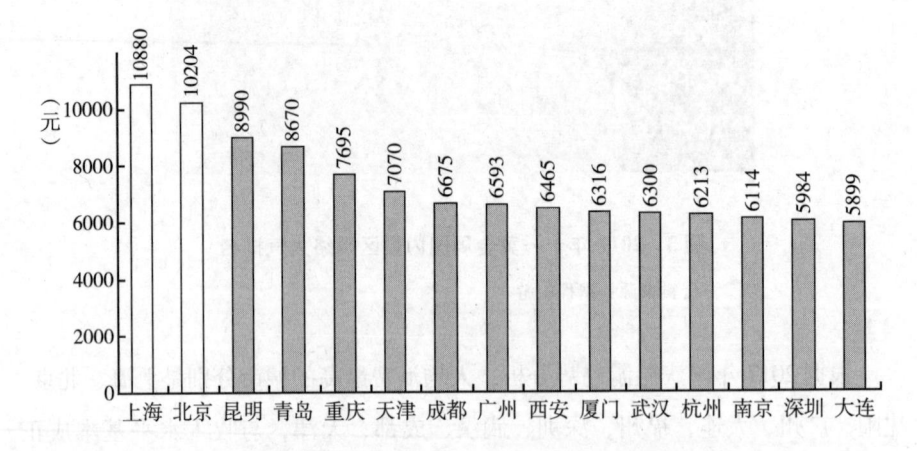

图 5　2017年国庆中秋长假出境旅游消费能力排名

资料来源：携程旅游。

（三）创新发展及"旅游+"产业融合难以取得实质进展的原因分析

1. 政策、制度不配套，规划缺位、投入不足、联动不强

《广东省人民政府关于印发贯彻落实国家〈"十三五"旅游业发展规划〉实施方案的通知》等文件中多次提到通过养老旅游地产、创意园区地产等消化房地产库存，从供给角度发展新业态，这的确是一个很好的举措。但是，目前因为政策、制度不配套，规划缺位、投入不足、联动不强，旅游与养老、创意地产的融合难以顺利实现。现行的医疗保险制度不支持异地结算，旅游养老相关法律法规不健全，司法可操作性不强，不利于旅游养老健康产业的发展。此外，文化旅游创意产业园区的建设，也存在政府扶持政策不到位、财政投入不足、现代技术应用与融资引进不足等问题。

2. 人才要素供给严重不足，"旅游+"产业融合呈现"两张皮"

产业融合是当前经济发展的重要趋势，未来旅游业在助推供给侧结构性改革的过程中也必须重视与互联网、养老、医疗、房地产、文化、创意、影视、教育等相关产业的协同、交叉与融合发展，构建"旅游+"服务的多元产业链。目前，广州"旅游+"产业尚处在简单融合阶段，需要更加专业系统的整合。与快速发展的旅游业相比，旅游服务行业还存在较大的人才缺口，人才整体素质偏低，人才保障机制和开发机制相对滞后。

三 强化旅游业供给侧结构性改革、培育产业新业态的对策

按照广州推进供给侧结构性改革行动计划，旅游产业应从优化服务供给入手，适应需求结构的变化，使旅游公共服务体系建设和"旅游+"产业融合成为旅游业供给侧结构性改革的重要抓手和创新思路。首先要确定"全域全程、主客共享、智慧引领、软硬兼备"的发展目标，广州应针对现存的规划缺位、投入不足、联动不强、融合不够四大发展问题，坚持"规划先行、优化机制、拓展供给、融合发展"的原则，改革创新，加快构建资源整合、产业融合、共建共享的全域旅游发展新格局，以全域旅游模式推进粤港澳大湾区广州国际旅游生活圈城市景观群的构建，充分运用大数据平台、创新驱动与人才机制，有效提升旅游公共服务水平，促进旅游业供给侧改革。

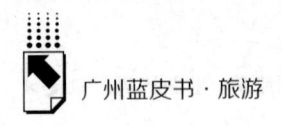

（一）强化顶层设计和规划政策引领，以需求为导向，减少"旅游+"产业融合壁垒

加强产业融合系统布局和顶层设计，减少产业融合壁垒。"旅游+"的跨界跨业深度融合以及新业态的形成，不宜完全依靠市场或企业来实现，政府必须主动参与，积极制定鼓励"旅游+"产业融合政策，建立健全产业融合发展的技术标准体系，减少产业融合壁垒。提升旅游业的文化创意水平，推动旅游业结构的"创意转向"，加强旅游业与互联网、文化、农业、工业、商贸、地产、体育、教育等的深度融合。具体政策方面，在符合生态环境保护要求和土地利用总体规划等相关规划的前提下，要加快落实旅游用地、用海政策，给予旅游新业态充分的支持；抓紧制定针对康养旅游等新业态的行业标准和体系；完善弹性工作制和带薪休假制度；加强金融财税政策支持。

（二）搭建全域旅游公共信息服务平台，以智慧旅游建设，推进产业融合纵深发展

网络经济的崛起，为广州旅游业带来极大的发展机遇。构建旅游大数据中心，实现与相关大数据平台的无缝对接，是实施广州"互联网+旅游"战略的关键，也是旅游产业向智慧化发展的前提和基础。应搭建高效的政府公共信息服务平台，建立全市旅游业公共信息服务数据资源共享和分级管理机制；加快智慧旅游和创意城市发展，运用"云平台"为产业融合政策发布、信息咨询以及全面沟通交流等提供便捷的公共信息服务。

（三）培育"旅游+"产业融合市场主体，以业态创新，推动产业结构转型升级

拓展供给，利用多元主体平衡供需结构，整体布局、多级联动、社会参与、一体化推进。培育各类旅游市场主体，加快培育高端休闲度假、养老养生、时尚休闲、文化创意等多元化旅游新业态，拉长旅游产业链，构建现代

旅游产业体系，拓展旅游发展新空间。鼓励将旅游开发与商务会展、体育赛事和地方节庆活动相结合，增加旅游元素，配套旅游服务功能，培育地方特色浓郁的旅游品牌。

（1）按照国家"一带一路"倡议的总体部署，依托海上丝绸之路沿线丰富的文化资源，推动海上丝绸之路世界文化遗产的申报，主动推进以广州为龙头的海上丝绸之路文化旅游带的开发与发展，融入现代文化创意，建设海上丝绸之路"会客厅"和"产业园"，形成海上丝绸之路文化旅游产业发展的新高地，形成广州旅游文化新地标，开创广州在海上丝绸之路文化传承与建设中的新局面，推动文化旅游、休闲娱乐、会展博览、文化装备制造、文化创意、动漫游戏等新型文化产业发展；充分发挥粤港澳旅游产业集聚优势，构建粤港澳大湾区国际都会旅游圈，建设世界知名的粤港澳大湾区景观群，培育一批旅游产业集聚区，把广州南沙培育成为中国沿海继上海、天津、香港之后又一个重要的邮轮母港。

（2）以全域旅游为引擎，盘点文化资源，建设一批旅游特色休闲街区，突出国际化、岭南化、高端化、全域化特色，并逐步延伸为城市品牌价值、旅游景观价值、休闲游憩价值、商业经济价值等多元价值体系。在广州千年商都的背景下，越秀区以北京路历史文化旅游街区为核心，创建国家5A级旅游景区，成为文化历史村落、街区旅游发展的示范样本；创建一批特色旅游城镇和旅游小镇，创建一批旅游特色村，打造一批乡村旅游连片开发示范区，打造精品民宿，发展创意休闲农业，加快乡村旅游发展，努力在旅游精准扶贫方面走在前列。

（3）保护与开发南粤古（驿）道，与海上丝绸之路有效对接，挖掘沿道的文化与遗存，激活南粤古（驿）道与绿道无缝对接的旅游产业，构建环南粤古（驿）道与绿道对接海上丝绸之路的文化、生态旅游圈，推动区域旅游业均衡协同发展。

（4）借鉴美国加州一号公路的经验，主动加快广州沿海旅游公路示范建设，推动形成千里滨海旅游走廊，激活沿线高端休闲度假旅游产品与粤东、粤西地区滨海旅游业，培育滨海旅游产业集群带。

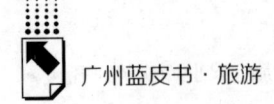

（5）整合"北回归线"上的旅游资源与文化遗存，辐射沿线景观群，打造独具魅力的生态康养旅游产业集群带，扶持振兴粤东等地区的生态康养旅游。

（6）培育珠江黄金产业带与产业聚落：推进"珠江黄金岸线"风景廊道与景观群建设，在东部走廊打通临江大道脉络，接通城际轻轨，与国际金融城连成一片，激活黄埔及临港经济区，形成现代化时尚景观群；强化海珠、番禺规划，活化琶洲、珠江后航道、环珠江口湾区，使海珠、番禺成为继天河之后又一个充满活力与影响力的景观群；延伸珠江黄金岸西线走廊，深化荔湾旧城改造规划，建设大坦沙、白鹅潭、广钢新城等景观群，使其焕发新活力。

（7）以供给侧改革为引擎，进一步促进红砖厂创意园区、T.I.T创意园、黄埔古港古村的后工坊等的培育与发展，打造融科技、创新于一体的创意主题园区，将第二产业的高新技术制造业与第三产业的服务业有效融合，形成文化旅游创意新业态，使人才资源、影视科技资源、文化资源（影视文化、动漫文化、衍生文化、信息资源、文化创意）源源不断地输入主题公园内，共同完成各种类型的高科技主题园区建设，成为供给侧改革强有力的引擎。

B.3 广州会奖旅游发展现状及对策分析

李若岚[*]

摘　要： 会奖旅游具有经济带动性强、组团规模较大、旅客停留时间较长、消费档次较高、利润较高等竞争优势，由此在高端旅游市场中最具含金量，成为世界先进城市争相发展的高端产业。在全球会奖旅游大发展的背景下，广州作为商务及会展旅游目的地，在全国会奖旅游城市的综合实力中排名前三，发展潜力巨大。但未来仍要在会奖旅游品牌培育、产品开发、国际国内合作、人才建设、扶持力度等方面努力。

关键词： 会奖旅游　国际会展　商务旅游

一　会奖旅游的内涵

一般来讲，会奖旅游即会展及奖励旅游，主要包括四个部分：Meeting（会议）、Incentives（奖励旅游）、Conferencing/Conventions（国际性会议、行业峰会、论坛、学术会议等）、Exhibitions/Event（展览、节事活动），简称MICE。具体来看，会议、展览旅游通常是指在举行各种会议、展览等活动的基础之上，开展的特殊旅游活动；而奖励旅游则是指企业为激励工作绩效高的员工，及成绩优秀的经销商或代理商而专门组织的旅游活动。旅游产业链与会展接待服务链之间的关系如图1所示。

---

[*] 李若岚，广州市旅游局行业培训处处长，暨南大学旅游管理专业硕士（MTA）校外导师，博士。

广州蓝皮书·旅游

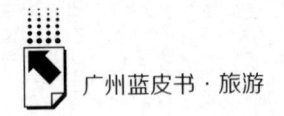

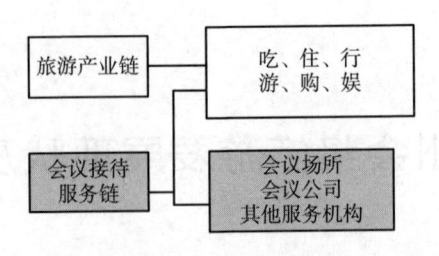

图1 旅游产业链与会展接待服务链之间的关系

二 发展背景及意义

目前，国内、国际重要的会奖旅游展览会有中国（上海）国际会奖旅游博览会（IT&CM，4月，上海）、ILTM Asia（5~6月，上海）、中国（北京）国际商务及会奖旅游展览会（CIBTM，9月，北京）、中国会议产业大会（CMIC，12月，北京）、墨尔本会奖旅游展（AIME Melbour，2月）、德国法兰克福国际会奖旅游展（IMEX，4月）、欧洲会议奖励旅游展（EIBTM，5月，瑞士日内瓦）、CONFEC Blue（6月，葡萄牙阿尔加维）、Asia Meeting & Incentive Travel Exchange（AMITE，7月，新加坡）、美国芝加哥会议奖励旅游展（9月，芝加哥）、西班牙巴塞罗那会奖旅游展（BTM WORLD，11月，巴塞罗那）。

（一）国际背景

全球每年召开大大小小的国际会议超过16万次，其产值高达2800亿美元，占全球旅游业总产值的比重将近5%；同时，保持高速增长（每年达到8%~10%），其增速远远高于全球旅游业的增速（预测约4.4%）以及全球GDP的平均增长水平。尤其是一些高层次、大规模的国际会议，对经济社会的带动效应更为显著，呈现专业化程度高、市场化程度高、展会面积规模化和会展产业集中度高等特点。

据统计，全球每年有近350万人参加会奖旅游。会奖旅游产品吸引游客的点在于感觉和创意,而不是价格。会奖旅游与休闲度假作为高级旅游形态的一部分,在发达国家早已发展成熟,会奖旅游具有组团规模较大、游客停留时间较长、消费档次和水平较高、利润较高且受季节性影响较小等特点,被看作旅游市场最具含金量的部分。

在国际上,会奖旅游产业已经形成了专业化的分工体系,在实践中形成了很多会展方面的国际组织,如国际大会及会议协会(ICCA)、国际奖励旅游管理者协会(SITE)、国际会议专家联盟(MPI)、国际协会联盟(UIA)等。这些国际性的专业协会向其会员提供信息服务并召开教育性研讨会,在专业接待服务、统计指标体系的建立、服务规范化等方面起到了非常重要的作用。在全球80多个国家和地区,MPI拥有71个分部23000多名会员。在会议产业发展的各个阶段,城市都扮演着非常重要的推动者角色。也正因如此,几乎所有的欧美国家都建立了会议与旅游局(CVB)。新加坡、马来西亚、泰国会议与旅游局在市场推广运作方面也相当成熟。

国际大会及会议协会(ICCA)每年中期发布全球国际会议(主要统计国际协会会议)的统计数据,根据统计情况分析,国际主要会议目的地接待国际协会会议的数量存在一定变化,其中亚太地区以及中国的国际会议数量变化幅度较大。根据中国会奖旅游城市联盟推出的ICCA国际会议市场分析报告,2016年举办国际会议最多的国家仍为美国,举办国际会议934场,比上年增加9场会议,紧随其后的第2~5名分别是德国、英国、法国、西班牙,举办的国际会议数量分别为689、582、545、533场,中国、日本以410场国际会议并列第7位,中国承接国际会议的数量较2015年有明显增长,增加了77场。国际大会及会议协会评价"中国有可能成为21世纪国际会奖旅游首要目的地"。

(二)国内背景

经过改革开放几十年的努力,中国经济取得了举世瞩目的发展。高速的经济增长和发达的产业贸易是会奖业发展的基础。我国会奖旅游业迎来发展的大好时期。

近几年我国会奖旅游市场得到快速发展,每年的增长速度均超过了20%,会奖旅游游客数占我国出游游客总数的39.9%,会奖旅游已成为我国入境旅游市场中的重要组成部分。根据ICCA统计,2016年中国共举办了410场国际社团会议,比2015年增加77场,从2001年到2016年,中国平均每年举办会议263场,平均增长17.4%,经历了2002年、2004年、2006年和2016年四次大爆发,从2011年开始出现稳步增长的态势,说明中国正在成为越来越多国际协会青睐的国际会议目的地。

随着旅游产业的迅猛发展,旅游业逐渐成为战略性支柱产业,"十三五"是旅游业充满机遇和挑战的阶段,我国越来越多的省市开始把会奖旅游业作为发展的突破点,以带动区域旅游、会展乃至整个社会经济全面发展。随着近几年世界会奖旅游市场向亚太地区尤其是中国转移,我国除了北、上、广一线城市之外,其他二、三线城市(如杭州、三亚、昆明、成都、南京、西安等)也纷纷大力发展会奖旅游,以会奖旅游带动城市发展。

展览业方面,据《2016年中国展览经济发展报告》预计,在供给侧结构性改革以及"一带一路"倡议的背景下,未来我国展览业将呈现四个新趋势。

1. 保持稳定增长态势

目前越来越多的城市开始重视展览业的发展,为展览业稳定发展创造了良好的环境。同时,供给侧结构性改革、"一带一路"倡议、"互联网+"战略等的落实,将推动社会经济的发展,为其注入新的活力,进而为全国及各城市展览业的持续发展带来新的机遇。

2. "一带一路"沿线国家和地区仍将是出国展览的重点区域

当前,各国、各地区共建"一带一路"的合作开局良好,进展顺利,"一带一路"已经得到100多个国家和地区的积极响应,也取得了一定的阶段性成果。2017年,我国成功举办了"一带一路"国际合作高峰论坛,进一步加强了各国和各地区之间发展战略的对接,促进更多合作项目落到实处。因此,"一带一路"沿线国家和地区仍将是我国出国展览的热点和重点区域,其也给会展旅游业的发展带来很好的机遇。

3. 项目并购将是展览业发展的"常态"

越来越多中国企业的挂牌上市，为我国展览业资本实力的提升提供了很大的发展空间，改变了以往外国展览公司并购中国展览项目的局面。因此，我国本土展览企业具有很大的希望和潜力加入国际展览项目并购的进程之中。

4. 区域展览的不平衡格局将会加剧

各区域拥有的经济条件、城市发展基础条件、可用资源等有所不同，同时政策调整、场馆规模、市场变化等多方面的因素也会导致地区展览业的发展存在不平衡现象，并且这种不平衡还将会进一步加剧。

（三）发展意义

其一，发展会奖旅游产业与国家、地方政府推动旅游业转型升级的目标是一致的。目前，国务院把旅游业推到了"战略性支柱产业"的高度。在传统观光旅游业遭遇发展瓶颈的情况下，调整旅游结构，走内涵式发展道路，推动旅游产业升级换代，成了旅游业努力的主要方向。在这种背景下，着重发展以会奖旅游为核心的高端旅游，成为我国旅游业发展的重要趋势之一。

其二，发展会奖旅游可以提升传统旅游目的地的综合竞争力。自然和人文资源是传统旅游目的地的主要吸引物，通常这些资源与传统的观光旅游紧密结合，存在很大的弊端，如市场竞争太多、季节性非常明显、游客消费水平很低、综合竞争力不高等。然而，会奖旅游的发展可将会议设施等要素作为一种吸引物加入旅游目的地，提升旅游目的地的整体吸引力，从而进一步提升旅游目的地的综合竞争力和吸引力。

其三，参加会奖旅游的游客，其人均消费远远高于传统的观光游和度假游。根据相关统计数据，香港举办会展活动的人均消费达到24826港元，这是普通度假游的3倍；一般情况下，游客在新加坡旅游的停留时间是3.7天，人均消费710新元，而参加会议的游客其停留时间达到7.7天，人均消费达1700新元。

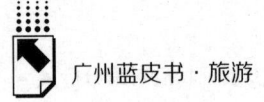

其四，会奖旅游能够与观光游形成淡旺季的互补。会奖旅游的淡旺季不明显，其计划性很强，一般也会避开法定节假日、寒暑假等传统观光游比较集中的时间段。

其五，会奖旅游可以提高旅游酒店设施的利用率。据美国会议产业理事会（CIC）统计，美国会议客人占酒店客人总量的比例为36%；我国会议客人占酒店客人总量的比例平均为27%（《会议》杂志），而会奖旅游较为发达城市的会议客人所占比例明显高于一般城市，如北京市东城区酒店的会议客人所占比例达到了33%。

三 广州会奖旅游发展现状

（一）商务会奖资源丰富

广州作为商务及会展旅游目的地的发展潜力巨大，广州是国家中心城市、南方最大的海陆空交通枢纽，目前广州拥有专业展览场馆6个，室内展览面积53.48万平方米，A级景区52家（其中5A级景区2家、4A级景区25家），旅行社571家（其中出境游组团社120家、外资旅行社7家），星级酒店181家（其中五星级、四星级酒店分别是22家、35家），国际品牌酒店、高星级酒店的数量居珠三角第一，导游3.29万名、领队4156名。其旅游交通、旅游餐饮、旅游购物和旅游娱乐环境日益完善，形成了较大的产业规模和一批各具特色的旅游产业集群。广州市是我国首批历史文化名城，"食在广州"的声名远播、2010年亚运会给广州带来的新的城市形象、贸易会展业的发达以及"72小时过境免签"政策的落实，都是广州发展商务会奖旅游得天独厚的优势。

一是商务会奖客源优势。广州是珠三角经济区的核心城市，不仅对于省内的其他城市，而且对于中国香港、澳门乃至东南亚地区都有很强的影响力。根据《会议》（MICE-Link 杂志）与百度大数据合作发布的《2015中国会奖城市吸引力指数（第一、二季度）》，在中国的会议客源地排名中，广州位居第三，仅次于北京、上海。可见，广州是中国会奖城市主要的客源地。挖掘商务会奖的优势客源，有可能将广州建设成我国除了北京、上海之外的第三大会议城市。

二是展览业优势。广州在国际展览业界享有较高声誉，世界最大的展会——中国进出口商品交易会就落户广州，中国面积最大的前六名展会都在广州。"十二五"期间，广州展览业发展较快，展览面积从735万平方米增加到858.57万平方米，曾超过北京，仅次于上海，位列全国第二。根据世界展会城市展出业绩、场馆展能和展商实力三大指标综合排名，广州综合排名第14，场馆展能排名第6。会议与展览是孪生兄弟，其具有很强的相互促进作用。

三是岭南文化的包容性和开放性。广州是古代海上丝绸之路的发祥地、近代革命的策源地、岭南文化的中心地，改革开放的前沿地，有着"千年商都"的美誉。中西文化、海洋文化和中原文化在这里交会融合，形成了独具特色的岭南文化，具有海纳百川的包容性和开放性。这种深入人心的城市品格使发展会奖旅游具有独特的优势。

（二）国际会展影响较大

广州拥有"千年商都"的美誉，在发展会奖旅游方面具有得天独厚的优势和基础。同时，广州也是我国最早的会展之都，已经建立起白云国际会议中心、进出口商品交易会展馆等世界一流水平的会展载体，会展业发展的政策体系比较完善。《广州市旅游业发展第十三个五年规划》中，明确提出要大幅度提升广州"会奖之都"的旅游优势。此外，2017年的《财富》全球论坛、2018年的世界航线大会以及2019年的国际港口大会等高端会议都将在广州举行，广州将迎来会奖旅游的黄金时刻。

国家"十三五"对会展业的规划中，提出广州琶洲岛要打造成为"世界第一会展城"，不断引领广州建设成为国际会展中心城市。据统计，2015年以来，每年广交会采购商（来自200多个国家和地区）的数量就在18万家以上。问卷调查结果显示，70%的网友认为广交会极大地促进了广州旅游业的发展，弘扬了广州文化，并提升了广州旅游的品牌形象，拉动了全市整体经济增长，也带动了餐饮业、酒店业等的发展。第25届广州国际旅游展览会（以下简称展会），于2017年2月23～25日在中国进出口商品交易会展馆C区成功举办。本届展会展出规模达28600平方米，来自51个国家和地区的980家旅游单位参展，分别比上年增长13.3%和2.5%；国际参展比例高达66%；特邀专业买家800位，同比增长2.56%；现场共接待专业观众及游客总人数为14.23万人次，比上届增长15.2%。

2016年全国展览馆面积省份比较中，广东省占比15%，居全国第一。2016年，全国有97家参展单位赴63个国家组织参展1492项，同比增长7%；参展企业数达5.84万家，同比增长12%；展出面积达83.5万平方米，同比增长14%。

2016年举办50个以上展览会的城市中，广州市有201个，仅次于上海、北京，居全国第三。依据会展业绩、会展企业、会展场馆等综合指标衡量，北、上、广三大会展中心城市具有明显的优势，而杭州、重庆、成都、南京、深圳等城市的发展也非常快速。可见，我国会展业已经形成了由北、上、广引领全国发展的格局。

四 广州会奖旅游发展面临的挑战

（一）广州会奖业面临"标兵太前，追兵太紧"的局面

由于世界经济发展重心的变化，世界会奖旅游的发展重心出现逐步向亚太地区转移的趋势。广州国际会奖旅游目的地建设主要面临来自亚洲，特别是中国主要会奖旅游城市和周边城市的竞争。

上海会展业的发展尤其迅猛，目前上海会展业各项指标名列全国各城市之首，城市会展综合竞争力指数高达335分，高出广州146分之多。上海国家会展中心建成并投入使用后，吸引了不少大型展会抢滩上海，广州原有的展览先发优势和专业场馆展能优势都已经被上海超越。广州广告展、广州家

具展（秋季）等一些品牌展会移居上海，广州酒店用品展、照明展等尝试在上海举办姐妹展会。挑战还来自广州周边的广东本土其他会奖城市，主要是深圳、东莞、佛山。广东31个超过10万平方米的展会中，深圳有10个，东莞、佛山各有3个，具有一定的竞争实力。深圳、佛山正在规划建设新的国际会展中心，必将进一步增强竞争力。同时，中西部城市也在发展会展业方面出台了一系列促进措施和优惠政策。

（二）打造国际会奖旅游目的地任务已迫在眉睫

1. 广州会奖旅游发展缺乏顶层设计

与任何新兴产业一样，会奖旅游也需要政府的参与及扶持。国内外各城市会议产业成功运营的实践已经充分证明这一点。目前，广州的会奖旅游还没有十分明确的主管部门，存在多头管理现象，广州市商务委会展促进处的职能主要是"负责会展业的统筹协调、宏观规划和引导促进"。广州市协作办公室展贸服务处的职能是"负责组织本市企业赴外地举办或参加各种专题、各种形式的博览会；配合广州市会展业领导小组做好广州市会展发展的协调工作"。这两个部门主要聚焦会展业，而会奖旅游属于高端旅游的重要形态，其重点在于营销城市、营销会奖旅游产品。广州市旅游局市场推广处的职能主要是"承担国内、国际旅游市场开发工作和合作交流事务，承担广州旅游整体形象的宣传推广工作"，发展会奖旅游只是市场处的一项工作。各个部门都根据自身职能来发展广州会奖旅游的某一方面，却没有形成合力，进行全方位的顶层设计。目前国内存在两种管理模式，一方面是政府会展部门从会展角度管理会议产业，另一方面是旅游管理部门从会议与奖励旅游角度管理会议产业。会展部门更多的是从会议产业对于城市社会经济发展、优势产业与科研的带动等角度来看待会议产业的。而旅游部门发展会议产业主要是为了旅游产品的高端化、多样化，为了实现旅游业的升级换代。只有把"会奖旅游"列入"大旅游"的范畴，成立由旅游或商务部门牵头的跨部门联席工作会议机制，明确广州会奖旅游的发展定位，制定规划政策，进行宣传推广，各部门形成合力，广州会奖旅游才能全面发展，才能提

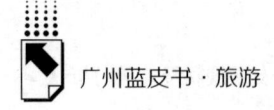

升广州的城市形象和美誉度。

2. 广州市拥有的高层次会议主办主体相对较少

一个城市会奖产业的发展状况往往与该城市会议发起主体的数量和层次密切相关。知名国际会奖旅游目的地几乎都是重要国际组织的所在地，并拥有众多政府和非政府机构以及跨国公司总部。如国际会议之都巴黎、日内瓦分别拥有联合国机构或国际总部200多个。这些重量级的国际组织本身就是重要的会议资源，为所在城市带来了大量国际会议。北京之所以成为中国会议产业最发达的城市，很大程度上是因为北京拥有众多的国际组织、国家级政府部门和机关事业单位以及企业总部。2014年，北京拥有世界500强企业总部52家、中国500强企业总部98家，其数量均居中国之首。而广州分别是2家、12家，远低于北京、上海、深圳。

3. 会奖旅游人才紧缺

我国目前正处于会议产业快速发展时期，会议专业人才需求十分旺盛。中国于2013年推出"会议运营管理师"（CCMP）认证，"会议运营管理师"（CCMP）指具有会议专业理论知识和较高会议策划与运营管理能力，能够满足会议与奖励旅游市场发展所需的会议策划、管理、运作、服务等实操能力的高级应用型人才。这对于中国会议产业培养面向未来的国际化人才具有重要的战略意义和现实意义。其不仅涉及政府会议组织管理与接待、会议场所运营管理、会议酒店营销、社团会议运营与管理、企业会议运营及接待，还包括国际会议市场发展等。目前，全国会奖旅游从业人员的数量远远不能满足市场需求，广州更是如此。在每年的广交会期间，都出现服务与管理人员严重紧缺的现象。会奖旅游市场的拓展，急需一些外语水平良好、学历较高、活动策划能力强的全方位复合型人才。可以说，人才的竞争就是会奖旅游市场竞争的根本。

广州在发展会奖旅游业方面还有很多挑战需要应对，包括对于会议产业在旅游业乃至城市社会经济发展中的战略性作用与价值的认识，作为会议与奖励旅游目的地的总体规划与设计，政府在会议与奖励旅游业发展中的管理与协调作用，目的地接待服务体系的建设与运行，广州会议产业竞争优势的研究与锻造，会议市场统计与人才培训机制的建立等。根据《2015中国会奖城市吸引力指数（第一、二季度）》，在"中国人都喜欢去哪儿开会"中，广州仅列第14位。说明广州作为会奖旅游目的地的吸引力不仅不如遥遥领先的上海、北京，而且已经被深圳、南京、重庆、武汉，甚至苏州、三亚所赶超。因此，广州亟须促进会奖旅游的发展。

五 经验借鉴

（一）北京会奖旅游发展

近几年，北京市政府及旅游行业企业都十分重视高端会奖旅游的发展。早在2000年，北京市旅游局就率先成立了国内唯一的"国际会展奖励旅游开发处"，后调整为"会奖与高端旅游处"，另设"大型活动处"。

北京市为大力培育会奖旅游产业，把北京打造为国际高端的会奖旅游目的地，成立了北京市旅游发展委员会下属的专责部门——高端旅游发展处，出台了《关于促进北京地区会议与奖励旅游发展的若干意见》和《关于会议与奖励旅游发展资金的实施细则》，并以公开招标购买服务的方式，委托专业机构提供会奖旅游公共服务，主要协调北京市会奖旅游发展的具体工作。

2008年11月，在北京市人民政府发布的《关于全面推进北京市旅游产业发展的意见》中，提出要尽快将旅游产业培育为北京市新的经济增长点和支柱性产业，将首都建设成为亚洲商务、会展之都以及国际一流的旅游城市，北京旅游产业应实现"从数量规模向质量效益转变，从传统旅游观光向现代都市旅游、休闲度假、会议奖励、商务会展等高端旅游转变"的总体思路。

2006年，北京市高端商务入境游客人数占入境游客总数的50%以上。根据ICCA公布的城市排行榜，2014年，北京共举办104场国际会议，在全球各大城市中居第14位，在亚太城市中居第2位，在国内居首位。2012年经北京市旅游委申办，北京成功举办被业内誉为"世界会奖旅游业奥运会"的Site全球年会。2014年11月，北京在怀柔区雁栖湖成功召开APEC会议，展现了中国作为世界大国的国际形象。2014年，北京市接待会议数量达23.1万次，接待会议人数达1639.3万人次，会议收入达102.2亿元。预计到2020年北京接待会议数量达30万次，接待会议人数达2000万人次。

北京已经确立了"高端会奖旅游之都"的地位，会奖旅游是北京发展高端旅游的突破口。同时，北京作为我国政治、文化和国际交往中心，许多国际国内知名会议都会选择在这里举行，这是北京发展高端会奖旅游得天独厚的优势。

（二）上海会奖旅游发展

为推进会展旅游目的地形象建设，上海市旅游委在2006年4月举行了首批"上海会议大使"聘任仪式。组建上海会奖旅游推广工作组，这是吸引会议、展览、奖励旅游及各类盛事活动在沪举办的一次重要尝试，明确提出把上海建设成为亚太地区新兴的会展、会奖旅游城市的目标。上海市"十二五"旅游发展规划明确提出要将上海打造成国际会展旅游目的地城市。

2014年5月，国际大会与会议协会（ICCA）发布了国际协会会议市场2013年度报告。报告指出，2013年，上海共举办国际协会会议72场，居全世界第29位，比2012年上升了6位。2013年，"上海会议大使"以及各行业人士充分发挥在各自领域内的影响力、号召力，推动一批高品质、国际性的会议落户上海。2013年国际小儿肾脏病大会、2013年第26届脑血流和代谢国际研讨会、第十六届亚太感染控制大会、第四届亚太肝胰胆协会双年会、2013年世界胃肠病大会暨亚太消化周学术会议等十余个国际会议在沪召开。

此外，作为全球最具影响力的国际协会会议组织之一，国际大会及会议协会于2013年在上海成功举办了第52届全球年会，吸引了来自61个国家和地区的916名与会代表，是该协会历史上在欧洲地区以外举办的规模最大的一次年会。这次年会有利于进一步宣传推介中国及上海，吸引更多更具影响力的国际会议落户中国及上海，推动上海成为亚太地区领先的国际会议举办城市。

（三）杭州会奖旅游发展

近几年，杭州市旅游委员会重视会奖旅游的发展：2009年，成立了会奖旅游部；2011年，成立了国内第一家MICE专业协会——杭州市会议与奖励旅游业协会；对于旅行社引入或原创的国际会展都有奖励措施，杭州市政府给予的最高奖励达到单个会展100万元。在这种由市旅游委牵头、推广中心会奖部落实、会奖旅游业协会配合的独特组织机构统领下，杭州的会奖旅游业得到了充实的发展，凸显出会奖旅游的发展势头和潜力，连摘中国MICE领域的"金海鸥奖"和"金椅子奖"等荣誉，荣获"2011中国最佳品牌会议城市"称号。杭州已经成为除北京、上海之外国内最具魅力的会奖旅游目的地之一。

杭州旅游委根据市委、市政府的指示精神，在下属事业单位——杭州市旅游形象推广中心专门成立了会奖旅游部，采取"走出去、请进来，入组织、重合作，聘大使、推形象"等营销推广手段，开展杭州会奖旅游各项工作。除此之外，2011年杭州成立了国内第一家MICE专业协会——杭州市会议与奖励旅游业协会。协会在整合杭州市会奖资源、发挥整体优势、开展基础调研、提高行业服务水平、协调会奖政策、积极开拓市场等方面的工作，发挥了高效的平台作用。

杭州通过2016年的G20峰会，初步建成国际重要的休闲中心，实现习总书记提出的"独特韵味，别样精彩"。计划到2022年，通过亚运会，建成国际重要的休闲中心。

（四）其他地区会奖旅游发展

近三年，国内云南、海南、贵州、四川、广西等省份，成都、厦门、海

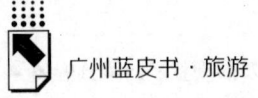

口、昆明、珠海等城市陆续成立了会议展览局，大部分出自商务部门，其中厦门会展局于2014年移交到厦门市旅游局，会展局局长兼任旅游局副局长，北京、上海和杭州的会奖旅游由旅游委牵头，已经发展了十几年，体系相当成熟。

海南、云南和南京市近几年的会奖旅游发展迅速，积累了多年的发展经验。各地相关部门开展了有关会奖旅游的一系列营销工作。三亚每年开展夏季旅游促销活动，并取得良好的效果，让三亚会奖旅游整年都处于"常青"状态；南京市一方面免费开放许多公园和景区，另一方面又专门组团赴东南亚地区宣传推广，不断提升南京的城市旅游影响力。

六 对策建议

（一）利用旅游大平台，推进会奖旅游目的地城市的建设

1. 充分整合各类特色资源，提供优质会奖旅游服务

以精品旅游景区和重大旅游集聚区建设为目标，制订并实施旅游区品质提升计划。充分引入民间资本，发挥其创造性和竞争特质，有效整合岭南文化、都市风光、健康养生、特色产业等旅游资源，打造出诸如西关－沙面风情、番禺水乡风情、长洲岛慢生活、大型实景演出、茶文化、粤美食、夜生活等旅游精品和主题线路。将会奖活动与旅游紧密结合，专门针对会奖客人的需求设计包装"广州游"产品，为在广州参加会奖活动的客人提供优质且优惠的"广州游"产品及服务。鼓励旅行社围绕重大节事活动，如广州马拉松赛、广州国际龙舟邀请赛等群众参与度高的活动，专门设计多日游旅游产品及线路，延长游客逗留天数并提高旅游消费水平。

2. 利用国际旅游组织及会奖组织平台进行推介

利用广州市目前加入的亚太城市旅游振兴机构（TPO）、世界旅游城市联合会（WTCF）、中国会奖旅游城市联盟等组织平台，参加中国会议产业

大会（CMIC）每年举办的活动并在其官方杂志《会议》等平台上加强广州会奖旅游形象及产品的宣传推广。积极申请中国会奖旅游城市联盟、中国会展经济研究会的活动（如论坛、夏季峰会等）在广州举办。

3. 借助广东国际旅游产业博览会、广州国际旅游展览会（GITF）、境外旅游推广中心等平台进行宣传推广

在每年举办的广东国际旅游产业博览会和广州国际旅游展览会上专门设置广州会奖旅游形象展示区，通过灯箱画展示、宣传片播放、资料派发等形式，邀请各项重点活动的主办或承办单位进行现场宣传推介；也可安排专场推介会，统一发布并逐一介绍各项活动的筹备举办情况，让境内外旅行商及媒体对广州市当年的重点奖会及节庆活动有进一步的了解，进而吸引他们参与到相关活动中来。同时，还可利用广州国际旅游展览会的会奖旅游论坛，大力宣传广州市的会奖旅游资源及会奖服务水平。以广州市境外旅游推广中心为平台，大力宣传广州市会奖资源。

4. 采取"走出去"战略，借助境内外旅游展会、旅游推介会等机会进行推介

积极参与国内外重要会奖旅游展会活动，鼓励会奖企业根据重要奖会、展会及大型节庆活动的需要，有针对性地整合广州会奖旅游资源，对会奖旅游产品进行包装，深入了解国际会奖旅游发展前沿资讯，对接买家，争取更多的会奖活动在广州举行。

5. 实施"请进来"措施，努力开拓国际会奖旅游市场

邀请并组织国际会奖组织、大型协会、知名的会奖公司前来广州，深入考察广州的奖励旅游资源，邀请全球知名的高端旅游集团负责人与广州旅行社、酒店负责人进行接触洽谈，全面展示广州的会奖旅游资源和产品。

6. 通过立体化、多渠道的营销手段进行推广

在广州市旅游局官方资讯网、微信、微博、APP、Facebook、Twitter等社交媒体平台上设置会奖旅游专栏，汇集广州会奖资源、活动和案例资讯。在广州旅游问询中心、广州旅游问询自助查询机、广州旅游集散中心等平台上专题推介会奖旅游项目，做好宣传工作。

利用广州市旅游局现有的传统及户外媒介宣传推广渠道，如广播、电

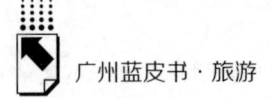

视、报刊、南航杂志、广九直通车、围墙广告等媒介，重点推介会奖旅游资源及会奖旅游线路。

编印展现广州会奖旅游资源的多品种、多语言宣传册，包括《广州会奖之都》（设资源篇、活动篇、案例篇等）以及各种会奖分类宣传册和其他综合性宣传资料，对广州市会奖旅游形象及资源产品进行专题及综合性宣传推广。

（二）加大扶持力度，建立会奖旅游产业可持续发展的奖励机制

1. 出台优惠政策，吸引国际性奖会落户广州

积极发挥政府对产业发展的导向和支持作用，出台相关优惠政策，对申办重要国际会议和展览的有关单位给予一定补贴，对成功引进国际性会议、奖励活动等的主办或承办方给予奖励和专项资金政策支持，以吸引更多的国际性活动及会议落户广州。策划实施会奖特惠季活动，政府按会议消费额的一定比例补贴来穗办会单位，引进高端会议，切实拉动企业年会及行业协会、学会市场。

鼓励国际国内会奖主办机构、行业组织、买家、媒体等到广州市开展交流、采访、合作洽谈；为在广州市举办重要国际国内会奖活动的组织机构提供政策、经费等方面的支持；鼓励和引导相关组织机构在广州市创办有影响力的国际国内品牌会奖活动，并吸引影响力大的品牌会奖活动在广州落户。

2. 出台奖励政策，鼓励会奖公司（含旅行社）、协会等单位经营会奖旅游产品

出台奖励办法，对引进由广州旅行社、酒店、科研机构、协会等单位承办接待的大型会议与奖励旅游活动给予奖励，由相关部门及市财政局共同研究制定《广州会奖旅游奖励办法》，鼓励更多的部门、企事业及协会等单位从事会奖活动或提供会奖服务。

鼓励相关组织机构在本市申办重要国际和国内会议，并给予政策、资金等方面的资助；支持本市会奖机构开展国内外会议市场促销和宣传活动；支持和引导本市会奖组织机构积极加入国际知名行业机构，与国际知名会奖组

织结构开展交流与合作；同时，支持国际国内重要会议、奖励旅游专业公司、协会组织等在本市设立分支机构。

鼓励并支持有关院校积极开展会议、会展专业教育和职业培训，建立起与市场需求相匹配的会议、会展专业人才体系；引导和支持科研机构积极开展会议、会展等相关活动，逐渐提升会议产业的核心竞争力。

（三）实施会奖品牌推广战略，打造我市会奖产业总体形象

1. 与国际知名媒体及会奖专业媒体合作，大力宣传我市会奖城市形象

与国际知名媒体 BBC、CNN、CNBC 及会奖专业知名媒体《中外会展》《会展旅游》《会议》等合作，借助广交会等重大会展活动在国际上树立广州城市品牌形象，吸引国内外知名会奖专业媒体和综合类报刊对活动进行宣传报道，提高广州市作为国际会奖旅游目的地城市的知名度及美誉度。

2. 拓宽宣传渠道，实施精准营销战略

借助广交会、"一奖两会"、"广州国际纪录片节"、"2017 财富全球论坛"、"2018 世界航线大会"和"广州马拉松赛"等重大会展及活动，宣传推介城市品牌；利用广州市国际友好城市、友好交流关系及往来城市、国际机构、驻穗领事馆、民间友好组织的资源，举办各类交流活动进行宣传推广；借助每年各部门外出参加重要国际会议及商务、文化、体育等交流机会，重点宣传推介城市品牌、行业品牌和企业品牌。

（四）成立广州会奖旅游联盟，逐步完善会奖产业体系

1. 成立机构，完善工作机制

建议由广州市旅游局、广州市商务委指导，成立广州会奖旅游联盟，包括广州酒店行业协会、广州旅行社行业协会、广州地区景区协会、广州会展行业协会、广州餐饮行业协会、航空公司、各大酒店、会议中心、景区及旅行社、会议公司、公关公司等涉及会奖旅游全链条的单位。秘书处负责联盟日常事务，提供平台供联盟成员进行信息交流、联合举办展会活动、整合资

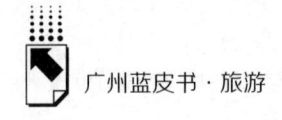

源吸引国内外大型会议来穗举办、开展会奖知识培训等。

2. 成立广州会奖旅游联盟，拓展产业链

建立由会奖活动买家、会奖活动场所（包括会展中心、酒店等）、会奖公司（包括旅行社）、会奖专业媒体、景区景点（包括社会旅游资源点）、航空公司等组成，以会展组织者（PCO）和目的地接待者（DMC）为核心，集行业专业机构、供应商、服务商、中介公司等于一体的会奖产业上下游产业链，逐渐形成广州会奖产业的整体合力和综合竞争优势。

（五）积极参与国际合作，争取申办国际性会奖活动

1. 积极加入有关国际组织

2012年广州市加入中国会奖旅游城市联盟，并积极探索加入国际大会及会议协会（ICCA）、国际奖励旅游管理者协会（SITE）、国际会议专业者联盟（MPI）等国际会奖专业组织，积极开展战略合作，努力争取在本市举办大型国际展会、会议和活动等，争取申办国际性会奖大会，打造广州国际会奖旅游目的地形象。目前，上海和北京都已经加入ICCA，对吸引国际会议来本地举办起到很大作用。

2. 积极参加国内外知名的专业展会

积极参加联盟的各项活动并努力推动广州会奖旅游发展，参加每年12月的中国会议产业大会（CMIC）——中国会议产业界最具影响力的业务平台。2014年广州市旅游局开始组织旅游企业参加中国（北京）国际商务及会奖旅游展览会（CIBTM），为各旅游企业与买家对接、宣传推广和洽谈业务提供平台，并将广州作为会奖旅游目的地进行大力推广。

（六）落实供给侧改革，提供多样化的会奖旅游产品

1. 落实供给侧改革，实施社会资源旅游化战略

在全市选择一批适合会奖旅游参观的"社会资源旅游访问点"及重点行业开放点，包括社区、市场、教育、文化、医疗、科技、信息、工业、农业、休闲服务业等，充实、丰富广州市旅游产品的内容，满足日益变化的国

际旅游市场需求，为境内外会奖活动参加者提供丰富的会奖旅游产品。

2. 利用节事活动，打造会奖旅游产品

利用广州丰富的节事活动资源（大型活动、展览、体育赛事等），打造专项会奖旅游产品，如广州国际龙舟节、广州国际灯光节、广州时尚购物节、广州马拉松赛、增城荔枝文化节、从化香雪梅花节、花都油菜花节、黄埔波罗诞等。

（七）以国际化为标准完善配套设施，提高旅游服务质量

会奖旅游的全过程非常注重细节和整体配套安排，这就要求相关配套基础设施等级要高、员工要有高级专业技能、组织策划者要有专业化的组织能力等。建设会奖旅游目的地需要相关部门（如治安、交通、卫生、防疫等）的共同努力。按照国际化标准完善旅游配套设施，重点完善旅游集散中心、旅游咨询服务中心（主中心、分中心、旅游咨询点）、旅游标识系统和旅游交通网络，以提高城市的开放度和可进入性。

（八）建立会奖旅游人才智库，为会奖旅游产业可持续发展提供人才保障

建立会奖专业人才智库，加快培养会奖旅游专业人才。加强与全球最大的会议奖励管理者协会MPI以及ICCA、SITE等的战略合作，对会员进行培训和认证，为广州培养一批高端会奖旅游专业人才。借助高等院校、行业协会等资源平台培养高端会奖专业人才，并充分利用广州每年接待大量高端会奖旅游的机会，在此平台上，全力提升接待服务队伍的实践能力。

（九）整合会奖资源，打造具有国际影响力的会奖品牌

从现已确定的全市国际性会议、奖励活动、论坛、年会、重要展会、大型活动等项目中，筛选有代表性和国际影响力的活动进行整合，每年可选取12个主要项目进行重点推介，统一策划、包装，并印制宣传资料专题推介。

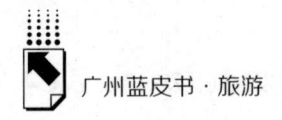

（十）发挥名人效应，争取更多国际会议及活动的举办权

实施"广州会奖大使"制度，聘请有关高校、科研院所、学会、协会、企业等单位的专家学者、学术带头人和行业精英及有社会影响力的人士任"广州会奖大使"，利用他们在国际不同领域中的影响力，配合他们到国内外会议舞台上竞会、争会，吸引一批专业性强、层次高、影响范围大、人数多的国际专业会议、大型展会及活动落户广州。

参考文献

范智军、司徒慧明：《广州会展旅游业发展模式研究》，《广东轻工职业技术学院学报》2012年第1期。

范智军：《城市会展旅游业成长路径研究——以广州为例》，《城市旅游研究》2012年第2期。

庚为、牛英华：《城市会展业竞争力的实证研究——以京、沪、穗为例》，《江苏商论》2012年第12期。

刘畅：《广州会展经济发展研究》，广东外语外贸大学硕士学位论文，2015。

杨耀炜：《广州市会展营销策略优化研究》，广东工业大学硕士学位论文，2013。

林瀚：《广州会展史研究》，广州大学硕士学位论文，2007。

罗玉蓉：《上海会奖旅游廊道构筑研究——以浦东MICE集聚区为例》，上海师范大学硕士学位论文，2009。

王春才：《北京市会奖旅游发展的制约因素及其破解路径》，《城市问题》2015年第6期。

胡彩霞：《天津市会奖旅游发展探析》，《新经济》2015年第26期。

朱韬、任琳：《昆明会奖旅游资源分析及评价》，《旅游纵览》（下半月）2014年第6期。

王青道：《2016年ICCA国际会议市场分析报告》，2016。

储祥银：《发挥先天优势，建设国际会展中心城市》，《2015年广州会展业发展报告》，广州出版社，2015。

广州市商务委、广州市社会科学院联合课题组：《广州市会议产业发展的比较研究》，《2015年广州会展业发展报告》，广州出版社，2015。

B.4 广州市邮轮旅游发展现状研究

蔡进兵[*]

摘 要： 自2016年起广州邮轮旅游步入常态化运作阶段，国际邮轮公司进入南沙港临时码头，广州邮轮旅游得到迅猛的发展。广州邮轮旅游产业以东南亚的短航线为主，产品比较单一，客源市场集中于省内，且中老年乘客占比大，市民对邮轮旅游的消费观念不强。当前，广州港仍是临时码头在运作，母港还在建设之中，码头周边的基础设施和相关配套设施还很不完善。

广州邮轮旅游发展潜力巨大，但仍需加快母港建设，完善相关配套设施和服务；政府应加大投入力度如市场推广和资金扶持等，挖掘潜在客源市场；落实邮轮旅游发展相关政策，如专业人才引进或培育政策；打造邮轮产业链，积极发展航运中心产业、高端邮轮服务业、邮轮制造或维修业等，全力推进广州邮轮旅游业的发展。

关键词： 邮轮旅游 邮轮产业 邮轮母港

---

[*] 蔡进兵，广州市社会科学院产业经济与企业管理研究所副所长、研究员、博士。

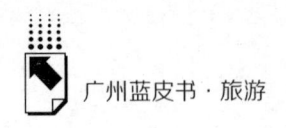

一 广州邮轮旅游的发展现状

（一）邮轮旅游发展规模

1. 发展阶段

萌芽期。在广州南沙临时码头经营邮轮旅游之前，在黄埔旧港，广州经营的船运公司都有开通航线，90%是从香港或深圳中转的。广州到海口有客轮"椰香公主"号从广州（黄埔码头）到海口（秀英码头）的往返航线，每周3个航班，每个航班耗时约18小时，船价在160~450元之间不等。

快速发展期。进入2016年之后，广州市邮轮旅游步入常态化运作阶段，国际邮轮公司进入南沙港临时码头，星梦、歌诗达等大型国际邮轮公司都在南沙港开设航线。航线密度、航线长度、航线丰富度、轮船载客量等方面，与之前相比都有重大的突破。2016年广州市邮轮旅游业取得爆发式发展，邮轮旅游成为经济新的增长点。2016年1~11月，每周游客规模大约在2000人次，11月之后，达到每周3000多人次。2016年11月13日，云顶香港集团旗下首艘为中国市场量身定制的星梦邮轮——云顶梦号在南沙港启航，承载3400名旅客到访越南、中国香港。与此同时，广州南沙联合星梦邮轮于2016年11月11日至20日隆重举行主题为"新梦想－新启航"的"2016南沙国际邮轮旅游文化节"。

稳步发展期。2017年第一季度，广州邮轮旅游产业保持平稳增长，增速约30%。在产品、服务等方面进一步创新，如南湖国旅推出"环中国海"循环航线46天游，歌诗达于4月之前都在南沙停靠，云顶梦将长期进驻南沙。2018年底广州南沙母港建成之后，广州邮轮旅游将迎来黄金发展期。广州在客源市场方面优势突出，南沙母港建成后广州将成为华南邮轮旅游的主力军。

2. 发展规模井喷式增长

2016年南沙港临时邮轮码头共靠泊国际邮轮132艘次，进港旅客20.08

万人次,出港旅游 19.86 万人次。全年接待国际邮轮游客 32.6 万人次。2016 年广州南沙邮轮旅客量已超过深圳、青岛,与上海、天津同处中国邮轮产业"第一梯队",居全国第三,成为全国邮轮港口出入境旅客量增长速度最快的港口(见图 1),且上座率达 86%。

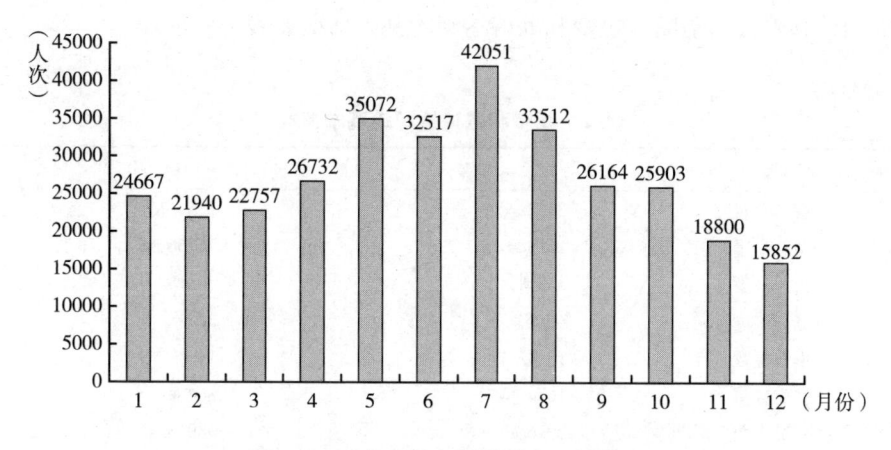

图 1 2016 年南沙邮轮旅游出入境情况

随着国内邮轮旅游的发展,以及全球邮轮公司不断将豪华邮轮部署到中国市场,广州邮轮旅游市场的运力投放量要不断增加。2017 年多种大型邮轮进入广州,其运载量几乎是 2016 年的两倍,预计 2017 年广州南沙靠泊邮轮 151 艘次,旅客吞吐量 40 万人次;2018 年靠泊邮轮 200 艘次,旅客吞吐量 60 万人次。

(二)由国外垄断的邮轮公司运营

1. 以星梦和歌诗达两大邮轮公司为主

目前,国内邮轮几乎被国外几家大型邮轮公司垄断,导致国内邮轮服务标准、法律以及基础的管理制度都有所缺失,缺乏规范性。国内仅有上海和青岛有自己的小型邮轮,承载量和航线比较有限。如天海邮轮公司(携程所属)与皇家加勒比合作,拥有一艘 76000 吨(可载 2000 人左右)的船,以上海为母港,每周航行一次,主要包含三种类型:4 天 3 晚、6 天 5 晚、8

天7晚。但由于上海市场竞争激烈，价格较低，盈利情况不理想。

目前，长驻华南的邮轮公司主要有四家：歌诗达、皇家加勒比、星梦和丽星，其中歌诗达和星梦近两年会长驻广州。2016年11月13日"云顶梦号"、2017年1月23日"维多利亚号"邮轮分别进入广州港运营，广州也被国外邮轮公司垄断。星梦和歌诗达邮轮基本情况如表1所示。

表1 星梦和歌诗达邮轮基本情况

类别	星梦	歌诗达
载客量	3352人	2394人
排水量	151300吨	75166吨
长度	335米	253米
宽度	40米	32米
甲板层数	18层	14层
客房数量	1674间	864间
船员人数	2016人	480人
承建商	德国Meyer Werft	意大利
首航时间	2016年11月	2017年1月

云顶香港的第一艘星梦邮轮——云顶梦号，是首个亚洲本土豪华邮轮品牌，2017年4月起将提供由广州南沙港出发至日本的6天5晚航线。云顶梦号高18层，排水量超过15万吨，可搭载3400名旅客并配备2000名船员，船员与乘客比例领先亚太区邮轮业界。

2017年1月歌诗达维多利亚号在广州南沙港开航，包括6天5晚的广州—那霸/冲绳—八重山群岛—广州航线，以及3天2晚的广州—香港—广州航线。可搭载2300名旅游，船员乘客比例为1∶5。

2. 邮轮公司经营模式各异

不同的邮轮公司其经营模式稍有差别。如嘉年华邮轮公司的经营模式是持续不断的全球并购扩张、准确的市场和品牌定位、集团性及统一化的成本控制；皇家加勒比邮轮公司的经营模式是清晰的经营理念和品牌定位，不断追求技术和服务创新，重视健康、安全和环保的理念；丽星邮轮公司的经营模式是差异化的市场定位、邮轮经营理念创新、多元化的经营业务；歌诗达邮轮公司的经营模式是突出特色和独特风格，其产品和品牌定位明确，注重安全和环保。可见，邮轮公司在经营的过程中，应明确市场和品牌定位，追求邮轮服务创新，注重安全和环保。

邮轮公司的邮轮航线是环线回程，中途不能更换交通方式。邮轮公司一般通过当地的邮轮代理公司进行邮轮宣传、船票售卖等，以包船、切舱、网上直销的方式售票。而广州专门从事邮轮代理的公司还很少，目前主要由旅行社承担部分职能。随着广州邮轮旅游的发展和壮大，专业化的邮轮代理公司将独立发挥作用。

（三）旅行社的经营状况

1. 发展规模

2016年南沙邮轮首航是由广之旅牵头带动的，全年组织邮轮出入境旅游人数达4万人次，占整个广州市场的25%，有效带动了广州邮轮旅游的发展。2016年广州共有23家旅行社开展了邮轮旅游业务（见表2），占广州出境游组团社的25%。其中线下旅行社主要是广之旅、南湖、广东国旅、省中旅、中妇旅、港中旅、凯撒等20家，OTA是携程、同程、途牛3家。其中广之旅最早开展邮轮旅游业务，规模最大。

2. 由包船转向切舱

不同旅行社的经营模式稍有差别，线下旅行社以组团出境为主，如广之旅2016年出团人数为40824人次，全部为出境游客，出团人数占全国出境游客人数的2%。OTA以自由团出境为主，随着运营船只的增多、供求关系的变化，P-group和系统直连将是线上旅行未来的主要经营模式。

旅行社与邮轮公司的合作主要有两种方式。一种以硬切为主，旅行社预先购买一定数量的舱位，不管最后是否全部售完，都要向邮轮公司付全款；另一种是软切，先预定舱位数量，付定金，若船票未售完则损失定金，而不用承担全部船票费用（如皇家加勒比）。第二种方式从2017年才开始试用，如同程旅游通过包位加代销的方式来降低经营风险。

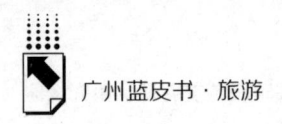

表2 经营邮轮旅游业务的旅行社分类

序号	旅行社名称	类型
线下		
1	广州广之旅国际旅行社股份有限公司	国企
2	广东南湖国际旅行社有限责任公司	民企
3	中国国旅(广东)国际旅行社股份有限公司	国企
4	广东省中国旅行社股份有限公司	国企
5	广东中妇旅国际旅行社有限责任公司	国企
6	港中旅(广东)国际旅行社有限公司	国企
7	广州欣辉假期国际旅行社有限公司	民企
8	广州市金马国际旅行社有限公司	民企
9	广州康辉国际旅行社有限公司	国企
10	广州中航国际旅游有限公司	民企
11	广州鹅潭旅行社有限公司	国企
12	广州市良辰美景国际旅行社有限公司	民企
13	广州市假日通国际旅行社有限公司	民企
14	广东和平国际旅行社有限公司	民企
15	广州大地恒国际旅行社有限公司	民企
16	广州东方国际旅行社有限公司	事业单位
17	广州一起飞国际旅行社有限公司	民企
18	广州缤纷旅行社有限公司	民企
19	广州渔民旅行社有限公司	民企
20	广东凯撒世嘉国际旅行社有限公司	民企
OTA		
21	广州携程国际旅行社有限公司	民企
22	广东同程创游国际旅行社有限公司	民企
23	北京途牛国际旅行社有限公司广州分公司	民企

旅行社经营模式已从代卖船票的包船模式转向切舱模式，其也将经历从线下向线上的转变。针对包船销售不完的船票，邮轮公司会给予一定的补偿，但是邮轮公司把控严格，派财务到旅行社查账再决定补偿金额。邮轮公司通过包船模式可降低经营风险，但随着收入的减少，相应的船上服务质量与材料投入的质和量都有所下降。而且在包船模式下，邮轮公司会要求上座率达到一定比例，一般要达到在80%以上，达不到最低上座率旅行社就要赔偿，因此包船对旅行社来说经营风险较大。

3. 赢利能力

目前广州开展邮轮旅游业务的旅行社，其邮轮旅游收入主要来自卖船票的佣金，并且根据订票量的不同，旅行社购买船票的价格也会不同。旅行社通过切舱模式可以赚取15%的佣金，除去经营成本与税费等，利润非常低，如港中旅只能获取6%~8%的毛利。再加上旅游税费较高，国企旅行社交税之后大多处于亏损状态。

（四）邮轮旅游产品现状

1. 邮轮航线主要分布在东南亚

国外邮轮的定位是高端休闲旅游产品，而国内则发展成为大众化、常规化旅游产品。在消费层次上，邮轮旅游产品相对传统旅游产品价格较高，一般最常见的是5~7天的产品。每艘邮轮根据航期、航线、舱位等来定价格，邮轮产品类型（硬件+服务）繁多。此外，游客还可以选择岸上的旅游行程，价格体系各不相同，较为复杂。

目前，国内市场以近海邮轮为主，日韩和越南航线占比90%以上，另外东南亚、港澳台航线也逐渐受到关注。广州南沙开通了到中国香港、越南、日本和韩国的航线，邮轮航线中一般短航线为2晚3天的产品，长航线为5晚6天的产品。如同程旅游在广州的产品有星梦邮轮的越南、日本及中国香港航次，歌诗达邮轮的日本和中国香港航次，丽星邮轮的越南、日韩航次等。广之旅推出的邮轮航线达18条，包括日本、中国香港、越南、中国台湾等目的地的航线。凯撒旅行社还开设了包括回程的46天环南太平洋航线，以及新研发的"环中国海"航线。由于产品种类繁多，一般小型、新型的旅行社难以承接，这不利于邮轮市场的发展。

2. 邮轮服务因所属邮轮公司而异

当前，邮轮船票几乎是一价全包，船票一般含有一天免费三餐、酒店房间等基本的服务，但仍有很多消费会另外收费。例如船上一般不免费提供网络，具体包括港务费、游轮燃油费、WiFi使用费、船上设施的使用费、房间服务费、岸上观光费等，到达目的地下船也会收取一定的费用。

大型邮轮上一般都会提供电影院、大剧院、棋牌室、赌场、免税店、舞厅、酒吧、俱乐部、健身房、游泳池、SPA 美容中心、图书馆、艺术展览馆、青少年活动中心、电子娱乐中心、水上乐园、绳索场、攀岩墙、迷你高尔夫、运动场等设施，并按时提供灯光表演、达人秀、音乐演出等娱乐活动。房间设施齐全，如基本的床上用品（奢华邮轮会提供品牌产品）、免费瓶装水、茶包和咖啡、平板电视、保险箱、冰箱、室内电话，不同的客房类型其房间面积和可容纳人数都有差别，一般每间房可容纳 3~4 人。豪华邮轮还会提供 24 小时管家服务，如餐饮预定、岸上观光行程安排、衣物熨烫与皮鞋抛光服务等。

邮轮的吨位和体量在不断提升，但邮轮公司的服务标准不统一，邮轮船票所包含的服务也有所不同，由于缺少规范与条例，遇到问题时赔偿措施也各不相同，一般只能通过旅行社来明确权利与义务。

（五）邮轮母港建设情况

1. 临时码头的运作

2016 年云顶香港集团有限公司与广州港股份有限公司合作，利用广州南沙港区三期工程 14#~16# 泊位中没有靠泊集装箱任务的泊位临时靠泊邮轮。2016 年 1 月起，丽星邮轮（香港）有限公司（以下简称丽星公司）旗下的"处女星号"邮轮从广州南沙港区三期码头出发，先后开通了南沙至中国香港、越南、日本的航线。目前，广州南沙三期码头不是邮轮专用码头，口岸查验、船舶垃圾接收、港口防污染等配套设施亟待完善。南沙虽有垃圾产业园可用于处理船污，但还未发挥作用。

广州南沙港邮轮旅游业务开展以来，邮轮公司把办票业务包办给广州港集团有限公司，邮轮公司派人对办票人员进行培训。为方便旅游及运输，联合邮轮公司在临时码头提供接驳车服务，开设市区集散点 7 个，目前已有 400 多位临时办票人员；运行航线 7 条，主要将游客从市区输送到码头，2016 年接送旅客约 6 万人次。在大沙头游船码头设置市区办票点，分流办票服务。在候船大厅设置港澳通行证自动签注机和自助通关设备，每个航班日派30名左右志愿者参与邮轮码头的指引、咨询、维持秩序等服务。目前南沙港临时码头通关效率很高，3000多名游客通关仅需1.5小时。

2. 邮轮母港的建设

广州南沙邮轮母港正在建设中，航站楼基坑支护大直径搅拌桩及三轴搅拌桩已全部施工完成，支护桩施工完成约16%，地下连续墙完成约25%，旧码头胸墙已开始拆除。广州南沙邮轮母港项目占地面积13.78万平方米，投资开发期为5年，广州南沙邮轮码头综合体总投资170亿元，项目于2016年8月开工，将于2018年底完工，2019年初投入运营。

该项目集大型邮轮码头、航站楼、主题酒店、商务中心及高端品牌免税商城于一体，年游客接待能力达75万人次，主要发展邮轮旅游和高端商贸两大主导产业。主要建筑物为航站楼（3层），首层占地面积1.35万平方米，总建筑面积3.5万平方米。广州南沙邮轮母港的建设包括1个规模10万GT邮轮泊位和1个22万GT邮轮泊位及相关配套设施，码头岸线总长770米。

南沙码头的建设分期进行，其中第一期建设投资3000万元，包括码头改扩建工程、口岸设备设施配备等；第二期继续扩建，计划投资2800万元，新增3000平方米的旅客候船设施及1座登船桥、10条自助查验通道等设备设施。

3. 母港建成后运作

广州南沙邮轮母港的建设由广州中交邮轮母港投资发展有限公司（以下简称中交邮轮）承担，负责航站楼、码头及相关配套设施建设。航站楼的1号地主要用于商品房、写字楼、码头的建设，2号地全部用于商品房建设。一期建设整个航站楼6万平方米，其中3.5万平方米的产权归南沙区政府，由中交邮轮代建，建成后拥有30年的运营权，包括航站楼1、2层的绝大部分区域及码头；2.5万平方米的产权归中交邮轮，主要包括航站楼的3、4、5层和1、2层小部分区域。邮轮母港建成后的运营主体由中交邮轮牵头，与广州港集团有限公司合作经营（还在商谈中），建成后所有权仍归南沙区政府。

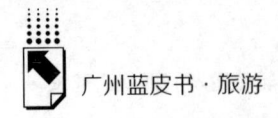

广州港邮轮旅客通道将于2018年全部变更为电子护照（外国人有效期6个月），通过指纹、电磁或面部识别，5秒钟即可通关。目前南沙边检站有45位工作人员，有28条通道，其中8条人工通道、20条自助通道，通关效率很高。母港建成后2个泊位按8800位旅客计算，通关将在3小时以内完成。另外，旅行社可在码头设办公室/点，以解决旅游通行问题。

广州地理条件优越，拥有充足的邮轮旅游客源，具有很强的市场潜力和辐射力。开通邮轮母港后，不仅珠三角市民将体验到更便捷的邮轮之旅，贵广、南广、武广等高铁沿线城市的市民也可便捷地抵达广州登船出行。

（六）邮轮旅游市场分析

1. 客源分布较集中

根据调查，广州市邮轮旅游绝大部分客源为省内游客，占比88.49%，以广州、深圳、佛山、东莞、中山、珠海等珠三角城市为主；国内其他省份的游客占比为11.33%，主要来自广西、湖北、湖南、四川、重庆等周边省份，个别来自北京、浙江等省市；国外游客比重仅为0.18%。广州邮轮旅游客源高度集中，市场半径小，一是因为广州旅游认知度低，对外省市的吸引不够；二是因为作为母港城市，广州的吸引力可能低于传统旅游城市，例如厦门、三亚。

2. 中老年群体最多

邮轮在国外属于中高端消费，国内消费者多为中老年群体，消费能力有限。2016年广州市邮轮旅客中55岁以上群体比重最高，暑假、寒假和国庆期间（邮轮旅游旺季）该比例有所下降（见图2）。

（1）游客整体年龄结构。2016年广州邮轮游客中，18岁以下游客占9.87%，18~25岁游客占9.33%，26~35岁游客占19.34%，36~45岁游客占26.22%，46~55岁游客占14.21%，55岁以上游客占21.03%。可见，游客以中老年人居多，大多游客以夫妻或家庭组团的方式出游。性别上女性游客相对较多，女性游客比重为57.06%，男性游客比重为42.94%。

（2）不同邮轮的游客年龄结构。如图2（a）所示，云顶梦号55岁以上

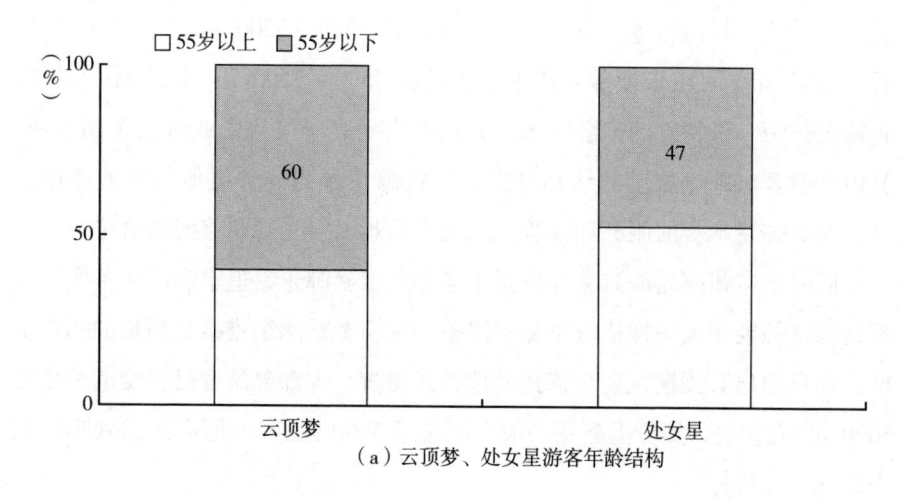

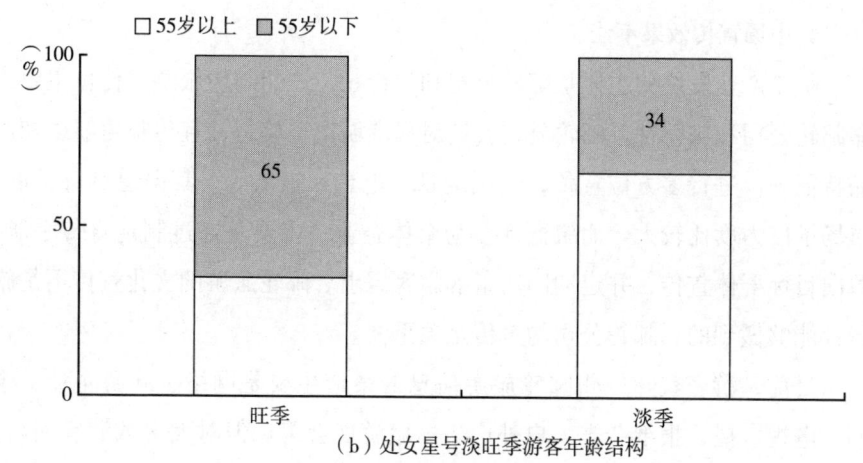

图 2 邮轮游客年龄结构

(a) 云顶梦、处女星游客年龄结构

(b) 处女星号淡旺季游客年龄结构

游客占40%，处女星号55岁以上游客占比53%，老年群体对不同邮轮的选择有所差异。

(3) 不同季节的游客年龄结构。如图2（b）所示，在邮轮旅游旺季（暑假、寒假和国庆）55岁以上游客占比35%；淡季时，由于老年群体有闲暇时间，出游较多，55岁以上游客占比66%。

3. 游客消费观念不强

目前，广州邮轮旅客整体消费水平较低。根据访谈，2016年1~11月，

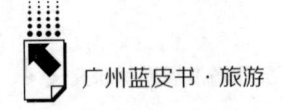

处女星号从广州南沙港出发，其产品价格在 3500～5500 元/人，2016 年 11 月至 2017 年 2 月由云顶梦号接航，价位在 4500～7500 元/人。原因在于邮轮旅游作为一种特殊的出游方式，其消费水平高于飞机团或者火车团消费，又由于游客对邮轮旅游的认知度低，只把邮轮作为一种类似飞机的交通工具，而非邮轮本身的服务和体验，对比之后难以接受邮轮旅游的价格。

同时，广州邮轮旅游大部分是中老年人乘坐邮轮，追求实际、务实，而不是像国外老年人一样追求享受和服务，其消费观念很难接受昂贵的船票价格，一旦超出其预期，就会选择其他方式出游。大部分游客可接受的价格为 3000 元/人左右，加上港务费一般也不超过 5000 元/人，远不能达到邮轮的中高端定位目标。

4. 市场宣传效果不佳

邮轮产业发展的主体是邮轮公司和旅行社，广州邮轮旅游宣传也主要依靠邮轮公司和旅行社。邮轮公司会针对母港城市、旅行社宣传邮轮航线和产品特征等，进行多方位宣传，包括地铁、电台、报纸等，其渠道有待扩展，市场推广力度比较大。而旅行社作为个体企业，主要是通过制定宣传手册/单向目标群体宣传，并定期回访了解旅客需求。邮轮旅游的文化宣传不是旅行社能够做到的，邮轮公司的宣传至关重要。

目前，游客获知广州邮轮旅游信息的渠道主要是网络、旅游企业、亲朋、电视广播、报纸杂志、户外广告、旅游展会等。但对大多数游客而言，邮轮几乎就是奢侈消费的代名词，对邮轮的构造和设施、旅游产品的提供以及如何进行邮轮消费等都不甚了解。此外，邮轮旅游信息推送不及时、不准确，旅行社和游客难以获取准确的通关时间，导致游客很早到达邮轮码头，又没有候船大厅可供休息，容易造成秩序混乱、登船拥挤。

（七）相关基础配套服务

1. 基础设施建设

要构建完整的邮轮旅游产业，必须配以相应的配套基础设施，包括邮轮旅游的硬件设施，如邮轮、停靠的码头和港口、邮轮母港以及便利的区内交通；软件设施，如邮轮旅游服务水平、服务功能等。市区与南沙区之间交通状况的改善，港口周边住宿、餐饮以及购物场所的配备，都能够优化邮轮旅游产业发展环境，为提升整个产业的发展水平提供基础性条件。

目前，作为临时码头的南沙港邮轮码头为原始货运码头，相关基础设施是为货运服务而不是为旅客服务的，没有停车场、便利店等，公共交通不能通达至码头，住宿餐饮、公共厕所也比较缺乏。

2. 旅游服务配套

目前，南沙临时码头的旅游服务功能很少，亟待加强。其只为游客到南沙登船提供最基本的安检、通关服务，基础条件简陋，没有专门的候船区、休息区、旅游大巴停车位、旅游娱乐设施等，无法满足旅客需求。

根据调查，广州港集团有限公司已主动与国际邮轮公司沟通接洽，吸引船运公司到广州南沙开辟新航线。并计划成立邮轮供应公司，现正与客运公司、邮轮公司（云顶梦）洽谈，启动为邮轮提供船舶物资供应和食品供给等业务。此外，与中免集团密切沟通洽谈，合作在邮轮码头建立出境免税店。

3. 交通便利程度

南沙港距离广州市中心大约1.5小时车程，目前南沙临时码头设施非常简陋，没有停车位，公共交通比较少，在码头也没有站点。市区游客前往码头，主要还是靠旅行社安排大巴车，但不负责接。有的邮轮公司也会安排接驳车，但接送需要收费，每人30元，只有广之旅是自己派车进行旅客输送。

由于临时码头的停车位很少，自驾游客往返市区与南沙邮轮码头较为费时费力，旅游交通接驳体系亟待完善。自驾车停放受限，公交车、旅游大巴也不能直接把游客送到码头，从下车位置到码头仍有一段路程，旅游交通指示标识系统需要完善。

（八）邮轮管理机制现状

1. 运作模式

目前，广州涉及邮轮旅游的管理机构主要有：旅游局、商务委、南沙区政府、广州港、港务局、中交集团、海事局、边检站、海关部门等。市商务委负责编制《关于加快广州国际邮轮产业发展的若干措施》（以下简称《若干措施》），并牵头安排广州邮轮产业发展的扶持基金，落实到旅游企业等；市旅游局牵头落实新设邮轮公司、拓展邮轮业务企业和旅行社的奖励工作，鼓励和支持国际邮轮公司和旅游企业在广州开展邮轮旅游业务；广州港集团和中交集团牵头打造国际邮轮全球购船供配中心和修造中心，将母港业务拓展到船供（如冻品、海产品、果蔬、药品、燃油、淡水等）、邮轮维修和保养、改造和装饰等配套服务，目前广州港集团是广州南沙临时码头的运营主体，负责所有邮轮的办票服务，广州南沙母港建成之后的运营主体是中交集团（30年运营权）。

在配套服务方面，市交委牵头建设海员俱乐部、精品展示店、货币兑换点、餐饮服务和休闲设施等，增加接驳巴士，增设道路交通标识，提高邮轮码头与机场、高铁、地铁、旅游集散中心等重要交通枢纽和站点的接驳能力；市口岸办牵头简化通关手续，提高通关效率；广州港集团牵头建设集码头、邮轮公司、旅行社和游客于一体的邮轮旅游综合信息服务平台；市商委牵头推动"邮轮+"产业融合发展，发展邮轮经济新业态和延长产业链；南沙开发区管委会牵头建立国际邮轮产业人力资源库，探索建立国际邮轮学院；市宣传部牵头进行广州邮轮旅游的宣传，举办和参与国际性邮轮行业展会及相关促进活动，利用各种宣传平台推进广州邮轮旅游的宣传。

南沙开发区管委会牵头建立和完善邮轮旅游安全保障与联动机制，制订应急预案，负责邮轮旅游的安全保障、污染防治、水上管控及应急工作。海事局负责海上安全、防污管理等工作；边检部负责游客通关工作，检查游客证件是否符合规定，管理偷渡问题；海关部门管理走私问题；检验检疫局管理疫情问题。

2. 相关政策

2016年12月，广州市出台了《关于加快广州国际邮轮产业发展的若干措施》，这是广州首次出台有关邮轮旅游的政策。《若干措施》对邮轮旅游相关部门如旅游局、商务委、广州港、港务局、中交集团、市交委、市口岸办、市宣传部等的主要工作进行了详细的规定。

二 广州邮轮旅游发展存在的问题

（一）邮轮母港建设待加快

1. 临时码头配套服务差

邮轮经济是一种高集聚性的经济形式，要求各种服务设施都聚集在邮轮母港的周围。广州南沙邮轮母港建成后地理位置距市区较远，码头附近几乎没有可以吸引游客的娱乐场所、景点景观，而且对邮轮旅游发展的重视较晚，使得旅游服务设施和服务水平都相对较落后，港口交通不便也给游客下船出游带来极大的不便，缺乏足够的港口设施、餐饮、酒店、商店、娱乐设施等，无法为游客提供优质的服务。

目前，广州南沙港临时码头交通不便，周边缺少配套设施，住宿餐饮、公共厕所等配套设施不完善。只有临时的小卖部，提供基本的水、饮料、小吃类物品，游客多时服务供应跟不上，服务能力较差，相比于香港的启德码头，在功能、休闲、景观方面都有很大差距。

2. 邮轮母港的建设有待加速

广州南沙港临时码头利用货运码头靠泊接待国际邮轮，周边交通、道路指引等设施不足，缺乏邮轮检验大厅、旅客集散和服务的配套设施。邮轮乘客通关极为不便，最基本的配套设施的不足是广州邮轮旅游发展的最大制约因素。南沙邮轮码头的布局规划相对华东、华北地区滞后很多。

2016年，广州市邮轮旅游井喷式、大幅度增长，预示着广州邮轮旅游巨大的市场需求和发展潜力。据估计，2017年广州出入境邮轮艘次和旅客吞吐量分别是151艘次、40万人次，2018年分别是200艘次、60万人次。然而到2018年底广州南沙邮轮母港才建成，临时码头难以应对，这会制约广州邮轮旅游近两年的发展。因此，广州邮轮母港的建设需要加快进度，尽快为广州邮轮旅游发展提供支撑。

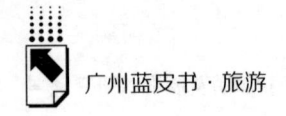

（二）政府扶持力度不够

1. 战略规划相对滞后

目前，广州市关于邮轮旅游的战略规划比较滞后，还没有制定专门的邮轮经济发展规划。邮轮经济的发展需要政府积极规划，在政策上给予大力支持。广州到目前为止还没有制定专门的邮轮经济发展规划，也未出台邮轮经济发展的专门政策和措施，缺乏促进包括邮轮产业在内的新兴产业发展的政策环境。政府应该制定相关优惠政策，如上海、日本、新加坡等地都推行了一定期限的免签政策，简化了手续，促进当地邮轮旅游的发展。

2. 资金与政策扶持不够

2016年12月，广州市政府出台了《关于加快广州国际邮轮产业发展的若干措施》，首次在政策方面为广州邮轮产业的发展提供了保障。自2016年起，广州市、南沙区两级财政连续三年每年共拿出3000万元用于支持邮轮产业发展。但与深圳相比差距较大，深圳每年对邮轮产业补贴7000万元，广州市政府要投入更多资金。

目前，中国有10多个港口争相吸引国际邮轮公司进入，竞争激烈，如果国际邮轮公司在广州港的上座率不佳，或者其他港口有资金补助或扶持，其就不会将邮轮长期投放在广州，这不利于广州邮轮旅游的长期发展。近年来，上海、厦门、深圳和香港等相继出台邮轮旅游扶持政策，以航次补贴等方式吸引国际邮轮把其港口作为始发港口。如歌诗达邮轮于2017年4月从广州转到厦门运营，这与厦门港的政策扶持有关，如其对包船航次及包船人数有双重奖励扶助等。广州要出台相关政策措施支持邮轮公司进入广州南沙港。

3. 市场宣传力度有待加大

广州邮轮旅游市场还处于起步阶段，大多数游客对邮轮旅游的概念比较陌生，对邮轮的构造和主要设施、邮轮公司及其产品、邮轮上的活动安排以及邮轮旅游的准备工作和注意事项等都不熟悉。仍处于观光阶段，看重邮轮到达的目的地，对邮轮上的设施等享受较少，消费观念与国外差距大，尤其在付费享受船上的设施、服务方面。宣传力度不够，邮轮旅游信息覆盖范围小，客源市场未能充分挖掘，邮轮总体上座率不高。

目前，广州市政府部门的宣传主要通过传统的方式，如广播、电视、报纸报刊、媒体报道、旅游推广活动、旅游展览会、宣传手册，不能达到很好的效果。且主要是旅行社对广州邮轮旅游进行宣传，受众范围小，省外、境外旅客对广州邮轮旅游的认知度很低，甚至对广州旅游的认识也不足。

（三）客源市场开拓不足

1. 客源市场半径小

从2016年邮轮旅游的游客数据来看，当前广州邮轮旅游接近90%都是广东省内游客。广州邮轮旅游市场仅靠广东特别是珠三角地区的客源支撑，周边省市的旅游市场未能充分挖掘，客源市场还存在很大的拓展空间。

2. 目标群体开发不够

根据调查，2016年广州邮轮旅游中夫妻游、亲子游、三代游是典型代表，其中中老年群体占60%以上。广州老年群体有闲有钱，邮轮旅游一般至少3天，长线6～7天，青少年、上班族没有时间体验，虽然周六日、节假日期间青少年和上班族旅客会增加，但总体上仍以中老年群体为主。目标群体尤其是中老年以下群体的消费市场还未打开，广州邮轮旅游市场的开发潜力较大。

3. 消费观念不够成熟

国际邮轮公司的立场与观念和游客的立场与理解不同。中国游客比较看重行程中的目的地，而邮轮公司认为邮轮提供的主要是邮轮上的设施与服务，目的地仅仅是锦上添花，其主要成本和收益也来自邮轮航行与船上的吃喝玩乐。因此当遇到不可抗力（极端天气、自然灾害等），按照国际惯例，船长有权改变行程，只要整体行程长度和邮轮内服务没有变化，邮轮公司一般以少量的邮轮消费券或者航程优惠券为赔偿，基本免责，而中国游客会要求退款或一定到达目的地，意识观念的不同容易造成生摩擦和冲突，而且华南地区在夏季容易产生台风。

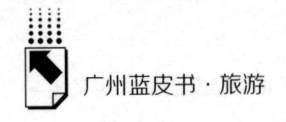

（四）经营模式较单一

目前，旅行社包船成为我国邮轮市场的重要销售模式，广州旅行社的经营模式与国内其他城市并无差别。在资本运作下，包船包销模式具有资源整合的"团购"优势。然而我国渐渐出现了恶性价格竞争、甩船降价、服务降低、权责不清晰、风险管控不当、应急措施不强等诸多问题，这既损害了邮轮公司和旅行社的品牌形象，又直接降低游客体验，对邮轮产品的"高端形象"损害较大。广州邮轮旅游的发展虽然仅有短短一年，但也逐渐暴露出以上问题。

当前，广州旅行社在经营邮轮旅游过程中主要面临两个问题：一是旅行社若有卖不出去或者没有售完的舱位，其风险是否可以与邮轮公司共担，否则旅行社承担的风险很大；二是游客购买后如果有后续问题是否可以找邮轮公司共同承担责任，因为是旅行社与游客签署了旅游合同，游客一般只会找旅行社索要赔偿，而不会直接与邮轮公司沟通。

（五）市场秩序不规范

1. 缺乏专门合同

作为资源方，邮轮公司在与国内旅行社合作的过程中态度比较强势，一般旅行社需要与邮轮公司签署其全球统一范本的合作合同，只提供硬件，不承担风险，这对于旅行社来说非常不利。而邮轮公司需要赚取利润，游客则要求享受到很好的体验和服务，处于中间的旅行社处境艰难，有时难以承担。

国内如上海已经制定了专门的邮轮旅游合同，首创邮轮领队培训，对旅行社派出的领队进行专门培训，有效保障了旅行社和游客的权责和义务。目前广州还未制定邮轮旅游合同，游客遇到问题只找旅行社解决，而旅行社也无法解决不可抗力所带来的游客损失，导致旅行社处于被动状态。

2. 存在恶性竞争

2016年，广州邮轮产品价格在3500～7500元/人，产品价格一般根据邮轮的定位、船上服务与设施、航线等来确定，差别较大。邮轮公司要求上座率高（至少85%以上），否则旅行社要承担邮轮公司的损失或者邮轮公司将不在此停靠，因此在登船前几天旅行社会通过降低价格等手段吸引游客，达到上座率要求。但由于旅行社行业过度竞争，其随信息的透明化而处于弱势地位，并且定价完全由邮轮公司决定，根据淡旺季、节假日有所不同，没有明确的价格体系。虽然有时营业额有所上升，但是利润率没有增长，基本持平，实际毛利率仅为6%~8%。

广州是全国旅游市场竞争最激烈的区域，全国排名前5的旅行社都在广州竞争。邮轮行业缺少规范和监管，行业道德下降，价格波动大，没有基准，易造成恶意竞争，尤其是线上平台的发展对传统旅行社冲击很大。目前，邮轮旅游投诉最多的是服务（餐饮排队）和设施使用方面，免费的服务有限，如一日三顿的自助餐，一般严格按点提供，而由于船上游客较多，很多时候都出现争抢的现象，错过自助餐时间则不会再次提供，且其他餐饮都要收费。虽然船上餐饮的价格与市场价格差距不大，但由于船上额外消费价格较高，游客尤其是老年人一般会觉得不值得而不会消费。整体上邮轮旅游的满意度在95%以上。

（六）产业带动性不强

1. 邮轮旅游产业链条短

完整的邮轮旅游产业链条包括邮轮产业的上游、中游和下游。邮轮制造业（如邮轮设计、邮轮制造）是邮轮产业上游的核心价值所在，广州番禺区、黄浦区及南沙区已有几十家造船公司，具有一定的造船基础，但生产的多是船舶的零配件或小型船舶，在技术上缺乏制造大型邮轮的条件。在邮轮产业下游的邮轮配套设施（如码头建设与码头服务）方面，广州仍处于劣势，邮轮母港还在建设之中，目前临时码头的条件差，邮轮配套设施严重缺乏。

广州邮轮产业的发展限于中游，即邮轮运营主体的相关业务，如旅行社、广州港等与旅游紧密性强的企业。邮轮公司把能否提供船舶供应、后勤补给等服务作为母港航线布局的重要考量因素。邮轮船供是邮轮产业链中的一个重要组成部分，目前广州南沙港还没有开展食品、物品的供应业务，邮轮产业链条短，上下游产业还未得到发展。但广州具有制造邮轮的产业基础，未来具有极大的市场前景。

2. 邮轮旅游以出境为主

广州邮轮旅游结构不平衡，以邮轮游客输出为主，出入境人数差距悬殊，把广州作为目的地靠泊的邮轮很少，即出境人数的比重远大于入境，省外游客只占5%～6%。2016年入境邮轮旅客仅约1万人次。一个成熟的邮轮市场估计可以占到出境人数的20%，而2016年我国邮轮出境人数占比不到2%。而出境并不能带动地方产业发展，对相关产业发展的作用不大。广州作为最大的旅游客源地，每年输送大量游客出境旅游，入境旅游却很弱，还未成为入境旅游目的地。而入境旅游才是拉动地方消费的重要方式，其对GDP的贡献率很高。

3. 邮轮旅游产业贡献小

目前，广州南沙邮轮港口仅开展出境邮轮旅游业务，产业贡献及对产业的拉动作用较小。由于临时码头的旅游配套服务还未完善，所以乘邮轮到广州南沙港的游客在当地的消费水平很低，游客基本不会在广州长时间逗留，广州南沙邮轮港口成为"旅游飞地"，产业贡献率很低。广州邮轮旅游对当地住宿、餐饮、购物、娱乐等旅游相关产业的带动能力弱，与其他产业的融合不够。此外，目前使用的临时码头缺少休闲、购物、游乐等相关设施，游客登船前可活动和可消费的空间小，不能满足基本的需求，对产业的拉动性不强。

（七）保障措施不到位

1. 相关政策比较缺乏

目前，由于既缺少国家层面的法律法规，也缺乏广州市政府层面的政策，虽然2016年首次出台了《若干措施》，但相关工作还未一一落实，导致广州邮轮旅游市场缺少统一指引，比较不规范，市场秩序比较乱，尤其是低价竞争对行业影响大，将制约邮轮产业的良性发展。没有政策方面的支持，境外揽客的边检、海关、保险等都比较麻烦，风险也很大，因此很少有旅行社主动在海外揽客。

2. 邮轮产业人才紧缺

当前，对服务人员的管理和培训是广州市培养邮轮人才的主要工作，但是对于经营管理、核心技术、国际司法等方面的高级管理人才、技术人才、法律人才等的培养存在严重不足。根据调查，广州地区27所设置旅游相关专业的院校中与邮轮相关的专业几乎为空白，仅有广州航海学院、广州潜水学校设置了邮轮相关专业，邮轮人才紧缺，供需不匹配。

3. 环境保护力度较小

目前，临时码头不是专业的邮轮码头，岸上没有满足接收邮轮垃圾及含油污水的处理能力，邮轮垃圾及含油污水要在香港处理。广州通过抽查的方式检查邮轮的排水、排污情况，对违反规定的邮轮公司给予严重的罚款，但主要还是靠邮轮公司的职业道德来规范。缺乏环境保护意识和环境治理能力，旅游环境受到污染和破坏，必将影响整个产业的良性发展。

三 广州邮轮旅游发展的对策建议

（一）加快邮轮母港建设

2016年广州邮轮旅游市场的经营势头较好，但仍要加大投放力度，加快母港和相应配套设施建设。广州要加强码头建设，同时航站楼的建设应充分考虑船上补给情况，预留补给功能，如船的舱储位置、舱储保税、海关、检疫检验等方面。吸引邮轮将南沙港作为母港，通过母港经济带动区域经济增长，通过吸引更多入境游客拉动需求，增加消费。母港经济能带动多个产业发展，母港可为邮轮提供加水、加油、加电、垃圾处理等服务，但需要政府的大力支持和邮轮公司的配合。母港功能越齐全，其地位就越高，可把邮轮母港建成城市的一个窗口、一张名片，如美国迈阿密。母港能带动游客和船员在广州游玩和消费，因此码头与政府应加强合作，打包相关旅游产品进行推广。

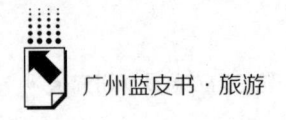

（二）完善相关体制机制

1. 落实奖励机制

广州要尽快落实《若干措施》的相关工作，市政府尽快出台具体的扶持和奖励细则，建立邮轮旅游扶持基金，为邮轮公司和包切舱的经销商提供资金补贴，鼓励更多的国际邮轮公司进入。推动华南邮轮旅游集散中心建设，推动粤港共建国际邮轮母港群，向国家争取通过"144小时过境免签"政策，实现海陆空过境免签政策联动。2017年南沙码头有3000万元的政府扶持资金，同时南沙码头提出，如果旅行社经营邮轮旅游业务连续2年的营业额达300万元，南沙码头就奖励50万元。

2. 完善协同机制

建立广州邮轮旅游发展联席会议制度，在其统一领导下，集合发改委、旅游、宣传、财政、交通、海事、环保、海关、检验检疫、安监等各部门的力量，形成多部门的协调合作机制。将交通、邮轮、游览整合成一条线，由港口、邮轮公司、政府共同补贴，各部门共同发力，推广精品旅游产品，打造精品旅游集聚区。

邮轮是集运输、旅游于一体的运输方式，安全监管比较复杂，如对海上安全、船污排放、船上公共安全的监管，需要海事、旅游、边检、检验检疫等多部门进行充分的协调管制。因此，广州要充分协调各有关部门，优先扶持邮轮品牌和重点邮轮项目，进一步增强邮轮经济发展的整体合力，为加快广州邮轮旅游发展创造良好的外部环境。

（三）完善相关配套服务

1. 完善旅游交通

当前，公共服务配套设施不足是广州邮轮旅游发展的主要短板之一。广州要以南沙港为中心构建多层次、立体化的交通体系，实现邮轮港口与机场、高铁站、地铁站、高速公路等交通枢纽和重要节点的互联互通，为从广州出发的邮轮游客提供方便快捷的服务；实现邮轮港口与广州主要景区景点、周边主要城市之间的快速中转，延长邮轮游客在广州的停留时间，增加游客在广州的消费点，增强广州作为靠泊港的吸引力。政府层面要出台相关政策，协调各部门（交通、规划等）共同改善交通状况。开通市区到南沙码头的大巴车、公交车专用道，解决交通堵塞问题，充分发挥广州交通枢纽作用，发展陆路交通、水陆交通等。

2. 简化通关手续

当前，邮轮停靠涉及旅游、交通、港口、海关、口岸等多个部门，大型邮轮一般停靠周期短、时间安排紧、游客较多，这对通关效率要求很高。针对大型邮轮出入境应出台通关便利政策，如网上报检、团体验证、绿色通道、主动登轮服务、船边快速验放等。另外，政府相关部门应制定与国际接轨的口岸管理办法，建立符合国际规范的通关标准和出入关程序，开设便捷通道，尽可能缩短通关时间，提高通关效率。

3. 提高公共服务水平

公共服务水平的提升要靠政府牵头，出台规范性政策，鼓励和支持旅游企业提升服务水平。广州南沙港临时码头要尽快建立候船区，为早到的游客、下船等待的游客等相关人员提供休息等候空间。排队等候区的规模应扩大，设置座椅、哺乳房间等，照顾特殊群体，在通关后到上船几公里的路程中应建设厕所，增强旅客体验。提供市区到南沙码头的接驳车、入境大厅到停车场的摆渡车等服务。口岸设计要以游客需求、体验为主，而非基于商业目的。

4. 优化周边景区

对百万葵园、湿地景区、水鸟世界、十九冲鱼龙码头、东涌水乡小镇、十八罗汉山、天后宫等旅游资源进行合理开发，优化南沙港周边景区景点，并将各个景区景点串联起来，开展南沙一日游，开通旅游直通车，旅行社组织早到或下船游客及船员在南沙进行一日游。此外，将南沙旅游与市区旅游结合起来，开通旅游专门车道，结合广州目的地推介，有针对性地向国际邮轮公司、省外和境外游客进行推广。

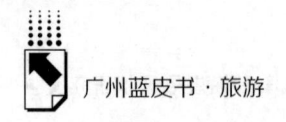

（四）加大邮轮旅游宣传力度

1. 普及邮轮旅游消费观念

引导消费者更深入地认识并接受邮轮旅游，加强邮轮旅游的宣传推广。充分利用互联网这一传播速度快且覆盖面广的新兴媒体，探索网上虚拟体验等多种趣味方式，使广大民众"亲身体会"邮轮旅游的妙处，向大众普及邮轮旅游的概念。

针对广州市民不断推出新产品，邮轮公司和旅行社要推动邮轮产品差异化和细分品牌建设，按不同的人群定位细分不同的邮轮线路和产品：定位大众化，价格实惠的邮轮产品如丽星邮轮－处女星号；定位中高端，价格较高，进入中国都是"超级大邮轮"的邮轮产品，如丽星邮轮－云顶梦号；定位高端，价格昂贵，服务配比极高，航行天数较长的奢华邮轮产品；定位带有主题特点的"邮轮＋"产品，如"邮轮＋旅拍＋蜜月婚庆"，根据不同的邮轮旅游产品有针对性地开发面向特定目标人群的宣传渠道，实现精准营销。

2. 吸引入境游客

采用"政府搭台、市场唱戏"模式，加大宣传力度，利用媒体的力量普及邮轮旅游消费观念，同时有针对性地举办一些公益讲座和培训，利用突破性事件打造营销热点，在潜移默化中进行市场的拓展和开发。发展邮轮旅游的重点在于航线的丰富度，宣传推广专列进广州，如通过"火车＋邮轮""飞机＋邮轮"的模式加大对外宣传力度，通过高铁大力向重庆、武汉、昆明、南宁、贵阳等城市宣传广州邮轮产品。大范围、长时间、多媒体地向其他城市提供密集信息，让外省重新认识广州。对前来广州的游客进行大力宣传，通过大媒体、全媒体覆盖式宣传广州旅游、广州形象。

城市推广不能仅靠旅游企业宣传，城市宣传的功效远大于旅行社宣传，市旅游局与市委宣传部要联合，共同推进城市旅游宣传。政府要联合旅行社、邮轮公司共同策划以年度为时间段的邮轮推广方案，开展邮轮旅游推介会。建议旅游部门与市委宣传部牵头组织邮轮码头、邮轮公司及各大旅行社到客源腹地开展广州邮轮旅游推介会，大力宣传广州邮轮旅游，拓展客源市场，丰富客源结构；打造目的地旅游，通过举办活动吸引游客，对广州景区景点、文化资源等进行深入挖掘、梳理、排列和对标。

（五）规范旅游市场秩序

1. 制定专门的邮轮合同

由于华南地区经常受到台风等不可抗力的影响，出境旅游合同的很多条例并不适用于邮轮旅游，因此广州要尽快制定邮轮旅游的专项合同，进行市场规范，加大对市场扰乱者、线上网站的监管力度；处理好游客投诉问题，沟通衔接游客与邮轮公司，一定程度上也对邮轮公司、旅行社进行约束。发布邮轮专项法律法规，减少矛盾，进行责任划分。另外，也要对经营邮轮旅游的旅行社进行一定的规范，鼓励和支持良性竞争行为，抵制和惩罚恶性竞争行为，进一步规范邮轮旅游市场。

2. 出台相关法律法规

在有关法律法规方面，我国有《国际航行船舶进出中华人民共和国口岸检查办法》和《海上交通安全法》，广州有《珠江口船舶安全航行管理规定》《广州 VTS 服务指南》《大型船舶进出广州港安全航行管理规定（试行）》，但缺少专门针对邮轮的管理办法。政府应出台相应的法律法规，成立事外法庭，保障邮轮主体的权利，也在保险、理赔、融资等方面提供有效的保障。另外，制定广州水上旅游发展规划，详细规范邮轮产业发展，为发展邮轮旅游提供一个良好的政策环境。

（六）拓展客源市场

1. 促进邮轮产品多样化

"邮轮+"将成为邮轮旅游发展新趋势，针对细分市场设计和营销创新产品，不断推出如"邮轮+高铁"、"邮轮+飞机"、"邮轮+岸上观光"、"邮轮+长隆"、"邮轮+水产"、定制邮轮、主题邮轮活动等产品，满足不同人群的需求。

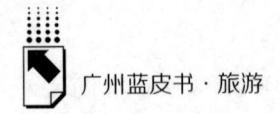

对广州旅游产品进行打包与包装，对高铁沿线城市加强宣传，可将南海资源开发与旅游相结合，不断推出新的旅游项目。在邮轮上开展新颖的主题活动，提供个性化的邮轮旅游，如婚礼、相亲party、婚介会、老年人养老等服务。一切旅游产品设计都要以旅游体验为标准、为核心，邮轮服务与体验的提升有助于邮轮产业的发展。

2. 促进客源结构多元化

广州与深圳邮轮母港的开通，使华南邮轮旅游真正进入发展的快车道。但目前广州南沙港的客源年龄结构以中老年为主，未来仍要加大宣传和广告投放力度，让越来越多的游客接受邮轮旅游，促进客源年龄层次多元化，吸引更多国际游客尤其是东南亚游客。

广州作为国家中心城市、华南交通枢纽，其航空、铁路、公路网齐全，交通网络完善发达，是国内、国际游客的重要集散中心；拥有充分的潜在客源，但未能充分发挥枢纽作用，旅游目的地的形象较弱。因此，要吸引周边城市、省外城市及境外游客到广州旅游，就要在市场宣传、产品创新等方面有所突破，丰富客源市场结构。

（七）邮轮产业链发展

1. 发展航运中心产业

借鉴上海、天津等经验，在"粤港澳大湾区"的背景下，积极发展广州邮轮产业，促进珠三角邮轮发展，形成邮轮产业群。发展航运中心产业，围绕主体提供服务，如船员在邮轮上提供优质的服务。航运中心的建设应以制造业为主，吸引大型制造业企业进驻广州。发展高端制造业，并以生产性服务业为主，从而提供邮轮供给、邮轮维修、邮轮制造、邮轮垃圾处理等相关附加价值高的业务。据统计，2014年美国邮轮旅游1个游客可带动0.01个直接就业、0.03个间接就业，整个产业链价值4000美元，由此可知邮轮旅游经济带动性极强。

2. 发展高端邮轮服务产业

鼓励邮轮相关领域的企业利用南沙自贸实验区先行先试政策，促进海上与岸上游、邮轮维修保养、邮轮设计制造、航运保险、融资租赁、航运结算、船供配送、法律仲裁、母港周边办公与居住等配套等的发展。大力发展高端邮轮服务产业，打造邮轮船舶登记、船舶管理、船舶融资、航运保险、船舶修造、船舶供应等产业链。

3. 打造邮轮服务供应链

食品供给是母港经济的重要来源，邮轮公司对食品供给要求非常严格，因此广州在邮轮的食品供应方面（如蔬菜、生鲜）要严格按照国际标准进行检验检疫。2017年云顶梦和广州港集团有限公司已合资设立公司，开始为邮轮提供蔬菜、生鲜等基本的船上供应。

4. 发展邮轮维修产业

充分发挥广州造船业的优势，以邮轮维修为突破口，不断积累技术经验，拓展邮轮产业的上游修造业务，从而提高邮轮产业的附加值，打造广州市邮轮工业的核心竞争力，努力将广州打造成为国际、国内重要的邮轮建造、维修及设计基地。

（八）注重技术与人才储备

1. 培育技术人才

邮轮经济的产业链分布广，需要的人才类型也很多，引导和鼓励国际邮轮公司、境外培训机构与广州地区职业教育院校进行产学研合作，以培养、培训等方式开设邮轮专业，培育邮轮公司的运营管理人才、邮轮市场的营销人员、船舶修造和维护技术人才、地接服务人员以及餐饮与酒店管理人员等，以满足市场需求量。

2. 吸引高端人才

广州市政府应以各种优惠政策，吸引境外邮轮公司高管、技术研发、邮轮经纪、邮轮保险、邮轮金融、海事仲裁等专业人员来穗工作。吸引高端人才，逐渐培育起广州地区邮轮设计研发、生产制造、维修保养、邮轮驾驶、邮轮船供物流及产业配套的技术人才。

3. 鼓励校企合作

广州需要充分利用高校及科研院校的优势资源，鼓励、支持和引导邮轮公司与旅游院校的长期合作，共同开设邮轮相关专业，建立专门的邮轮产业人才培训基地。同时，以邮轮企业为主体、高校为辅助，为邮轮专业人才的培养提供资金支持和实践项目，以满足广州邮轮经济对专业人才的需求。争取教育部及省教育厅的支持，成立邮轮学院及广州邮轮经济研究中心，从而形成邮轮专业人才培养的长效机制。

（九）注重海上安全与环境保护

1. 加强海上安全

由于邮轮体量较大，游客较多，存在较大的安全隐患。目前，广州港务局负责邮轮码头的安全，广州海事局负责水上安全，邮轮公司负责船上应急。为保障游客的人身安全，应尽快出台一套应急议案，成立海上搜救中心，组织海上与陆地对接，加大对水上应急救助与旅客疏散的投入，配置必要的设施设备，最大限度地减少安全事故。

2. 注重环境保护

发展邮轮旅游对环境也会产生或多或少的影响，在邮轮旅游开发的过程中，必须处理好生态环境保护利用与旅游可持续发展之间的关系，注重环保型邮轮的引进和开发。建立环境保护的长效机制：建立港口码头的环境保护机制，对码头卫生、环境的基本保护实行标准化管理；对邮轮污染物、废弃物的排量进行标准规范，让水域环境控制在自净的范围内；对海域环境保护实行法制化，完善和规范海洋环境保护法。邮轮旅游作为高端旅游形式，必须遵循高端旅游发展的"五高两低"原则，尽量做到低资源消耗和低环境污染。

参考文献

林国泰、林致华、俞健萌：《邮轮经济：服务新概念》，《上海综合经济》2003年第3期。

陈鑫：《基于产业链理论的我国邮轮旅游发展模式》，《安徽农业科学》2017 年第 1 期。
赵岩：《大连市邮轮旅游开发研究》，辽宁师范大学硕士学位论文，2014。
孙晓东：《中国邮轮旅游业：新常态与新趋势》，《旅游学刊》2015 年第 1 期。
杨素梅：《广州加快发展邮轮经济的思路与对策》，《港口经济》2015 年第 11 期。

B.5
广州民宿旅游产业发展报告

刘 捷*

摘 要： 民宿作为高端休闲旅游度假、健康养生养老的载体，集众多综合旅游消费需求于一身，更是贴近自然的文化生活载体。民宿的发展历史与发展背景，决定了民宿来源于大自然，回归于大自然。

集人文、历史、地理、地质、民族、民俗等因素于一身的民宿具有独特性。欧洲的小镇、东南亚的民居农庄、日韩的村落、中国台湾的文艺民宿、英国的庄园、非洲的野宿帐篷、中国的古镇，从古至今，有人类生存活动的地方，就有民宿，但民宿旅游因不同的文化背景、人文习俗、地质地貌、发展过程，而具有不同的表现方式与层次。

关键词： 广州 民宿旅游 民宿市场

一 广州市民宿旅游发展现状及存在问题

党的十八大以来，广州的经济发展突飞猛进，文化产业蒸蒸日上。在十九大的开幕式上，习近平总书记再次强调，绿水青山就是金山银山的生态文明发展理念，让全党和全国人民都明确"五位一体"发展理念，了解生态文明和经济发展之间剪不断、分不开的手足之情。旅游业作为文化产业中的

---

* 刘捷，广州汉珑国际旅行社有限公司董事总经理。

重要组成部分，民宿旅游产业作为旅游业中的新成员，对生态文明建设和经济建设都有十分明显的贡献。在新时代中国特色社会主义的发展道路上，必须坚持文化自信，树立生态信心，大力发展生态文化旅游产业，大力推动民宿旅游的发展，不断完善和改革民宿旅游业，不断提升民宿旅游业的服务质量和工作品质，不断加强民宿旅游业的监督和管理，为未来的生态文明和旅游建设贡献绵薄之力。

（一）发展民宿的必要性

1. 使旅游文化与地方文化保持一致性，延续当地文化特色

当前世界经济一体化进程不断加快，文化全球化也得以推进，在这样的背景下，人们的生产以及生活方式出现趋同性。这一现状在我国表现得更为明显，随着普通话的普及，汉族文化在整个中华文化中占据主导地位，给地方文化尤其是少数民族地区的文化带来较大的影响和改变，在旅游业方面，服务内容以及提供方式呈现明显的趋同性。

对于民宿产业来说，其能够更好地保护地域文化。首先，民宿能够使当地的经济得到快速发展，使当地居民自身的收入得到增加，更好地实现安居乐业，对于地方文化特色的发展来说，这是最为基本的。其次，通过民宿这一渠道，能够使地方的文化以及传统得到更好的保护以及进一步的宣传。其中不容忽视的就是随着这一保护和宣传力度的加大，游客和景点之间能够产生良好的互动关系。最后，保护并发展地方的传统文化，从而在外来文化入侵的时候做到从容应对，才会有一定的主导权，使得外来文化为本地文化的发展服务。

2. 旅游产业新贵，生态系统福音

第一，在民宿旅游的发展过程中，当地居民发挥着重要的作用。同时，政府在政策以及管理方面发挥着有力的指导与调控作用，企业在设计以及总体规划方面发挥着至关重要的引领作用。游客想要体验真正的当地文化，就需要参与到当地居民的日常生活中，在这样的状态下进行旅行体验才能够留下深刻的印象，才会真正留住游客，使得游客愿意再次到访，继而打造良性

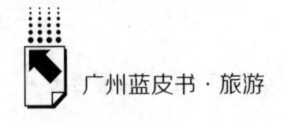

的旅游循环体系。

第二，对于民宿而言，其不能仅仅停留在住宿层面，还应当通过这一基础性服务来营造良好的传统文化氛围，使得民宿成为积极展示当地特色文化的一种有效渠道，通过引导游客进行现场感受与体验来更好地传达当地的民宿民俗和文化特色。

第三，文化生态旅游中民宿体系的完善是一个十分重要的内容。对于民宿来说，其不仅能够很好地体现政府的管理策略和理念，同时还能够很好地反映出游客的体验与感受；可以说，民宿不仅仅是一个物质上的存在，同时也是一个形象代表，其对当地的风俗以及文化进行了集中的呈现，只有游客实际到访后才能够真切感受到当地的文化和风俗。所以说，只有进一步加强完善民宿旅游，才能够推动当地生态旅游系统有序健康发展。

3. 国内民宿产品类型

国内民宿类产品从高端到低端大致可以分为 4 种：度假村或度假酒店、客栈、农庄或庄园、农家乐或乡村旅店。

度假村或度假酒店：国内知名旅游度假村或度假酒店总数为 9567 家。其主要客户为异地游客，本城市居民较少。

客栈：国内知名旅游目的地的客栈总数为 27345 家。其以独特的装修、良好的口碑，占据了旅游住宿市场的较大一部分。北京、上海、杭州、厦门等旅游城市的客栈数量非常庞大，竞争激烈。由于传统知名景点的民宿客栈发展时间较早，客户口碑积累较好，而且近年来投资扎堆，竞争达到白热化程度，因而知名旅游城市和旅游景点的民宿投资具有较大的风险。

农庄或庄园：属于高端小众范围，数量并不多，估计为 3 万~5 万家。

农家乐或乡村旅店：数量无法精确计算，估计为 5 万~10 万家。

4. 民宿市场的大致经营类型

第一，城市周边的"生态农家乐"型。随着当前城镇化的进一步发展，城镇中的外来务工者越来越多，城市中的人口数量也在不断增加，但是与之相对应的城市绿地以及公园所占据的比例却在不断下降，从而很难满足城市居民的娱乐和休闲需要。这就使得城市周边的生态农家乐产业开始出现，这样的生态农家乐主要以自主性和自发性经营为主，提供一些简单的餐饮和住宿以及娱乐设施，整体来说，服务意识较弱，缺乏管理，也没有创新宣传方式和内容的概念，尽管当前的经营收益还不错，但对于未来的发展以及运营方式缺少谋划，更不用说创新了。

第二，传统景区的"各自为政"型。当景区旅游得到快速发展的时候，游客的人数也在不断增加，游览的时间点也大部分是在节假日，这样就会使得景点周围的住宿相对紧张，这样的民宿由于是自发性的，缺少完善的管理，比较混乱，经常会与游客之间出现矛盾和冲突，对当地生态旅游发展的贡献并不大。

第三，相对完善的民宿。大理古城、腾冲古镇等著名的旅游景区，都有相对完善的民宿，这样的民宿往往是由相关的开发公司以及政府进行规划和指导的，在建设方面比较有当地的特色，与当地的生态旅游理念相匹配，在提供服务方面也注重突出当地的文化和特色。另外，其还与当地的旅游机构进行有效的合作，为游客提供特色的游玩项目，对游客的吸引力比较大。

（二）民宿发展现状及问题

目前民宿市场发展迅速，产品类型繁多，从高端景区精品酒店、度假村、庄园到低端农家乐、农庄、家庭旅社都称自己是民宿；大部分民宿都集中在农村和景区附近，主要是自主和自发经营的模式，因而就会存在无序发展以及盲目性的特征，在一定程度上对当地文化的传播以及产业发展产生阻碍。当前，我国民宿在快速发展的过程中仍然存在一定的短板。

1. 规划不足，服务层次与内容较单调

民宿在发展过程中往往呈现条块分割、独自作战的特性。政府在这一方面给予的规划以及引导不足，主要体现在民宿经营者自身很难从大局出发进行考量，无法真正做到抱团竞争。很多地方政府还没有就此构建起完善的管理机构和体系，对民宿的管理不够统一，相对分散，自身的调控能力相对较弱，因而就会存在明显的"九龙治水"状况。

在很多景区，当地民宿所提供的服务仅仅是住宿，主要的职责就是在旅

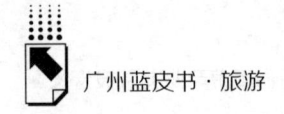

游旺季的时候对周边城市的住宿量进行分流，通过靠近景区以及降低价格等方式来吸引游客，对于自身的发展缺少长远的思考，比如武陵源景区，凭借通票可以游玩三天，但是景区中的住宿很难真正满足游客的需要，且当地民宿所提供的服务相对较差，多年来一直没有完善。

2. 服务意识薄弱，文化意蕴内涵不明显

部分乡村民宿经营者缺乏经营方面的知识，仅认为开办民宿是一种有利可图的跟风行动。甚至出现对民宿所在地地域特色及文化意蕴内涵缺乏了解的外地人通过收购当地旧宅，加以改装，从而开展没有特色的经营。这类经营者对民宿的定位局限在提供住宿或者饮食的场所，未意识到自身所经营的民宿是向游客展现当地文化的窗口，在经营过程中夹杂了过多都市文化的东西，甚至同当地地域文化发生直接冲突，让其外观装潢和内在服务都失去了本土的味道，这是对地域特色文化资源的损耗，也是对正统民宿运营的威胁。这部分经营者对现有的收入相当满足，缺乏长远规划的动力，因此服务层次低，服务内容单一，难以满足游客的需求，难以吸引新的游客，较难实现可持续发展。

3. 同质化程度高，部分地区存在过度开发问题

我国的民宿产业仍处在起步阶段，相关从业人员虽有主动学习的意识，但仅通过学习经营模式、服务内容、商业发展形态、售卖商品的种类来提高自身的服务水平以及收入水平，民宿之间的差异并不明显。以宗教文化旅游为例，其经营方式与手段相当单一。这种没有特色产品作为竞争优势的民宿将难以持续发展。

由于民宿投资小、经营方式灵活，所以出现了部分地区过度发展民宿的问题。以云南楚雄州的黑井古镇为例，近八成的居民均开设民宿，为争夺稀少客源而采用低价竞争的手段。

4. 单体民宿投资风险大、面临问题多

民宿项目的投资是极其考察投资者眼光的，单体产品较大的投资额、复杂的市场影响因素、无法标准化复制的产品模式都是重要考量因素。首先，单体接待能力有限，一般民宿只能同时接待5~10位旅客，而且由于知名度

和影响力有限无法稳定入住率；其次，投资不确定性大，民宿作为居住空间提供者，其赢利能力完全依赖当地景观和生态对游客的吸引力；最后，服务能力不足，民宿不同于酒店，无法标准化，服务水平与民宿所有者有很大关系，导致其风险很大。

另外，由于缺少统一的规划，由农民自行发展的民宿无法灵活应对市场的需求，比如配套设施不能与游客需求相匹配，导致了重复建设、影响市容等诸多问题。甚至有些个体民宿不顾环境规划的合理性，随意增加便捷观景设施以提高游客满意度，实则影响了其他经营者的视野与土地。

二 如何协助广州市旅游局推动民宿旅游业发展

基于民宿发展存在的问题，有必要从以下几个方面着手，协助市旅游局推动民宿旅游相关组织适时调整发展策略，共同面对行业发展过程中遇到的困难，并集合协会等多家单位的力量，寻找更有利于行业发展的新方法、新思路。

（一）加大基础设施建设的支持力度，推动产业加速发展

1. 在"美丽乡村"计划推动下民宿市场潜力巨大

由于市场的不成熟，民宿旅游的发展一直没有得到产业化资本的推动，目前民宿业还处于初级的市场发展期，但这也说明民宿市场还有很大的发展空间。2015年，超过22亿人次选择国内的休闲农业和乡村旅游，创造相关行业收入逾4400亿元，人均消费200元，说明乡村民宿市场大有可为。

首先，面对消费升级的大时代大背景，传统乡村旅社、低质量和低服务水平的民宿亟待升级，这将带来万亿级别的市场红利。其次，民宿产业、分享经济正处在风口浪尖，如传统景点的配套设施老化、酒店配套不足、服务标准低下等，因此高标准的民宿产品有很大的上升空间。近两年来民宿产业发展十分迅猛，2015年至今累计完成投资额超过20亿美元。最后，美丽乡村建设推动市场增长。随着2.5天周末政策的逐步施行和公路交通的日益发

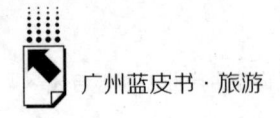

达，城市人群周末出行的欲望越来越强烈。

2.政府应加大对基础设施建设的支持力度

政府应加大对基础设施建设的支持力度，包括对当地居民做好信贷支持工作，在税收上提供优惠，切实解决农民普遍存在的资金来源不足问题。对待具有鲜明特色的民宿旅游村落或者民宿项目，要注重发挥引导作用，从区域发展的角度提出该地区环境发展、设施建设的总体规划，从根本上引导民宿产业以及民宿旅游产业可持续发展。

（二）凸显地方精品特色定位，引导民宿产业化发展

目前，旅游市场正发生着巨大的变化：民宿经营管理方式从粗放型向精细型转变，游客出游方式出现了家庭出游、散客出游、徒步出游等。在目前的发展趋势下，民宿旅游产业要立足于地方特色，注重客户心理体验，探索发展包括观光考察、学习培训、锻炼拓展体验、休闲娱乐度假、亲子旅游、养老养生在内的综合型发展模式。未来，民宿发展要坚持以差异化的特色来确定主题，以民俗和建筑来体现风格，以持续发展为经营理念，追求更宽广的经营空间与更长远的发展目标。民宿产业发展必须满足市场需求，在具备足够的自然景观资源的基础上还需要注意几个市场方面的定位。

1.突出独特的地方文化

坚持民族的就是世界的，具有独特个性，才容易被公众辨识与接受。以台湾垦丁为例，其民宿经营体现了一种平民与自由的气质，同时善于吸收外来文化融入其中，同时具有开放特质和浓郁的地域特色。民宿经营者在打造地方特色文化的过程中还需注意建筑环境、服务氛围、文化构想等。在保持地方特色的基础上，加以艺术化的精心打造，如房屋风格本土化、生活设施特色化和现代化等。此外，还需考虑游客的心理感受，如傣族竹楼，其通常是底层圈养猪羊、上层住人，在开发民宿时未必一定要原汁原味地体现，应在不减少当地特色与自然风光的前提下注重顾客的心理感受。现在国内做得较好的民宿及民宿旅游项目有：乌镇民宿、莫干山民宿群、西塘民宿、婺源民宿、丽江古城、和顺古镇、镇远古镇、千户苗寨、鼓浪屿、泸沽湖、袁家

村、古北水镇、黄山宏村等。广东地区民宿开发做得比较好的有：深圳大鹏湾较场尾、增城万家旅舍、慕吉山庄、从化溪西居、西湖合院、惠州海岛民宿、海陵岛、九龙湖度假民宿等。

2. 以生态旅游为核心打造休闲旅游产业

注重旅游的可持续发展，提高顾客黏性。区别于普通的观光旅游，民宿是对游客进行教育性生态解说的良好场所，同时解说服务又可促进民宿自身品牌形象的塑造。民宿业主应乘着休闲旅游的东风，发展生态旅游，采用创新的营销手段与多元化的服务模式来提高游客的满意度并增强二次入住以及多次入住的意愿，使自身的民宿事业可持续发展。

3. 创新经营理念，为旅客提供深度文化旅游服务

民宿服务人员应根据顾客的实际需求来提供相应的服务内容，与此同时，进一步加强对本地传统文化知识的认识和深度了解，从而在服务过程中使游客更能充分地感受当地文化特色。目前，生态旅游仍旧面临一些问题，比如较为分散的经营模式、资金受到限制、对外宣传力度不足等。所以，为了提高景区民宿行业的知名度，进一步形成特色品牌，应该首先将一个地区的民宿经营者集合在一起，通过旅游交易会或推介会、欢乐节等形式进行宣传。同时，可以印制一些内容丰富翔实、精美易携带的宣传资料。提出感动式服务理念：房主需要有一定的知识水平和艺术修养，具有服务意识而不仅仅是服务热情，服务者需要专业的培训。

4. 民宿产业需要包容性、复合性发展

在宣扬地方特色的过程中，可以通过当地的特色食材来宣传当地的饮食文化。这一方面，推动了当地经济的发展；另一方面，在满足游客实际体验旅游目的地日常生活需要的同时，迎合了经济发展持续环保的要求。在进行相应的规划时，应该结合当地的实际条件，比如台湾民宿的发展规划在不同的地区有着自己独特的形式，更加高端、更加具有小资情调，在阿里山南投一带山林众多，所以这一带民宿以小木屋为主；在花东海岸线附近则主要以海景为特色；乌来等地区则以温泉为主。所以，在发展民宿时应该结合当地的特色，创造新的旅游产品。

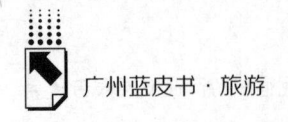

（三）规范发展过程中的经营管理

在研究过程中发现，目前对于乡村地区而言，其空余的住宅数量较多，但是收入较少。为了可观的收益，该行业可能会陷入恶性的市场竞争之中。所以，为了避免这种局面的发生，各级地方政府应该根据当地的独特优势，结合该地民宿业的发展状况，有针对性地提出旅游发展规划，并把民宿旅游纳入地区旅游发展的规划之中。为民宿经营明确合理合法的地位和布局，使其朝着良好的方向不断发展。将当地的自然地理环境、人文环境以及相关的产业结合起来，构建拥有自身优势的品牌民宿业，提高乡村民宿运营水平。

1. 规划发展要明确以满足周边中心城市客户需求为导向

首先，民宿产业的选址十分重要。最适合的距离是离城市中心 1.5 小时的车程，因为长距离容易打消出行动力，短距离又无法体验城郊的风景。其次，锁定民宿客户群体。民宿的消费者一般处于城市中上层收入水平，有较多的休息时间以及家庭出行的需求。具体特征表现在：①出行消费能力，出境游消费 2 万 ~5 万元，国内游消费 5000 ~ 10000 元，倾向于中高档酒店，至少三星级以上；②年龄阶层，一般在 20 ~40 岁、40 ~60 岁；③出行消费习惯，一年有一次出境游、海岛游、周末与家人在城市附近游等；④出行目的，欣赏自然美景、品尝特色美食、体验新鲜刺激；⑤需求时间，法定假期、带薪假期、平常周末；⑥心理诉求，增进亲子关系、稳定家庭关系、孝敬父母、放松精神、拍照纪念和分享等。

2. 在政府的宏观指导与调控下形成一致步调

为了使民宿产业可以有效地整合资源、更新观念，形成统一的经营目标和长远的经营理念，政府的宏观调控是必不可少的。比如云南腾冲，政府就民宅的修建提出相应的规划要求，对民宿经营出台规范的条例，当地居民能充分理解这些对于旅游业统一发展的重要性，并且愿意遵守。所以，在云南腾冲，无论房子修建的年代多么久远，都有统一的规格。政府应该为国内的民宿经营者提供有效的生态旅游发展策略及规划。在此基础之上，经营者进行规范经营，并不断完善生态旅游系统。

3. 探索"政府+企业+民宿"的新型运营机制与管理模式

按照建设"美丽中国"的总体部署，广州应建设规划科学、生产力高度发展、生活富裕、城市文明、市容整洁、管理民主、宜居宜业、民族民俗和历史人文焕发新面貌、精神层次更高、绿色、可持续发展的民宿旅游产业。

在发展民宿旅游产业的过程中，开发公司的组织管理和原住居民的利益协调是至关重要的。在这个过程中，应采用以政府为主导的经营模式。由政府主导寻找各方优势资源，从而建立起开放性、多元化的市场融资渠道。充分发挥民宿、企业、政府在各个方面的优势，促进其协调发展，实行"政府+企业+民宿"的全新管理模式，促进乡村景区全方位发展。对于个体民宿经营者来说，他们可以参考台湾模式，成立专业的民宿协会，并积极采纳游客的建议，与开发公司进行积极的交流沟通，尽可能在双赢的基础之上实现各方面的发展。而对于一些旅游组织来讲，他们可以自发行动起来，成立民宿协会或联盟，相互交流学习。

以发展民宿创新建设"生态人居"蓝图。对新建住房实行统一的规划，形成合理的布局，完善相应的配套设施，促进独特的地方人居环境的形成；采取一定措施提高成熟绿化率，例如采取新造、补植、封育等措施，同时完善相应的基础设施建设。

以发展旅游为目标，"生态环境"将大幅度改善。旅游区的环境是第一要素，为提升旅游环境的水平和层次，应采用垃圾集中处理等模式，整治城市生活垃圾；使用无害化卫生厕所、人工湿地等设施技术，整治城市生活污水；实行生产区与生活区分离，配套发酵净化工程，逐步实施生态工程。

发展民宿旅游产业实现"生态经济"转型。旅游区周边经济的包容性强，可对地方特色农产品、绿色产品、有机食品和森林食品等的产品包装实行统一化管理。应充分利用城市周边的各种生态资源，发展城市周边乡村的生态农业。在这个过程中，我们可以推动传统农耕逐步发展升级；在发展的过程中，应该坚持生态发展，减少污染物的排放，使用绿色技术，发展乡村低耗低排工业。

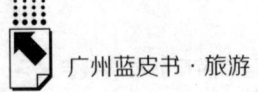

通过服务业的完善提升公民素质，推进"生态文化"建设。在不断发展的过程中，我们应该注意对历史文化遗产资源的发掘和保护，特别是发掘在有广州特色的本地文化中所孕育出的生态思想，培育特色文化；为了达到更好的推广效果，应充分利用各种宣传工具和文化阵地，开展各种形式的关于生态思想的知识宣传活动，从而进一步推动民宿生态文明新风尚的形成；引导并支持农民追求科学、健康、文明、低碳的生产方式和生活方式，积极构建和谐的城市乡村生态文化体系。

三 结论

当今信息技术高速发展的时代，广州民宿及民宿旅游产业需要充分利用各种互联网技术和平台，与外界进行积极的交流沟通，促使自身知名度不断提升。借助政府的指导与支持，利用相关的信息技术及手段，逐步发展成规模化产业，形成规模经济，从而推动广州旅游业民宿品牌不断提升，为其发展提供更广阔的空间。

B.6 广州智慧旅游发展的主要任务

广州市旅游局规划发展处

摘　要： 经过30多年的发展，广州旅游业取得了长足进步，实现了规模持续增长；综合竞争力持续提升，当前居全国第三位；旅游信息基础设施不断完善，旅游信息化水平不断提高，为"智慧旅游"建设奠定了较好的基础。但广州发展智慧旅游城市仍存在宣传力度不够、管理体制不顺、资金投入不足、旅游信息化管理机构缺失等问题。因此，未来广州发展智慧旅游的重点是尽快建设智慧旅游云数据中心，构建"互联网+"四大体系，成立五类专属主页（游客、导游、旅行社、景区、星级酒店），制定一套智慧旅游标准规范，全面提升广州城市竞争力和城市形象，促进旅游业可持续发展。

关键词： 广州　智慧旅游　旅游信息化

一　发展现状

（一）广州旅游业发展现状

1. 旅游产业集群已具广州特色

当前，广州已形成了涵盖"吃、住、行、游、购、娱"各个环节，具有区域特色、产品及业态特色的旅游产业集群。初步形成了以北京路周边街区为依托的历史文化产业群，以长隆旅游度假区为中心的游乐休闲产业群，以白水寨为主体的生态休闲产业群，以从化新温泉为特色的温泉休闲产业群，以大学城为基地的文化休闲产业群，以广州塔、海珠湿地公园等为标志的集观光、休闲、购物、商务、酒店于一体的新中轴线产业群，以珠江游为主要品牌的水文化产业群，以"农家乐""林家乐""渔家乐"等为特征的乡村旅游产业群。广州旅游市场全年没有淡旺季之分，已成为国内乃至东南亚地区重要的旅游客源地、集散地和目的地之一。

2. 旅游综合实力不断增强

广州旅游综合竞争力位列全国副省级城市第一、全国城市第三。2015年广州全市接待游客1.73亿人次，同比增长6.90%；全年接待过夜游客数达5657.95万人次，比上年增长6.2%。其中，入境旅游者803.58万人次，增长2.6%；境内旅游者4854.37万人次，增长6.8%。在入境旅游人数中，外国人307.98万人次，增长2.6%；香港、澳门和台湾同胞495.60万人次，增长2.6%。旅游业总收入2872.18亿元，增长13.9%，旅游业总收入仅次于上海、北京，位居全国城市第三；旅游业对经济社会发展的带动作用不断增强。

3. 旅游企业实力持续增强

广州市旅游企业实力不断增强，现有旅行社403家（其中出境游组团社73家），广之旅和广东省中旅分别名列全国百强旅行社第二位、第四位；星级酒店204家，其中五星级酒店23家（含白金五星）、四星级酒店39家，高星级酒店和国际品牌酒店数量居珠三角地区首位；A级景区45家，其中5A级景区2家、4A级景区22家。

4. 旅游环境建设不断完善

近年来，广州市旅游主管部门持续加强旅游环境建设，大力提升旅游服务公共设施水平，加大旅游培训力度，行业服务质量和服务水平不断提升；加强对A级景区、星级饭店和旅行社的规范管理，积极推进"厕所革命"；严格旅游市场监管，市场环境不断净化。

5. 旅游信息化基础不断夯实

广州市旅游局长期重视旅游信息化建设，在旅游政务管理、旅游推广方面取得了一定的成绩。已经建成并投入运行了包括中国广州旅游网（政务网）、中国广州旅游网（资讯网）、旅游企业管理系统、旅游企业年度统计系统、旅游企业诚信管理系统、旅行社备案系统、旅行社业务管理系统、导游证IC卡管理系统、导游人员培训系统等旅游业务系统，旅游信息化基础不断夯实，为智慧旅游城市建设奠定了较好的基础。

（二）广州智慧旅游发展基础

1. 广州入选第二批智慧旅游试点城市

2012年10月30日，广州市政府分别向广东省和国家旅游局提交了申请第二批国家智慧旅游试点城市的请示。12月，国家旅游局确定广州等15个城市为"第二批国家智慧旅游试点城市"。2015年1月，广州智慧旅游统一服务工作平台系统开始招标，广州智慧旅游发展揭开了新的篇章。

2. 领导高度重视广州智慧旅游建设

2012年9月3日，市政府主要领导强调旅游产业是朝阳产业、幸福导向型产业，是建设幸福广州的重要组成部分，必须要予以高度重视、大力发展。

2013年8月30日，国家旅游局邵琪伟局长在中国（广东）国际旅游产业博览会上指出，要加大对智慧旅游项目建设成果的应用推广力度，围绕景区导览、信息查询、交流体验、预订服务等环节，为游客提供更便捷、智能化的旅游体验。同时，要做好旅游行业资源的整合和配置工作，在智慧旅游建设方面进行富有成效的尝试，建立促进智慧旅游发展的有效机制和发展模式，加快旅游业态的转型升级。

2013年8月30日，王东副市长就智慧旅游及旅游管理工作提出四点要求。①要以服务市民游客为导向，做好广州智慧旅游APP的开发与完善工作，着力创建广州智慧旅游统一信息服务品牌，打造游客市民的"旅游秘书"，同时鼓励相关企业增加特色应用服务，不断丰富各类服务终端设备的功能。②旅游局及相关旅游企业要将智慧旅游成果运用于行业管理，通过分析游客在广州的各种旅游感受及偏好，有针对性地开展旅游市场宣传；通过景区在线门票销售及景区游客人数的精确统计，及时掌握景区游客流量，做好节假日景区旅游的安全预警及游客分流等工作。③要积极搭建平台，不断推动科技企业与旅游企业之间的供需对接，促进科技与旅游产业的深度融合，加速广州智慧旅游项目落地，促进企业转型升级。④要加大对旅行社行业的指导力度，认真做好《旅游法》的学习宣传贯彻工作，引导旅行社严格依法办事，努力规范旅游市场，进一步推动广州市旅游市场健康发展。

3. 广州获批"全国旅游综合改革试点城市"

2014年10月，广州经国家旅游局批复成为"全国旅游综合改革试点城市"。广州市高度重视旅游业发展，将发展旅游业作为建设国家重要中心城市、推动供给侧结构性改革和产业转型升级的重要举措。

4. 顶尖的信息基础设施

一是具备国内顶尖的骨干网络能力。经过多年发展，广州市4家电信运营企业的互联网网络结构不断优化、网络规模不断扩大、网络地位不断提升。目前，广州城域出口带宽达到1.5Tbps，是我国三大基础电信运营商和广电部门骨干互联网网络的超级核心或骨干核心节点。

二是互联网建设全国领先。①互联网发展多项指标全国领先。移动互联网普及率达到全国领先水平，网络购物、社交等的应用比例也远高于全国平均水平。②光纤到户进程加速。平均接入带宽速率达到每秒6M以上，处于全国前列，此外，广州市已实现100%的行政村通达光缆，平均接入带宽速率达到每秒2M以上，推进了光纤网络的城乡一体化。③无线宽带覆盖广泛。广州市引导三大运营商等市场力量积极参与无线城市建设，创新商业模式，已实现城区和所有行政村3G网络全覆盖，新增无线宽带接入点640个，累计建成无线接入点17.02万个，规模处于全国前列。④互联网产业链整体水平全国领先。广州已成为国内互联网产业的重要集聚地，业内企业数量众多，在主要领域均有重点企业领军布局，拥有网易、UC、梦芭莎、3G门户等互联网巨头企业，蓝盾、启明星辰等互联网安全领军企业，新邮通、京信通信等龙头设备制造商，以及竞争力全国领先的三大互联网运营商。此外，在移动互联网、智慧城市等新兴领域，其整体发展水平处于国内第一梯队。集聚的产业生态为协同创新提供巨大空间，为产业繁荣壮大奠定坚实基础。

三是物联网产业发展良好。广州市物联网公共服务产业发展良好,形成了完善的物联网服务机构和产业联盟。汇集了规模和数量较大的物联网产业群和上市公司。在智能传感和识别技术方面,以旭丽电子、芬欧蓝泰等企业为代表的扫描感应、敏感元器件、RFID产值达到97亿元;广州企业先后成功推出面向北斗、GPS、新一代宽带无线通信等领域的多款射频芯片,并成功应用于国内知名企业的产品中。目前,广州市卫星导航企业约110家,产值约133亿元。

四是具有世界领先的云计算平台。广州正构建国际云计算中心,拥有广州超级计算中心、中国移动南方基地、中国联通广州数据中心、中金数据华南云计算中心等一批重点项目。第46届"全球超级计算机TOP500"排名于11月16日在美国奥斯汀举行的世界超级计算大会上正式揭晓,广州超级计算中心(国家超级计算广州中心)主机"天河二号"超级计算机系统连续第六次排名榜首,取得史无前例的六连冠。在智慧城市建设和大数据领域,配合国家的"互联网+"行动计划,将"天河二号"与云计算有机结合,广州超级计算中心智慧城市、大数据和云计算平台已有一套自主可控的云计算解决方案、技术体系和标准规范,成为电子政务、渲染云服务等重点领域和行业中的典型应用示范。电子政务方面,广东省教育数据中心的主要资源池、广州萝岗区电子政务系统等皆已落户中心,广州道路卡口监控等智能交通管理系统建设业已在"天河二号"平台上陆续展开,广州超级计算中心将建成广州市电子政务云服务平台,成为"智慧广州"的大脑和心脏。此外,广州超级计算中心积极联合凡拓、红鹏、长宝信息科技等本地企业拓展"互联网+"新业态、新领域的应用,共同搭建"动漫渲染云""智能销售云""地铁云"等行业云平台,积极推动云计算服务模式创新,实现云计算产品与服务的产业化,引领大数据和云计算产业的深入发展。

二 广州智慧旅游发展存在的问题

广州智慧旅游城市建设具有较好的发展基础,但在旅游发展过程中仍存

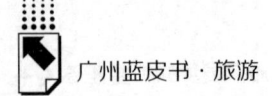

在旅游信息不对称、旅游监管还需加强、旅游公共服务不足、游客体验欠佳、旅游市场营销能力不强、旅游产业融合程度不高、旅游人才和资金投入不足等问题。

（一）宣传不够深入，思想认识有差距

广州市被确定为国家第二批智慧旅游试点城市，这既是一项光荣的任务，也是一项全新的工作。应当唤起各级领导、相关业务部门和社会各界的认同和支持。目前，对智慧旅游的基本内涵、对建设智慧旅游城市的重大意义以及实现路径等问题，认识还不够统一，还没有实现很好的普及，缺乏深入的理解和认识。

（二）管理体制不顺，资源共享有差距

多年来，广州市旅游景区、景点存在着多头管理、职权交叉等现象，虽然在旅游景区的条块管理方面发挥了积极作用，但面对旅游产业做强做大和智慧旅游建设的新要求，原有的体制壁垒和障碍逐渐显现出来，不仅影响旅游资源的有效整合和旅游产业的科学管理，也不利于旅游信息资源的共建共享。

（三）旅游信息化资金投入严重不足

根据统计，广州市旅游信息化历年财政投入累计仅1000多万元，与北京、上海、天津、重庆等城市上亿元的旅游信息化投入相比相差甚远，与广州市其他部门每年近千万元的信息化投入相比也差别较大。广州市旅游信息化资金投入与广州旅游综合竞争力位居全国第三、将旅游产业建设成为广州国民经济支柱产业的现实情况严重背离。

（四）旅游信息化机构队伍缺失

目前，广州市还未成立专门的旅游信息化管理机构，也没有专门的旅游信息化人才，与北京、上海等城市成立了旅游信息中心且具有十几人的信息化编制队伍相比差距较大。广州市旅游信息化机构缺失与广州旅游综合竞争

力位居全国第三、将旅游产业建设成为广州国民经济支柱产业的现实情况也严重不符。

三 广州发展智慧旅游的主要任务

积极推动"一四五一"工程建设，即一个中心、四大体系、五类专属主页和一套规范。"一个中心"即智慧旅游云数据中心；"四大体系"即"互联网＋"智慧旅游政务管理体系、"互联网＋"智慧旅游公共服务体系、"互联网＋"智慧旅游市场营销体系和"互联网＋"智慧旅游产业融合创新体系；"五类专属主页"即导游专属主页、游客专属主页、旅行社专属主页、景区专属主页和星级酒店专属主页；"一套规范"指智慧旅游标准规范（见表1）。

表1 广州"一四五一"工程

一个中心	智慧旅游云数据中心
四大体系	"互联网＋"智慧旅游政务管理体系
	"互联网＋"智慧旅游公共服务体系
	"互联网＋"智慧旅游市场营销体系
	"互联网＋"智慧旅游产业融合创新体系
五类专属主页	导游专属主页
	游客专属主页
	旅行社专属主页
	景区专属主页
	星级酒店专属主页
一套规范	智慧旅游标准规范

（一）一个中心

智慧旅游云数据中心主要解决四个方面的问题：基础数据资源不完整、数据资源目录难以管理、数据资源共享不足、数据资源智慧化应用不足。主要包括数据资源池、数据资源目录系统、共享与交换系统和大数据应用等内容（见图1）。

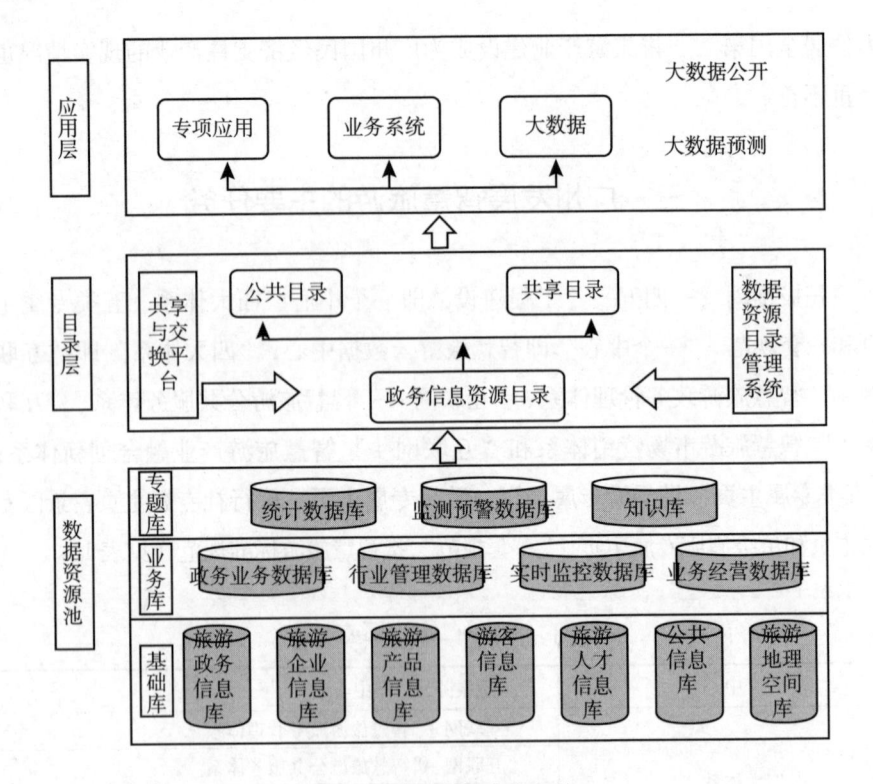

图1 旅游云数据中心架构

1. 数据资源池

数据资源池包括旅游基础数据库、旅游专题数据库、旅游业务数据库、旅游历史数据库等建设内容。

旅游基础数据库主要由旅游政务信息库、旅游企业信息库、旅游产品信息库、旅游人才信息库等组成；旅游专题数据库即根据不同的业务需求，建设相关的专题应用数据库，如统计数据库、监测预警数据库、知识库等；旅游业务数据库主要内容包括行业管理数据库、实时监控数据库、业务经营数据库等；旅游历史数据库主要包括按年份存储的基础数据库、业务流程中的全过程数据库、按年份存储的旅游专题数据库等。

2. 数据资源目录管理系统

数据资源目录管理系统包括信息资源目录子系统和信息资源编目管理子

系统。信息资源目录子系统的建设,即以目录方式实现资源共享,是智慧旅游信息资源共享的有效手段,使用目录体系可以更灵活的方式实现更多应用单位、更多资源的接入与共享。

广州市旅游局所需的与其他政府部门共享的数据包括人口数据、法人数据、地理空间数据、公共安全信息数据、交通信息数据、气象信息数据等。可公开的数据主要包括旅游资源信息数据及来自应用系统的业务数据(如部分旅游政务数据、旅游统计数据、游客客流监测数据等)和相关部门数据(包括地理空间数据、交通信息数据、气象信息数据等)。

3. 数据共享与交换系统

建立数据共享与交换系统,实现旅游信息资源的统一调度、共享和发布。数据共享与交换平台是解决旅游主管部门、景区、涉旅企业等数据信息相关资源共享与交换的有效途径,对广州进一步促进旅游公共信息资源的开发利用、降低信息协同成本、推动区域旅游协同管理服务新模式的建设具有重要的意义。

数据共享与交换系统对底层海量、异构的数据进行整合共享,并提供数据交换。数据共享与交换系统以数据仓库、数据抽取、数据清洗、主数据管理、元数据管理技术为背景,涵盖旅游基础数据和业务数据范畴内所有需要共享和交换资源的数字化收集、整合、整理、交换、提炼,是旅游数据资源的基石,也是整个体系资源整合的关键。

4. 旅游大数据应用

建设目标:建立和完善适应结构化数据的旅游信息标准规范体系;建立健全数据采集、处理和维护运行的管理机制和技术支撑体系;形成数据展示和应用的创新模式,加强信息服务功能的设计,提高信息服务水平;逐步将各级行业管理系统纳入旅游基础数据库共享平台,实现资源共享;实现基于在线旅游电子商务网站的旅游景区(点)、星级酒店、旅行社、旅游从业人员的电子认证,推进旅游电子商务健康发展;制定旅游行业云数据应用策略,实现云数据采集范围、资质和数据范围的认定,建立云数据分类、采集运行和管理机制;设计开发数据分析挖掘范式、模型和工具,实现大数据分

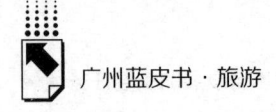

析处理的快速定制和个性应用。

技术架构：大数据平台总体架构由数据处理、虚拟化平台两部分组成。其中数据服务层采用大数据统一视图（One Platform）技术，将非结构化数据、结构化数据、流数据等各种异构数据构建成一个统一的大数据视图，实现异构大数据的有效整合、统一访问。同时，支持对大数据进行实时在线的拖曳式可视化展示，及实时在线的基于多种数据挖掘算法和模型的分析处理，从而实现在线大数据可视化分析。

旅游大数据应用：①旅游预测决策应用，旅游市场预测的精确度、准确性是以以往的历史数据为支撑的，而这些数据正是大数据用于挖掘的基础，通过对这些数据的挖掘、分析，得出未来旅游市场的需求信息、发展方向；同时为旅游市场培育提供指导与支撑，实现旅游市场的合理、个性化营销和管理。②数据开放应用，数据开放是一类典型的大数据应用。通过对旅游大数据进行数据分类、数据隔离、数据统计、数据归类、数据替代等加工处理，去除个性、隐私等不宜开放部分，保留不影响分析研究结果的群体特性，进而向社会研究机构开放旅游数据，引进社会力量加入旅游发展规律研究，加速旅游管理水平的提升。

（二）四大体系

1. "互联网+"智慧旅游政务管理体系

充分发挥互联网的规模优势和应用优势，通过广州市旅游局内部的协同、信息共享与交换，实现广州市旅游局对旅游企业、旅游从业人员的实时运行监控、全面监督管理。

"互联网+"智慧旅游政务管理体系的建设内容主要包括：智慧旅游协同办公系统、智慧旅游行政审批系统、旅游政务公开系统、旅游交通管理系统、旅游信息发布系统、服务评定管理系统、旅游行业监管系统、智慧旅游诚信服务系统、游客流量预测系统、应急指挥管理系统。

2. "互联网+"智慧旅游公共服务体系

"互联网+"智慧旅游公共服务体系的建设内容主要包括：智慧旅游服

务门户、交通信息查询系统、天气预报查询系统、旅游微信移动应用平台、智慧旅游手机应用、在线咨询和帮助查询系统、游客自助咨询和自助旅游系统、呼叫接警中心系统、旅游人才培训系统、游客入境关怀系统。

3. "互联网+"智慧旅游营销体系

以"广州智慧旅游"城市名片营销为导向,基于互联网构建包括旅游资讯网、传统广告媒体、国际新媒体社交平台、微博和微信以及广州智慧旅游APP、旅游展会等的全媒体信息传播机制,使广州市成为国内外游客理想的旅游目的地选择。同时,通过游客、景区、宾馆、旅行社等旅游大数据挖掘和分析,拓宽旅游信息传播渠道,增强营销的靶向性,实现精准化营销。鼓励引导旅游企业加强与门户网站、搜索引擎、UGC旅游网站等的合作,进行产品和服务营销。鼓励引导旅游企业通过微博、微信等网络新媒体方式,培育黏性客户,提升企业精准营销能力,激发市场消费需求。

4. "互联网+"智慧旅游产业融合创新体系

充分发挥互联网的规模优势和应用优势,结合国家"一带一路"发展倡议,实现产业融合创新,按照先行先试的原则进行重点建设。

智慧景区:以智慧景区试点示范,推进旅游景区创新发展。编制智慧景区建设规范,依据规范和扶持政策,推进智慧景区试点示范建设,优化旅游景区的接待环境,提升旅游景区智能服务质量。加快推进智能定位、智能监控、电子门票、电子地图、电子导游、电子支付、智能导购、手机客户端等系统建设,实现景区管理可视化、资源管理智慧化、经营管理智能化、产业整合网络化,进一步优化景区业务流程,提升景区智能化运营管理水平。

智慧饭店:以智慧饭店试点示范,推进旅游饭店创新发展。编制智慧饭店建设规范,依据规范和扶持政策,推进智慧饭店试点示范建设,推动物联网等技术在旅游饭店的应用,促进旅游饭店智能服务水平的提高。加快推进涵盖综合管理系统、智能门禁系统、交互视频体系、智能会议设施、智能租车、电梯与监控系统、智能信息终端的智慧酒店应用系统建设,实现接待服务智慧化、内部管理智慧化和业务经营智慧化。

智慧旅行社:以智慧旅行社试点示范,推进旅行社创新发展。编制智慧旅行社建设规范，依据规范和扶持政策，推进智慧旅行社试点示范建设，推动和逐步完善旅行社智能化建设，深化旅行社行业整体的信息化应用。加快推进集电子合同管理、团队管理、旅行社及导游服务管理于一体的智能系统建设，逐步实现旅行社在信息收集、资源采购、产品策划与发布、产品销售、订单管理、团队管理、统计结算、数据对接、行业监管等方面的高度信息化、在线化和智能化。

智慧乡村：以智慧乡村试点示范，推进乡村旅游创新发展。编制智慧乡村建设规范，依据规范和扶持政策，推动和逐步完善旅游乡村信息化、智能化建设，引导旅游乡村旅游环境与公共服务的建设，促进旅游乡村电子商务建设和推广。大力实施智慧乡村工程，全面展示旅游乡村餐饮、住宿、节庆活动、旅游商品、特色旅游项目，实现在线体验、预定、支付及物流配送，提供宽带网络、无线覆盖、信息智能推送及全方位安全监控服务。

智慧邮轮：以智慧邮轮试点示范，推进邮轮旅游产业发展。①邮轮客房服务系统：在邮轮客房内布置智能终端，终端主要功能包含信息查询、邮轮线路信息速递、线路景区视频演示、相关服务一键通等。②邮轮运营管理系统：在邮轮和游客之间搭建一个统一的信息发布与共享平台，包括信息查询服务、住房饮食预订服务以及评价打分、服务投诉、服务对比等，并对客房信息、餐饮信息、娱乐信息等进行实时更新。

（三）五类专属主页

"五类专属主页"即游客专属主页、导游专属主页、旅行社专属主页、景区专属主页和星级酒店专属主页。

1. 游客专属主页

为参团游客建设开通游客专属主页。汇聚游客历次参团信息，包括旅游合同、参团旅行社信息、参团导游信息、旅游行程信息、旅游攻略信息、旅行社评价信息、导游评价信息等内容。在旅游前，游客可通过游客专属主页选择旅游线路和旅行社，做好旅游规划；在旅游行程中，可随时了解旅游行程动态信息；在旅游后，可对旅行社、旅游景点、旅游行程进行点评。游客专属主页可接入广州市市民网页。

2. 导游专属主页

为全市2.6万多名导游建设开通导游专属主页，实现导游资格考试、导游岗前培训、导游资格证、导游等级考核等全职业生命周期服务，成为导游开展网上办事活动的入口；汇聚导游从业经历、导游带团信息、导游诚信信息、游客表扬投诉信息等内容，成为导游对外展示的窗口。导游专属主页应与广州市市民网页、广州市网上办事大厅对接。

3. 旅行社专属主页

为全市400多家旅行社建设开通旅行社专属主页，实现旅行社开办审批、变更、注销等全生命周期服务，成为旅行社开展网上办事活动的入口；汇聚旅游合同备案、出入境报备、旅游团队、旅游行程和交通等运营数据信息，汇聚旅行社月度、季度、年度接待游客信息，成为旅行社报送旅游统计信息的平台。旅行社专属主页应与广州市企业专属网页、广州市网上办事大厅对接。

4. 景区专属主页

为全市40多家A级景区建设开通景区专属主页。实现景区建设审批、景区经营审批、景区评级审批等政府服务，成为景区开展网上办事活动的入口；汇聚景区优惠信息、景区客流信息等，成为景区对外展示的窗口和平台。景区专属主页可与广州市企业专属网页、广州市网上办事大厅对接。

5. 星级酒店专属主页

为全市204家星级酒店［包括五星级酒店23家（含白金五星）、四星级酒店39家、三星级酒店121家、二星级酒店21家］建设开通星级酒店专属主页。实现星级酒店申请、评定、复核等政府服务，成为星级酒店开展网上办事活动的入口；汇聚星级酒店优惠信息、住宿登记信息等，成为星级酒店对外展示的窗口和平台。星级酒店专属主页可与广州市企业专属网页、广州市网上办事大厅对接。

（四）一套规范

"一套规范"是指智慧旅游标准规范，标准规范在广州智慧旅游建设中

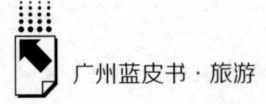

起着基础性的支撑作用，研究并构建完善的智慧旅游标准规范，可为广州智慧旅游建设和运行的开放性、可扩展性及可维护性提供保障。

广州智慧旅游标准规范涉及旅游企业、市级旅游部门、区级旅游部门、市区各相关领域等多主体协同。广州智慧旅游标准规范的制定，可以从两个维度展开：一是引用国家、省级已有的旅游标准，实现与国家、省级平台的信息共享和交换；二是制定市级层面标准规范，实现与其他政府部门的信息共享和交换，以及指导和规范各区县旅游局和旅游企业的智慧旅游建设。广州智慧旅游标准规范应包括"总体标准、技术标准、服务（业务）标准、安全标准和管理标准"五个方面。

B.7
加快推进广州市乡村旅游的几点思考

夏太文*

摘　要：	都市城市圈居民承受着城市生活和工作的紧张与压力，近郊乡村旅游已成为市民放松身心、陶冶情操的有效方式和最佳途径。广州市周边存有丰富的乡村旅游资源，其古朴清新的田园风光和浓郁的乡土文化气息受到广大市民的青睐。乡村旅游活动正呈丰富多彩的态势扩展，已然成为一种现代旅游趋势，政府应适时地加以规划、引导、宣传，才能进一步加快推动乡村旅游的发展。
关键词：	广州　乡村旅游　产业定位

第十二届全国人民代表大会第五次会议的政府工作报告明确提出，要"完善旅游设施和服务，大力发展乡村、休闲、全域旅游"，对今后加快乡村旅游的发展做出了方向性的重要引导。当前，广州市乡村旅游方兴未艾，大力发展乡村旅游不仅满足了都市居民回归自然、重返乡村的旅游愿望，而且对于建设美丽乡村、帮助北部山村实现脱贫致富都具有现实而重要的意义。

一　高端定位、顶层设计，加快推进乡村旅游产业发展成为国民经济战略性支柱产业

（一）明确一个奋斗目标

《广州市旅游业发展第十三个五年规划》明确指出，到2020年，旅游

---

* 夏太文，黄埔区旅游局副主任科员。

业增加值达到2240亿元，占全市GDP的比重超过8%，成为国民经济战略性支柱产业。乡村旅游应紧紧抓住这个战略机遇，找准在全市旅游产业发展中的战略定位，着力打造餐饮、民宿、特色小吃、农家休闲、汽车营地等旅游品牌，做大做强乡村旅游产业，力争到2025年，全市乡村旅游及相关产业的增加值超过100亿元。

（二）制定一个发展规划

按照把乡村旅游产业作为国民经济支柱性产业、战略性新兴产业和现代服务业核心产业的要求，研究制定《广州市乡村旅游发展规划》，规划应与"美丽乡村"创建、新农村建设紧密结合起来，从道路交通、文物建筑修复、垃圾污水处理、安全饮水、卫生改厕、河塘沟渠清污等方面，结合当地饮食、建筑、文化、人文、自然景观及经济发展等情况，视情而异、分片分区，制定主题鲜明、特色各异、风味浓厚、错位发展、切实可行的区域性乡村旅游发展规划，明确指导思想、战略目标和工作任务，确定产业定位、产业布局和产业方向，提出实施对策、推进机制和保障措施。

（三）出台一个行动计划

围绕实施《广州市乡村旅游发展规划》，按照总体设计、分步实施、整体推进、重点突破原则，以三年为节点，分别对应发展规划的近期、中期、远期目标，研究制定《广州市乡村旅游产业振兴行动计划》，分解具体任务，落实责任单位，明确时间节点，细化考核办法，力争乡村旅游产业发展三年初见成效、六年形成规模、九年实现目标。

二 科学布局、优势叠加，努力做好乡村旅游多层次、多角度、多元化发展推进工作

（一）确立一个战略布局

根据地理位置的区位特点和景观特色，将全市乡村旅游划分为山区生态

区、都市城郊区、滨海水乡区三大产业集聚板块，同时建设一批特色小镇、特色旅游文化村，形成"众星拱月"的发展格局。山区生态区重点覆盖从化区与增城区部分区域，以打造自然山水型乡村旅游休闲为主线，将温泉与徒步、露营与赏花、赏花与摄影、垂钓与骑游、种植与采摘等活动有机串联，体验自然与人文的双重感受。都市城郊区重点覆盖花都区、白云区以及增城南部区域，以向城市居民提供周末和日常休闲场所为主线，以海河、湖泊、村落等自然资源和农牧渔基地为特色，休闲活动包括野营、访问历史故居、农场休闲、水上运动以及各种形态的水边度假村，成为深受游客青睐的"第二个家"。滨海水乡区重点覆盖黄埔区、番禺区和南沙区，以"海丝文化"为主线，深度挖掘广州作为古代海上丝绸之路起点的历史定位和文化内涵，主动对接国家"一带一路"倡议和省市"一江两岸三带"重大文化旅游产业项目，擦亮"文化广州""商旅之都"金字招牌。

（二）开发一批旅游产品

以北部山区丰富的山地森林资源和现代农业观光资源为核心元素，在黄埔区北部、增城区北部、从化区选定2~5个具有自然资源优势和特色的镇、村，打造自然景观和农业景观相结合的观赏游憩型乡村旅游产品，采取"休闲农业示范基地+美丽乡村"的开发模式，连片集中式开发休闲徒步、生态农庄等旅游产品。以滨海水乡特有的水域资源与田园乡村资源为核心元素，采取"水乡风光+休闲渔业"的开发模式，重点开发番禺区、南沙区具有休闲资源的地区，整合现有湿地田园、农庄、荷塘景观，创建珠三角水乡休闲渔业游憩观光型旅游产品。以北部山区温泉的特有优势，采取"精品民宿+乡村度假"的开发模式，深度挖掘乡村地域元素，就已有民宿的外观结构层次、内部设施制定相应标准，打造精品民宿，开发乡村度假、乡村亲子游等旅游产品。以各区农庄、农场、农户种植的绿色原生态蔬菜水果和家禽野味为食材，突出"土"与"野"特色，按照《广州市农家乐服务质量等级评定办法》，在每村、每镇开发出一批个性化、品质化和趣味化的农家乐型旅游餐饮产品。

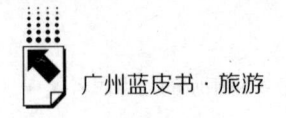

（三）打造2~3个示范带动项目

广东省社会科学院围绕"一带一路"倡议，经过调研分析提出"打造海上丝绸之路文旅商贸产业园"，相关区域位于黄埔区南部临港地区，项目选址范围主要包括南海神庙及周边地区，包括大蚝沙、洪圣沙和大吉沙等江心小岛。乡村旅游工作要以此为契机，深度发掘南海神庙的文化旅游内涵，依托已出版的南海神主题文学作品，制作南海神及海丝主题系列动画片，开发主题游戏和文化旅游纪念品，建设南海神动漫主题公园，打造一个具有影响力和示范效应的滨海水乡区域乡村旅游示范基地。围绕省、市人大代表将长洲岛打造成"国际珠江慢岛"的建议，借鉴"国际慢城"概念，参考国际上的发展经验，落实"创新、协调、绿色、开放、共享"发展理念，结合文旅教育、观光旅游、休闲度假、时尚创意等未来产业发展方向，研究"国际珠江慢岛"旅游的地位和作用。

三 统筹协调、强化服务，积极构建乡村旅游可持续发展的体制机制、政策环境和社会氛围

（一）完善工作推进机制

加强领导，成立广州市乡村旅游产业发展领导小组，由市分管领导牵头，统筹全市乡村旅游发展工作，协调解决各种困难，各区政府也应成立相关组织机构，负责具体工作，研究解决实施过程中遇到的困难和问题，实行"时间倒排、任务倒逼、责任倒查"，强力推进乡村旅游建设进度。加强乡村旅游发展产业人才库和智库建设，成立乡村旅游发展产业协会，充分发挥行业协会在促进乡村旅游发展过程中的协同引领作用。

（二）配套专项扶持政策

要像抓其他支柱性产业一样抓乡村旅游产业，研究制定专项政策，最大

限度地提供便利，努力营造更有利于乡村旅游产业发展的政策环境。特别要在规划、用地、税务、融资及产业发展和人才引进等方面，出台一些力度更大的政策措施，市级财政可安排一定的乡村旅游开发建设专项资金，采取以奖代补或贴息等方式进行集中投入，打造出乡村旅游精品；按照"谁投资、谁受益"的原则，积极鼓励和吸引民间资本投资开发乡村旅游项目，鼓励投资者租用农民的土地搞乡村旅游，并鼓励、准许当地农民以土地、房屋、资金或劳务等方式入股，多渠道、多形式增加对乡村旅游的投入，实现对乡村旅游产业发展的精准扶持。

（三）优化公共服务体系

积极转变政府职能，强化宏观调控并提供优质服务，进一步优化乡村旅游产业资源配置，促进产业结构调整；大力构筑产业投融资平台、创意孵化平台和信息服务平台，建立产业预警、预测、统计和信息发布制度，积极帮助企业开拓市场，引导企业挖掘战略发展机遇，依托"互联网+"、电子商务开拓市场，扩大产品销售范围；通过国际国内大型商贸活动，充分展示市内旅游企业的产品，鼓励市内企业相互合作、相互链接，促进市内企业实现共赢发展，为乡村旅游产业发展营造良好的创业环境和社会氛围。

B.8
基于空间句法理论的沙湾
古镇空间组织研究

史艳荣*

摘　要： 沙湾古镇是珠三角地区第一个历史文化名镇，在其发展过程中通过不断改造重构，形成了现有的空间。本文基于空间句法理论，对沙湾古镇现存空间形态进行了分析，并利用认知地图和百度热力图对句法分析的结果进行验证，总结出沙湾古镇的空间主要集聚在西广场至安宁广场的路段。空间句法可以基本总结沙湾古镇的空间特征，但由于旅游活动和居民生活之间的不同，空间句法与认知地图、热力图的结果有所差异，在一定程度上较为可信，但需结合其他方法使空间分析更加客观真实。

关键词： 沙湾古镇　空间句法　认知地图　百度热力图

一　引言

沙湾古镇至今已有 800 年历史，悠久的历史形成了灿烂的文化。早在南宋初期这里就形成了繁华的村落，至今还保留有成片完好的传统街巷以及传统古建筑，形成了极富岭南特色的村落格局。自开发旅游以来，沙湾古镇的

---

* 史艳荣，中山大学旅游学院旅游管理专业 2013 级本科生。

生产空间经历了较大规模的改造重建。现有的空间格局经多方利益主体实践后产生，目前沙湾古镇的空间形态和空间结构如何，正是本文所要研究的问题之一。

自20世纪70年代Hiller及其团队提出了空间句法理论以来，经过40年的发展，空间句法被不断研究与拓展，被广泛应用于地理学、心理学、建筑学等多个领域。空间句法提出后，成为空间分析领域的新角色，理论提出的以空间本体论和拓扑学为基础的分析使得空间的分析结果更加客观、有说服力。其在可见度、整合度等数据的分析上对空间的设计规划有着较强的作用，也具有较强的可操作性。

为深入探究沙湾古镇的空间形态，本文以空间句法理论为基础，绘制空间句法图，从集成度、深度、连接度等方面分析沙湾古镇的空间组织。同时，就空间句法对旅游小镇的游客/居民空间行为是否有较强的解释力这一问题，本文也将以沙湾古镇为例进行探究。沙湾古镇历史悠久，经历了较大规模的改造重建，具有其空间特色。本文充分把握其特质，以街巷空间为研究主体，引入空间句法理论，针对街巷空间不同层面对其进行句法分析，研究其独特性，并将居民游客认知空间与大数据的游客行为相结合，尝试将结论推广到其他古镇，验证空间句法理论合理性的同时，挖掘沙湾古镇的旅游空间组织，探索可能的优化方案，为沙湾古镇旅游的可持续发展提供建议。

二 沙湾古镇的旅游发展

（一）沙湾古镇概况

沙湾古镇位于广州番禺区中部西端，接近珠江口，是一个有着800多年历史的岭南文化古镇，历史文化资源丰富，有"中国民间艺术之乡""广东省古村落"之称。沙湾古镇始建于宋朝，800多年间经历了小岛－沙田－古村落－城镇的演变。1986年，古镇的文化保护引起广州市委的关注。随后沙湾古镇的发展逐渐明晰，即打造"文化旅游"品牌。2008年，古镇旅游开发有限公司成立，沙湾古镇旅游产业进入政企合营阶段，古镇开始翻天覆地的整改。2012年元旦，以留耕堂和清水井广场为重点的第一期工程正式对外开放。2013年元旦起，景区实施围蔽管理，对进入古镇的非沙湾户籍游客实施门票政策。导致景区游客数量骤减，商铺租户纷纷"卷铺盖"走人，因此在一年后就取消了一票制，仅对留耕堂、三稔厅、衍庆堂这三个场馆实行收费。从2000年开始，镇政府在中华大道东路兴建了办公大楼，标志着公共生活的中心开始向新区移动。顺应现在的生产生活方式，在开阔的中华大道两旁分布了各种现代的公共空间，如广场、公园、购物中心、电影院等。人们逐渐不再聚集在古镇的原有公共空间，慢慢向新区移动。2017年7月29日，沙湾古镇AAAA级旅游景区正式揭牌。

（二）沙湾古镇规划历程

迄今为止，沙湾古镇已经完成8个规划。2004年，分别完成了《沙湾古镇安宁西街历史街区保护规划》和《沙湾鳌山古庙群历史文化街区保护性规划》两个保护规划，安宁西街历史街区保护规划是针对古镇核心区的第一个保护规划，而鳌山古庙建筑群则位于古镇西南的紫坭河道对岸。2005年，当地政府针对古镇中的核心历史地段车陂街历史街区进行了一次详细的保护规划，完成了《沙湾古镇车陂街历史街区保护规划》。2006年，沙湾古镇完成了又一次的整体性保护规划——《沙湾古镇安宁西街历史街区保护规划（2006版）》，本次规划与2004版的范围一致。2008年，沙湾古镇聘请了中山大学相关规划机构完成了两个规划，分别是《沙湾历史文化街区保护与整治规划》和《沙湾镇历史文化街区旅游研究策划》。至2010年，沙湾镇进行了再一次的旅游规划《番禺沙湾古镇旅游核心区详细规划及设计意象研究》。2013年，再次制定《安宁西街历史文化保护区保护规划》。

到目前为止，沙湾的旅游建设总共投资了1.6亿元，这些款项建设了沙湾北村的1/3。除了对文化商业街巷、道路、房屋进行整改、重建之外，还建设了停车场和几个家庭旅馆、旅游商店作为配套设施。

（三）旅游开发对沙湾空间实践的改变

旅游开发对沙湾空间实践的改变首先表现在对商业街的塑造和建筑的修缮方面，其次表现在停车场、家庭旅馆、荷花池、光影秀、文创商店等旅游配套和辅助吸引物的引入，另外就是对出入口的设置和对游览路线的规划。

沙湾对于建筑的修缮主要是对岭南特色建筑的修新、对危房的维稳、对普通民居墙体的统一和整洁度的改变，以及对宗祠、故居类的修新和内在摆件的填充，这在一定程度上阻止了沙湾湮没在现代化发展的洪流之中，保留了其建筑文化特色。

另外，商业街的引入的确与古镇的古朴风格形成冲突，部分商店过于突兀，但是通过视频记录和观察可以发现，沙湾的现有业态有很大一部分并不服务于游客，外围商业街的店铺近六成服务于居民，内侧文创店铺营业时间不规律，为旅游开发而建的商业街更多地服务于当地的中学生和老百姓。荷花池和安宁广场更成为附近居民的休憩、娱乐空间，周末的光影秀本意是为了吸引游客过夜，然而实际上观赏者中本地和附近市民居多。

景区对出入口的设置使得沙湾古镇起到通道的功能，部分人群穿行而过却不停留和观赏，附近市民经常在沙湾外围用餐，然后取道古镇，这种双入口的设计给附近的市民带来了便利。古镇对游览路线的规划并没有起到太大作用，访谈发现，游客多以"入口—街道—随便走一个小巷"的模式游览，而且由于古镇在每一个狭巷中都设置了指示牌，形成了一个完整的网络，因此并没有起到预设"游览线"的效果。

（四）旅游开发对沙湾建筑的影响

旅游开发对沙湾建筑的保护远多于破坏，文化商业街、旅游配套、辅助吸引物的引入和古镇风格存在冲突之处，但其更多地服务于居民；出入口和游览路线的设计方便了居民取道，旅游引导功能不大。从物质建构来看，商业街、商店等有些突兀，但旅游开发要为此承担的责任有限，即便没有进行旅游开发，商铺的出现也是必然趋势，甚至可能更突兀。从空间结构上看，旅游导致的空间让渡实际上并不多，沙湾仍然保持着其生活气息与活力，这也是它难能可贵的地方。传统的生活空间与旅游空间的让渡部分发生了融合，居民对这部分空间的利用使得两个略有冲突的空间异常和谐，旅游开发之于沙湾，保护多于破坏，改造趋于融合。

三　文献综述及研究方法介绍

（一）空间句法

自20世纪中叶以来，量化分析研究从西方起源，并逐渐成为主要的研究方法之一。量化分析研究的方法建立在电脑可以进行极大量计算和分析的基础上，其将要素数字化，使结果更加客观、理性、严谨。空间句法也于此种背景下产生，20世纪70年代由Hillier及其领导的研究小组提出。空间句法的核心理论由三方面构成：①人造的空间本身都是因为人类的某种功能需要被创造出来的，但这个空间一旦形成，那么其自身便会自然而然地获得"自律"的特性，空间本身便成为一个系统。②人造的空间是在人们的社会活动中产生的，那么不可避免地在其产生时便具有了社会属性。简而言之，人造空间的社会属性以及其他属性与空间结构有着内化的固有联系。③人造的空间环境形成之后，对人的社会行为具有反向的作用力，从而产生不一样的社会效应。空间句法以空间这个独立的因素作为基础，解析其与建筑、认知、社会等领域的关系。它通过对建筑、村落、城市、景观等人所居住（活动）的空间进行量化的描述来分析城市形态。

经过40多年的发展，空间句法被广泛应用于地理学、心理学、建筑学等多个领域。在旅游研究中，Yuan Li等应用空间句法分析，探索和验证了街道网络整合与城市结构以及从数据挖掘整理出的旅游喜好之间的关系。陶伟等利用空间句法对广州小洲村的村落空间形态进行了研究，以轴线图结合意象图的分析方法，探讨村落空间形态与不同使用者空间认知的关系。综合以上研究可知，将空间句法理论运用到古镇空间构成分析中是可行的。

本文选用空间句法分析中被广泛使用的轴线法对沙湾古镇进行空间分割，将人运动的轨迹当成一条直线，那么人的运动就是从一个点到另一个点的活动。轴线将整个空间简单化，视为一维的空间，使人通过最简单的方式在轴线内移动。轴线包含着视觉感知以及运动状态这两层主要的含义。它的基本原则是首先画一条最长的轴线来代表一条街道，然后画第二长的轴线与第一线相交，直至整个自由空间或者街道由一系列轴线连接，所画的轴线图称作轴线地图。

轴线图即用线条代替外部空间，将每条轴线都当作一个点来看待，依据它们之间的交接关系，将其转化成一个完整的拓扑结构。使用计算机软件进行每条街道到达其他街道的路径计算，利用颜色表明街道的特征，即可得到空间句法的分析结果。使用 Auto CAD 2014 软件，根据百度地图、谷歌地球在线地图按照比例尺进行对照绘制空间轴线图，通过实地调研对轴线图进行修改，剔除实际不可达的轴线，加入实际可达但地图未显示的轴线，导入以空间句法理论为基础的 Depthmap 软件中，分析得出相关测量值，利用空间句法理论进行进一步的解读。

（二）认知地图

认知地图的研究主要分为心理学和地理学两大研究分支。认知地图最初应用于心理学的"探路问题"和"寻址问题"，在近年来的学习与记忆研究中也被广泛使用。同时，在地理学方面，认知地图是环境意象构成要素、要素间距离和方向信息最为完全的表现形式，综合反映了居民对城市的认知和城市对居民的影响，是行为地理学的核心研究内容之一。本文认知地图的数据来源于对沙湾古镇的实地访谈，给定调研对象沙湾古镇的框架图，绘制其认知中的沙湾古镇轴线图（见图1），同时调查其对沙湾古镇旅游/居住意向的认知。剔除轴线图绘制缺失的无效地图，最后共收集有效样本51份，其中居民15份、游客25份、学生11份。

图 1　沙湾古镇认知地图绘画底

（三）热力图（大数据）研究综述

在旅游研究中利用百度热力图的不多，其在城市及规划方面则有所应用。余颖、冷炳荣等利用百度热力图，研究了重庆主城区的职住关系，从组团的视角出发，计算了"职住比"，优化城区规划。吴志强等在使用百度热力图动态大数据的基础上，利用数据可实时获取的优势，建立了基于空间使用强度的城市空间研究方法，对上海市中心城区人群集聚度、集聚位置等在一周内的变化情况进行了分析。

百度热力图（Heatmap）是百度（Baidu）公司在2014年推出的大数据可视化产品，以LBS平台手机用户的地理位置数据为基础，其中包括百度产品（搜索、地图、音乐）等的服务数据以及用户手机基站数据，按照位置进行空间表达的处理和计算，以颜色对各区域的人流进行描述和区分。百度是国内排名前三的互联网公司，用户数量巨大，其旗下的百度地图以超过5亿的用户量为全球网民提供地理位置服务，每日接受720亿次的位置请求，利用百度地图进行大数据分析具有较高的科学性和可行性。

本文截取了4月7日至4月21日的百度热力图，利用Adobe Photoshop进行图像处理，将7天的图像叠加得到综合的热力图，与空间句法的轴线图进行重合，以此进一步分析沙湾古镇的空间组织，对空间句法得到的结果加以印证。

四 沙湾古镇的空间形态分析

（一）沙湾古镇空间句法分析

依据谷歌地球在线地图、百度地图，利用 Auto CAD 绘制了沙湾古镇空间的轴线图，之后进行实地考察，删除实际不可达的轴线，增加实际可达的轴线，并设置小部分缓冲区，每一条轴线都代表一个沙湾古镇内部空间，将轴线图导入 Depthmap 进行空间句法相关的值的计算。轴线图体现的特点，可以大致反映沙湾街巷空间的格局。由轴线图可大致观察出沙湾古镇的街巷空间：沙湾古镇的空间轴线是疏密不同的网络系统。其最长的三条连续道路是承芳里大街、桃园路和华光路，均为东西走向的街道，在车陂街和桃园路周边，道路交通系统较为密集。古镇东侧的轴线网络较为密集，西侧较为稀疏，整个古镇的分布较不规则。南侧是古镇与外界连接的主要通道，在与外界的发展交往中，也形成了稍密集的轴线网络（见图2）。

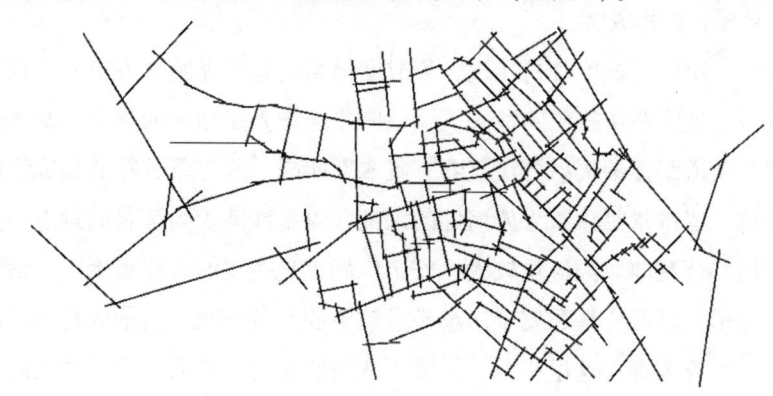

图2 沙湾古镇轴线

1. 沙湾古镇连接度

连接值反映的是系统中一个节点与其他节点的连接情况，某个节点与其他节点的连接关系越多,那么这个节点被选择的概率就越高,这个节点对其他节点的控制性就越强。在分析图中,轴线暖色明亮表明连接值较高,冷色暗淡则表明轴线的连接值较低。从图3可以看出,留耕堂与西广场道路是连接值较高的空间。也可以理解为这些集成度和连接度较高的街道人流量会比较密集,证明这个空间在古镇中是较为重要、容易辨识、特色明显的空间。

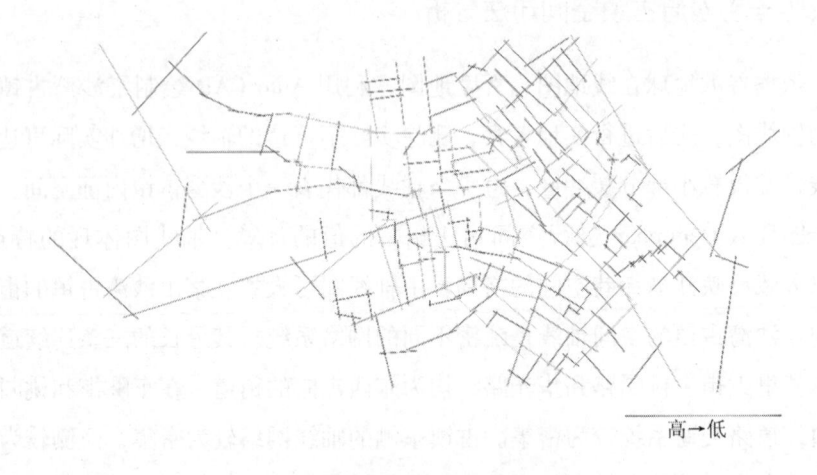

高→低

图3 沙湾古镇轴线连接示意

2. 沙湾古镇集成度

通过古镇的集成度分析发现,集成度最高的是华光路从古镇入口至安宁广场路段、桃园路留耕堂路段,以及桃园路与华光路相连的路段(见图4),并由这三条道路逐渐辐射各级支巷,集成度递减。这三条道路的集成度较高不难理解,留耕堂是沙湾大族何姓的宗祠,也是沙湾较为著名的景点,且靠近西广场和荷花池,人流量较大。安宁广场也是主要的人流集聚区,清水井就位于这里。且西广场和安宁广场是古镇中的开放空间,当地的特色活动例如沙湾光影秀等都在这里举办,汇聚了沙湾的美食,是居民的活动空间,也是游客比较容易聚集的空间,这也是与其相连的街道集成度较高的原因之一。北部区域的集成度相对较低,在调研中发现,北部大部分为居民居住的区域,这些支巷随地形而建,道路较为狭窄,游客从这些小巷零散经过,人流较为分散,集成度较低。

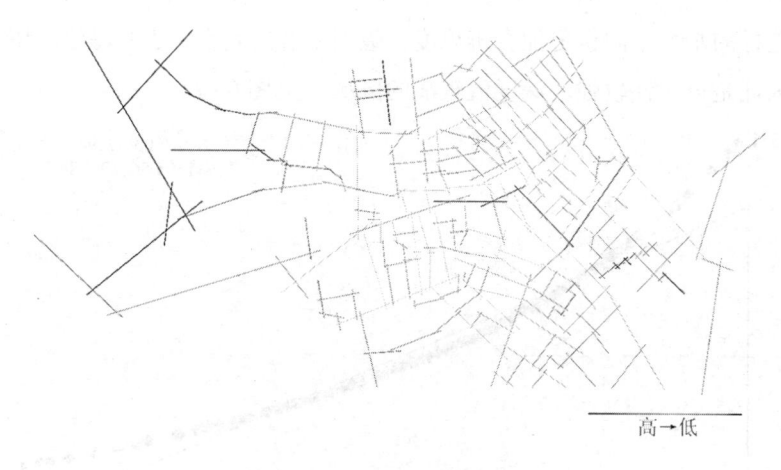

基于空间句法理论的沙湾古镇空间组织研究

图4 沙湾古镇轴线集成度示意

3. 沙湾古镇深度值

沙湾古镇的深度值与其连接度和集成度呈较强的负相关关系。从前文可以看出，古镇集成度和连接度较高的空间较为重合。集成度高的轴线空间意味着这个空间是可达性较强的空间，人流容易聚集，人的活动也更加频繁。对空间轴线进行深度值分析，较为冷色的轴线是深度值较低的区域，即可达性最强的区域。深度值较低、可达性较强的空间与连接度高、集成度高的轴线空间是重合的，集中在留耕堂、安宁广场附近（见图5）。从景观角度来看，这些空间是沙湾古镇较有特色、吸引人们活动的空间，留耕堂紧邻荷花

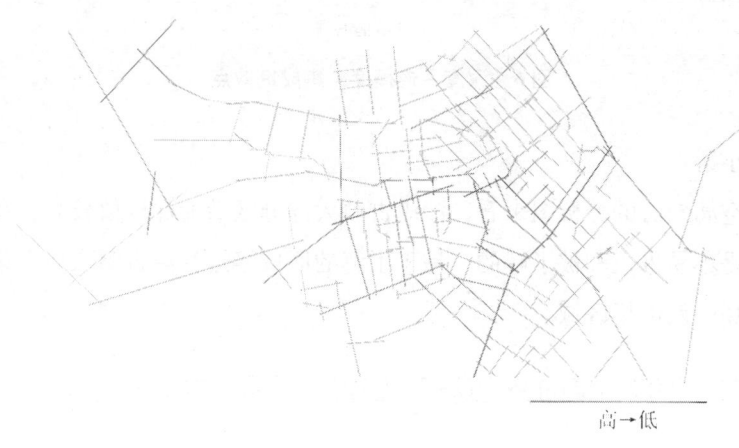

图5 沙湾古镇轴线深度值示意

141

池，这样的水系空间也更加有辨识度，吸引游客的到来，也容易给人留下印象，因此是可达性较强、深度值较浅的区域（见图6）。

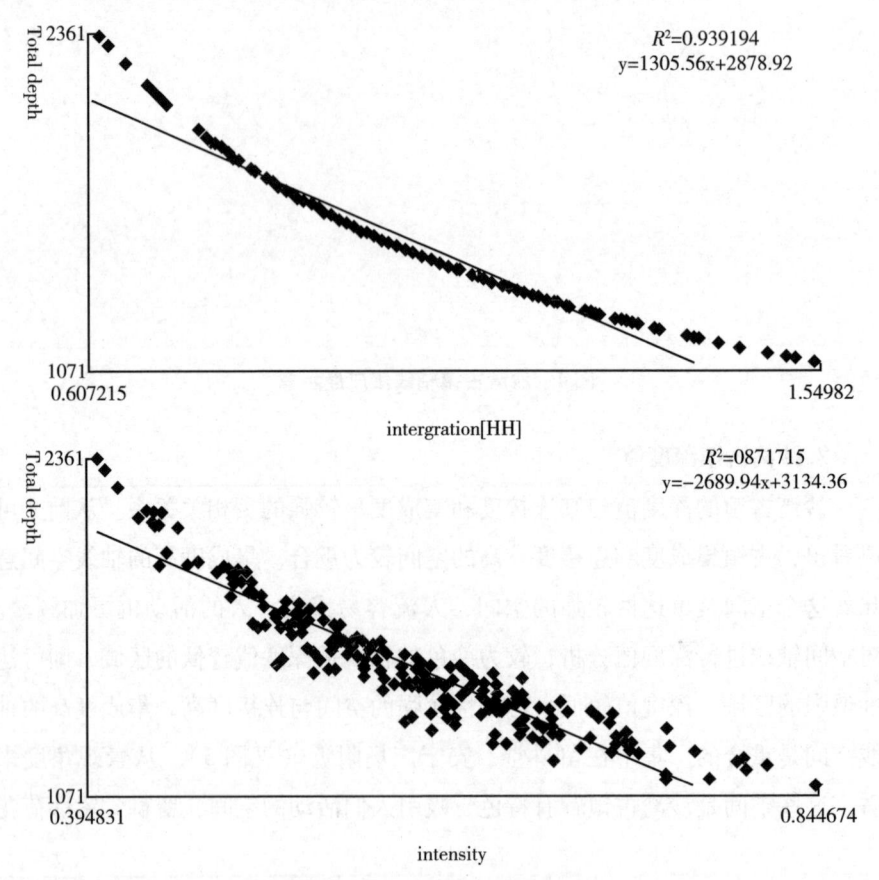

$R^2=0.939194$
$y=1305.56x+2878.92$

$R^2=0871715$
$y=-2689.94x+3134.36$

图6　深度－连接度－集成度散点

4. 小结

从空间句法的分析图来看，沙湾古镇大部分区域的深度值较高，在北侧的区域是不易进入和被了解的，易于了解的区域接近沙湾古镇入口，集中在安宁广场—西广场区域。

（二）沙湾古镇的空间认知（游客、居民、学生）

本文的认知地图数据来源于对沙湾古镇的实地访谈，给定调研对象

(游客、居民、学生）沙湾古镇的框架图，绘制其认知中的轴线图，同时调查其对沙湾古镇意向的认知。结合前文绘制的空间句法轴线图和实地调研的内容，得出沙湾古镇的空间要素认知如表1所示。

表1 沙湾古镇的空间要素认知

项目	类别	认知度（%）	轴线数量（条）	平均全局整合度	平均局部整合度
荷花池	标志	78.43	7	0.6814	1.1328
留耕堂	标志	72.54	5	0.664	1.008
何氏大宗祠	标志	58.82	5	0.664	1.008
清水井	标志	50.98	5	0.666	1.278
何炳林纪念馆	标志	27.45	5	0.666	1.278
车陂街	道路	49.01	9	0.6789	1.217
西广场	区域	21.56	4	0.6625	0.975
承芳里大街	道路	19.60	7	0.6614	0.8537
光影秀	旅游要素	68.63	7	—	—

空间句法理论认为，一些拥有某些特定组织结构特性的空间（如有高集成度的空间），其使用的频率跟人流量会更多，因此更容易被人们回忆起，即更容易在意象图中重现。因此，将部分接近或出现频率最高的村落元素围合的轴线提取出来，作为意象图（包含轴线总体的样本）来进行轴线分析。通过对其集成度进行分析发现，古镇中认知较多的元素周围的集成度较高，有些街巷例如车陂街本身就是集成度比较高的街道。如何炳林故居本身的集成度不高，但与其相连的安宁广场的集成度是沙湾古镇最高的，达到0.94。这些要素之间的连接轴线较短，且连接着重要的开放空间。不同的群体对于古镇要素的认知有所不同（见图7）。

对于游客来说，认知较深、集成度较高的轴线是古镇入口与安宁广场、西广场相连的轴线以及车陂街这一重要历史街区（见图8）。通过访谈了解到部分游客属于周末或平日下班路过，在古镇随意散步，整体游览时间较短，停留时间不长，因此游客的轴线图集中在古镇入口以及与入口相连的西广场、安宁广场，这些靠近城市的道路易于游客进入，而北方（上侧）的

图 7　认知要素分布

古镇内部，游客也会进入，但相对比较分散，在对游客的访谈中了解到古镇内部较容易迷路，没有标志性的建筑。集成度较高的空间带来人流的集聚，在入口、安宁广场、西广场也分布了较多商业设施，这些设施使游客更多地在这里停留，强化了游客的认知。

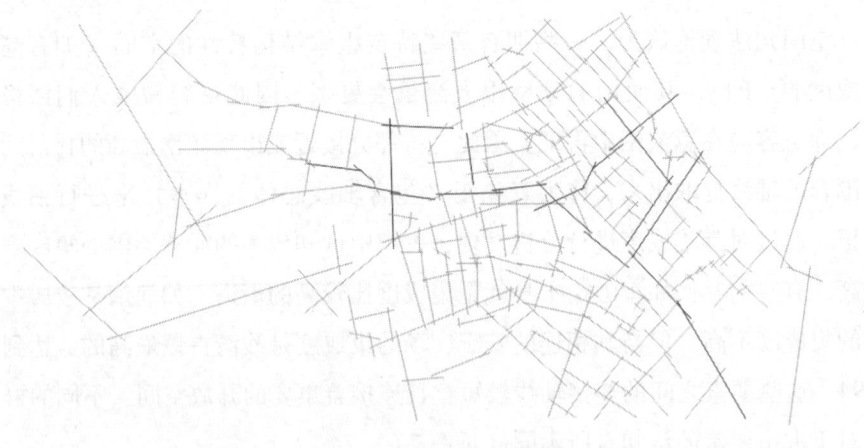

图 8　游客主要认知轴线

居民认知较深的轴线与游客的有较大不同，居民对古镇更加熟悉、了解更多，在认知轴线图上与游客有所差异，在居民的轴线图中，出现了承芳里大街等游客认知较少的区域（见图9）。承芳里大街连接沙湾北村，与古镇入口一样，是居民与外界联系的重要通道，西部连接着商业广场和中心，是居民的主要活动范围之一。车陂街、安宁广场、西广场作为古镇重要的开放空间，居民的认知也较为深刻。

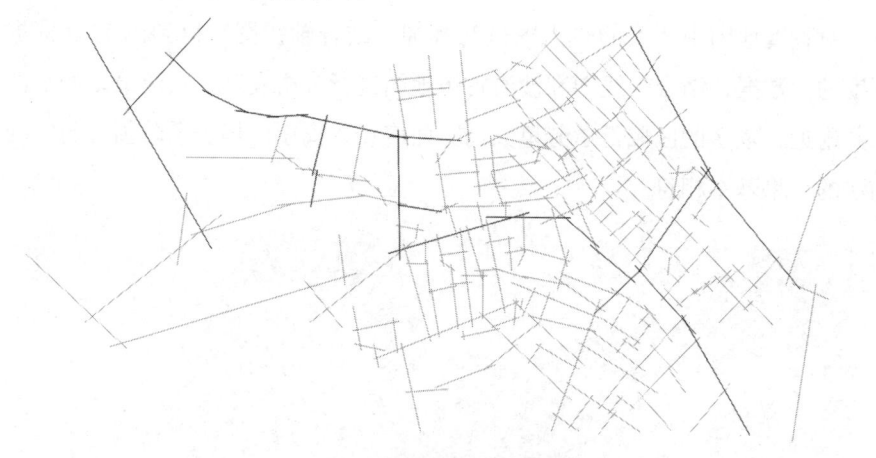

图 9　居民主要认知轴线

沙湾古镇内有一所学校，大部分学生住在附近，也有部分学生来自其他地方。学生的认知轴线图具有较强的偏向性，与居民和游客的都有同有异，但更多集中在东侧，即沙湾古镇入口与学校的连接轴线上（见图10）。整体来说，学生对古镇的熟悉少于居民、多于游客，其在古镇的生活具有较强的规律性和目的性，他们的活动范围较为集中，因此在轴线认知上也就更偏向于古镇入口到学校的轴线。

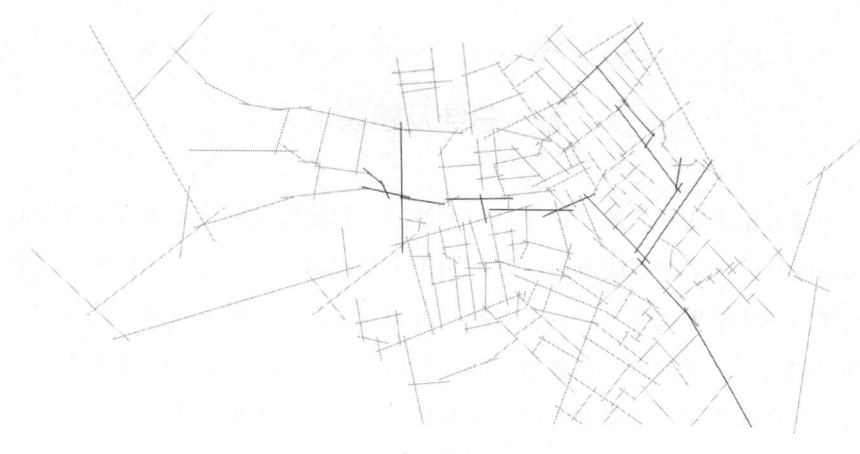

图 10　学生主要认知轴线

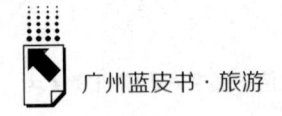

（三）沙湾古镇实际人流量分析

对百度地图中 7 天的热力图进行叠加，结合轴线图，得到图 11。依据百度的大数据，结合轴线图和沙湾古镇地图进行分析发现，人流最多的是清水井附近，较多的区域是承芳里大街、西广场、安宁广场、车陂街，与空间句法的结果基本相符。

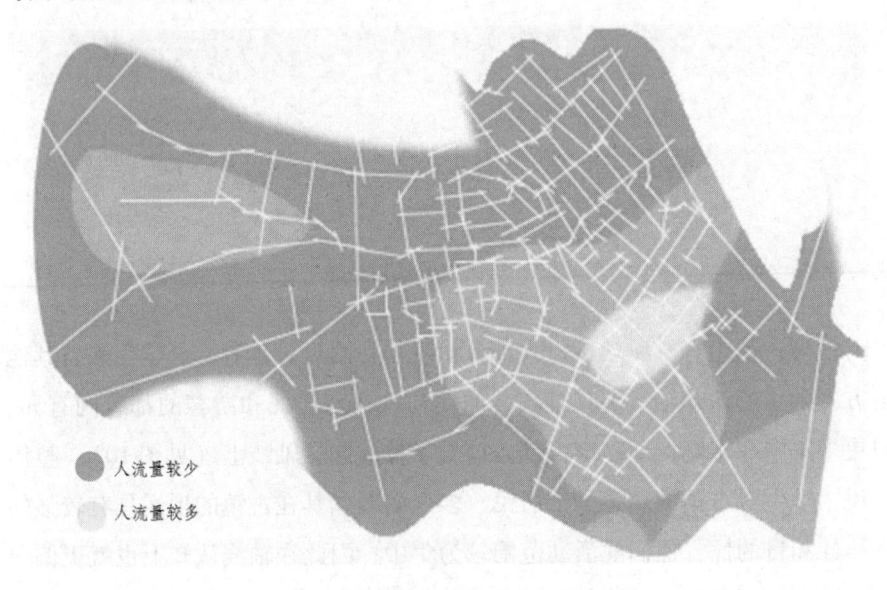

图 11　沙湾古镇百度热力图分析

五　总结及建议

沙湾古镇是珠三角地区第一个历史城镇，其旅游发展之路参考了其他旅游小镇的经验，空间句法可以更好地用于古镇规划。空间句法、认知地图和百度热力图的结果既有重合也有差异。沙湾古镇的空间热点是西广场到安宁广场的轴线与公共空间，在其他空间的使用方面，游客、居民、学生表现出了差异，根据其所需功能的不同有不同的空间认知，据此，本文提出了以下建议。

（一）热点区域旅游宣传，深化旅游形象

沙湾古镇具有较为明显的人群集聚热点。利用这些人流聚集点可投放能够强化游客认知的具有沙湾特色的旅游产品或旅游广告，如在安宁广场、西广场、留耕堂强化沙湾旅游品牌的建设。同时，在古镇热点区域和城市的人流热点区域进行广告宣传，例如在公交地铁站点和市中心投放实体广告，以及在旅游平台上投放广告等，推动沙湾古镇作为周边游目的地的发展。

（二）自然与人文并行，增加绿化

沙湾古镇需要加强绿化，尊重自然环境，促进古镇与自然的和谐共生，除人文资源外，也要对自然环境进行适度的开发利用，减少再建设，统一整个古镇的面貌，但要防止过度翻新和修建，减少对自然资源和人文资源的破坏。在绿化方面，由于古镇现有空间比较零碎，不能形成大片绿地，可以结合街巷进行点状或线状的绿地建设，结合安宁广场和车陂街，形成古镇内部的绿道，起到增加绿化、保护环境的作用，促进古镇的可持续发展。

（三）合理配置人流，优化旅游路线

合理配置人流，依托沙湾古镇逐渐完善的旅游设施，开发特色节日，举办特色活动，例如三月份举办的飘色活动，可以很好地宣传沙湾文化。同时，利用本地的创新资源和文化资源以沙湾为题材进行创作，举办交流会，吸引游客。策划徒步或定向越野类活动，促进游客及外界更深入地了解沙湾。沙湾现有的古建筑比较零碎，因此需要设置游览路线引导游客，同时促进游客对沙湾的了解。在原有游览路线不能取得预想效果的情况下，完善游览路线各节点的活动或设施，防止路线形同虚设，引起游客的游览兴趣，而不是枯燥地按照游览路线行走。

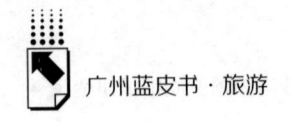

（四）整体考量古镇设置，促进可持续发展

人文景观空间布局需要从整体进行考量，推敲空间的分布，综合利用各个景点的个性，保证整体空间的完整和高串联。沙湾日常游客数量不多，但在飘色等节日时，会有较多的游客前来观赏。在平日可增加小节日和小型活动，在大型活动时做好人流的疏导与控制工作，避免人数过多，对古镇造成破坏，预测古镇的超载情况，促进古镇的可持续发展。

六 讨论

本文的研究发现具有一定的理论意义。从旅游景区规划的角度来看，对于沙湾古镇街区空间的研究不应只局限于空间本身，而需要综合考虑旅游者的心理以及行为感知。空间句法对空间进行量化的研究，为整个空间的布局结构提供可靠、客观的数据支撑，寻找空间发展的原因，同时准确地分析空间与人的行为之间的关系。量化的研究方式将会为这一领域的研究提供新生的力量。在现实意义上，对于旅游空间的设计和规划而言，空间句法若被证实能够较为准确地反映旅游空间的构成和旅游者行为，那么无疑会成为旅游规划的重要应用之一，为旅游规划、旅游宣传提供了多元的思考方式，为景区的人流引导以及景区宣传提供数据支持。

但同时，由于地理环境和风俗习惯的差异，在旅游者的行为分析上，空间句法这样无差异的分析方式可能会出现偏差，虽然从理论上讲，对自组织形成的空间用空间句法进行分析，其结果能够反映空间的特征和形成，但在对某一案例进行具体分析时，仍需考虑案例的实际情况，轴线图的处理以及空间的分析都需要建立在实地调研的基础上。另外，对于某个具体旅游地的空间分析而言，空间句法是否能独立进行空间的分析也有待商榷，空间句法所针对的人群无差别性，对于游客和居民以及其他人群，空间的组成是否有所不同，在进行旅游者的研究时空间句法又如何做出更准确的分析，这些在后续的研究中仍然值得讨论。

参考文献

Hiller B., *A Configurational Theory of Architecture Cambridge*, Cambridge University Press, 1996.

Yuan Li, Longzhu Xiao, Yu Ye, Wangtu Xu, Andrew Law, "Understanding Tourist Space at a Historic Site through Space Syntax Analysis: The Case of Gulangyu, China Original Research Article", *Tourism Management*, 2016。

陶伟、陈红叶、林杰勇:《句法视角下广州传统村落空间形态及认知研究》,《地理学报》2013 年第 2 期。

王茂军、柴彦威、高宜程:《认知地图空间分析的地理学研究进展》,《人文地理》2007 年第 5 期。

鲁政:《认知地图的空间句法研究》,《地理学报》2013 年第 10 期。

吴志强、叶锺楠:《基于百度地图热力图的城市空间结构研究——以上海中心城区为例》,《城市规划》2016 年第 4 期。

白凯、孙天宇、郑鹏:《基于认知地图的旅游者决策影响因素分析——以西安入境旅游者为例》,《资源科学》2008 年第 2 期。

张振华:《珠三角历史文化村镇特色街区保护规划方法研究》,华南理工大学硕士学位论文,2011。

全域旅游及"旅游+"篇

Global Tourism & Tourism +

B.9 全域旅游背景下的县域旅游转型与发展方向

潘秋玲　李开宇　尹　彤*

摘　要： 全域旅游是在中国旅游实践中不断探索而提出来的概念，全域旅游发展的核心思想，即摆脱单纯的旅游资源观，摆脱封闭的产业发展观，摆脱孤立的区域发展观，摆脱单一的利益价值观等理念。本文认为全域旅游背景下县域旅游转型与发展，需对应全域旅游中"域"的四个角度（空间、产业、城市、管理）做相应的转变。通过对陕西延川县旅游业发展实际的全面分析，本文认为县域全域旅游的发展要从空间上的全域推进、产业上的全方位融合、城市功能上的全面转型以

---

* 潘秋玲，西安外国语大学旅游学院人文地理研究所所长，陕西旅游研究院院长，博士、教授；李开宇，西安外国语大学教务处副处长，博士、教授；尹彤，西安外国语大学旅游学院人文地理研究所人文地理专业硕士研究生。

及管理体制上的全社会整合四个方面推进。并指出全域旅游的资源开发与景区建设，仍然要凝聚在核心资源与核心景区上，防止将全域旅游等同于"全境旅游"；发挥市场机制，不以简单的供求关系盲目开发旅游产品；全域旅游不等于低水平扩张，利用"旅游+"实现产品创新；全域化的核心是旅游基本公共服务的均等化与标准化。

关键词： 全域旅游　县域旅游　旅游+

一　全域旅游提出背景及学术解读

（一）全域旅游提出背景

中国经济新常态与中国旅游常态发展所形成的态势差，使得大量资本、技术开始进入旅游产业。在这种情况下，如果不从全域范围扩大旅游业的容量，旅游将难以容纳这些大资本和大技术的进入。

我国旅游产业是沿着一条从"小旅游"向"大旅游"过渡的道路发展的。随着大众旅游需求的多样化，旅游消费结构及产品供给正在发生重大变化与调整。旅游消费在人们的生活消费中所占比重越来越大，传统的旅游观光正在逐步向自助式、深度体验、参与互动的方向发展；休闲度假式、参与体验式的多样化旅游产品越来越受欢迎。仅靠传统旅游景区的空间形态已难以满足旅游者需要。

因此，"全域旅游"的提出符合我国社会经济发展的背景，适应了旅游转型升级的需要。它所强调的不是空间的简单扩大，而是从景点旅游向全域旅游的转型，是发展理念的创新、发展模式的突破、发展路径的根本转变。全域旅游有助于解决我国旅游发展的现实问题。

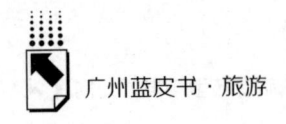

（二）全域旅游学术解读

众多国内学者就"全域旅游"这一理念提出不同的见解，学术界呈现百家争鸣的局面，在此梳理较有代表性的学者观点。

1. 五个"全"覆盖的全域旅游特征

石培华教授认为发展全域旅游时，要注意五个"全"覆盖的特征。第一，旅游景观全域优化，推进旅游景观生态全域覆盖。第二，旅游服务全域配套，必须实现旅游要素和服务全域覆盖。第三，旅游治理全域覆盖，整个区域管理体制机制，都应有旅游理念和标准，围绕旅游来统筹经济社会各方面发展。第四，旅游产业全域联动，促进相关要素和产业在空间上集聚，构建新的产业生态系统。第五，旅游成果全民共享，打破围墙、打破空间封闭，形成共建共享的旅游发展大格局。

2. 全域旅游的六大核心内涵

马勇教授提出全域旅游的六大核心内涵。第一，全要素，要扩大旅游吸引物的范围，全面挖掘自然旅游资源、人文旅游资源和社会旅游资源，跳出景区看旅游，跳出旅游看旅游，跳出旅游目的地看旅游目的地。第二，全时域，无论昼夜与淡旺季，无论核心旅游区域内外，都能够为游客提供满足其体验需求的产品和服务。第三，全业态，注重旅游与其他领域的产业交叉、产业渗透与产业聚变。第四，全景观，强调景域一体。第五，全服务，强调旅游基础服务、旅游全民服务、旅游衍生服务的结合。第六，全消费，注重全民消费时代的全程消费，打造一体化的旅游消费产业生态圈。

3. 全域旅游六点发展要求

厉新建教授认为发展全域旅游有六点要求。第一，坚持以人为本的旅游发展理念。第二，站在旅游者、目的地居民、旅游从业者等多角度思考，才能更好地推动全域旅游的发展。第三，发展旅游的根本目的是要通过提升效率与优化资源，促进社会和谐发展，大大增加人民幸福感。第四，旅游相关利益主体之间要以共生、共享发展为目的和宗旨。第五，发展手段要智慧，如搭建旅游智慧云平台、建立大数据旅游信息库等。第六，要对旅游带动产业转型升级、促进文化繁荣共享等的综合作用真正重视起来。

4. 全域旅游在"域"不在"全"

张辉教授指出全域旅游跳出了传统旅游和小旅游的拘囿，将一个区域整体作为功能完整的旅游目的地来建设，是一种带动和促进经济社会协调发展的新理念、新模式。全域旅游不应从"全"的角度来认识，而应该从"域"的角度来解释，叫作"域的旅游完备"，包括空间域、产业域、要素域和管理域四方面的完备。

空间域上，要推动旅游空间域从以景区为重心向以旅游目的地为核心的转型。产业域上，要改变以单一旅游形态为主导的产业结构，构建起以旅游为平台的复合型产业结构，推动我国旅游产业域由"小旅游"向"大旅游"转型。要素域上，要改变以旅游资源单一要素为核心的旅游开发模式，构建起旅游与资本、旅游与技术、旅游与居民生活、旅游与城镇化发展、旅游与城市功能完善相结合的旅游开发模式，推动我国旅游要素域由旅游资源开发向旅游环境建设转型。管理域上，要改变以部门为核心的行业管理体系，构建起以旅游领域为核心的社会管理体系，推动我国旅游的行业管理向社会管理转变。

二 全域旅游背景下的县域旅游转型与发展方向

（一）全域旅游的核心内涵

全域旅游是在我国的旅游实践中发展出来的概念。全域旅游发展的核心思想是摆脱单纯的旅游资源观，摆脱封闭的产业发展观，摆脱孤立的区域发展观，摆脱单一的利益价值观。它要求在区域内以旅游业为特色产业，通过对区域内经济社会资源，尤其是旅游资源等进行系统全面的提升优化，把区域整体作为功能完整的旅游目的地来建设和运作，从而实现以旅游业带动和促进经济社会协调发展的一种新的区域协调发展理念和模式。

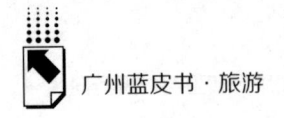

（二）"县域景区化、景区全域化"的县域旅游转型与发展

用全域旅游思想指导县域旅游发展，需对应全域旅游中"域"的四个角度（空间、产业、城市、管理）做相应的转变。

1. 空间上的全域推进

对中国30多年来的旅游发展模式进行回顾和总结发现，其主要是通过建景区景点、宾馆饭店而发展起来的，这种方式实际上是一种"景点旅游"模式。但全域旅游要在"域"上做文章，推动一个地区的旅游发展空间从以景区为重心向以旅游目的地为核心进行转型。因此在县域旅游转型与发展过程中，要依托县域空间形态以及旅游环境，统筹旅游空间的横向拓展与景区景点的纵向提升，由"单一型、孤岛式"发展向"联动型、扩散式"发展转变。同时，要改变以单一景区为核心旅游功能区的发展思想，构建由绿地、开放式空间、步行街区、景区、度假区、休闲区、旅游露营地、旅游村镇等不同游憩、休闲空间协同发展的空间体系，推动旅游空间从以景区为重心向以旅游目的地为核心、从景区内部建设向旅游目的地统筹建设的转型，使县域旅游从景点旅游模式向全域旅游模式发展。

2. 产业上的全方位融合

对于县域旅游的转型和发展而言，要改变以单一旅游形态为主导的产业结构，发挥旅游产业的综合带动作用，以旅游为平台，构建区域的"泛旅游产业"集群。第一，纵深开发旅游产品，用具体的、动态的方式表现出旅游资源所蕴含的无形文化内涵，激发旅游产业的"溢出效应"，加快文化资源向旅游产品的转化，将区域的文化特质贯穿到旅游活动各环节，提升旅游开发的深度与广度。第二，积极推进"旅游+"战略，通过"旅游+现代农业""旅游+地产""旅游+研学""旅游+新型养老"等实践，挖掘传统第一、第二产业的潜力，提升综合价值。

3. 城市功能上的全面转型

全域旅游背景下的城市发展更需要新的旅游资源观、新的产业发展观和新的城市发展观。一般来说，县域的城市功能结构单一，其空间布局和基础设施建设根据生产需要而展开，在服务、管理、协调和集散等综合功能上先天不足。城市功能转型涉及资源类型、产业结构等经济物质层面的转型与城市文化、城市精神的延续和追溯，即城市文化资源的重构与利用。第一，对旅游资源的再认识、再评价、再利用。在新的旅游资源观下，要利用现有的旅游资源，实现各种资源产权的开放、自由交易和竞争性利用，如通过各种遗产资源的开放与利用，构建遗产旅游资源体系；推进旅游度假区、旅游古（村）镇、旅游新城镇建设等。第二，构建多样化、开放式的城市产业路径和产业体系。发挥旅游业产业关联度大、综合带动性强、产业辐射能力和开放度高的作用，培育新业态，吸引新的资本和要素的进入和积累，提升"外部效益"。实质上就是城市综合产业的发展，其能够培育更多的城市资源。第三，重塑城市的多样性、综合性。打破城市单一封闭的资源积累与发展路径和状态，从单一的生产功能转向居住、消费、服务、文化、娱乐、商业、旅游等多元化的城市功能。

4. 管理体制上的全社会整合

全域旅游呼唤着管理创新。在全域旅游发展理念下，旅游的发展已经不可能靠孤军奋战就能实现，而要在融合中共赢、共同发展，形成你中有我、我中有你、相互促进的局面，因而在管理方式上要形成全社会齐抓共管的局面，而不是相互掣肘。因此，要改变以部门为核心的行业管理体系，构建起以旅游领域为核心的社会管理体系，推动旅游的行业管理向社会管理转变，打造责任共担、利益共享的合作模式。

（三）陕西省延川县案例

延川县是陕西省延安市的一个国家扶贫开发重点县，县内拥有秦晋大峡谷乾坤湾、碾畔黄河原生态民俗文化博物馆、距今1500多年历史的千年古窑以及习近平总书记插队生活的地方——梁家河村等。同时延川县文化底蕴深厚，是全国现代民间艺术之乡。

延川县在全域旅游理念指导下发展县域旅游的过程中，①空间上，把延川融入陕甘宁红色旅游圈和"黄河旅游经济带"建设体系中，整合延川的旅游资源，做到全方位统筹旅游空间与景区景点布局，共享资源、共享市场、共同营销。②产业上，以旅游业为主导，带动延川县域文化创意、农副产品加工等产业的发展。积极推进乡村旅游发展，以农家乐经营户、村、旅游特色小镇以及农业公园建设为载体提升农业的综合价值。③城市功能上，以红色文化、黄河风情、历史文化统领，以沿黄历史文化特色城镇建设为载体，把延川打造成黄河旅游经济带的区域性二级中心旅游城镇，提升旅游集散功能和辐射带动功能。④管理体制上，延川要协调林业、水利、建设、文物、宗教等相关部门，社会组织，非正式团体和个人等各方利益主体，构建起一个以旅游领域为核心的综合社会治理体系，推动延川旅游的行业管理向社会管理转变。这些举措充分体现了在全域旅游指导下"县域景区化、景区全域化"的县域旅游转型与发展方向。

三 全域旅游实践的四个旅游内部问题

（一）防止将全域旅游等同于"全境旅游"

在新的旅游资源观下，旅游资源的概念不再局限于传统，已扩展至社会中的各个元素，一些原本不是旅游资源的社会资源也进入旅游视野。资源型城市中各种矿产、土地、科技、信息、文化等资源都可以转化为旅游资源，且呈现永续利用的特征，能够不断地被旅游产业发现和利用。

全域旅游的资源开发与景区建设，仍然要凝聚在核心资源与核心景区上，防止将全域旅游等同于全境旅游，把一个区域整体当景区来规划设计；同时还要有"目的地思维"，要有足够的引客要素、迎客要素和留客业态，要避免成为旅游市场中的"通道"空间；另外要有明确而清晰的地域旅游网络组织体系，包括开发特色文化品牌线路、创新区域旅游枢纽与关键节点、形成旅游功能区域与旅游目的地等。

（二）不以简单的供求关系盲目开发旅游产品

在全域旅游开发实践中，一些地区不顾基础设施条件、资源禀赋现状与游客实际需求而盲目地一哄而上，无序发展；旅游产品设计追求高大上、新奇特，旅游景区建设只讲速度不讲质量，强调形式忽视内容，不充分挖掘文化内涵，从而导致区域旅游形象塑造不完整。

因此，解决这些问题要注重协调基础设施条件、资源现状、游客需求等多方面因素，充分挖掘文化底蕴，合理有序、保质保量地进行全域旅游开发，通过旅游开发与产品创新，使环境、生态变得更美，人民生活更加幸福。

（三）注重利用"旅游+"实现产品创新

以"旅游+"推进全域旅游创新发展，加快培育旅游新产品、新业态，推动形成"旅游+"生活方式。要从聚焦经营提升型业态规划、产业融合型业态规划、市场需求型业态规划三方面入手，向多元融合的"旅游+"发展方式转变，改变以单一旅游形态为主导的旅游产业结构，构建起以旅游为平台的复合型旅游产业结构，推动旅游产业由"小旅游"向"大旅游"转型。

（四）旅游全域化的核心是旅游基础公共服务的均等化与标准化

我们现已进入"大旅游时代"，旅游成为人们日常消费的重要组成部分，也渗透至旅游地居民的日常生活空间。旅游全域化的核心应该是旅游基本公共服务的均等化与标准化，同时注重历史文化传承，避免大拆大建，防止以全域旅游的名义搞运动式、跟风式的建设。要将全域旅游等同于无景点旅游，彻底摒弃门票经济，全面实现休闲经济。

旅游实践还是要从常态化的生活空间与消费行为规律出发，旅游基本公共服务的均等化与标准化是满足游客需求、提高满意度的重要途径。通过全域旅游的开发，带动资源型城市基础设施的建设与城市服务业的发展，使旅游者和当地居民共享旅游业的发展成果，促进资源型城市的健康、可持续发展。

四 小结

旅游业发展进入新的战略机遇期后，县域旅游的发展不仅需要有新的战略举措,而且更需要有发展理念的突破。在未来的发展中,需要注意全域旅游实践中的四个内部问题,从空间、产业、城市功能以及管理体制等多方面出发,突出重点,探索不同的全域旅游背景下县域旅游转型与发展模式。这样不仅能促进县域旅游的发展,也可以优化提升公共服务,实现居民、游客共享旅游发展成果。

参考文献

李金早:《务实科学发展全域旅游》,《中国旅游报》2016年6月3日,第1版。

石培华:《如何认识与理解全域旅游》,《中国旅游报》2016年2月3日,第4版。

石培华:《全域旅游是新阶段旅游发展总体战略》,《中国旅游报》2016年2月5日,第4版。

马勇、王佩佩:《全域旅游规划的六大关注焦点》,中国经济网,http://travel.ce.cn/gdtj/201604/13/t20160413_3710615.shtml,2016年4月13日。

马勇、刘军、马世骏:《旅游发展规划创新与实践——基于全域旅游的视角》,高等教育出版社,2016。

厉新建、马蕾、陈丽嘉:《全域旅游发展:逻辑与重点》,《旅游学刊》2016年第9期。

厉新建、张凌云、崔莉:《全域旅游:建设世界一流旅游目的地的理念创新——以北京为例》,《人文地理》2013年第3期。

张辉:《中国旅游发展笔谈——全域旅游》,《旅游学刊》2016年第9期。

张辉、岳燕祥:《全域旅游的理性思考》,《旅游学刊》2016年第9期。

李金早:《全域旅游大有可为》,新华网,http://travel.news.cn/2016-02/09/c_128710701.htm,2016年2月9日。

王衍用:《全域旅游需要全新思维》,《旅游学刊》2016年第1期。

廖斌:《旅游业在资源枯竭型城市转型中的特殊作用》,《旅游学刊》2013年第8期。

石培华:《"旅游+"是实现全域旅游的重要路径》,《中国旅游报》2016年5月11日,第3版。

B.10
发展全域旅游，助推广州旅游跨越式发展

郭贵民[*]

摘　要： 本文论述了全域旅游的概念内涵，分析了发展全域旅游的必要性和意义，介绍了全域旅游在全国的推广以及在广州的实践，提出了加强政府对全域旅游的宏观调控、大力打造全域旅游产品、打造综合交通体系、加大金融支持力度、建立智慧旅游信息综合平台、加强全域旅游宣传等对策建议。

关键词： 广州　全域旅游　旅游+

全域旅游是在我国社会经济发展进入新常态时提出来的，经济新常态与旅游常态发展相互作用，增加了旅游业对资本、技术的吸引力，呈现资本和技术加速流入旅游业的趋势。为迎接资本和技术的加速流入，需要从全域旅游的角度来考虑旅游业的发展。全域旅游是以一种更深内涵、更高质量、更远目标的模式来统领未来旅游业的发展。

一　全域旅游的概念

全域旅游是指在一定区域内，以旅游业为优势产业，通过对区域内经济

---

[*] 郭贵民，广州市社会科学院产业经济与企业管理研究所副研究员。

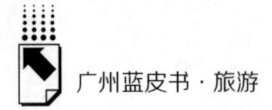

社会资源尤其是旅游资源、相关产业、生态环境、公共服务、体制机制、政策法规、文明素质等进行全方位、系统化的优化提升，实现区域资源有机整合、产业融合发展和社会共建共享，以旅游业带动和促进经济社会协调发展的一种新的区域协调发展理念和模式。

全域旅游的核心在于整体区域，是在一个行政区内整体考虑旅游业的发展，一个行政区域就是一个旅游景区，将行政区域建设当作景区建设，并提供相应的旅游服务。为促进全域旅游发展，区域内各行业、各部门、所有居民按照旅游发展的要求积极参与，充分调动区域内的各种发展要素，为游客提供全方位、全过程、全时空的旅游体验。

全域旅游的主要特征体现在全要素、全行业、全时空、全游客四个"全"上。全要素是指一个区域内所有具有旅游价值的要素都被用来开发旅游产品。全行业指的是以旅游业为核心，就是"旅游+"，将旅游业融入其他产业发展过程中，用旅游业来提升其他产业的附加值，利用其他产业为旅游业提供更为广阔的空间和产业载体，实现旅游业和其他产业互相促进。全时空就是满足游客跨时空需求的旅游产品和服务。全游客就是模糊游客与居民的界限，区域内景区建设和服务要让游客感觉像居民，同时也能让居民感觉像游客，不仅让游客感觉到旅游带来的怡悦，也能让当地居民从周边环境中感觉到旅游的怡悦，使居民和游客都能从全域旅游中获得幸福感，提高游客和居民的生活质量。

二 全域旅游的必要性和意义

（一）旅游产业转型升级的需要

30多年来，我国旅游业已经走出了短缺型旅游发展状态，开始向小康型旅游大国迈进，旅游已经成为我国普通大众的消费品，不再是少数富人的奢侈品，消费对象发生变化，消费规模呈现扩大趋势。旅游业已经从外事接待的事业型向增加财富的产业型转变，旅游业的发展促进了地方经济发展，增加了地方财富，解决了地方的就业问题。旅游的模式发生了巨大变化，从以前的观光为主转变成观光、个人游、自助游、休闲游等相结合的综合模式。旅游对象、旅游业性质的转变，需要旅游业改变发展模式，原有的景点、景区旅游发展模式已不能满足现代旅游发展的需要，必须转变旅游业发展模式。在此背景下，全域旅游的提出，为旅游业转型升级提供了一个全新的视角，全域旅游是对景点、景区模式的否定，但不是完全抛弃，而是把景点、景区模式扩大化，将一个区域整体作为景点、景区来打造，但这种打造是景点、景区的升级版，是动员一个区域内的全部资源和要素来打造全域的景点、景区。

（二）经济社会发展的新理念要求发展全域旅游

党的十九大报告提出必须坚定不移贯彻执行"创新、协调、绿色、开放、共享"发展理念。全域旅游是对旅游模式的一种创新，是构建旅游产业新体系、促进旅游产业转型升级、拓展旅游产业空间、促进区域发展的全新模式。全域旅游是协调发展的促进剂，能有效促进供需协调、景点景区内外协调、游客居民协调、各产业协调，能有效促进城乡协调、软件和硬件协调、规模效应和质量协调。十九大报告强调要推进绿色发展，建立健全绿色、低碳、循环发展的经济体系，全域旅游正是一种绿色发展模式，它能促进生态和旅游有效结合，实现保护和发展相协调，创造更多的绿色财富和生态福利。全域旅游可以促进开放式发展，其实质就是在一个区域内打破原有的景点、景区封闭式的发展模式，构建开放的发展空间，打破地域、行政、产业分割状态，形成开放发展的大格局。全域旅游可以有效共享旅游发展红利，能在促进城乡一体化、道路建设、农田改造、乡村卫生改造等方面发挥重大作用，有效提高城乡经济发展水平和居民生活质量。

（三）有利于提升区域综合实力和竞争力

全域旅游可以促进区域经济发展，全域旅游是旅游产业转型升级的需

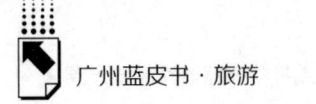

求,全域旅游取得实质性发展,需要其他产业为其拓展空间,而其也能为其他产业增加附加值,是一个相互促进、融合发展的过程,旅游产业与其他产业可实现双赢甚至多赢,其对地方经济的发展也能起到强大的推动作用。

全域旅游的发展,打破区域封闭状态,能扩大区域内居民的眼界,增长知识,对居民素质的提高具有积极作用,能增加区域居民的文明素养,提高区域文明程度。全域旅游的发展,还能带动区域环境的改善、基础设施硬件水平的提高、生产生活方式的转变,对区域形象塑造发挥着积极作用,可以有效提高区域综合实力和竞争力。

(四)有助于推进供给侧改革

习总书记在中央经济工作会议上提出:"在有效供给不能适应需求总量和结构变化的情况下,稳增长必须在适度扩大总需求和调整需求结构的同时,着力加强供给侧结构性改革,实现由低水平供需平衡向高水平供需平衡跃升。"十九大报告提出了要"以供给侧结构性改革为主线,推动经济发展质量变革、效率变革、动力变革……不断增强我国经济创新力和竞争力"。发展全域旅游,既是旅游产业供给侧结构性改革的重要措施,又是推进区域其他产业供给侧结构性改革的有效方法,全域旅游的发展可以为旅游市场提供更能满足游客需要的旅游产品和服务,其通过推进旅游产业与其他产业的融合发展,推动其他产业供给侧结构发生变化,为区域提供更能满足市场需求的产品和服务,增加其他产业附加值,促进地区财富增长。

(五)有利于推进新型城镇化和新农村建设

全域旅游的发展,需要城镇基础设施、农村基础设施作为条件,全域旅游可以通过促进人口向城镇转移,形成特色旅游小镇,从而加快区域城镇化发展。全域旅游的发展,可以改善农村基础设施、生态卫生环境,提升农村居民文明程度,推进"美丽乡村"建设,促进农村、农民从传统生活方式向现代生活方式转变。

三 全域旅游在全国的推广

（一）全域旅游理论的研究

学者胡晓苒第一次提出了全域旅游的发展战略，其认为：全域旅游战略就是打破都市（或单一景区）旅游"一枝独秀"的接待格局，在不同的区域内打造各自的旅游吸引物和服务业态。学者厉新建探讨了全域旅游的目标和核心，认为全域旅游的目标是追求旅游质量提升，是让旅游目的地真正成为游客的家园和居民的家园。全域旅游理念的核心是"四新八全"，"四新"是全新的资源观、产品观、产业观和市场观；"八全"是全要素、全行业、全过程、全方位、全时空、全社会、全部门及全游客。

（二）地方的实践探索

2008年，绍兴提出"全城旅游"发展战略，《绍兴全城旅游区总体规划》就体现了全域旅游思想，全域旅游首次出现在国内的探索与实践中。此后，全域旅游逐步在全国展开试点。杭州市发布《杭州市"十二五"旅游休闲业发展规划》，提出了旅游全域化战略，推进旅游空间全区域、旅游产业全领域和旅游受众全民化，实际上具有了全域旅游的含义。海南省琼海市提出全域是景区、处处是景观、村村是景点、人人是导游的发展思路。河南省栾川县《关于建设全景栾川的意见》提出全区域营造旅游环境、全领域融入旅游要素、全产业强化旅游引领、全社会参与旅游发展、全民共享旅游成果，将全县作为一个大景区，打造国内知名的山地旅游度假目的地。苏州市强调大旅游、大空间、大产业、大市场和大服务，全力推动全域旅游发展。无锡太湖新城提出构建全域旅游、全境休闲、全时度假、全新生活的新格局。贵州省提出了"全景式规划、全季节体验、全社会参与、全产业发展、全方位服务、全区域管理"的全域旅游发展路径。宁夏则提出加紧建设"一核两带三廊七板块"的全域旅游格局。

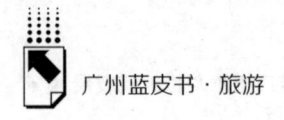

2016年，国家认定了262个市县为国家全域旅游首批示范区创建单位，全域旅游在全国全面推广展开，我国旅游业开启了"全域旅游"新时代。

四 全域旅游在广州的实践

（一）增城区的实践

增城区积极创建全域旅游示范区，以旅游业为优势产业，带动工业、农业、林业等多行业深度融合，构造全产业链，打造"旅游即城市、城市即旅游"的休闲旅游新格局。

1. 全域旅游在增城的解读

增城发展全域旅游，就是将整个行政区域作为生态旅游示范区来规划和建设，整个增城区被描绘成旅游大景区，而不仅仅是指原有的封闭式景点、景区，即处处像公园，处处有景观。旅游饭店、旅游餐馆、万家旅舍、旅游问询信息中心、旅游购物点等旅游设施，客运及公交站点、停车场、出租车、加油加气站、充电桩等配套设施都被纳入旅游产业中，它们也成为旅游景点之一。全域旅游要求域内各行业积极融入，广汕公路增城路段以南的南部工商贸产业、广汕公路增城路段两侧的文化（含科技、教育）产业、广汕公路增城路段以北的林业产业资源都被整合进全域旅游中。

2. 全域旅游在增城的实践

充分发挥政府主导作用。政府加强宏观调控，把握全域旅游发展方向。通过规划确定全域旅游发展目标、发展重点、主要任务、空间布局、发展重点以及政府保障。政府还积极搭建全域旅游公共平台，营造全域旅游的氛围，整治旅游环境等，为全域旅游提供公共服务。

积极培育市场。以市场为先导，充分发挥市场在资源配置中的主体作用。根据增城全域旅游客户群体的市场需求，提供全域旅游产品，既满足旅游全过程中"吃、住、行、游、购、娱"需求，又满足不同层次客户的旅游需求；既满足观光旅游需求，又满足休闲、度假、会议、商务等需求；既满足节假日旅游需求，又满足全季节、全天候的旅游需求。

培育和扶持旅游企业。政府搭台，全域旅游还要企业来唱戏，增城全域旅游应充分发挥企业的主体作用，不断培育、引进、扶持、壮大旅游企业。

积极推进"旅游+"。全域旅游是以旅游业为优势产业，旅游业的发展要引领其他产业，其他产业的发展要考虑或加进旅游要素，增城发展全域旅游过程中的一个重要举措就是积极引导全区域各行各业围绕旅游业这一核心来展开，积极推进农业与旅游业、林业园林业与旅游业、水利与旅游业、文化体育与旅游业、教育与旅游业、美食与旅游业等的融合，加大创新力度，推进农业旅游、文化体育旅游、健康养生旅游等新业态的发展。

加大动员力度，推进全民参与。通过加大动员力度，提高全域人口对旅游业发展的认识，动员大众参与到增城区旅游业发展中，促进大众投身到发展旅游业的浪潮中。

3. 精心培育全域旅游产品

积极培育有层次的全域旅游产品，重点培育龙头旅游产品、特色产品和全时域产品。

培育全域旅游龙头产品。增城围绕国家5A、4A和3A级旅游景区等旅游重大项目建设，积极培育旅游龙头产品，逐步把增城建设成国际生态旅游名城和国际休闲度假旅游目的地。打造特色全域旅游产品，紧紧围绕何仙姑、宾公佛、湛若水、崔与之等历史与传说文化资源，开发特色历史文化旅游产品，打造特色文化旅游；围绕白水寨、挂绿湖、南香山、湖心岛等生态资源，打造特色生态旅游产品；积极利用资源，打造增城自驾车游、自行车游、水上绿道游等户外运动产品；围绕荔枝、火龙果、迟菜心等打造观光采摘旅游产品；围绕小楼人家、二龙山花园、莲塘春色等乡村旅游资源，打造乡村旅游产品；围绕汽车、牛仔休闲服装等品牌工业资源打造工业旅游产品。

（二）全域旅游在番禺区的实践

2016年，番禺区成功入选第二批"国家全域旅游示范区"创建单位。番禺区将全区作为一个旅游整体产品来规划建设，全力打造旅游目的地。番禺全域旅游在"旅游新业态""互联网旅游"模式创新方面成效显著。如"旅游交通互联网"新模式方面，着力打造旅游智能交通网络。海鸥岛加快推进生态旅游岛和社会主义新农村建设，推出水乡特色的民宿旅游产品，作为"旅游农业"新业态的典型。"旅游文化"方面，举办第28届番禺区莲花旅游文化节、番禺区民俗文化节、广州国际美食节、番禺珠宝文化节，打造节庆文化旅游产品等。

五 广州发展全域旅游的对策

（一）加强政府对全域旅游的宏观调控

把全域旅游纳入经济社会发展重大决策。根据全域旅游发展规律以及自身旅游资源特点，积极推进全域旅游发展，政府部门要做好发展全域旅游的决策及规划工作，把全域旅游提升到政府五年规划中。加快制定全域旅游发展规划和行动计划。政府要在组织机构、人才队伍、财政经费、土地等方面为全域旅游提供保障。

（二）大力打造全域旅游产品

积极培育旅游新业态，打造旅游产品。积极培育乡村旅游新业态，打造以休闲农业、特色民宿、乡村度假、古镇村落为代表的乡村旅游产品，形成具有特色的旅游目的地、旅游示范休闲区。积极推进"旅游+"建设，加大力度推进旅游与研学（教育）、交通、休闲度假、新型养老、健康养生、购物等的融合发展，从融合中培育与扶持新产品、新业态的发展。积极利用区域自然人文地理资源，打造适宜的区域产品，推进旅游度假区、旅游产业集聚区、旅游小镇、旅游绿道、研学旅游基地、养老旅游基地等的建设，打造区域品牌。

（三）打造综合交通体系

全域旅游的发展需要机场、高速铁路、高速公路等快捷交通，也需要国道、省道、景区环线等便捷交通，需要保证游客能快速、便捷地从客源地到达旅游目的地的综合交通基础设施体系。除了这些硬件设施外，交通流信息、交通数据信息、交通气象信息、停车场信息等交通软件方面也需要日益丰富和完善。自驾游、自由行游客的与日俱增，对旅游接待提出了新的挑战，需要在机场、车站、码头、景区、主城区等关键地区，提供接待、预订、咨询、租车等综合信息服务。

（四）加大金融支持力度

现代产业发展离不开资金支持，全域旅游的发展，也必须完善基础设施和旅游公共服务体系建设并不断提升质量，其对资金的需求量比较大，因此全域旅游资金需要通过融资获得。推进全域旅游发展，要加大金融体制机制创新力度，积极推进PPP等投融资模式，推进旅游基础设施和公共服务的发展，积极引进社会资本、民间资本以及国际资本参与全域旅游，推进投资主体的多元化。

（五）建立智慧旅游信息综合平台

依托大数据、云技术等现代先进科学技术，整合景区、酒店、交通、民航、气象、卫生、地质、公安等与旅游有关的公共服务信息，建立智慧旅游综合信息平台。建立旅游公共信息发布机制，及时向社会公布旅游信息，把信息及时准确地传达给有需求的旅游者、旅游管理者、从业者。健全完善旅游安全预警和应急机制，全面增强旅游信息的时效性、准确性、权威性。

（六）加强全域旅游宣传

进一步树立全域旅游意识，要深刻认识到全域旅游对促进经济增长、调整产业结构、扩大内需、增加就业、减困脱贫、促进开放、惠及民生等所发挥的重要作用，将社会主义核心价值观融入文明旅游宣传当中。强化宣传、外事、广新、文化、旅游等部门的合作，积极利用各类媒体加强对旅游信息服务和旅游形象的宣传，形成宣传合力，提升宣传效果。

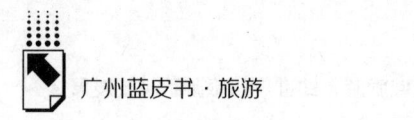

参考文献

李金早：《从景点旅游模式走向全域旅游模式》，《紫光阁》2016年第3期。

赵川：《大众旅游时代推进四川全域旅游发展的思路》，《旅游纵览》2016年第8期。

吕俊芳：《城乡统筹视阈下中国全域旅游发展范式研究》，《河南科学》2014年第1期。

印亮：《发展全域旅游的实践与思考——以江苏省扬州市为例》，《旅游纵览》2016年第9期。

胡卫华：《"全域旅游"的理论与实践——基于深圳大鹏新区的研究》，《特区实践与理论》2016年第4期。

《全域旅游发展的"增城模式"》，http：//www.cnta.gov.cn/xxfb/hydt/201605/t20160522_771694.shtml。

《最全"全域旅游"要点梳理》，http：//www.sohu.com/a/114720245_461506。

B.11
广州商旅文融合发展的对策研究

李冬蓓*

摘　要： 发展商旅文融合产业，是广州适应新常态、发展新经济、打造新型支柱产业的重大系统工程。广州市第十一次党代会和广州市政府2017年工作报告均提出促进商旅文融合发展的决策要求。本文梳理了广州商旅文融合发展的现状，剖析了存在的主要问题。在此基础上，从制度、布局、载体、业态、产品、国际合作等多个层面提出促进广州商旅文深度融合的对策思考。

关键词： 广州　商旅文融合　体验经济

商旅文融合，是在新经济背景下，通过资源整合、业态创新和产业链重构，以合理的产业组织手段形成的现代服务业新业态，通过以文促旅、以旅兴商、以商助文，最终实现三大产业共融共生、协同进化和效益倍增。促进商旅文融合发展，有利于全方位组合和放大广州作为"国际商贸中心""国家旅游中心城市""国家历史文化名城"的综合品牌优势，形成推动广州发展的新动力源和增长极。

一　广州商旅文融合发展的现状

近年来，广州积极探索商旅文融合发展的有效路径，依托发达的商贸优

---

* 李冬蓓，广州市商务委员会综合处副处长。

势、丰富的旅游资源和深厚的历史文化底蕴，加快推进资源整合，在规划布局、项目打造、资源盘活、业态创新等方面做了大量工作，取得了积极成效。

（一）历史文化街区活化形成广府文化地标

北京路位于广州传统中轴线上，周边有大量的历史街区和文物古迹。2014年初，广州市委、市政府规划建设北京路文化核心区，按照"以文化带动旅游、以旅游复兴商业、以商业激活文化"的发展思路，实施"文化引领、功能置换、空间优化、产业升级、商旅融合"五大策略，加快推进北京路文化核心区的建设发展。在核心区内加快重大文化项目建设，总投资约50亿元建设省非遗中心暨大小马站书院群，大力推进文德路、大佛寺及南北广场、南越王宫博物馆、广州城隍庙及忠佑广场、景豪坊及大马站地下空间、禺山路美食街、万木草堂等项目建设，加快北京路及周边区域发展。在人民公园南广场建设"城市原点"，使其成为广州城市的标志性元素。加快长堤—沿江—西濠片区的修复和改建工作，打造长堤"老广州"传统风情片区。加强文化与经济的融合互动，充分利用丰厚的人文科教资源，建设文德路文化商业街和一德路创意衍生品区域等特色产业群。积极搭建区域文化旅游发展平台，策划组织广州府庙会，开展"越秀越精彩——广府文化旅游"系列活动，促进文化与旅游的共融发展。2016年8月，北京路文化旅游区成功创建国家4A级旅游景区。北京路文化核心区已成为广州商旅文融合发展的示范区和核心区。

广州市荔湾区拥有上下九、恩宁路、十三行路等多条承载西关文化的主要历史街区。近年来，区内通过资源整合，先后完成了荔枝湾涌、粤剧艺术博物馆、十三行博物馆、永庆片区微改造等项目。粤剧艺术博物馆采用传统仿古园林式风格，在院内大量运用木雕、砖雕、石雕、灰塑、陶塑瓦脊等高标准民间工艺材料，在展示粤剧这项非物质文化遗产的同时，也展示出岭南建筑的宝贵艺术。馆内设有粤剧艺术展览、演出剧场、餐饮配套、文创产品销售、旅游服务、粤剧教育研讨及文化休闲交流等功能配套区域。位于恩宁路的永庆片区原是广州危旧房最集中的区域，通过"修旧如旧，建新如故"，修缮维护具有西关风情的建筑物约7800平方米，街内的李小龙故居经修缮后占地面积200多平方米，向市民展示西关文化和武术文化。

（二）体验经济蓬勃发展助力商圈转型升级

城市核心商圈——天河路商圈积极向体验消费转型，着力打造集旅游、文化、智能等功能于一体的跨界体验商圈发展模式，提升产业集聚力、品牌辐射力、文化影响力和综合竞争力。天河路商会由多元业态组成，包括综合体、百货、餐饮、文化娱乐、品牌制造商、广告商、电商等，会员数量达到114家。商圈内开设了国内首个购物中心极地海洋馆，并在现有方所书店的基础上，引入戏剧、文学等多元文化体验，打造数字图书馆、演艺剧院举办交响音乐会、工业设计展等文化体验活动，逐步引入机器人导购、3D试衣、虚拟现实、定制3D打印等科技体验，提升商圈的文化和科技内涵。商旅文融合发展有效增强了天河路商圈的吸引力和辐射力，2016年商圈商品销售总额达9500亿元，成为名副其实的"华南第一商圈"。其中，正佳广场、天河城和太古汇销售额位居全国购物中心前10名。正佳广场是华南地区第一家商贸类4A级旅游景区。

（三）业态创新催生商旅文融合新载体

在政府的支持和引导下，多个特色鲜明的商旅文聚集区正在逐步形成。在广州新中轴景观带打造花城广场商旅文融合区，目前周边已建成东塔、西塔等金融地标，少年宫、大剧院、图书馆、博物馆、红线女艺术中心等文化地标，花城汇、高德置地等商业地标。2015年底"MAG环球魔幻世界"落户花城汇，打造了近2万平方米的室内魔幻主题乐园，填补了广州大型室内参与性旅游项目的空白。积极利用"三旧"改造政策，有序推进老工业遗址、古村落转化为具有传统岭南特色和现代都市风尚的文化创意产业园，培育了羊城创意园、TIT创意园、珠江·琶醍、太古仓码头等城市时尚、文化创意、高端餐饮、娱乐购物等多业态融合的集聚区。羊城创意园集聚了建筑设计、工艺、时尚、影像、动漫、手游、报业出版、音乐、表演艺术、广告、电视和广播等文化创意领域的企业,并凭借良好的艺术氛围多次成功主办大型文化创意展示活动,是目前广州唯一的国家级创意产业园和华南地区最大的创意产业孵化器。珠江·琶醍自开业以来,依托啤酒文化,集展览、餐饮、创意于一身,引进了多家国际美食餐饮品牌,取得良好的经济效益和社会美誉。珠江啤酒集团拟投资15亿元对6.9万平方米的珠江琶醍啤酒文化创意区周边的自留用地进行开发建设,融合啤酒工业文化,改造为集休闲、娱乐、展示等功能于一体的嘉年华综合体。

(四)老字号集聚发展推进餐旅文融合

广州老字号一条街项目进展顺利,截至2016年底在北京路商圈内已有47家老字号企业进驻。陶陶居、莲香楼、泮溪酒家、南园酒家、北园酒家等餐饮老字号的历史老商铺成功纳入文物保护体系。广式腊味、小凤饼(鸡仔饼)、广式莲蓉饼食制作技艺、广州酒家"粤菜烹饪技艺"等被纳入市级非物质文化遗产保护名录。稳步推进餐饮老字号的体制创新,采取品牌有偿使用、租赁经营等方式,完成国有老字号企业转制。积极发展以地方风味特产、传统地道手信为代表的经典食品和创新食品,使"食在广州"饮食文化以及老字号品牌资源,真正转化成为餐饮业可持续发展的经济资源。促进老字号餐饮企业进一步挖掘品牌的文化内涵及其经济价值,提升文化品位和产品的附加值,并帮助企业以此为契机开展文化营销。支持和鼓励餐饮非物质文化遗产加大对外宣传力度,提高品牌知名度,结合"广州一日游"路线对市民游客开放制作工艺的展示演示,通过餐饮业的文化挖掘和体验消费,提升旅游吸引力,促进餐旅文融合发展。

(五)形成一批特色鲜明的节庆品牌和旅游产品

初步形成具有全国影响力的广府文化旅游嘉年华、广府庙会、老字号购物节、迎春花市等民俗文化旅游品牌。"广州古城游"旅游品牌将广州城市历史文化最具代表性的南越王宫博物馆、越秀公园、北京路文化旅游区等核心商旅文资源与城区空间融合，引导游客利用便捷发达的城市交通，在越秀的广州古城区域体验"广式生活"。整合科普教育、海上丝绸之路、岭南水乡文化、会展商贸、都市滨水休闲地等文化旅游资源，推出品广州地道美食一天游、工业文化体验游、"海上丝路"游等主题旅游路线。依托"一江两岸三带"重点工作，以"看广州故事，听红船传说"为口号推出《船说》节目，进一步擦亮"粤剧"和"珠江"名片，打造广州的文化旅游品牌。大力为旅游产品注入文化和商业元素，"广州手信"暨"广州市非遗文化传承及展示传播中心"落户广州塔，引入20多项老字号、非遗文化及工艺品和上百种手信，在中心内举办广绣艺术传承、剪纸艺术展等各式特色文化活动。

（六）商旅文跨界经营主体逐步成长壮大

随着商旅文产业融合发展，一批跨界经营的商旅文企业或集团逐步成长。作为民营企业代表的长隆集团，目前已成长为集旅游、娱乐、演艺、商业、酒店、科技等于一体的大型旅游开发集团，集团以动物为主题不断延伸旅游产品线，开发运营的长隆野生动物世界、欢乐世界、国际大马戏、水上乐园、飞鸟乐园等广受欢迎，形成世界级的大型综合旅游度假区。广州岭南集团通过国企改革整合资源，形成以酒店、旅游、会展、餐饮等产业为主导，拥有广之旅、白云国际会议中心以及中国驰名商标皇上皇、致美斋等百年老字号的综合性商旅文集团。正佳广场致力于推进商业经济向体验经济、文化、教育、科普、艺术等领域跨界，成为广州商业创新的领头羊之一。

二 存在的主要问题

（一）缺乏整体规划

商旅文融合涉及商贸、旅游、文化三大产业，需要国土规划、城市管理、信息产业等多个部门支持，形成合力。有些商旅文融合区横跨广州不同

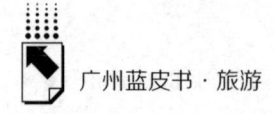

的区域，例如"广州塔·珠江黄金水段"横跨广州天河区和海珠区，需要区域统筹推进。目前广州仍然缺乏整合全市商旅文资源、促进深度融合的机构组织和总体规划，部门分割和多头管理导致缺乏统一谋划和包装，现有的融合仍停留在浅层阶段。

（二）缺乏政策支持与突破

一方面，广州历史建筑产权问题较为复杂，历史遗留问题较多，需要更灵活和强有力的规划、建设和改造政策支持，才能顺利推进活化工程；另一方面，虽然根据《名城条例》相关规定，鼓励根据历史建筑的特点开展多种形式的合理利用，并可按规定进行多种功能使用，广州市政府办公厅也印发了《关于进一步放宽商事主体住所经营场所条件的意见》，但现有专业规范和技术标准与有关法规政策衔接不足，导致历史建筑的开发利用步伐缓慢。

（三）缺乏大资本的引领与带动

历史文物建筑的开发利用、旅游配套设施建设、核心吸引物的打造、传统业态的改造提升等都需要大量的资金投入。目前，广州在越秀、荔湾等老城区推进的商旅文融合工作基本以政府为主导，缺乏社会大资本的介入，难以形成市场效应。

（四）受到管理体制制约

政府掌握的公共文化资源和自然景观资源多数都是公益类事业编制单位，主要由财政供养或财政补贴，实行收支两条线。这有利于人员稳定，但同时也制约了相关资源进行商业开发的积极性和主动性，不利于国有文化单位融入商旅产业链。

三 推动商旅文融合发展的对策思考

按照"创新、协调、绿色、开放、共享"发展理念和供给侧结构性改革要求，围绕"国家历史文化名城、重要的中心城市、国际商贸中心和综合交通枢纽"的城市定位，依托广州发达的商贸优势、丰富的旅游资源和深厚的历史文化底蕴，引导推动商、旅、文三大部门产业资源的跨界共享和渗透增值，通过资源整合、业态创新、载体优化和产业链重构，加快形成商旅文融合发展的新格局。

（一）健全跨部门协调工作机制

将商旅文深度融合提升到城市发展战略的高度，抓紧制定出台广州市商旅文跨界融合发展意见和配套政策措施，形成"大产业、大市场、大旅游"的商旅文深度融合大格局。围绕城市发展总体规划，统筹编制商贸、文化和旅游产业发展规划，做到"多规合一"、互相呼应、有机融合。进一步完善商旅文跨部门协调工作机制，促进商贸、文化、旅游管理部门和相关的国土规划、住房建设、城市管理等部门联动，密切协调运作，及时沟通信息，统筹研究政策支持。

（二）构建商旅文融合重点功能区

综合考虑广州市的历史文化和资源禀赋特点，结合"三中心一体系"[①]"三大战略枢纽"[②]，以及国家创新中心城市和枢纽型网络城市建设的战略部署和"一江两岸三带"[③]"大小黄金三角"[④]的发展布局，重点打造一批商旅文融合示范功能区。包括围绕"一江两岸三带"建设打造"广州塔·珠江黄金水段"商旅文示范区，打造世界级的中央活动区和新岭南文化、时尚文化消费的聚集地；围绕体验经济和时尚文化建设提升天河路商圈，并与花城广场及周边优质商旅文资源融合成为"泛天河路商圈"；围绕历史街区

[①] "三中心一体系"即国际航运中心、物流中心、贸易中心和现代金融服务体系。
[②] "三大战略枢纽"即国际航运枢纽、国际航空枢纽和国际科技创新枢纽。
[③] "一江两岸三带"指珠江两岸经济带、创新带、景观带。
[④] "大黄金三角"指广州"十三五"期间三大战略枢纽：国际航运枢纽、国际航空枢纽和国际科技创新枢纽，"小黄金三角"为琶洲互联网创新集聚区、国际金融城和珠江新城。

活化，打造北京路文化核心区、西关文化商旅活化提升区；围绕长隆系列主题公园和万达文化旅游城等龙头项目，打造汉溪—长隆—万博商旅圈和广州北站—广州万达文化旅游城—空港经济区产业带；结合"一带一路"建设和"海丝"申遗工作，打造黄埔海上丝绸之路文化旅游商贸合作区等。

（三）整合资源，丰富商旅文融合内涵

一是打造购物天堂，推动专业市场向高端服务型、总部型、展贸式、电商化、国际化和创业创新型等现代市场转型发展。引导商业中心、商业街和商业繁华地段的传统中小型专业市场，通过业态转型，促进其向现代购物中心、社区商业中心发展。二是发展全域旅游。整合全市商贸、文化、生态旅游资源，统一策划包装和宣传，重点发展历史文化、商务会展、购物休闲、特色美食、山水文化、都市景观、乡村风情、红色旅游和生态绿道游等旅游项目和线路。三是擦亮"食在广州"品牌。进一步丰富和挖掘"食在广州"的文化内涵及其经济价值，积极推广广州早茶文化、粤菜烹饪技艺等传统文化，提升广州市餐饮业的文化品位和产品的附加值。四是推动城市微改造，充分利用旅游景区周边老旧小区的历史建筑资源，结合周边产业布局，通过微改造转变产业形态，以历史文化元素为线索挖掘商业、旅游业发展脉络，促进商旅文融合发展。五是重振老字号品牌。深入挖掘广州酒家、致美斋、陶陶居、陈李济、王老吉、潘高寿等老字号企业的传统文化内涵，鼓励其利用互联网拓展营销渠道，增强老字号品牌的文化传承力和影响力。六是保护和传承"非遗"。将广彩、广绣、粤剧、灰塑等非物质文化遗产保护与商贸业、旅游业有机地联系起来，通过专业的市场运作，提升非物质文化遗产的内涵，通过市场价值的实现达到保护非物质文化遗产的目的。

（四）创新商旅文融合业态

一是实施"互联网+"战略。引导商旅文重点区域和项目建立门户网站，实现线上线下联动发展。开发和推广商旅文资源智能终端APP，建设覆盖全市的商旅文咨询服务体系和标识导览系统。实现无线网络在大型商业网点、文化馆、博物馆、演出场所、旅游景区、宾馆饭店的全覆盖。二是打造一批"宜居、宜业、宜游"特色小镇。一方面，依托部分具有历史底蕴的古镇或古村落，打造集商、旅、文、史于一体的特色小镇，如正果镇文化旅游小镇、鳌头村"西塘童话小镇"、从化"花卉小镇"、"温泉财富小镇"等。另一方面，以产业发展为依托发展特色小镇，如万博基金小镇、花都珠宝小镇、人和航空小镇、狮岭时尚产业小镇等。三是提升发展轨道经济。通过公共轨道交通设施的无缝连接，增强各商业网点和周边文化设施的通达性，提升物业价值。同步做好沿线土地综合开发，鼓励项目业主引入更多的文化创意元素、体验经济业态和游乐项目，促进沿线周边物业差异化发展，提升旅游价值和商业价值。四是发展"会展+"业态。大力发展高端商务旅游和会展旅游，促进精品旅游与大型会展结合，形成以会展带动旅游、以旅游促进会展的良性互动模式。在国内外知名展会和节庆期间推介文化旅游景区，旅游线路和休闲娱乐项目。五是开发邮轮经济。大力推动邮轮产业与旅游、商贸、会展、科技、文化、体育、教育和信息服务等相关领域融合，发展邮轮经济新业态和延长产业链。在南沙建设集大型邮轮码头、航站楼、主题酒店、商务中心及高端品牌免税商城于一体的大型综合体。六是整合中医药特色资源。发挥广州中医药丰厚的历史和人文底蕴，利用中医药文化元素突出的中医医疗机构、中药企业、旅游景点、中医药博物馆、中华老字号名店、药用植物园、药膳食疗馆等资源，开发中医药特色旅游线路和生态养生休闲游，提供药膳养生、中医医疗、康复保健、中医药文化普及等服务，开拓具有岭南特色的药品、中药饮片、保健食品、医疗器械、养生产品、美容产品等旅游商品。

（五）办好广州特色节庆活动

将迎春花市打造成集民俗表演、非遗展示、灯光艺术、主题花展、商贸购物、文体活动于一体的城市嘉年华活动，通过花市将11个区的主要繁华地段或文化景点，包括花城广场、荔枝湾涌、天河体育中心、海珠湖、云台花园、越秀灯会、广府庙会等串联起来集中向海内外推介。丰富"花城看花,广州过年"活动内涵,塑造具有国际影响力和吸引力的广州特色节庆品牌。做大做强广州民俗文化节暨黄埔"波罗诞"千年庙会、广府庙会、天河乞巧节、广府文化旅游嘉年华、广州国际灯光节、国际购物节以及美食节等一批具有良好市场影响力和吸引力的广州特色节庆活动,扩大增城何仙姑文化旅游节、南沙妈祖诞文化旅游节、广州水乡文化节、萝岗香雪文化旅游节等节庆活动的规范性和规模,围绕节庆特色开发一批商旅文综合产品和项目,吸引游客在区内游览,带动周边传统商圈的消费动力。就政府主办的大型公众活动,如迎春花市、美食节、广州马拉松赛、金钟奖等,探讨进行二次市场开发的途径,通过合作、外包等方式让更多市场主体围绕活动主题进行商业和旅游开发。

(六)积极引入大资本、大项目

充分发挥广州国际机构集聚、对外交流密切的渠道优势,注重吸纳和运用国际国内高端资源,使广州成为全球知名的商贸旅游文化中心。制定好招商计划,用好用活各项招商政策,整合广州市商旅文项目和用地资源开展对外招商,推进增城法拉利主题公园、深圳华强"美丽中国·文化产业示范园"、乐高乐园等重大项目落地,吸引大连万达、香港瑞安集团、环球影城、派拉蒙等国内外地产开发、文化旅游产业龙头企业进驻,激发企业参与商旅文融合发展的积极性。着力引进国内外知名影视企业在广州设立区域总部、分支机构,建设全球电影后期制作中心,打造集影视制作、商业、娱乐、文化、度假、观光旅游于一体的国际一流影视制作与体验基地。

(七)主动对接港澳地区

抓住粤港澳大湾区规划建设的机遇,发挥广州毗邻港澳的地缘优势,深化与港澳建立的"一程多站旅游战略联盟",共同向国内外知名城市举办推介活动,将商业、文化资源纳入推介内容,加强区域合作与交流。积极与香港、澳门旅游局合作,向外籍游客宣传广州商旅文特色项目。充分利用广州"72小时过境免签""144小时便利签证"政策,将广州作为到香港、澳门入境旅行的延伸目的地。联合香港、澳门旅游机构，打造外籍游客—香港（澳门）—广州的精品商旅文旅游线路，将港澳优质外籍客源引入广州。积极争取国家支持，率先在广东自贸试验区范围内探索粤港澳游艇"自由行"。探索推行自贸区港澳游艇"定点停靠，就近联检"管理模式，共同发展游艇游船旅游。

（八）加强城市国际营销

将市场营销与城市营销紧密结合起来，设计商旅文深度融合的广州城市形象概念，创新营销传播模式，注重利用移动互联网、VR、共享经济等新兴业态，拓宽传播推广渠道，建立商旅文融合的城市形象推广系统。在广州塔、白云机场、火车站等地标式建筑中加大对广州重大节庆、商贸活动、体育赛事等的宣传推广力度。利用国际友好城市、驻穗领馆、海外华侨组织、境外合作机构、游客服务中心等资源构筑宣传推介网络，在海内外举办商旅文项目专场推介会，宣传广州城市文化和城市形象，讲好广州故事。

B.12
天河区创新提升商旅文融合发展，助推全域旅游示范区建设

张海波 温玉华 罗琼芳[*]

摘　要： 近年来，天河区以打造国际商贸中心核心区、世界文化名城中心区、国际科技创新枢纽核心区、城市生态休闲带、重大节庆赛事等为核心，以建设国际高端旅游目的地为目标，不断完善旅游服务功能，促进精细化和品质化，整合丰富多彩的国际商贸、都市旅游以及时尚文化等资源，推进以天河路商圈为重点的商旅文融合发展，助力全域旅游示范区建设，擦亮天河旅游品牌。

关键词： 广州旅游　商旅文融合　创新提升

一　天河区商旅文融合发展情况

天河优越的区位优势、便捷的交通、高度发达的商贸服务业、丰富的旅游资源、完善的旅游配套，尤其是天河路商圈近年来的创新发展，使得发展商旅文融合具有独特优势，也是推动全域旅游示范区建设的重要基础。

天河区目前有国家A级景区3家，其中4A级景区2家，分别为华南植物园和正佳广场（国内首个、广东唯一一个以商业游憩为主题的A级景

---

[*] 张海波，广州市天河区旅游局局长；温玉华，广州市天河区旅游局副局长；罗琼芳，广州市天河区旅游局商贸旅游科副科长。

区），3A 级景区 1 家，为十九路军淞沪抗日阵亡将士陵园。天河是广州高端酒店最为密集的区域，汇聚了四季、万豪、喜来登、瑰丽、康莱德等 23 家国际知名高端酒店。其中，五星级酒店 6 家，此外还有四星级饭店 7 家、三星级饭店 21 家。

近年来，天河区着力打造特色鲜明的主题旅游文化景点，包括火炉山、凤凰山、龙眼洞三大森林公园，广州"海绵城市"首个试点项目大观湿地公园等生态公园，广东省历史文化名村珠村、毛泽东视察棠下纪念馆等历史文化古迹，天河体育中心、奥林匹克体育中心以及广州购书中心、方所等文体旅游设施，广东省博物馆、广州图书馆、广州大剧院等享誉国内的现代人文景点，以及外地游客必到之地——华南第一商圈天河路商圈、城市客厅花城广场等众多旅游资源。

二 推动天河路商圈建设，创建商旅文融合发展示范区

（一）规划创新，顶层设计促差异化发展

2012 年以来，天河路商圈迎来全面转型升级机遇，聘请了世界 500 强企业、全球排名第一的设计公司——美国 AECOM（艾奕康）公司、全国知名甲级设计研究院——华南理工大学建筑设计研究院和广州市交通规划研究所进行整体策划和规划。在天河路商圈整体策划的引导下，各载体实行业态组合错位经营、有序差异化发展。太古汇定位为高端奢侈品牌综合体，引进了 LV、GUCCI、PRADA、爱马仕、香奈儿、迪奥等国际一线和高端品牌，并带入焕然一新的鼎泰丰、穿越等餐饮品牌和聚集人气的方所等文化品牌，为消费者提供了更多的选择。2016 年开业的天环广场定位为高档购物公园，引进了广州首家苹果旗舰店等超过 180 个品牌，其中 60 个品牌第一次进驻广州。正佳广场继续朝着家庭时尚体验中心的方向转变，极地海洋世界、演艺剧场等体验项目有力地推动了文化艺术和旅游体验与商业的结合。天河城一直朝着服务中高端都市家庭而努力，以成熟的业态稳定、良好发展。万菱汇进行了全

新升级改造，改造后主要定位于服务时尚年轻群体，置换品牌近百个。岗顶段的摩登百货定位时尚女性消费地，突出流行服饰、穿戴类商品的经营。太阳新天地品牌主要定位为快时尚，已引入优衣库、H&M、GAP等多个国际知名时尚品牌，并针对年轻消费群体经常举办时尚个性化的集市活动。

（二）业态创新，供给侧改革丰富商旅文元素

1. 培育体验型业态供给

近年各大商家积极引进剧院、VR体验、海洋馆、亲子娱乐等体验型业态。2012年升级改造以前，商圈零售业态占比超过80%，餐饮约为14%，休闲娱乐为5%，而文化艺术、旅游业态基本空白。经过4年的不断调整优化，目前商圈零售业态占比为65%，餐饮为22%，休闲娱乐、文化艺术和旅游业态占比提升至13%。

2. 加强文化元素供给

1994年成立的被誉为"神州第一书城"的广州购书中心于2015年开展了全面升级改造，成为融文化、娱乐、体验等于一体的综合型文化生活中心。方所首家书店2011年于商圈创立，被称为"中国最美书店"。万菱汇引入了国内最大的民营连锁书店——西西弗书店。同时，商圈各种文化活动精彩纷呈，近年来共举办印象天河路"摄影巡展、"印象莫奈"艺术展、意大利文化节等大型活动超过800场，有力地提升了商圈人文内涵。

3. 加强旅游元素供给

正佳投入超过6亿元兴建的极地海洋世界自2016年1月试营业以来，已接待国内外游客超过100万人次，成为广州热门旅游景点。时尚天河复原了"夜上海"街景、旧时"岭南风情街"，打造上海街和岭南街。旅游设施不断完善，在正佳广场设置了商圈首个旅游问询中心，在星级酒店设置电子旅游查询系统，并在商圈设置香港国际机场预登机柜台和直通香港机场大巴。2016年广州国际购物节期间，天河路商圈举办了以"打造世界旅游目的地"为主题的国际论坛，探讨文化旅游带动商贸发展新格局，进一步推进天河路商圈成为国际旅游目的地。

（三）品牌创新，自主培育打造商圈文化品牌

1. 打造"广州国际购物节"节庆品牌

由广州市政府主办，天河区政府和广州市商务委承办的广州国际购物节，自2012年起每年举办一届，主会场均放在天河路商圈。每年购物节，天河路商圈分别联合新加坡、英国、法国、澳大利亚、新西兰、美国等知名商圈开展丰富多彩的购物体验活动。2016年，3个城市首次联手举办"广州—奥克兰—洛杉矶"三城经济联盟购物节。购物节期间，天河路商圈人流量增长均超过20%，各大载体营业额实现两位数增长。目前，广州国际购物节已成为华南地区规模最大、影响力最强的购物节庆活动品牌。

2. 积极培育自有文化品牌

近年来商圈品牌孵化培育功能不断增强，涌现出HI百货、方所等一批本土特色文化品牌，并逐步发展成全国性品牌。源自商圈的方所，以优雅时尚为特色的文化品牌影响力逐步扩展至全国，目前已在国内开设了3家分店，成为走出广州的知名文化品牌。

（四）品质提升，优质环境增强旅游消费体验

1. 全面提升商圈景观环境和购物舒适度

推动天河路商圈时尚商业氛围、文化内涵和环境品质全方位提升。推动首批雕塑落地，成为提升商圈文化内涵的一个重头戏。推进商圈连廊建设，目前首期启动的3条连廊正顺利推进，其中，"正佳广场—万菱汇""万菱汇—省外经贸大厦"两条地下连廊已通过规划方案审查并取得用地选址批复，目前正在进行设计，预计2017年动工建设；"地铁一号线体育中心站—太古汇"地下连廊已完成深化设计，正在进行结构安全性调研。积极优化提升天河路商圈人文景观和绿化环境，2016年12月天河路商圈首批5件雕塑作品落地，2016年商圈加种香花超过500棵，放置花箱种植时花731平方米，铺设树穴997个。在天河路沿线实施了人行道改造、慢行系统贯通、支路路口改造、井盖更换、绿化提升、交通设施改造，完成天河路岗顶段至

天河立交段的路面重新铺装；全面完成市旅游局下达的旅游厕所革命任务，2016年新建旅游厕所2座、改建3座；建立了全国首个商圈商贸服务业联盟标准——商贸经营场所服务规范，推动商圈各载体进行洗手间、停车场等设施升级，优化天环广场—时尚天河地下通道照明情况，以标准化、精细化、品质化提升天河路商圈整体环境。

2. 全面落实境外旅客购物离境退税政策

辖内8家企业被纳入广州首批离境退税商店，占全市退税商店总数的47%。不断完善旅游咨询网络，配合市旅游局在花城广场新设旅游问询中心，指导东站旅游集散中心、天河路旅游问询中心做好旅游服务工作。交通服务体系日趋完善，在提供直通香港机场大巴服务的基础上，新增了香港机场预登机服务、直通白云机场大巴等配套服务。

3. 商家创新联动活跃商圈消费体验

2017年春节期间，商圈各大商家首次创新联动，推出微信摇一摇赢礼品活动。消费者只要在各大商场内，通过微信摇一摇的功能，即可获得商家送出的钻戒、正佳海洋馆和演艺剧场门票、饰品挂件、现金红包、商场购物卡券等，而幸运大奖更是小轿车一辆。活动吸引了大量消费者一起参与互动，据统计，活动共送出价值140多万元的奖品和现金卡券。本次活动推动了商圈各大商家在大数据上的互通和整合，大大活跃了商圈的购物消费体验。

（五）提质扩容，优质资源融汇旅游精品区域

引导天河路商圈提质扩容，沿城市新中轴线延伸扩展，与花城广场及周边优质商旅文资源融合。整合天河路商圈—花城广场周边高端酒店、商贸载体、旅游景点和文化体育活动元素，推动K11、环球魔幻世界、粤剧红船等旅游项目设施建设，积极推进"旅游+商务""旅游+文化""旅游+科技""旅游+体育""旅游+会议"等旅游产业融合发展，以广州国际购物节、广州国际灯光节、广州马拉松比赛、亚冠足球赛事等大型活动为平台，加大天河区观光旅游产品与国际会议、品牌节事、体育赛事活动整合力度，打造商旅文融合旅游精品区。

（六）借助外力，构建国际化旅游营销体系

利用广州国际购物节的平台，推动天河路商圈与新西兰、美国等知名商圈开展旅游交流合作。印制了《乐游天河》手绘地图并借助广州在伦敦、东京、首尔等地的境外旅游推广中心开展国际营销。会同市旅游局与推特、脸书等国际网络新媒体展开合作，在购物节期间向国际游客推介天河。

三 开展全面规划，促进商旅文融合全域发展

天河经过30多年的发展与积累，在旅游发展方面已具备扎实的基础和良好的条件。当前，在广州建设国际商务、会奖旅游名城和国际旅游目的地、集散地的战略指引下，天河区以商旅文产业深度融合为目标，积极谋划旅游发展新蓝图，推动旅游产业成为全区经济发展的重要产业，争当广州建设国际旅游目的地首选站。

（一）建设国际都会区，打造时尚天河

以商旅文产业深度融合为目标，重点推动天河路商圈—花城广场国际商务和旅游名城示范区建设。继续引导天河路商圈提质扩容，提升商圈旅游文化业态占比，鼓励商贸载体增设科技馆、美术馆等人文体验项目，支持广州购书中心、方所、西西弗等文化龙头企业壮大发展，加强旅游、文化元素供给。精心策划广州国际购物节，继续加强与国际知名地域、商圈的互访交流。完善旅游配套服务，加快推进商圈首期连廊的规划建设，增设旅游大巴停车点，启动集指示标识、城市家具、绿化、灯光等于一体的品质化提升工程，提升游客体验的舒适度。整合天汇广场、K11购物艺术中心等高端商贸资源，丰富艺术、游乐和购物体验，塑造集高端商业、时尚文化、休闲娱乐、国际商务等多功能于一体的国际顶级商圈生态。

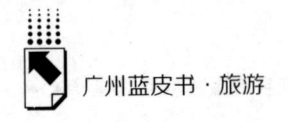

（二）增强人文底蕴，打造文化天河

对珠江新城区域猎德村古祠堂群、粤剧红船、红线女艺术中心等岭南历史文化资源进行统筹整合，统一策划包装宣传，打造集岭南古迹、岭南民俗、粤剧粤曲等文化元素于一体的精品旅游线路，发展全域旅游。依托广东省博物馆、广州大剧院等具有国际影响力的现代文化载体，精心打造"尚天河""绚丽天河"等文化艺术品牌，孵化话剧、音乐会、微电影等高端文化产品。充分利用海心沙、花城广场、天河体育中心等城市公共空间资源，通过文艺演出、艺术展览等各种艺术形式营造城市文化氛围，打造城市活力公共空间。

（三）融合创新思维，打造科技天河

以羊城创意产业园等创意设计产业集聚区为基础，将文化科技产业各要素与旅游业、商贸业重组融合，形成"创、研、产、销"全面布局的商旅文一体化产业链。鼓励科技创意企业拓展科普教育功能，推动科普旅游基地建设。同时，大力发展智慧旅游，推进全区3A级以上旅游景区和3星级以上宾馆免费WiFi覆盖，助推广州智慧城市建设。

（四）建设都市绿地，打造生态天河

以绿道、公园建设为重点，构建城区休闲绿地系统。优化提升临江大道、天河路等道路及桥梁、隧道、街心公园、绿化等城市环境。实施旅游景观规范化、精细化、品质化管理，以城区高快速路、主干道沿线绿化升级改造工程为抓手，打造"一路一花"景观。以珠江沿岸景观带建设为亮点，配合珠江新城、广州国际金融城开发建设，着力打造沿江景观带和新中轴线景观带。

（五）丰富旅游元素，打造活力天河

全面实施"旅游+"战略，积极推进"旅游+商业""旅游+文化"

"旅游+体育""旅游+会议"等跨界产业融合发展。发挥亚冠足球赛事、广州马拉松、广州国际购物节、广州国际灯光节等节庆赛事活动受众面广、影响力大的优势，加大旅游宣传策划和营销力度。依托辖内高端酒店集中、会场资源丰富的优势，争取承办国际旅游论坛及会议会展项目。引导和支持有条件的旅行社结合各项活动设计开发多种集会议、赛事、观光、度假于一体的旅游主题产品和线路，形成以活动和会展带动旅游、以旅游促进活动和会展的良性互动模式。

区域篇
Area Reports

B.13
花都区旅游消费偏好分析

花都区旅游局

摘　要： 为了全面掌握来花都区旅游的国内游客的基本情况，为进一步完善花都区旅游发展规划和方针政策提供依据，以便更好地推动花都区旅游产品的开发和营销活动，增强花都区旅游吸引力和行业竞争力，提高花都区旅游服务质量，促进花都区旅游业的转型升级发展，本文在旅游市场调查所得数据资料的基础上，主要对旅游目的地选择、旅游组织方式与交通、结伴旅游与重复旅游、住宿行为与方式、活动偏好选择、旅游消费结构、景区知名度、旅游接待评价及旅游总体印象进行了剖析，从中得到花都旅游发展的几点建议，以促进花都区旅游业转型升级发展。

关键词： 花都区　旅游消费偏好　旅游消费

一 旅游消费偏好

从旅游者消费行为学角度看,旅游者消费行为贯穿于旅游者活动的全过程。而旅游消费偏好涉及市场营销、消费心理及消费者购买行为等诸多内容,对旅游产品而言,旅游消费偏好具有综合性的特点,贯穿于旅游者"行、游、住、食、购、娱"的各个方面,是在一定时期内,在一定的消费市场环境和营销因素的影响下,受人口统计特征、个人收入水平及因素的影响,旅游消费者为了在旅游过程中获得最大满足感,对旅游产品和服务表现出来的优先购买的主观意愿或实际行为。

二 花都旅游概述

花都是广州的北大门,素有"省城之屏障、南北粤之咽喉"之称,境内自然生态良好,旅游资源丰富,有着发展旅游业得天独厚的条件。

(一)花都自然环境优越

花都面积969平方公里,有近200平方公里的山地,境内湖泊水库众多,著名的有芙蓉嶂水库、九湾潭水库、福源水库、洪秀全水库等。环绕水库的是森林覆盖率高、林相整齐的秀丽山峰。全区林业用地面积57.5万亩,占全区面积的39.7%,已规划有王子山、高百丈、九龙潭、蟾蜍石、福源水库及丫髻岭六个森林公园。

(二)花都历史文化丰厚

作为太平天国领袖洪秀全的故乡,花都拥有洪秀全故居(纪念馆)、冯云山故居等文物点,有资政大夫祠古建筑群、盘古王庙、塱头村民居古建筑群、高溪村欧阳庄民居古建筑群等历史文化旅游资源,还有省内首屈一指的道教圣地广东圆玄道观。洪秀全故居、圆玄道观、广州民俗

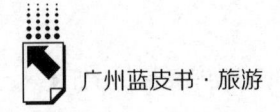

博物馆，以其丰富的文物和史料价值，成为花都乃至广州旅游的特色景点。

（三）花都交通优势得天独厚

花都地处珠三角通往内陆的交通要道，拥有水、路、空、铁立体交通网络，是中国南方重要的交通枢纽。境内有白云机场、广州北站、花都港以及纵横交错的高速公路和快速路。花都还拥有地铁9号线、广清城轨、新广北城轨，以突出的区位、便利的交通成为发展旅游的明显优势。

（四）花都旅游资源丰富

据统计，按照国家旅游资源分类标准，花都拥有其中的7个主类、19个亚类、43个基本类、184个资源单体。目前全区共有旅游景区25家，其中A级景区7家，4A级景区3家（九龙湖生态旅游度假区、石头记矿物园、广东圆玄道观），3A级景区4家（洪秀全故居、红山村、塱头村、中国皮具产业文化创意园），省级以下风景名胜区有10个，省（市）级旅游名镇（村）3个，全国、省、市级文物保护单位24家，旅游资源非常丰富。

三 花都旅游消费偏好分析

基于上述旅游消费偏好的综合性，结合花都旅游现状，选取了旅游目的地选择、旅游组织方式与交通、结伴旅游与重复旅游、住宿行为与方式、活动偏好选择、旅游消费结构、景区知名度、旅游接待评价及旅游总体印象九大方面，对花都旅游消费偏好进行了实地调查与分析。

（一）样本特征描述

赴花都区旅游的国内游客旅游消费偏好情况调查与分析是通过"广州市花都区旅游基本情况调查问卷（A）"组织调研的。在问卷收集和初步整理筛选完成之后，对2503份有效样本的基本特征进行了统计，具体情况如表1所示。

表1 样本描述性统计情况

单位：人，%

特征		类型	人数	百分比	累计百分比
地域	广东省内（2106）	广州市区（不含花都区）	966	38.59	38.59
		花都区	148	5.91	44.51
		潮汕地区	109	4.35	48.86
		佛山	92	3.68	52.54
		清远	73	2.92	55.45
		湛江	59	2.36	57.81
		惠州	47	1.88	59.69
		茂名	46	1.84	61.53
		江门	45	1.80	63.32
		深圳	44	1.76	65.08
		梅州	38	1.52	66.60
		中山	29	1.16	67.76
		其他地区	410	16.38	84.14
	广东省外（397）	湖南	131	5.23	89.37
		广西	60	2.40	91.77
		湖北	34	1.36	93.13
		四川	29	1.16	94.29
		福建	16	0.64	94.93
		其他地区	127	5.07	100.00
性别		男	1415	56.53	56.53
		女	1088	43.47	100.00
年龄		14岁及以下	68	2.71	2.71
		15~24岁	976	38.99	41.70
		25~44岁	1115	44.55	86.25
		45~64岁	269	10.75	97.00
		65岁及以上	75	3.00	100.00
学历		初中及以下	356	14.22	14.22
		高中或中专	691	27.61	41.83
		本科或大专	1381	55.17	97.00
		硕士及以上	75	3.00	100.00

续表

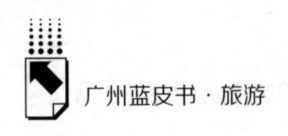

特征	类型	人数	百分比	累计百分比
职业	学生	709	28.33	28.33
	企事业员工	413	16.50	44.83
	工人	332	13.26	58.09
	个体户	327	13.06	71.15
	其他	231	9.23	80.38
	专业人员（律师、医生、教师等）	146	5.83	86.21
	农民	143	5.71	91.92
	离退休人员	113	4.52	96.44
	公务员	60	2.40	98.84
	军人	29	1.16	100.00

表1统计显示，回收的2503份有效A卷中，游客居住地在广东省内的共有2106位，占84.14%；游客居住地为非广东省的有397位，仅占15.86%。显而易见，前来花都区旅游的国内游客以广东省的为主，特别是花都区周边地区的广州市各辖区、清远市、佛山市等更为突出。省外游客则以湖南、广西等省区所占比重较大。前来花都的游客的近距离性是距离衰变规律作用所致的，即距离愈大，旅游吸引力就愈小。同时也与花都旅游产品的知名度不高等有关。

在游客的性别构成上，男性1415人，占样本的56.53%，女性1088人，占样本的43.47%。游客的性别分布较均衡，是本项目调研有效性的一个重要体现。

游客年龄方面，14岁及以下者占2.71%，15~24岁者占38.99%，25~44岁者占44.55%，45~64岁者占10.75%，65岁及以上者占3.00%。可以看出，25~44岁这个区间的游客接近前来花都区的国内游客总数的一半，这部分人群比较年轻，体力充沛，出游热情高，是旅游市场中最活跃的年龄群体，也具有一定的经济实力。

游客学历方面，初中及以下的占14.22%，高中或中专的占27.61%，本科或大专的占55.17%，硕士及以上的占3.00%。总体来看，游客的学历结构呈正态分布，专本比例占一半以上，学历层次相对较高，说明赴花都旅游的国内游客具有一定的文化素养和知识水平。

游客职业方面，学生占 28.33%，企事业员工占 16.50%，工人占 13.26%，个体户占 13.06%，上述四项占总数的 71.15%。学生接近样本总数的 1/3，是来花都区的最主要游客群体。这是因为花都周边地区（如广州市内、佛山、清远等）的大专院校比较多，学生结伴在周末进行短途旅游的数量也相对较多，其他三个游客人群主要属于近距离双休日旅游。另外，由于本项目的调研活动基本都是在周末进行的，特别值得注意的一个重要外部环境是，调研正好是在国庆节长假之后，而这段时间的旅游是以短途旅游为主的，而上述主要游客群体的职业特点也刚好与这样的旅游形式相吻合。

（二）分析与讨论

1. 旅游信息来源

统计结果显示，赴花都区旅游的国内游客获知花都旅游信息的渠道如图 1 所示。

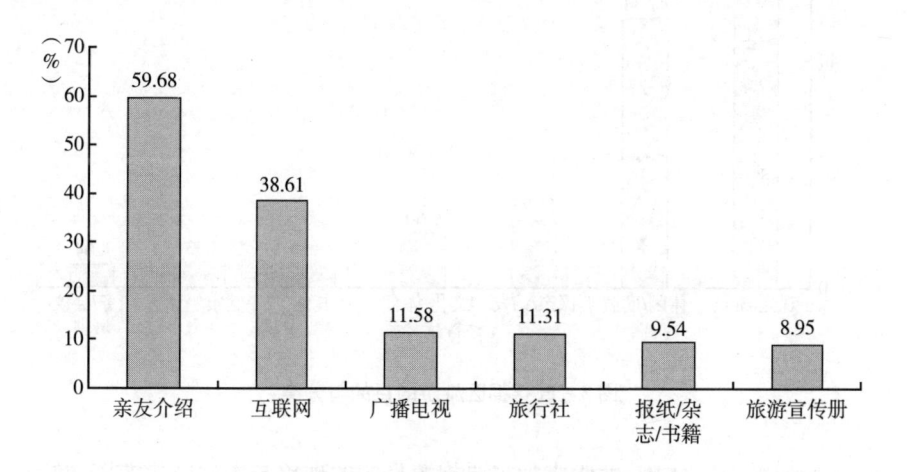

图 1 获知花都旅游信息的来源渠道

从图 1 可以看出，游客获知花都旅游信息的主要途径是通过亲友介绍，共有 1489 人选择该项，占有效问卷总数的 59.68%；其次是互联网，共有 963 人选择该选项，占有效问卷总数的 38.61%；再次是通过广播电视和旅

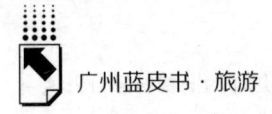

行社，分别有289人和282人选择，占有效问卷总数的比例分别为11.58%和11.31%，其余的是报纸/杂志/书籍和旅游宣传册。

从调查结果来看，"口口相传"仍然是花都旅游信息传播的最主要途径，而传统的报纸/杂志/书籍和旅游宣传册已经被新型的现代媒体，特别是被以互联网和广播电视为代表的新型媒体所取代，新媒体正成为获取旅游信息的重要途径。

2. 旅游目的及逗留时间

（1）旅游目的

调查统计显示，花都区国内游客的旅游目的居第一位的是观光/游览，占52.22%，第二位的是休闲/度假，占47.34%，另外还有探亲/访友（11.92%）、文化/体育/科技交流（9.60%）、健康/疗养（4.33%）、商务/会议/培训（4.04%）等，如图2所示。

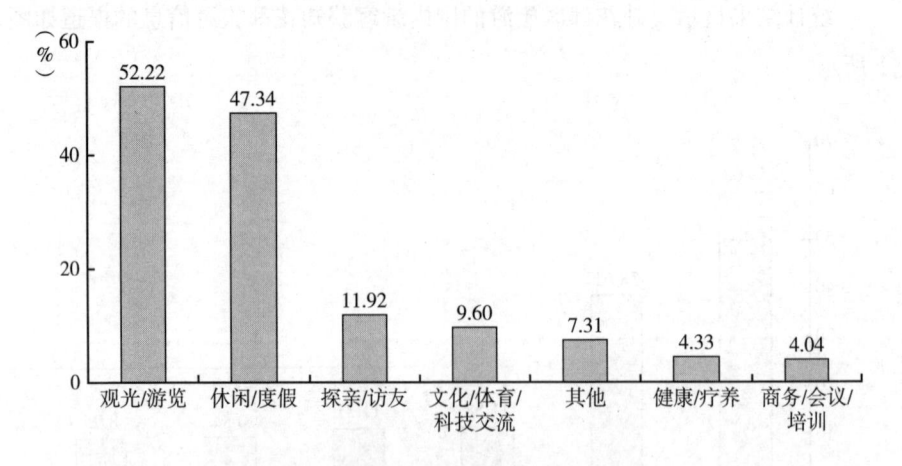

图2 赴花都区旅游的目的与分类

观光/游览、休闲/度假成为主要旅游目的的现象与本地区旅游资源特点有关。花都山清水秀，自然环境优美，人文与生态旅游资源较为丰富，如森林、水库、田园、花卉园艺、道观庙宇、古村落等。相关景点调查中的九龙湖度假区、芙蓉度假区、香草世界、洪秀全故居、花都湖、园玄道观等大多适合于观光游览、度假休闲旅游。

（2）逗留时间

游客逗留时间是反映一个地区旅游业市场竞争力的重要指标之一。根据问卷统计数据，在回收的 2503 份问卷中，测量到游客逗留时间的有效应答问卷共 2424 份，无效应答问卷 79 份，有效应答率占回收问卷总数的 96.84%，如表 2、表 3 所示。

表 2　游客逗留时间统计分析

单位：人，%

逗留时间	省外旅客 频数	省外旅客 频率	本省旅客 频数	本省旅客 频率	总计 频数	总计 频率
1 天以内	263	66.25	1603	76.12	1866	74.55
2~3 天	91	22.92	321	15.24	412	16.46
4~5 天	14	3.53	57	2.71	71	2.84
6~10 天	13	3.27	34	1.61	47	1.88
10 天至 3 个月	7	1.76	10	0.47	17	0.68
3 个月至 1 年	1	0.25	10	0.47	11	0.44
缺失	8	2.02	71	3.37	79	3.16
总计	397	100.00	2106	100.00	2503	100.00

表 3　有效样本基本情况

有效样本量	全距	均值	中位数	标准差	方差	偏度	峰度
2424（个）	365	3.65	1.0	39.4	1549.5	28.9	951.9

①游客逗留时间的分布形式。游客最少逗留时间不足 24 小时，平均逗留时间 3.65 天。逗留时间不足 24 小时的游客超过 70%，分布偏度 28.9，峰度 951.9，分布形式显著右偏。

②游客整体逗留时间。被调查的游客中选择当日往返的占 74.55%，选择逗留 2~3 天的占 16.46%、选择逗留 4~5 天的占 2.84%、选择逗留 6~10 天的占 1.88%、选择逗留 10 天到 3 个月的占 0.68%、选择逗留 3 个月至 1 年的占 0.44%。可见，在行程安排上大多数游客选择的是 1 日游。

③省内省外游客逗留时间比较。图3统计数据显示，就当日往返来看，省内游客比例高于省外游客9.87个百分点，滞留2~5天的省外游客比例较省内游客高7.68个百分点。相对来说，省内游客更倾向于短期滞留，其缘由是滞留时间的长短与距离呈正相关。

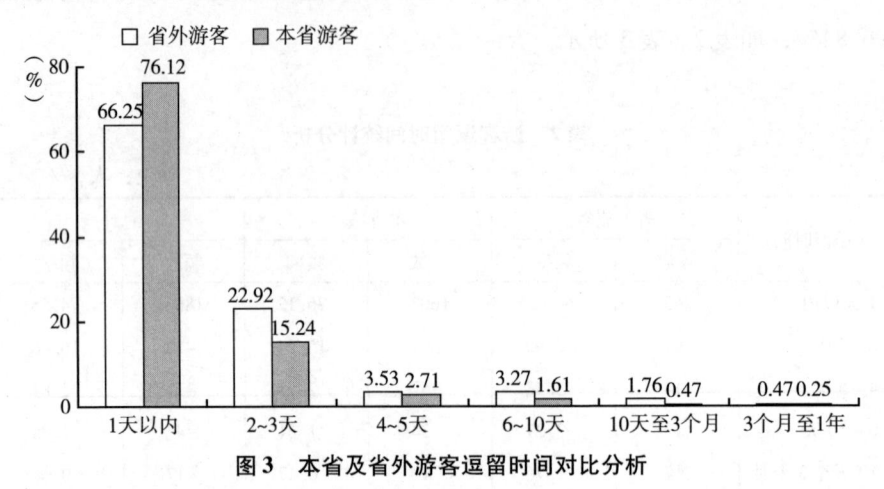

图3 本省及省外游客逗留时间对比分析

游客滞留时间偏短的主要原因是花都区高品质旅游资源不多，分布相对分散且缺乏有效串联，资源影响力相对较弱；旅游产品开发不足，利用水平较低，多数旅游景点规模较小，景点"可玩性"不强。

3. 旅游组织方式与交通

（1）旅游组织方式

通过调查，国内游客选择自助游的方式赴花都区旅游占了78.51%，单位组织的占10.71%，参团旅游的占7.07%，半自助旅游的占3.40%，如图4所示。

这种以自助游为主要方式的出游跟目前的国内出游趋势是比较一致的。随着旅游交通的发展、旅游信息和服务的完善、旅游产品获取便利性的提高，加上游客的旅游经验的积累、对个性旅游的时尚追求等，越来越多的游客不再需要借助旅行社组团来完成出行，而更愿意采取自助或半自助的方式外出旅游。

（2）交通工具选择

①统计数据显示，来花都区旅游的国内游客采用自驾车交通方式的比较

花都区旅游消费偏好分析

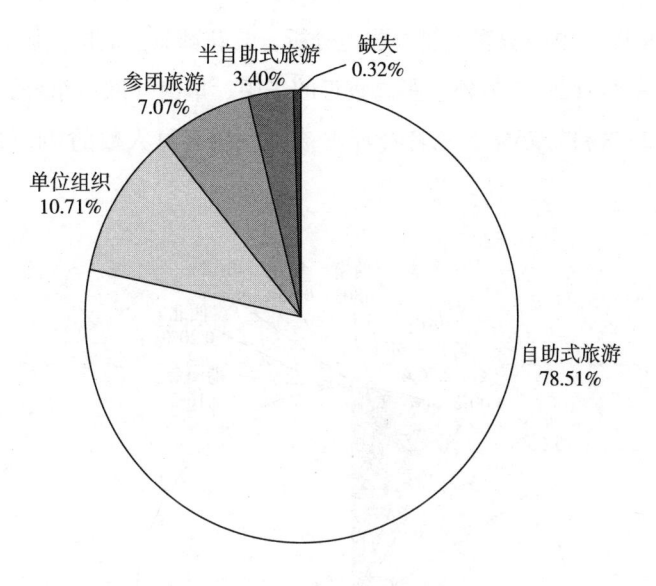

图4 旅游组织方式的基本情况

- 半自助式旅游 3.40%
- 缺失 0.32%
- 参团旅游 7.07%
- 单位组织 10.71%
- 自助式旅游 78.51%

多，占48.34%，选择公共交通和客运汽车，分别占22.29%和20.97%，这三种主要的交通方式合计占91.60%的比例，而普通火车、高速列车、航空客运等交通选择所占比例很小（见表4）。其原因主要是出游距离近、逗留时间短、以游览观光和度假休闲游为主的旅游特点。在此基础上，这三种主要的交通方式既可以满足轻松、自由、多样化的旅行需求，又可以降低旅行成本支出。

表4 旅游出行主要交通方式分布频数分析表

单位：人，%

序号	主要交通方式	频数统计	频率统计
1	自驾车	1210	48.34
2	公共交通	558	22.29
3	客运汽车	525	20.97
4	高速列车	72	2.88
5	普通火车	66	2.64
6	航空客运	60	2.40
7	缺失	12	0.48
	总计	2503	100.00

②根据图 5 中的游客主要居住地分析，赴花都旅游的国内游客以省内游客为主，占 84.17%。另外，距离较近的华中、华南（除广东外）地区游客分别占 7.23% 和 2.76%，三者合计占被调查游客总人数的 94.16%（见图5）。

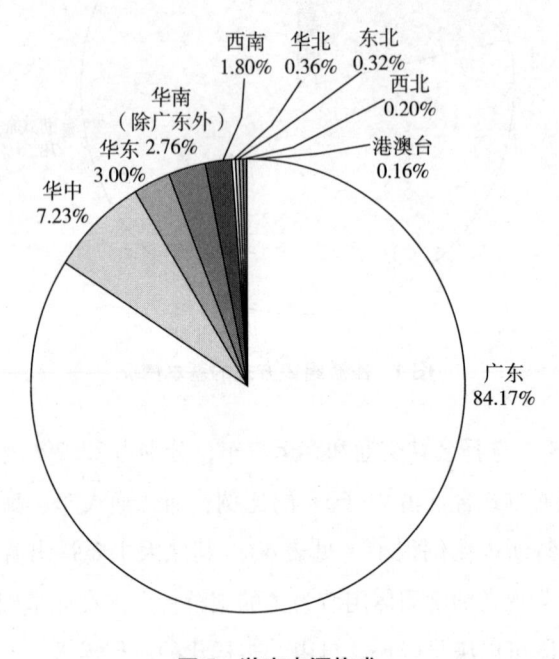

图 5　游客来源构成

一般来说，游客出行空间距离越远，路程消耗时间越多，出行成本越高。前来花都旅游的国内游客由于出行距离较近，因而在很大程度上也决定了他们选择的交通方式多为自驾游、公共交通和客运汽车等。

4. 结伴旅游与重复旅游

（1）结伴旅游

赴花都区旅游的国内游客超过九成选择结伴旅游，其中 4 人以上一起出游的占 55.93%，2 人一起出游的占 19.38%，3 人一起出游的占 17.82%，如图 6 所示。

在结伴旅游的同伴选择上，34.44% 是与朋友一起出游，33.08% 选择与

花都区旅游消费偏好分析

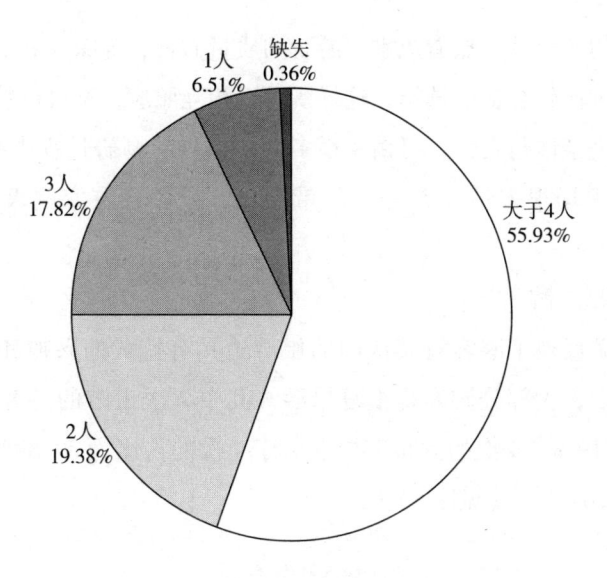

图6 同行人数情况统计

家人一起出游,与同事一起出游的占14.14%,与同学一起出游的占10.23%,而独自出行的只占5.63%,与客户一起出游的占0.60%,其他的占1.72%,如图7所示。

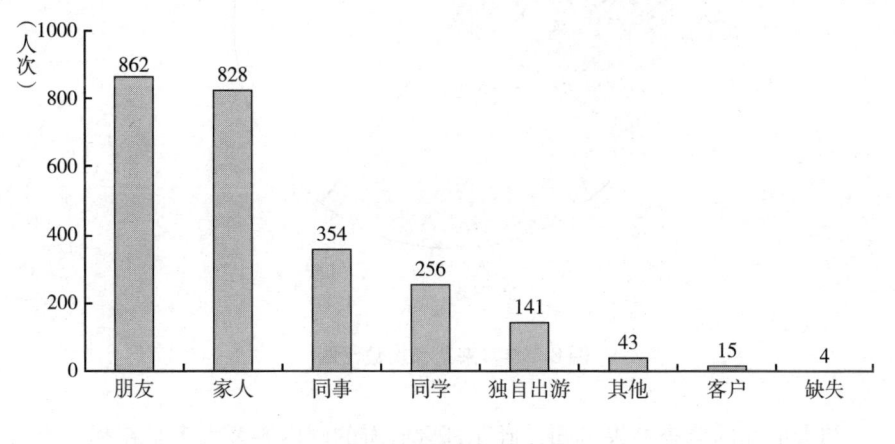

图7 同行人数的类型

由于赴花都区旅游的国内游客有近80%的是选择自助游,与团体旅游相比,自助旅游的特点是出行规模小,多以家庭、朋友、同学等为组成单位。就旅游的安全性、旅游成本、游玩的质量而言,与家人和朋友一起结伴出游就是一种比较合适的选择,这样既可以相互照应,又可以彼此沟通、联络感情,促进亲情与友情,可谓一举多得。项目的调研过程中我们也发现,在问卷调查现场很多情况都是父母带小孩,或者亲友家庭聚会式的旅游形式。

(2) 重复旅游

重复旅游反映了游客对其认同的旅游地具有持久的兴趣和稳定的忠诚度。统计显示,大部分游客是重复出游,其中 2 次出游的游客占 15.50%,3 次的占 12.19%,4 次的占 5.35%,大于 4 次的占比为 39.87%,仅出游 1 次的游客占 26.73%(见图 8)。

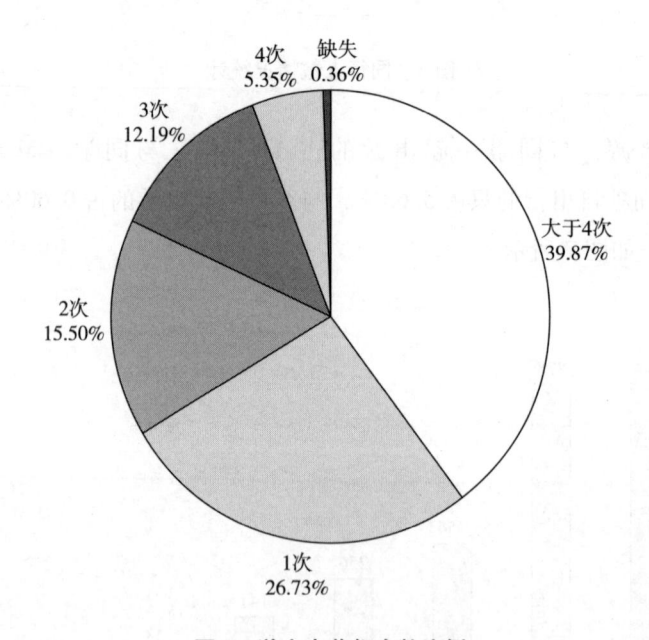

图 8 游客来花都次数比例

结合前面的调查结果可知,赴花都区旅游的国内游客大多是花都周边的游客,他们出行时间短(1~2 日游),主要选择的是花费相对低一些的城市周边休闲度假旅游区,另外,花都山水自然环境优美,空气质量较高,也比较适合繁忙的都市生活和工作之后多次前来游览观光和休闲度假。

5. 住宿行为与方式

如图9所示，除缺失数据外，赴花都区旅游的国内游客首选的留宿方式是亲友家，占23.90%；其次是入住经济型酒店，占13.7%；而选择不留宿的占9.6%。考虑到有大量游客选择当日往返的情况，无效应答游客中不住宿游客应占据较大比例，实际不住宿游客人数应远大于该统计数量。

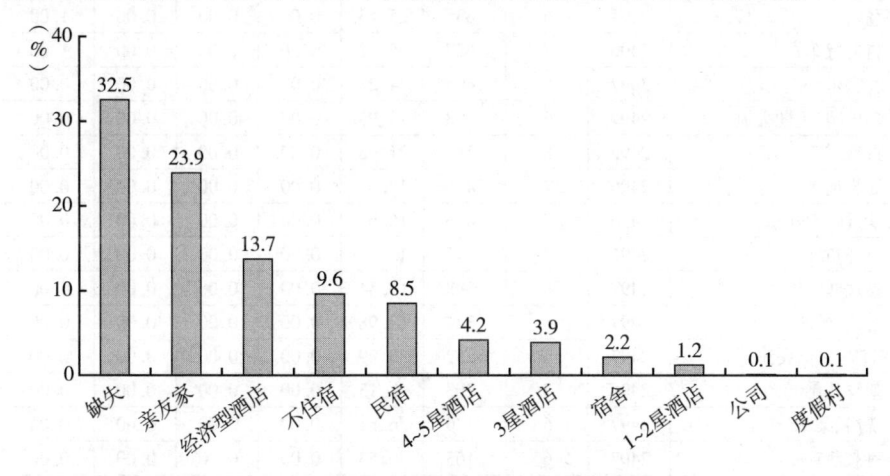

图9 游客住宿行为分析

6. 活动偏好选择

统计结果表明，游客休闲活动偏好相对分散，游客比较感兴趣的首选是游览观光，占62.30%，其次是品尝美食，占36.28%。其他各选项被选比例均低于30%，甚至有6项占比都不足10%（见表5）。从户外活动和室内活动偏好对比来看，户外活动被选比例相对要高些。

7. 旅游消费结构

按照旅游消费资料的不同用途，旅游消费结构可分为"吃、住、行、游、购、娱"六个方面需求的消费。按照这些需求的重要性，又可将其划分为基本旅游消费和非基本旅游消费。基本旅游消费是进行一次旅游活动所必需的且基本稳定的消费，如交通、住宿、餐饮、游览等方面的消费；非基本旅游消费是指并非每次旅游活动都必需的且具有较大弹性的消费，如购物、娱乐、通信、医疗的消费。非基本消费所占比重可以反映一地旅游经济的发展水平。

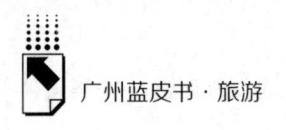

表5 游客休闲活动统计分析

单位：人，%

休闲活动	N 有效	N 缺失	频数	占比	中值	百分位数 25	百分位数 50	百分位数 75
游览观光	2496	7	1555	62.30	1.00	0.00	1.00	1.00
品尝美食	2497	6	906	36.28	0.00	0.00	0.00	1.00
登山	2497	6	635	25.43	0.00	0.00	0.00	1.00
骑自行车	2496	7	627	25.12	0.00	0.00	0.00	1.00
农家乐	2497	6	605	24.23	0.00	0.00	0.00	0.00
游乐园、主题公园	2497	6	598	23.95	0.00	0.00	0.00	0.00
野炊露营	2495	8	541	21.68	0.00	0.00	0.00	0.00
徒步远足	2496	7	446	17.87	0.00	0.00	0.00	0.00
欣赏岭南建筑	2496	7	416	16.67	0.00	0.00	0.00	0.00
户外拓展	2496	7	397	15.91	0.00	0.00	0.00	0.00
参观博物馆	2497	6	388	15.54	0.00	0.00	0.00	0.00
游船、游艇	2497	6	324	12.98	0.00	0.00	0.00	0.00
KTV、文化表演	2497	6	232	9.29	0.00	0.00	0.00	0.00
朝拜礼佛活动	2496	7	203	8.13	0.00	0.00	0.00	0.00
洗浴、桑拿、沐足	2497	6	170	6.81	0.00	0.00	0.00	0.00
科教活动	2497	6	163	6.53	0.00	0.00	0.00	0.00
高尔夫、网球、羽毛球等球类活动	2497	6	157	6.29	0.00	0.00	0.00	0.00
节庆活动	2496	7	142	5.69	0.00	0.00	0.00	0.00

在本项目的调研过程中，我们将旅游消费的调查分为"散客"和"参团游客"两种类型。在回收的全部问卷中，散客共2050人，占比81.90%；参团游客共446人，占比17.82%；剩余7人（0.28%）无法判断其出行方式。其调查数据应答情况和有效性分析如表6、表7所示。

表6 散客消费调查数据应答情况及有效性

单位：人，%

消费类型		在花都区购票的交通费	住宿费	餐饮（含食品饮料）费	旅游景区门票	娱乐	购物(非食品饮料)	其他消费
N	有效	2015	1985	2023	1987	1987	1982	1978
	缺失	35	65	27	63	63	68	72
有效应答率		98.26	96.73	98.67	96.83	96.83	96.57	96.36

花都区旅游消费偏好分析

表 7 参团游客消费调查数据应答情况及有效性

单位：人，%

消费类型		报团费	餐饮（含食品饮料）	娱乐	购物（非食品饮料）	其他消费
N	有效	326	412	400	403	397
	缺失	120	34	46	43	49
有效应答率		63.19	91.75	88.50	89.33	87.66

由于本题属于主观型问题，被调查者应答随意性较高，故须针对上述统计数据剔除离群个体和荒谬应答后进行统计分析。以散客的交通消费支出数据为例，如图 10 所示，散客在花都区旅游的交通消费支出分布情况表明，支出超过 1000 元（含）的游客极少，且远远偏离其他游客的整体分布，因此可将支出超过 1000 元的记录作为荒谬数据剔除；此外，作为散客出游，在旅行过程中交通消费为零的情况也有违常识，故将消费支出为零的记录也作为荒谬数据剔除。

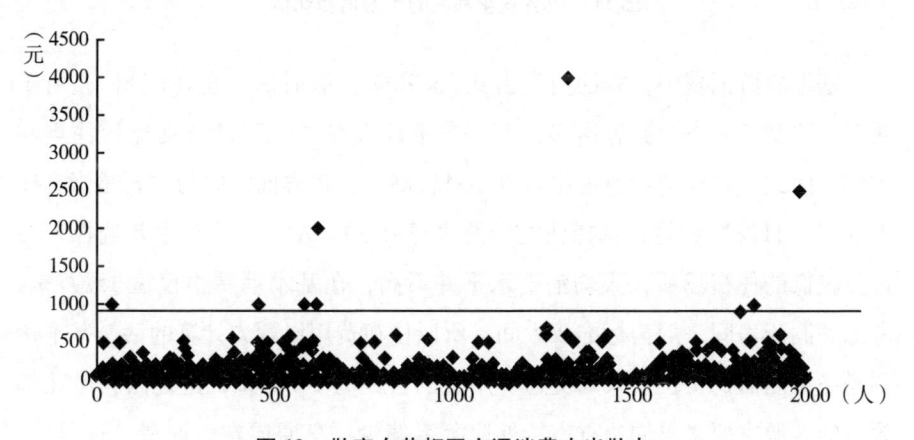

图 10 散客在花都区交通消费支出散点

（1）散客消费

经统计分析，受访散客在花都区旅游消费的各项比例如图 11 所示。散客人均旅游消费为 558.53 元，具体反映在吃、住、行、游、购、娱及其他费用方面的人均消费分别为 132.84 元、88.10 元、83.04 元、41.42 元、

104.05元和60.68元、48.40元。其中,基本旅游消费(吃、住、行、游)占比61.84%,非基本旅游消费(购、娱、其他)占比38.16%(见图11)。

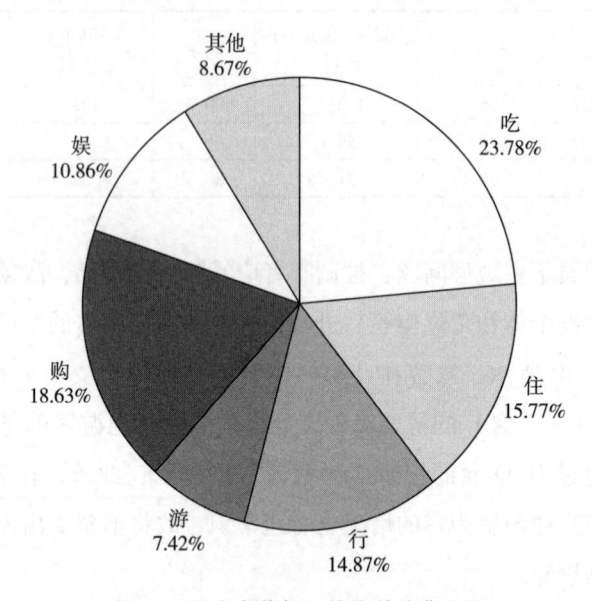

图11 散客在花都区的旅游消费比例

基本旅游消费中,餐饮消费占比23.78%。俗话说"食在广州",由于散客主要是广东省内游客居多,而广东本地人在"吃"的方面比较注重和讲究,因此,餐饮消费所占比重也相对较高。住宿方面,因为主要是当日往返的"一日游"游客,选择住宿的游客只有30%左右,并且主要选择入住价位较低的住宿场所,人均消费水平并不高,在基本消费中仅占15.77%,考虑到酒店房间一般为标准双人间,所以住宿费用以两人计算的话,基本达到经济型酒店的价位。人均交通费用总的占比为14.87%,这是因为赴花都旅游的客源主要来自周边省市,外地游客偏少,交通成本以油费、过路费、公共交通费和客运费为主,交通成本低于外地游客的交通成本。景区游览的消费支出占比7.42%,与我国城乡居民国内旅游消费中游览一项的消费比重(7%)基本相符。

非基本消费中,购物与娱乐所占比重最大,其中娱乐消费占比最高,为10.86%,购物占比18.63%,其他占比8.67%(见图12)。非基本消费比例较低，主要原因在于花都旅游设施设备不足，游娱网点过少，游客即使有消费欲望也无消费场所或不便于消费。

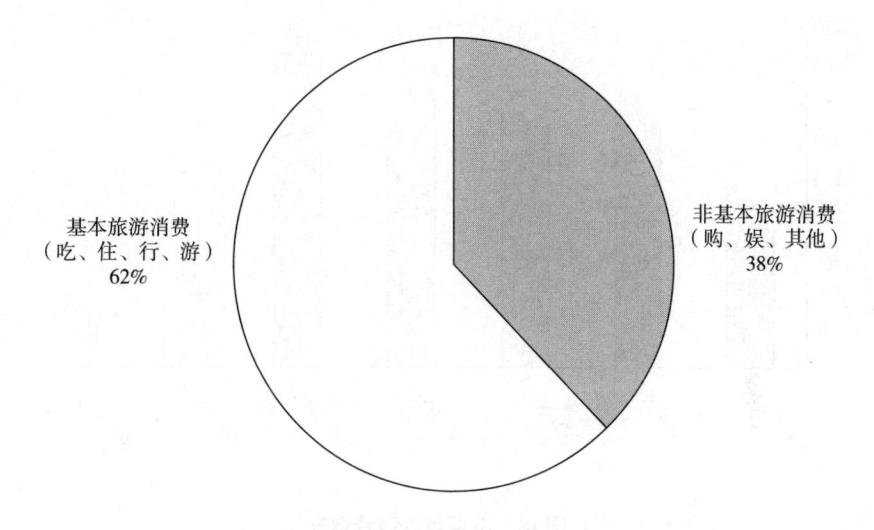

图12　散客在花都区旅游消费比例

研究表明，旅游基本旅游消费和非基本旅游消费各占50%比较合理，发达国家旅游非基本消费甚至占70%~80%，由此可见，花都的旅游消费尤其是非基本消费仍有很大的上升空间。

①餐饮消费。在餐饮（含食品饮料）人均消费方面，表8的统计情况表明，被调查者平均餐饮消费金额为132.84元，其中，25%的被调查者消费低于30元，50%的被调查者消费低于76元，25%的被调查者消费高于200元。

表8　餐饮消费数据分布情况

单位：元，%

均值	中值	偏度	峰度	全距	百分位数		
					25	50	75
132.84	76.00	2.76	9.26	998	30	76	200

旅游中的餐饮消费是很重要的一个部分，从图13的餐饮消费数据分布情况来看，46.91%的消费群体的餐饮消费低于50元。之所以消费水平低，

原因在于花都旅游业整体的餐饮市场发展落后，无论是经营观念、服务质量，还是品种、价格和卫生等都有待于进一步完善。

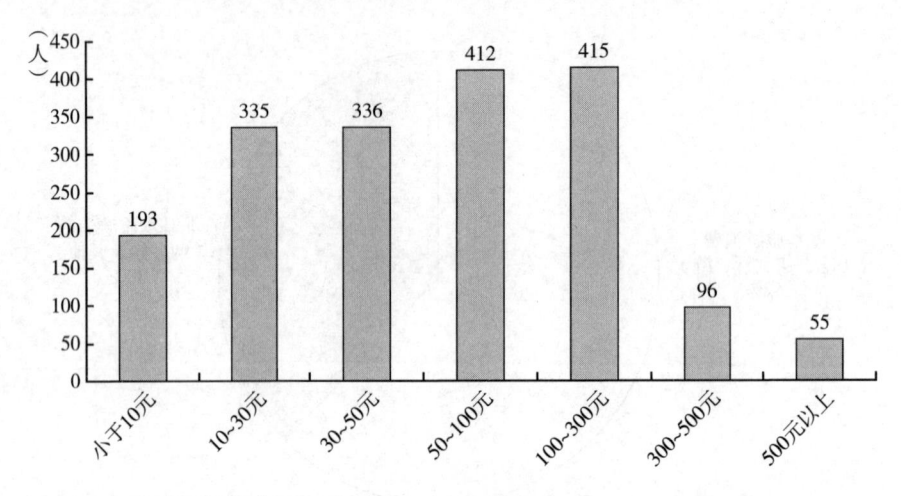

图13 游客餐饮消费情况

统计表明，赴花都区旅游的散客餐饮消费金额在100~500元的占有效问卷总数的27.74%，这一比例表明，花都区高端餐饮消费有客观的潜在受众群体，是餐饮业拓展和提升的重点客户群体。如果花都旅游部门能够着力解决餐饮市场存在的问题，相信餐饮消费也能为花都旅游业带来比较理想的收益。

②住宿消费。在住宿消费方面，赴花都区旅游的国内游客中的散客平均住宿消费是88.10元，至少50%的游客其住宿花费为零，这主要是由于赴花都区旅游的国内游客大多数来源于广东本省，大量出行者选择当日往返，不留宿。此外，游客住宿消费整体差异性和消费支出跨度较大，最高消费支出金额达4000元，最低消费为零（见表9）。

表9 散客住宿消费数据分布情况

单位：元，%

均值	中值	偏度	峰度	全距	百分位数		
					25	50	75
88.10	0.00	6.86	68.59	4000	0	0	100

住宿消费大于零的游客中,平均住宿消费金额为 300.38 元,其中,50% 的游客消费低于 200 元。从图 14 所示的游客住宿消费整体分布情况来看,大部分游客倾向于选择"性价比"较高的经济型酒店和民宿等,极少数游客选择高档酒店。

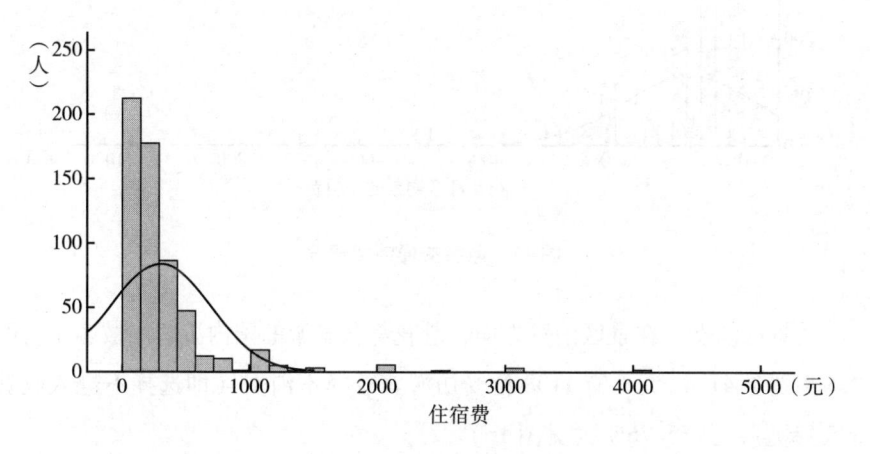

图 14 非零住宿消费情况

③交通消费。赴花都区旅游的国内游客中散客出行的平均交通消费是 83.04 元,其中有 25% 的游客交通消费低于 20 元,50% 的游客交通消费低于 50 元,25% 的游客交通消费高于 100 元,如表 10 所示。

表 10 散客交通消费数据分布情况

单位:元,%

均值	中值	偏度	峰度	全距	百分位数		
					25	50	25
83.04	50.00	2.67	8.67	899	20	50	100

从图 15 所示的交通消费金额分布情况来看,数据分布形式正偏、厚尾,且低消费频段分布密集。表明游客在花都区内的交通消费普遍较低,人均花费主要集中在 100 元以下,这是由于赴花都区旅游的游客大多以观光、游览和休闲、度假为主,他们选择的交通方式大多是自驾车、公共交通和客运汽车。

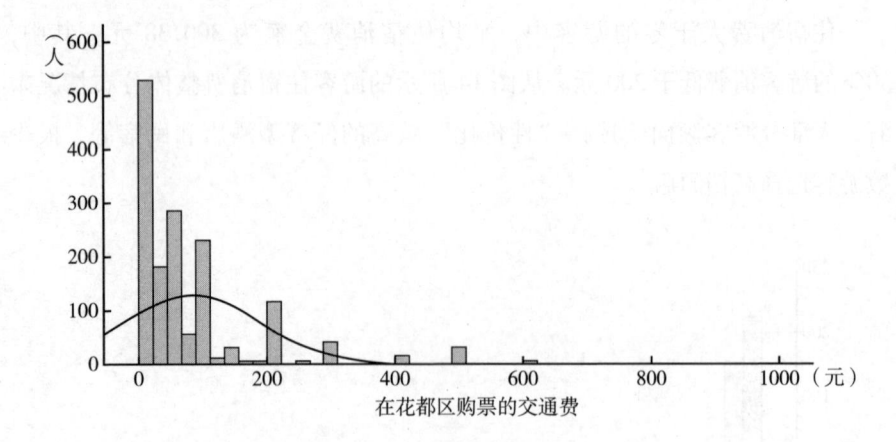

图15　散客交通消费情况

④景区消费。在景区消费方面，赴花都区旅游的国内游客中散客出行的平均消费是41.42元，有1108位受访游客选择不消费（即选择不进入收费景区游玩），占55.76%（见图16）。

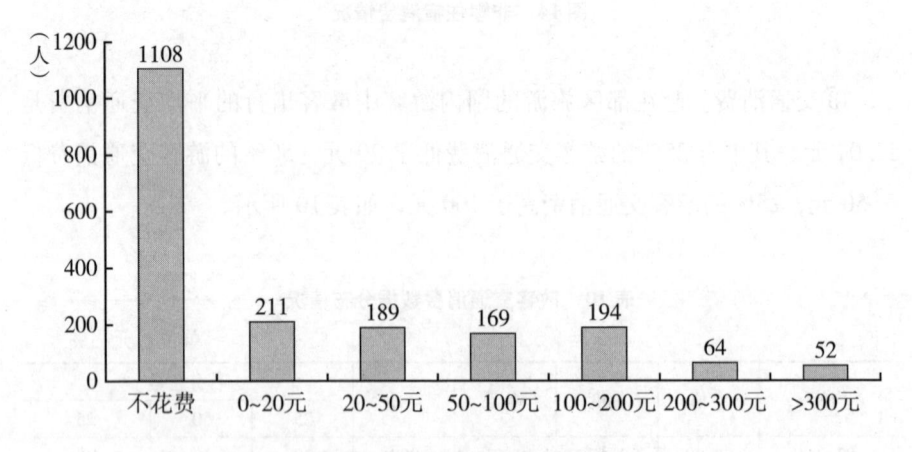

图16　景区门票消费对比分析

在选择景区门票消费者中，消费低于20元的受访者共211人，占比10.62%；消费在20~50元的受访者189人，占比9.51%；消费在50~100元的受访者169人，仅占8.51%。这是由于花都地区收费景点、高品质旅游资源不多，旅游产品以观光为主，缺少竞争力强的品牌产品，普遍知名度不高，所以更多的游客会选择价位较低或者零门票的旅游景区。

⑤娱乐消费。在娱乐消费方面，受访的游客中有1423位没有进行任何娱乐消费，占比59.99%（见图17），这与游客的旅游目的和出游同伴关系密切。

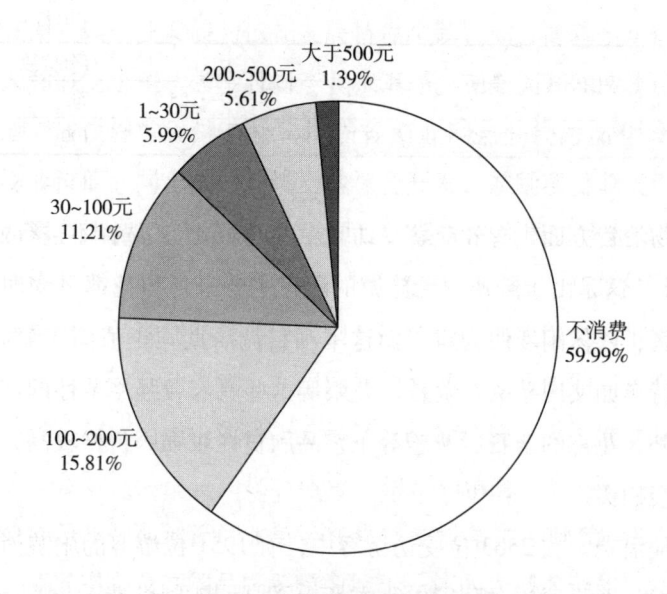

图17 游客娱乐消费情况

由于赴花都区旅游的游客以省内游客为主，主要来自与花都区距离较近的周边地区如广州市内各区、清远市、佛山市等，旅游目的主要是观光休闲，娱乐消费欲望相对较小，属于安乐小康型游客，喜欢选择旅游基础设施完善和发展成熟的旅游产品，以放松和休息为主的熟悉的旅游目的地，故多数游客的娱乐消费倾向几乎为零。

在具有娱乐消费的群体中，142位受访游客选择人均娱乐消费在1～30元区间，占比5.99%，266名受访游客选择人均消费在30～100元区间，占比11.21%，选择娱乐消费在100～200元区间的游客共375人，占15.81%。赴花都区旅游的国内游客中散客的平均娱乐消费是60.68元。

⑥购物消费。从游客购物支出的统计分析看，受访游客的平均购物支出

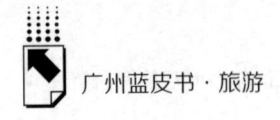

为162.34元，有25%的受访游客购物消费低于50元，50%的受访游客消费低于100元，25%的受访游客消费支出高于200元（见表11）。

表11 购物消费数据分布情况

单位：元，%

均值	中值	偏度	峰度	全距	百分位数		
					25	50	25
162.34	100.00	2.52	6.88	999.00	50	100	200

在购物消费方面，有效应答受访者中共有1505人选择不进行购物消费，占63.10%。这是由于赴花都区旅游的游客主要来自与花都区地理距离较近的周边地区，以休闲度假为主，而这本项目调研期间正值国庆节放假之后，花都的土特产如文冈芋头、荔枝、龙眼等这些具有较强季节性的产品还没有上市，另外，花都的玉石、灰塑等工艺品欣赏性较强，价格较高，一般的游客不一定会购买。

⑦其他消费。在2503位受访游客中，有1951位游客的旅游消费主要集中在吃、住、行、游、娱、购六方面，没有其他消费，这一比例占到77.95%。另外，552位游客（22.05%）有其他零星消费，其人均消费为48.40元（见图18）。

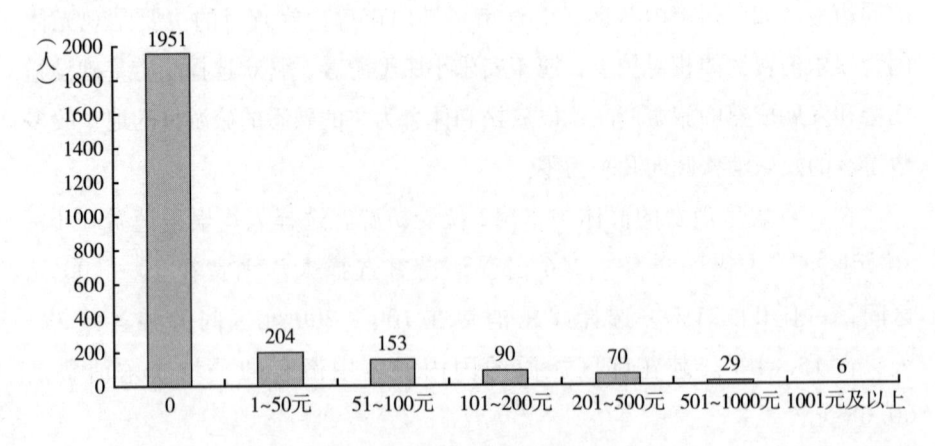

图18 游客其他消费情况

⑧团体消费。在受访的 2503 位游客中，仅有 131 位（占比 5.23%）填写了参团游客消费部分的调查问卷项目，这与前面分析的旅游组织方式的调研结果相吻合（赴花都区旅游的国内游客出游方式主要是自助游，占 78.51%，另外，单位组织的占 10.71%，参团旅游的占 7.07%，半自助游的占 3.40%），即赴花都区旅游的国内游客以散客为主，参团游客较少。131 位参团游客的人均旅游花费为 1151.30 元，人均报团费用为 344.60 元，占了 29.93%，餐饮（含食品饮料）花费为 138.20 元，占比 12.06%，娱乐消费 250.80 元，占比 21.78%，购物费用为 182.10 元，占比 15.82%，其他消费 235.60 元，占比 20.41%（见图 19）。

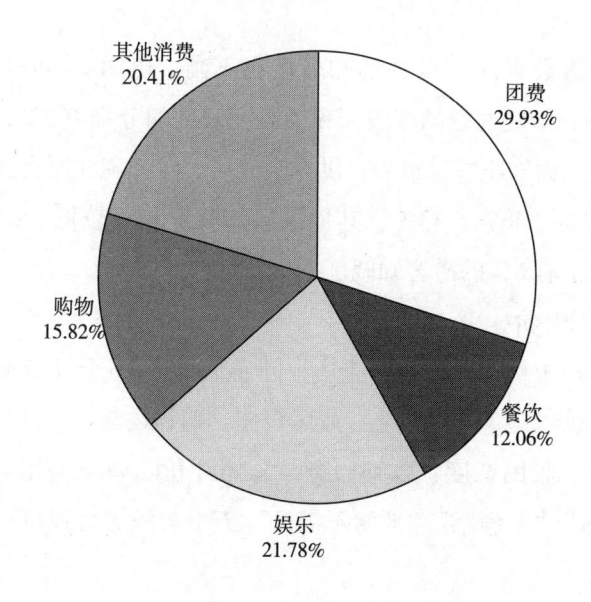

图 19　旅游团的游客费用支出情况

8. 景区（点）知名度

旅游地知名度是指旅游者（含潜在旅游者）对该旅游地的了解、识别与记忆的程度，以 50% 为分界线，超过者为高知名度景区，反之为低知名度景区。花都区旅游景区（点）知名度情况如图 20 所示。

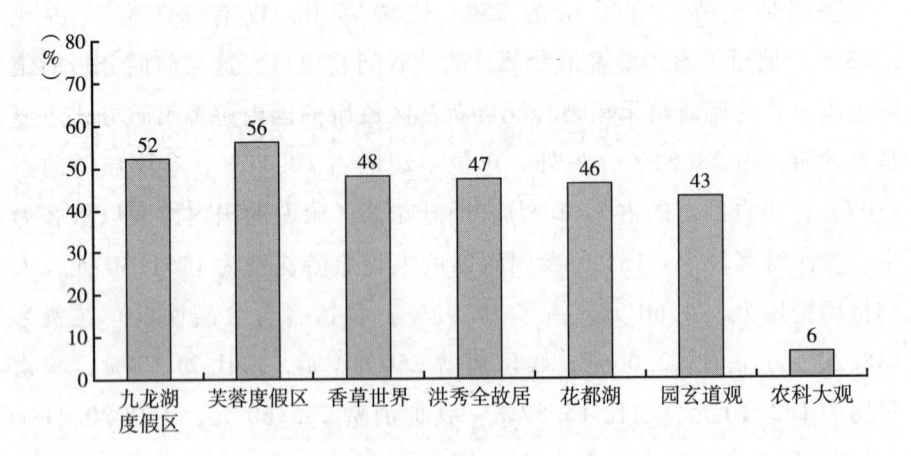

图 20 花都旅游景区（点）知名度

花都绝大多数景区（点）的知名度都不高。由图 20 可知，在受访的 2503 位游客中，知晓九龙湖度假区和芙蓉度假区的分别有 52% 和 56%，知晓度相对较高，而知晓香草世界、洪秀全故居、花都湖和园玄道观的游客分别为 48%、47%、46%、43%，其他景区知晓度相对较低，知晓度最低的是农科大观，仅有 6% 的游客知晓。

9. 旅游接待评价

在对花都旅游接待评价的调查中，问卷设置了 11 个评价项目，分别是住宿设施、餐饮设施、交通设施、娱乐设施、购物设施、景区景点、环境卫生、服务态度、居民态度、咨询服务、总体评价。调查采用"非常满意""满意""一般""不满意""非常不满意"五个等级进行评价，其调查结果如表 12 所示。

（1）住宿设施

在住宿设施方面，"非常满意"的有 341 人，占受访人数的 13.62%，"满意"的有 1100 人，占受访人数的 43.95%，以上两项合计占受访人数的 57.57%。如果加上 33.88% 认为"一般"的游客，则满意度在"一般"及以上水平的游客占到了 91.45%。这表明赴花都区旅游的国内游客对花都住宿接待设施比较满意。

表 12　花都旅游接待评价

单位：人，%

评价项目	非常满意 N	占比	满意 N	占比	一般 N	占比	不满意 N	占比	非常不满意 N	占比
住宿设施	341	13.62	1100	43.95	848	33.88	125	4.99	41	1.64
餐饮设施	345	13.78	1093	43.67	861	34.40	151	6.03	36	1.44
交通设施	304	12.15	879	35.12	937	37.44	301	12.03	66	2.64
娱乐设施	322	12.86	985	39.35	947	37.83	186	7.43	44	1.76
购物设施	303	12.11	941	37.59	953	38.07	257	10.27	46	1.84
景区景点	488	19.50	1175	46.94	616	24.61	148	5.91	65	2.60
环境卫生	426	17.02	1019	40.71	765	30.56	222	8.87	51	2.04
服务态度	421	16.82	1079	43.11	782	31.24	147	5.87	58	2.32
居民态度	398	15.90	1146	45.79	742	29.64	152	6.07	43	1.72
咨询服务	386	15.42	1117	44.63	761	30.40	179	7.15	41	1.64
总体评价	361	14.42	1199	47.90	726	29.01	157	6.27	42	1.68

（2）餐饮设施

餐饮设施方面，受访游客对花都餐饮接待设施的评价也比较理想。"非常满意"和"满意"的游客占到了57.45%，加上34.40%认为餐饮设施"一般"的游客，合计有91.85%游客对花都区旅游餐饮接待设施满意度在"一般"及以上水平。

（3）交通设施

交通设施方面，有304位游客"非常满意"景区交通设施，占比12.15%，879位游客表示"满意"，占比35.12%，加上37.44%表示"一般"的游客，三者合计其满意度在"一般"以上的有84.71%，表明只有一小部分游客认为花都交通设施不理想。

（4）娱乐设施

娱乐设施方面，认为"非常满意"的有322人，占受访人数的12.86%；认为"满意"的有985人，占受访人数的39.35%；认为"一般"的游客有947人，占比37.83%。三项合计表示满意度在"一般"及以上的共有90.04%，即大多数游客认为娱乐设施尚可。

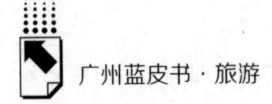

（5）购物设施

在购物设施方面"非常满意"的有303人，占12.11%；有941位占比37.59%的游客表示"满意"，加上38.07%评价为"一般"的游客，因此，87.77%的游客认为花都旅游购物设施的满意度在"一般"及以上水平。

（6）景区景点

在景区景点方面，"非常满意"的游客有488位，占比19.50%，"满意"的游客有1175位，占比46.94%，满意度为"一般"的游客有616位，占比24.61%，即有91.05%的游客对花都的景区景点给予了"一般"及以上的评价。

（7）环境卫生

环境卫生方面，认为"非常满意"的占比17.02%，认为"比较满意"的占比40.71%，认为"一般"的游客占比30.56%，总体来看，有88.29%的游客对环境卫生的评价为"一般"及以上水平。

（8）服务态度

服务态度方面，仅有5.87%的游客评价为"不满意"，另有2.32%的游客评价为"非常不满意"，表明90%以上的游客还是比较认可花都旅游的服务态度的。

（9）居民态度

当地居民对游客的态度在很大程度上影响游客重游的可能性。赴花都区旅游的国内游客认为花都居民的态度在他们可接受的范围内，而感觉当地居民可接触性较差的比例不到8%。

（10）咨询服务

咨询服务方面的水平反映当地旅游发展的成熟程度。90.45%的游客对花都旅游咨询服务满意度在"一般"以上。

（11）总体评价

赴花都区旅游的国内游客对花都旅游的总体评价为一般，"非常满意"的占14.42%，"满意"的占47.90%，29.01%的游客评价为"一般"，三者合计为91.33%（见图21）。

根据2012年全国游客满意度调查报告，游客对各旅游要素打分从高到

花都区旅游消费偏好分析

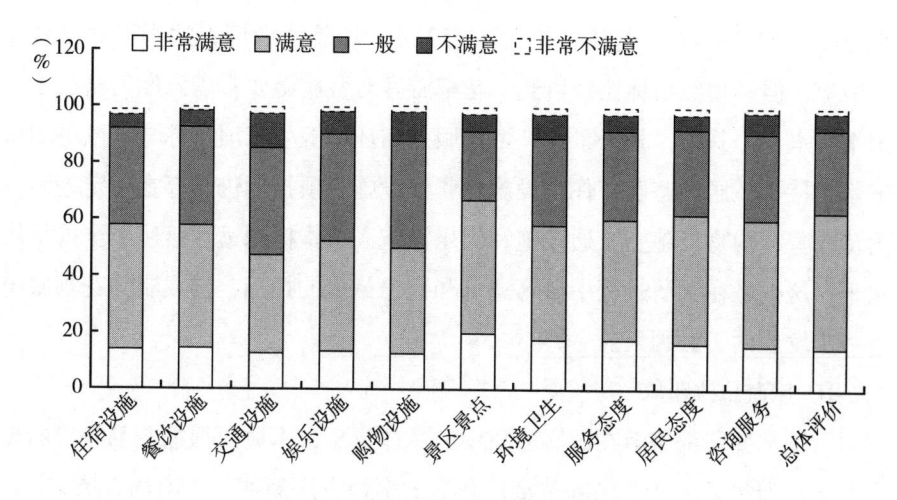

图21 花都旅游接待总体评价统计

低依次是居民友好程度77.25分、市容市貌77.09分、文明程度76.96分、导游和领队76.28分、旅行社76.24分、安全感76.07分、文娱76.05分、机场75.78分、景区75.68分、生态气候75.50分、住宿75.04分、开放程度74.92分、餐饮74.84分、步行道74.76分、火车站74.26分、购物73.93分、政府网站73.92分、长途车船73.85分、交通标识73.76分、信息咨询73.73分、交通道路73.69分、应急管理73.60分、公交车和汽车站73.56分、出租车73.36分、市场秩序73.09分、卫生管理和公共厕所72.77分、价格72.33分、质监投诉71.42分。

本次调研问卷对"花都旅游接待的评价"中每项指标都设置"非常满意""满意""一般""不满意""非常不满意"5个选项，统计时分别按照5、4、3、2、1分记分，满分为5分，将问卷最后得分折算成百分制，各项评价指标得分从高到低依次为景区景点75.03分（全国景区75.68分）、居民态度73.74分（全国居民友好程度77.25分）、服务态度73.33分、咨询服务73.11分（全国信息咨询73.73分）、住宿设施72.83分（全国住宿75.04分）、餐饮设施72.55分（全国餐饮74.84分）、环境卫生72.46分（全国卫生管理和公共厕所72.77分）、娱乐设施70.91分（全国文娱76.05分）、购物设施69.54分（全国购物73.93分）、交通设施68.48分（全国交通标识 73.76 分），总体评价为 73.52 分。尽管两者调查的指标并没有完全匹配，但经相似指标比较可知，花都游客对各旅游要素满意度均略低于全国平均水平。其中，景区景点、咨询服务和环境卫生三项指标与全国平均水平基本持平，居民态度、住宿设施和餐饮设施三项指标仍然存在一定差距且亟待改善，购物设施、交通设施和娱乐设施三项指标则远远落后于全国平均水平，这也是在调研过程中游客意见和抱怨最多的指标，构成制约花都旅游进一步发展的三大因素。

10. 旅游总体印象

为了掌握花都旅游在游客心目中的总体形象，本调研根据花都旅游的现实情况，列举了包括"国际空港门户""幸福宜居新城""南国花卉之都""汽车产业基地""广州山水之城""皮革皮具珠宝之都""美丽新城""其他"等 8 个具有代表性的概述性形象描述，如图 22 所示。

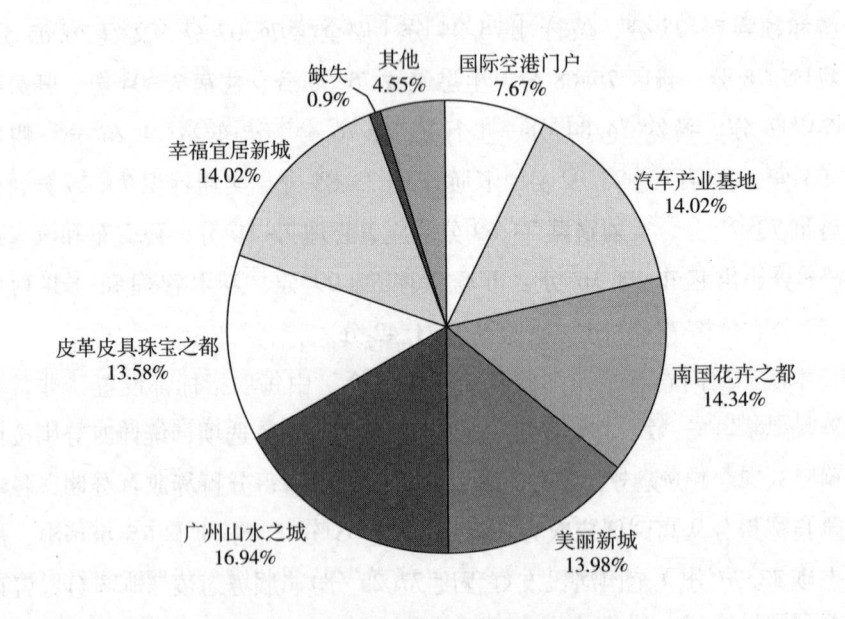

图 22 游客对花都旅游形象的整体感觉

在 2503 位受访游客中，选择"国际空港门户"的人数有 192 人，占受访人数的 7.67%；选择"汽车产业基地"的人数有 351 人，占受访人数的

14.02%;选择"南国花卉之都"的人数有359人,占受访人数的14.34%;选择"美丽新城"的人数有350人,占受访人数的13.98%;选择"广州山水之城"的人数有424人,占受访人数的16.94%;选择"皮革皮具珠宝之都"的人数有340人,占受访人数的13.58%;选择"幸福宜居新城"的人数有351人,占受访人数的14.02%;选择"其他"的占4.55%。

从调研结果来看,在游客心目中,花都旅游整体上没有一个比较突出的印象。另外,对在调查中选择"其他"选项的游客进行分析,发现34.80%游客写出的答案是"没感觉",这些现象都指向同一个问题,那就是花都旅游整体形象感知不突出,比较模糊,在游客心目中还没有形成一个明确的、趋于完整的统一旅游形象。

四 花都旅游发展的几点建议

在当前全域旅游发展的大好背景下,花都区进一步增强机遇意识、责任意识,把握机遇、顺势而为,拉高标杆谋新篇、凝心聚力抓创建,以大旅游培育大产业、打造新支撑。现提出如下几点建议。

(一)找准花都旅游形象定位

花都缺乏一个准确的旅游形象定位,花都旅游形象在游客心目中比较模糊,整体形象感知不突出,主题不鲜明。无论是"广州山水之城""南国花卉之都""国际空港门户",还是"幸福宜居新城""汽车产业基地",都不能给游客一个整体的、明确的、统一的旅游形象,这与花都良好的生态环境、丰厚的人文资源、优越的地理区位不相匹配。明确花都旅游形象定位,是发展花都旅游的重要前提。花都旅游形象定位必须根据花都的自然环境、历史渊源、文化特质、市场定位,结合花都旅游发展的前景进行科学设计,可以通过采取专家咨询法、意见征集法、公众海选法等凝练主题,塑造别具一格的CIS系统,即文化识别(CI)、功能识别(FI)、市场识别(MI),确立花都的旅游形象定位,塑造具有独特品牌、独特氛围的城市整体形象。有

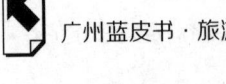

了明确的旅游形象定位，不仅使旅游发展的目标清晰，而且在竞争激烈的旅游市场中才具有更强的感召力，从而有效地推动花都旅游事业的发展，形成花都区域经济增长的重要动力。

（二）打造旅游精品

紧紧围绕万达文旅城项目的建设，着眼未来"万达文旅城——清远长隆"旅游聚集区的发展，整合各类旅游资源，适时制定花都区旅游产业发展规划，完善旅游产业功能布局，统筹花都旅游产业总体发展。要引导广大旅游企业及时调整发展思路，要围绕万达文旅城做文章，要学会借力万达文旅城，全面实现花都旅游产业的立体发展。结合特色小镇建设，做好"旅游+"，引导旅游业与工业、农业、文化、教育等深度融合发展，叠加花都旅游发展乘数效应，打造全新的休闲旅游目的地。加大旅游资源开发的力度，让花都旅游的元素更加丰富，培育一批享誉华南甚至全球的旅游精品。在旅游产品的开发上，要注重本土特色，在传统文化上深耕细作，像花山小镇的侨乡文化、塱头古村的传统农耕文化、珠宝小镇的珠宝文化等，让每个景区项目都要有自身鲜明特点。打造一批成熟景区，推进旅游景区标准化建设，加强旅游基础设施建设。加强旅游产业集聚区建设，规划建设旅游产业园区，支持和引导旅游企业集聚发展和旅游资源集约利用，培育品牌旅游企业。构建以星级饭店为龙头，以精品特色酒店、经济型酒店、星级农家乐、房车营地为主体的旅游住宿体系。拓展形式多样的旅游业态，构建特色化、精品化、高端化的旅游产品体系。

（三）完善交通配套

花都旅游在发展中要紧紧借助花都四通八达的立体交通网络，增设市区和扩大景区停车场；采取财政补贴的机制，分阶段对景区专线、度假区直达旅游大巴专线给予支持；加强白云机场与花都城区交通枢纽和重要酒店、周边主要区县及重要旅游景区的巴士专线服务，完善城际旅游交通与城市公共交通的接驳服务。增设特色双层观光巴士、汽车租赁点、自驾车营地和特色休闲绿道。建设连通各景区（点）、大景区和乡村旅游点生态停车场。

（四）完善公共服务体系

以万达文旅城落地建设为契机，在广州火车北站、白云机场等重要交通枢纽以及万达文旅城、王子山、芙蓉嶂、九龙湖等区域性游客聚集区规划建设旅游集散中心，在综合服务配套、环境建设和公共服务设施等方面取得重大突破，基本建立与旅游业发展相适应的旅游集散服务设施体系，基本实现公共信息资源共享、服务机制健全、保障体制灵活有效，逐步将花都区建设成为国内知名的旅游目的地、休闲度假胜地和全国重要的区域性旅游服务集散地。

（五）强化宣传营销

在营销方式上多元化实施，不局限于微信、微博等网络营销和报纸、杂志、电视等大众传媒营销，可融合多元素推出微电影、"娱乐＋"等，如同城旅游率先旅游领域的"娱乐＋"时代，通过《世界，我来了》等电视综艺或网络综艺尝鲜娱乐营销。要根据旅游市场需求，通过细分目标游客群对市场进行精准营销。同时，继续创新"智慧旅游"平台建设，通过网络展现花都旅游精品、旅游资讯等在线营销，为花都品牌美誉添彩。

（六）强化聚才引智

人才是旅游发展的关键。在推进花都旅游的同时，要加大旅游人才的引进力度，利用诱人的福利制度吸引旅游人才的入驻来改变传统服务业人才相对较多、紧缺专业人才少，中高端旅游人才"半路出家"相对较多、"科班出身"少的局面；加强旅游职业教育培训，为旅游服务者和参与者补充旅游专业知识，培育和建设复合型人才，优化旅游人才资源的配置。

参考文献

广州市花都区旅游局：《广州市花都区旅游基本情况调查与分析研究报告》，广州市花都区旅游局资助项目，2015年1月。

B.14
荔湾区文化旅游产业的发展现状与对策

陈丹凤 周洪江*

摘　要： 本文总结了近年来荔湾区文化旅游产业发展的基本情况和主要举措，分析了文化旅游产业存在的不足和问题，重点对促进荔湾区文商旅融合发展提出了发展思路、目标和对策建议。

关键词： 荔湾区 文化旅游 旅游产业

荔湾区地处广州市西部，俗称西关，因"一湾溪水绿，两岸荔枝红"而得名，是广州市唯一拥有"一江三岸、百里河涌"的中心城区，被誉为"广州作为海上丝绸之路的起始地、岭南文化的中心地、近代中国革命的策源地和中国改革开放的前沿地"的缩影和窗口。荔湾自古风物荟萃、名胜云集，很早就成为对外贸易交往和中外文化交流活跃之地，具有深厚的历史文化积淀和最为丰富的岭南文化资源，积淀了独具特色的地域文化，既是东西方文化的交融产物，也是岭南文化的典型代表，集中了"西关文化、十三行文化、欧陆风情、水秀花香"文化旅游品牌，打造了体现十三行历史文化名片、中西交融、古今相映的广州城市大客厅。

一　现状特点

近年来，荔湾区系统整理、整合、开发历史文化旅游资源，形成了骑楼

---

* 陈丹凤，广州市荔湾区科技工业商务和信息化局综合规划科科长，广东鲁迅研究学会会员、中国西部散文学会会员、广州市女作家协会会员；周洪江，广州市荔湾区科技工业商务和信息化局交通旅游科科长。

建筑、粤剧曲艺、书法绘画、西关五宝、西关美食、中医文化、民间工艺等具有浓郁西关风情的旅游品牌和文化符号，荔湾深厚的文化实力成为荔湾有别于广州市其他城区的核心竞争力。

（一）挖掘深厚的文化底蕴，打造文化旅游地标

荔湾区是广州最具岭南特色的文化强区，具有深厚的历史文化积淀和丰富的岭南文化资源，拥有沙面、陈家祠、聚龙村等62家市级以上文物保护单位，17个历史文化保护街区，众多名人故居和老字号店铺，12个市级以上非物质文化遗产项目。拥有佛教禅宗发祥地华林寺"西来初地"、千年道教庙宇"仁威祖庙"、被誉为广州文化名片的岭南建筑艺术宝库"陈家祠"、欧陆风情历史建筑群"沙面"、岭南一代名园"海山仙馆"、粤剧艺术圣地"八和会馆"等一批广州文化地标。"羊城新八景"荔湾独占3个，"古祠流芳——陈家祠""荔湾胜境——荔枝湾涌""珠水流光——白鹅潭"成为广州文化名片。2017年1月，广州十三行（博物馆、锦纶会馆、粤海关博物馆、广州邮政博览馆、沙面）获评"广东十大海上丝绸之路文化地理坐标"。

（二）整合资源打造旅游品牌，形成多业态融合格局

近年来，荔湾区已成为广州重要的文化商贸旅游集聚区，迸发出新的发展优势和活力，成功建设了荔枝湾民俗风情区、粤剧博物馆和十三行博物馆等受到公众广泛关注和好评的文化旅游资源。形成了以文化旅游为核心，商贸旅游、生态旅游等多种业态融合的新格局。文化旅游以沙面、华林寺等历史文化街区、陈家祠、粤海关旧址为基础，运用"文化+"模式，全面推广西关文化旅游品牌。商贸旅游依托商贸及历史文化底蕴，整合提升上下九步行街、十三行遗址等资源，引进国际一线品牌，发展以商业购物、餐饮、娱乐及特色酒店为主要功能的广州都市级旅游游憩商业区。生态旅游依托大沙河水岸生态公园、聚龙村、冲口涌、广州花卉博览园等生态资源优势，凸显水秀花香与人文资源的融合，打造水乡逍遥游。

（三）丰富旅游产品体系，提升旅游服务水平

荔湾旅游产业由依托景区逐步转向区域系统整合及文化旅游品牌培育发展，进一步丰富旅游产品体系。三月三泮塘仁威庙会、端午节赛龙舟、黄大仙祠庙会等一批具有岭南特色的民俗节庆活动吸引了各地游客前来观赏。完善旅游基础设施，加快推进粤剧艺术博物馆、荔枝湾三期、十三行博物馆、沙面文化休闲步行区等设施建设，完善旅游大巴停车设施配套、加快旅游厕所建设，发挥传统旅游设施的承载力，整体提升旅游接待服务水平。推出《西关揾食图》《荔湾旅游地图》和手绘本精美画册、荔湾风情台历等特色文化旅游纪念宣传品，以新的形式展示推广荔湾独特的文化风情。近年来，荔湾区年均接待游客数量一直保持在1500万人左右，旅游业总收入超过150亿元，是广州市旅游市场的重要组成部分。荔湾旅游市场的兴旺离不开西关美食的吸引力。西关美食享誉海内外，其"色香味形意"完美结合，地道小吃、经典粤菜多达几百种，新派茶楼、民间食肆遍布大街小巷。2017年5月初，《舌尖上的中国》启动了"至味西关"纪录片拍摄工作，挖掘西关鲜明而厚重的文化特质、人文气质和精神基因，探索蕴藏在地方美食中的工匠精神。

（四）活化提升文化内涵，建设广州城市会客厅

在旅游产业面临新机遇、新挑战的形势下，荔湾区以建设国家重要中心城市核心功能区和世界文化名城核心区为目标，以文化活化为核心，以文商旅创新融合发展为抓手，挖掘国际商贸历史文化，构建传统格局、时代风貌和岭南特色有机融合的城市景观，打造粤剧艺术博物馆、文化公园两大公共文化综合体，创建沙面、荔枝湾、上下九三大4A级景区，加强广州知名老字号一条街、泮塘"非遗大观园"、九大门户地标等标志性项目的建设，形成恩宁路、荔枝湾、陈家祠三片文化创意产业集聚区，引进和培育发展一批具有龙头效应的文商旅经营企业。以提高游客满意度为目标，加快推动全域旅游发展，按照全域景区化的建设和服务标准，优化完善旅游服务的全过

程。创新旅游产品,强化文化地标和特色商圈的旅游和信息功能,加速传统商贸业向现代商贸服务业转型升级,完善城市公共服务,推动产业发展与传统城市人文融合,建设历史文化底蕴深厚、岭南特色鲜明的宜居、宜商、宜游的广州城市会客厅。

二 存在问题

荔湾区立足自身优势,重视旅游业发展,初步确立起旅游形象,提高了知名度,增强了旅游吸引力,旅游产业体系粗具规模。但荔湾区作为广州中心老城区之一,旅游业发展也受到城区格局和产业布局的影响,存在一些困难和问题,主要有以下三方面。

(一)旅游资源开发缺乏总体整合,总体形象宣传力度不够

作为岭南文化的主要发源地,荔湾保留许多岭南文化历史遗存和传统节事活动,旅游景区(点)数量较多,但多数规模小、分布散,形式单一、内容单调。各种历史文化资源交错混杂,文化旅游缺乏主题与特色。近年来,荔湾区投入大量资金进行旅游资源和景区(点)的开发建设,但放在旅游资源系统整合和旅游整体形象宣传及推介等软件开发上的资金却很少,因此未能发挥出景区(点)建设的应有效益。

(二)旅游要素结构不合理,未能满足现代旅游发展的需求

旅游六要素之间结合不够,尤其是在游、购、娱、行方面比较滞后,其主要体现在以下几个方面。

(1)"游"方面。民俗风情旅游开发的程度不够,使旅游线路一方面尚未完全将西关风情体现出来,另一方面目前仅仅是陈列式的观光旅游,属于基础层次的旅游产品开发,对游客的吸引力有限。

(2)"购"方面。尽管拥有诸多的老字号商铺和以上下九、清平市场、玉器街等为代表的专业市场、商业街,但所销售商品都是比较普遍的,缺乏

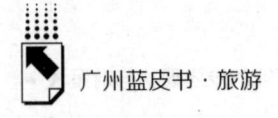

地方特色的商品，故旅游者购买的欲望不高。

（3）"娱"方面。荔湾区旅游活动中基本上以静态的陈列式展示为主，缺乏动态表演式的内容以及可参与性的娱乐项目。此外，旅游配置的娱乐设施和项目也落后于全社会旅游业的发展。

（4）"行"方面。荔湾区地处广州老城区，地窄人多，随着旅游业的发展，游客的增多，道路交通、停车场等旅游基础设施不配套等问题日渐突出，难以满足现代旅游业发展的需要。

（三）旅游环境尚需进一步改善

荔湾区的旅游基础设施、景观环境、城市生态环境及人文环境等旅游大环境，都还未适应现代旅游业发展的需要。譬如，目前荔湾区有不少旅游资源和景点因周围环境不协调和不配套，利用和发展均受到很大的影响，必须通过旅游总体规划和相关规划，加以协调解决。

三 全球旅游业发展新趋势

（一）旅游消费大众化

随着我国经济的持续增长和城乡居民收入水平的提高，人们对提高生活质量的要求越来越高。旅游不再是高消费活动而是作为日常消费进入千万家，旅游消费将得到极大释放，旅游参与者的规模必然迅速扩大。

（二）文化旅游成为新亮点

当前，传统旅游产业不断被解构和重构，新的旅游业态产生并且不断融合、演变，旅游产业正不断地延伸、扩展和渗透，各种旅游业态不断兴起，生态旅游、工业旅游、会奖旅游等将会成为新热点。旅游者进行旅游，本质上是购买文化、消费文化、享受文化。旅游业发展要注重挖掘文化内涵，文化旅游必将成为新亮点。

（三）旅游内容和形式多元化

随着经济、文化和教育的发展，人们不再满足于单纯的"观山看水"，更多的是要求在旅游过程中获取知识和体验生活。旅游业的运营模式和消费观念正在发生深刻的变革，旅游市场从单一的观光旅游产品向休闲体验复合型产品转变，商贸购物从分散的街区式商业街向综合的商贸综合体转变。

（四）旅游服务专业化

传统旅行社经营模式将会逐渐被淘汰，旅游服务市场的格局将发生重大变革，形成一套新的经营模式。随着旅游服务分工越来越细化，将出现更多的专业化中介服务公司。旅游附加服务不断增加，旅游服务机构将越来越重视服务的附加作用。连锁经营将成为旅游服务发展的主流，随着信息技术的广泛运用，新兴旅游平台可把分布在不同地方的旅游设施通过网络连锁起来，向游客提供更加广泛的中介服务。

（五）旅游信息科技化

随着数字化、网络化、智能化趋势的深入发展，信息技术不断渗透到旅游业的各个环节，旅游信息化和科技化含量越来越高。旅游业是信息密集型产业，信息技术的运用将提高旅游市场服务的效率，并能够加快旅游信息的传播速度。互联网已成为旅游信息传播的第一媒介，是公众获取旅游资讯的重要渠道之一。

四 荔湾区文化旅游产业的发展目标和规划布局

围绕广州市建设国家重要中心城市、国际商贸中心和综合交通枢纽的战略，按照"以文带旅，文旅兴商，商旅承文"的总体思路，坚持规划引领、产业支撑、生态宜居的工作思路，整体谋划，分步实施，有序推进，充分利

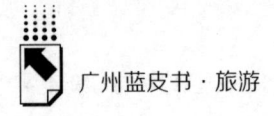

用历史文化资源，深入推进文商旅创新融合发展，促进产业升级转型优化，重塑西关文化商贸旅游品牌，提升荔湾地区竞争力。

（一）发展目标

荔湾区依托传统文化商旅活化提升区重要发展平台，结合城区更新优化，全面提升产业和城区发展形态，构建传统格局、时代风貌和岭南特色有机融合的城市景观，彰显广州国家历史文化名城核心功能区地位；以文商旅创新融合发展为抓手，促进传统商贸业向现代商贸服务业转型升级，再造新西关商业文明，成为海上丝绸之路重要口岸、"一带一路"文商旅融合发展先行区。

（二）发展思路与路径

根据荔湾区的发展功能定位和产业基础，推动文化领域由继承保护向发扬光大延伸，商贸领域由传统、低端向现代化、高端化攀升，旅游领域由单一零散向融合型高品质转变，引领优势产业与新兴产业之间相互渗透，加快促进文商旅相互深度融合，壮大产业规模，提升价值链竞争优势，扩大集聚与辐射范围，促进高端、高质、高新的多业态融合。

1. 以文带旅，精心提升商贸流通业，推动商旅融合

以建设现代商贸流通体系、提升城区发展品质为目标，以文、商、旅融合为引领，以优化业态结构为主线，着力优化荔湾区商贸流通业层级，创新经营业态，加快推进"经典"与"时尚"等全方位支撑的商贸业组团发展，将荔湾打造成承接广州市国际商贸中心特色功能的创新示范区。

（1）优化商贸层级。以"文化+重点行业""旅游+重点行业"等融合发展为抓手，优化商贸业等级与层次，促进商贸业与优势行业、新兴行业互动；以"商贸+重点行业"促进产城融合，加快形成核心商业区、次区域商业中心和社区便利商业网点的合理布局。着力引导特色商业街的培育、成长和优化，对古旧建筑进行修复和环境改造，增加公共卫生设施以及自动取款机等现代服务设备，强调文化内涵的体现和品牌形象的树立，提升旅游产品的营销水平。

（2）实施"业态升级战略"。加快华林玉器、南方茶叶市场、清平中药材、站西鞋服等主题商圈的提质增效，鼓励专业市场发展体验式和时尚型商贸集聚区。通过创新业态串联现有旅游、文化和商贸资源，打造一批具有岭南文化特色与近代历史特征的创新载体。依托旧工业厂房改造和专业批发市场转型，打造创业创新基地、电子商务等业态孵化中心等。加快推进历史文化街区、特色建筑的活化与利用，打造一批具有西关特色的创客空间，提升荔湾旧城空间价值。

（3）加大民俗文化及主题节庆活动的品牌策划和推广力度。积极推动曲艺等群众文化活动蓬勃开展，把具有浓厚地方特色的西关文化产品推向全国，提升"中国民间文化艺术之乡"品牌。进一步丰富旅游产品体系，扶持民间文艺团体和民间艺人，大力开展"三月三"泮塘仁威庙会、端午节赛龙舟、黄大仙祠庙会等一批具有岭南特色的民俗节庆活动，吸引各地游客前来观赏，树立西关文化品牌形象。

2. 以旅兴商，精心打造文化休闲旅游业，塑造全域旅游

主动融入珠三角城市群发展和广州市国家中心城市建设，发挥文化的导引、激活、渗透、增值功能，挖掘荔湾传统历史文化内涵，突出以文促商、文商融合，加快发展文化、生态产业的新兴业态，推动文化元素向各领域移植和渗透。通过挖掘、展示西关文化，以"水文化""花文化""茶文化"及大型文化标志设施为载体，全面提升城区文化品位和产业品质，把荔湾建成体现岭南特色风情、时尚都市气派、产业集聚、文化精致的广州核心功能大都会区。

（1）打造享誉全国的历史文化名片，建设国家全域旅游示范城区。围绕"休闲荔湾·西关文化圣地"的总体定位，集聚传统岭南文化、近代商业文化、现代时尚文化等核心文化要素，发挥历史风貌建筑、非物质文化遗产以及自然生态、滨水临江等资源优势，发掘历史文化资源、人文价值和商业价值，运用新理念、新形态、新技术开拓休闲旅游新领域，以全球性眼光和战略性思维谋发展，开发思路"从零星经典的独立开发到区域性的统一开发"转型，塑造"传统岭南文化之路、近代商业文化之路、现代时尚文化之路、自然生态之路、经典地标之路"等一批享誉全国的岭南历史文化名片，打造精品休闲旅游度假示范基地。

（2）深度开发文化体验旅游。依托十三行、上下九、沙面、西关大屋、荔枝湾、陈家祠等文化符号和名片，激活历史文化底蕴，完善"五区一街"特色文化商业街区格局，修缮名人故居，保护非物质文化遗产。在资源整合基础上，运用"文化+"模式，促进文旅商深度融合，强化文化地标和特色商圈的旅游和信息功能，创新旅游产品和链条。在保持和提升传统观光旅游产品质量基础上，深度挖掘历史文化、宗教文化、民俗文化等文化精髓，搞好项目的策划、创意和创新，实现由原来较单一的观光旅游向深度观光游览、文化体验旅游转变，使游客通过旅游去触碰文化、感悟历史、品味风情，打造享誉全国以"历史、名人、风物"为内涵的文化旅游中心。

（3）创新发展产业观光游。借助现代旅游传媒手段，创新特色旅游。合理保护和开发利用沿江工业厂房，多途径展示广州近现代工业文明遗迹，开发近代工业文化旅游。利用"百里河涌、千年花乡、万亩花地"生态资源优势，合理开发城中村旅游资源，展现水乡乡土文化旅游。加快论证建设亚洲花卉拍卖交易中心、研发中心，以此为载体发展花卉拍卖体验旅游、花卉科普旅游。推进旅游产品产业化、规模化、品牌化、特色化发展，完善城区文化旅游交通、食宿、导购等配套设施，积极引入和培育创意、创作团队，鼓励以荔湾文化融合特色产业为创作土壤，打造一批产业观光旅游带。

3. 以商促旅，打造文化创意旅游业，占领价值链高端

（1）提升创意旅游发展水平。顺应当前旅游市场从"大众观光"时代向"个性体验""休闲娱乐"时代转变的发展趋势，利用创意产业的知识密集型、高附加值、高整合性，提升创意旅游发展水平。丰富和挖掘创意内涵，支持发展艺术展示、文化演出、体育竞技、节庆节事等动态参与性旅游产品，增加创意旅游产品的体验值，提高创意旅游产业的国际认知度、美誉度。坚持"走向规模、走向时尚、走向参与"的开发理念，营造水上娱乐、文化与科技融合等个性化主题，加大现代娱乐业产品内容和形式的策划创新力度，突出主题性、参与性、观赏性，加快旅游产品结构升级的步伐，打造一批创意旅游节点。

（2）培育文化创意骨干企业和知名品牌。强化核心文化符号的聚焦功能，提高西关文化的国际识别度，挖掘海上丝绸之路、一口通商"十三行"、中国民族资本萌芽"锦纶会馆"等历史人文资源。推动粤剧、粤曲、"三雕一彩一绣"、西关美食等传统文化、传统工艺、"老字号"的传承和发展，创新管理运营模式，以广州美食园、泮塘路"手信一条街"为重点，提升"食在广州，味在西关"的品牌化水平。大力推进文化创意产业招商引资工作，培育扶持一批文商旅运营机构及平台型企业，扶持发展一批"专、精、特、新"的中小文化企业，形成富有活力的优势文化创意企业群。

（3）打造休闲商贸聚集区。借助历史风貌建筑和文化遗产保护开发，强化核心文化符号与购物、休闲、娱乐、创意等产业的融合，增强荔湾西关文化的聚焦功能。深化"广佛同城合作示范区"（荔湾—南海）建设，大力引进国内外一线时尚休闲品牌，打造集购物、休闲、娱乐、商务于一体，辐射广佛地区的现代化时尚生活方式购物中心，加强商贸、旅游、创意等产业对传统文化的传承、活化与发扬，加强荔湾传统文化与世界时尚文化的融合渗透，通过文商旅领域在产业边界之间的重叠融合、产业功能之间的互补延伸融合、产业内部之间的重组融合等方式，提高荔湾文化旅游品牌的国际知名度和美誉度。

（三）重点区域及功能定位

重点围绕传统文化商旅活化提升区的西关建筑、商贸、曲艺、饮食、工艺、民俗、宗教、中医药等主要特色资源进行活化提升。按历史文化资源空间分布特点，打造不同特色的文商旅融合功能区的七个重点区域。

1.荔枝湾西关民俗风情区

整理重现西关民俗文化及水乡文化，包括西关大屋、骑楼、岭南园林、西关庭院、泮塘古村，及西关民俗、美食、"三雕一彩一绣"等非物质文化遗产和西关人文风情，成为最具广州风情的城市庭园。发展培育以旅游观

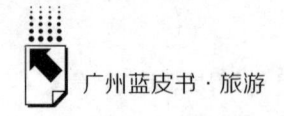

光、购物等为区域主业态的文化休闲旅游产业集聚区。

2. 恩宁路粤韵创意文化旅游区

集聚粤剧曲艺文化、南粤影视历史文化，及骑楼、民居、麻石街巷、名老字号等西关建筑，包含生活、商业文化的广州最美老街，融入延伸性文创产业，建设广州市区内传统与现代融合最突出的、独具粤韵情调的文化创意产业集聚特色小镇。将粤剧艺术博物馆打造为以广府戏剧曲艺为特色的公共文化活动综合体，将恩宁路骑楼街建成广州名老字号一条街，这也是西关旅游轴心廊道。

3. 陈家祠民间工艺文化旅游区

集岭南建筑艺术之大成及广东民间工艺精粹的文化窗口，建设打造以文化展示、工艺展贸等为区域主要业态岭南民间工艺中心和区域旅游集散中心。

4. 沙面国际艺术岛

建设广州近代欧陆建筑历史文化博览园、融合外事接待区的国家4A级景区。吸引聚集行业龙头企业总部及国际时尚艺术经营机构的华南高端时尚与文艺地标、中西文化交融的城市"艺术岛"。

5. 十三行国际商贸历史文化区

以十三行商埠文化为重点，以文化公园为核心，打造大型市级公共文化活动中心，整合周边西堤和人民南历史街区，挖掘展现广州千年商都历史文化，彰显广州在"一带一路"商贸文化的历史地位与作用。以展贸、电子商务及财务金融等现代商贸服务业为区域主要业态，推动十三行地区向国际品牌营销总部集聚区升级转型，成为独具历史风貌格调的国际商贸旅游区。

6. 上下九——华林禅宗文化商贸旅游区

凸显西来初地、华林寺中国禅宗发祥地地位，挖掘玉石文化精粹，整合上下九步行街、锦纶会馆、玉器街等文商旅资源，创建国家4A级旅游景区，擦亮岭南第一街品牌。以旅游观光、休闲购物、玉石展贸等为区域主要业态，向现代创意型特色专业街升级转型。

7. 西门瓮城城市历史文化区

建设"广州市城市历史公园",展现广州千年商都一城一市演变的城市发展历史,打造城市历史门户地标。

五 加快促进荔湾区文商旅融合发展的对策

通过文化、旅游、产业、基础设施四个方面同步互动的系统化活化提升,突出重点,有序推进整个传统文化商旅活化提升区的升级建设。

(一)挖掘历史文化资源,构建特色文化展示体系

1. 整合资源,打造博物馆之城

以陈家祠(广东民间工艺博物馆)为龙头,以粤剧艺术博物馆和十三行博物馆为重点,整合联动荔湾博物馆、粤海关博物馆、邮政博览馆等知名博物馆,形成品牌效应,加快推进非遗展示馆、南方大厦商业博物馆等一批具有国家历史和地方文化形象标志的博物馆建设;引导社会力量参与公共博物馆展览活动;引导和支持社会各行业和私人建立小型专题博物馆、纪念馆、陈列馆等,并向社会开放,形成规模不一、门类齐全、内容丰富、特色显著的博物馆体系。

2. 加大保护修复力度,活化利用具有代表性的文物建筑

充分利用政策资金和社会资金,分期分批对部分位置或历史文化具有代表性的文物单位进行修缮或指导修缮,制定相关导则鼓励社会共同开展保护利用,并对符合条件的文物建筑鼓励进行科学合理的开发利用,如用作文化展览、商务办公、个性酒店、特色餐饮及创客空间等文化创意类新型业态场所,提升文化和商业价值,包括陈廉伯故居、小画舫斋、宝庆大押、郎筠玉故居、侨批信局、泰华楼、广安钱庄等。

3. 突出文化名片,打造两大公共文化活动综合体

(1)加强粤剧艺术博物馆的建设运营。以与世界非物质文化遗产地位相称的标准进行打造,完善提升文化展示、体验、交流、休闲旅游服务等基

础功能。逐步集聚强化文艺研究创作、教育传承、培训推广及文化平台服务等核心功能，成为粤剧粤曲、广东音乐、广东民谣、西关童谣等广府戏剧曲艺综合服务基地。创新运营机制，引入社会机构参与合作运营，盘活场地资源，举办各类文化活动，包括各种公益性和经营性文艺演出，拓展关联性版权交易、品牌授权、产品开发、销售、餐饮服务等外延性增值功能，提升博物馆的文化影响力和辐射带动力，使博物馆成为行业的庙堂圣地，以及具有国际影响力的综合性城市文化地标。

（2）高标准规划改造建设文化公园。利用社会力量改造原水蛇村为国学馆，改造原汉城及附近区域，增设园林式展览馆等现代文化功能，打造市级大型公共文化活动中心，重振花会、灯会、曲艺、棋艺、歌会、灯谜、讲古、书画、摄影等广州本土群众文化活动品牌。有机利用公园内十三行故址空间，部分重现十三行夷馆历史景状，形成十三行"主题公园"。保护整合华南土特产展览交流会等历史建筑，建设广州商贸历史文化馆，展现广州2000多年商都的商贸历史脉络，增设"一带一路"国际文商旅展览交流内容，凸显广州在中国商贸历史中的地位及"一带一路"地理坐标地位。连通西堤和十三行路历史街区，成为十三行商圈文化核心。

4. 促进文商旅深度融合，精心建设一街一园

（1）汇集展示知名老字号商贸文化资源，加快建设泮塘路—龙津西—恩宁路广州名老字号一条街。精心策划，因应不同区段历史文化和业态状况，活化经典骑楼商廊，进一步擦亮广州美食园招牌，并在现有"西关打铜"非遗老字号的基础上，引入如戏服、影楼、戏院、文具、百货、书店、饮食店等体现城市印记的各类广州名老字号，集中展示广州驰名商标，成为老广州生活的缩影。

（2）做好"七园五馆"规划建设，推进"非遗大观园"建设。合理引入"三雕一彩一绣"等可反映广州城市记忆的特色广府非遗项目，以及岭南和国内独具特色的非物质文化遗产项目，打造展现岭南园林和非遗文化的开放式博览园。

5. 深入挖掘整合资源，开发西关名人文化旅游项目

分类挖掘詹天佑等西关各界名人文化史迹，包括政商名流、名家名匠、粤剧名伶、革命先驱等，修葺故址，设置标识等；选址建设西关名人馆，整合开发不同的西关名人文化旅游线路，让游客感受荔湾人杰地灵的文化底蕴。

（二）凸显旅游特色，营造国家级景区集群与连接系统

1. 推进国家级旅游景区创建

（1）结合城市"艺术岛"的打造，以国家4A级旅游景区标准促进沙面规范提升整体管理运营水平。全面提升沙面环境卫生、绿化、交通、公共场所等现有基础设施，更新升级旅游标识系统、游客中心等公共服务设施，成立专业机构，实施景区化整体专业运营管理；加大高端文艺经营引入力度，举办高端文化艺术活动，将高密的观光休闲客流转化为有效、高值的消费收入，控减客流承载压力。以国际高端时尚文化艺术消费及欧陆风情建筑环境为抓手，巩固"中国历史文化名街"品牌，丰富特色个性文化旅游服务项目，成为宜人的时尚艺术景区。

（2）深化品牌运营，推进荔枝湾创建国家4A级旅游景区。运用市场机制模式，强化景区运作力量，整合带动周边街区资源开发利用，有效连接和丰富充实水上及陆上吃、住、行、游、购、娱等各文化旅游元素项目，如增设荔枝湾第二戏台、重开木偶剧场等，经营好荔枝湾游船及"老广州民间艺术节"等核心品牌项目，加强品牌营销，充分展现泮塘水乡、西关庭园、大屋、民俗、美食等广州风情，成为广州最美城市庭园。

（3）突破界限，推进上下九创建国家4A级景区。打破景区空间和资源界限，创新城市景区管理体制，成立市场化专业运营机构，进行整体景区化开发建设运营管理，打造最鲜活、多元发展的圣地商廊。引导上下九步行街商户和玉器市场升级丰富经营模式，开发骑楼二层以上空间文商旅新业态，吸引高端游客，提升单位土地生产值。创新整合景区营销、管理、服务互动平台，建设智慧景区。优化完善景区配套设施和服务，科学设置游客中心、旅游标识系统及旅游交通管理系统等，打造特色商业文化旅游街区。

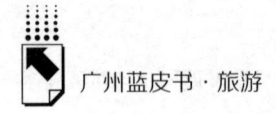

2. 设置九大西关旅游门户地标

对西门口、陈家祠、荔湾湖公园北门、如意坊、黄沙、西堤及人民路的十三行路口、上下九路口和龙津路口等重要节点，根据建筑设施等实际，重新整理道路、广场等公共空间，规划设置标识性文化景观，如人物雕塑等，将九大门户地标串联起来，营造区域整体文化旅游形象氛围和城市人杰地灵的故事感。

3. 建设"西关漫道"

结合社区微改造，选取历史风貌浓郁突出的街、巷道路，系统建设，将各功能区及历史文化街区串联起来，并以主线串联起支线，建成体现西关人文特色和老城脉络肌理的多元慢行生活网络，包括生活径、历史径等慢行步道和水景道及自行车道等，配套完善旅游标识系统和驿站，形成可深度漫游的"西关漫道"系统。

4. 打造西关骑楼环

系统打造龙津路、恩宁路、十甫路、上下九、人民路围合成的世界最长骑楼街，结合实际修复整饬，根据不同历史时期和建筑风格、类型等，分段设置标识牌和文字说明，与"西关漫道"有机连接，展现广州城市建设发展历史和重要特色商业建筑文化，成为广州市首个融合文化旅游功能且闭合连通的骑楼商廊、西关旅游的又一标志项目。

（三）培育文商旅融合的现代服务业集群

1. 营造现代服务业商圈

推进各功能区所处的或紧连功能区的传统商圈升级发展，对传统商圈所在城市区域的空间形态、功能布局、产业结构、服务体系、开放水平等进行全方位调整和升级。在大力发展楼宇经济、引入跨界融合的创新型商业体、升级高端业态的同时，注意依托特色文化，打造城市亮点景观生态，完善交通等基础设施体系，提升城市综合服务功能，塑造商圈品牌。

（1）以十三行文化及"一带一路"地理坐标为品牌，重塑十三行国际商贸历史文化区商圈。打通西堤至文化公园和十三行路的中轴旅游路线，推进十三行、故衣街片区微改造，修整复建部分十三行建筑史迹，结合"一江两岸三带"核心试验段建设和人民南历史文化街区保护规划实施，对人民南、十三行、故衣街、西堤等街区临街建筑进行整饰，重现百年商埠的历史风采。以创新型商业体新南方大厦为中心标志，推进服装、电子配件等专业市场向电商化、平台化、园区化转型升级，逐步集聚金融、展贸、法务咨询、研发设计、中介代理、广告营销等现代服务业态，向国际品牌营销总部集聚区及"一带一路"展贸中心迈进，再创十三行辉煌。

（2）推进连接陈家祠民间工艺文化旅游区和荔枝湾西关民俗风情区的中山七、八路商圈升级发展。依借陈家祠和荔枝湾景区，构建相应城市景观氛围，强化陈家祠板块传统工艺龙头地位，升级聚集营销、财务金融、中介及政务服务、商务酒店、教育培训等高端商务服务业态，推进卷烟二厂地块开发，新增大型高端商业体，扩展强化现代康体休闲购物综合消费中心辐射力，逐步建设陈家祠旅游集散中心，加强旅游交通服务功能。

（3）着力升级打造串联陈家祠民间工艺文化旅游区、上下九——华林禅宗文化商贸旅游区和十三行国际商贸历史文化区这三大功能区的康王路商圈。以上下九景区为中心，南北连接文化公园和陈家祠，打通新光城市广场与地铁通道，提升新光百货与和业广场的商业影响力，逐步集聚金融、法务、广告营销等高端商务服务业态，适当增加文化休闲娱乐业态。推进玉器珠宝市场向电商、展贸、设计、检测、工艺旅游等现代创意业态转型。结合华林禅宗文化广场建设，构建体现禅宗和玉文化的特色城市景观，优化康王路交通路线，形成纵贯连接多个商业街区的西关中央商业大道。

2.着力培育文化创意产业集聚区

（1）打造恩宁路粤韵创意文化旅游区。完善提升公共基础设施和配套服务，大地涌、恩宁涌两岸堤岸景观及民居、道路的规划设计和开发管理利用，应与慢行步径和水陆交通要线有机连接，并注重挖掘金声地块体现其独有的南粤影视文化历史。着重创新利用社会资源，采用园区化运营管理模式，引入文艺创作、展演、文化中介服务、广告、影视、服装设计、建筑设计、工业设计等各类创意设计服务，以及科技创客、创意工艺和部分民宿、特色轻餐饮等，精心打造特色创客小镇。

（2）打造陈家祠民间工艺文化旅游区。以陈家祠及民间工艺文化为核心，整合连通陈家祠西、北、东侧等周边街区空间，改造整治优化内部交通等社区公共空间、基础设施和危旧建筑，加快南广场地下空间的开发利用及周边园林绿化升级改造，合理规划东北侧龙源西街区旅游功能，适度配套特色小吃、旅游购物等景区设施功能。盘活整合周边荔康旧货市场及祠北民宅等可用物业资源，以文化展示、民间工艺和旅游工艺品综合展贸等为区域主要业态，引入工艺文创龙头企业，打造岭南民间工艺中心和现代创客空间融合的文化旅游创意社区。

（3）打造荔枝湾西关民俗风情区。重点推进荔枝湾沿线泮塘、西关大屋社区、涌边社区及昌华苑社区等老建筑物业的整治开发利用，引导私营藏馆向公众开放，引入有助旅游功能的文化旅游创意行业，如特色精品民宿、文化展览体验、文艺沙龙、旅游演艺、个性餐饮、旅游工艺等文创设计、销售等特色购物，逐步形成荔枝湾文化旅游创意街区组团。

（四）完善公共基础建设，优化提升城区承载能力

1. 建设智能交通管理系统

规划完善区域旅游商业交通体系，科学合理融合和分流市民日常生活交通与旅游商业交通及重要区域内外交通。与社会机构合作，运用互联网、大数据等技术建设实时交通动态调度管理平台，充分有效利用区域内交通资源，缓解交通停车难题；引入社会力量开发特色环保的旅游交通工具。

2. 提升城区整体环境

引入社会力量有序推进七大文商旅融合功能区内荔枝湾、恩宁路、陈家祠及十三行片区等历史街区的微改造。重点包括泮塘五约、昌华苑、多宝坊、吉祥坊、龙源西、十三行、故衣街、冼基、沙基社区等，兼容现代产业功能，整体保留街区建筑历史风貌，整治改善老旧房屋街区人居环境，完善提升基础设施和公共服务设施，改善城区整体环境面貌。

3. 着重升级改造景观与功能

配合重点商圈、景区、专业市场、创意集聚区和老商业街的提升打造，选取重要节点进行整饰改造。融合慢行系统，分流吸引高端游客，重点包括西堤、人民南、十三行、黄沙后道、西来初地、蓬莱路、清平路等。

4. 打造人、水和谐相融的"西关水城"

结合街区改造，系统规划，科学设计，加快解决荔枝湾涌至大地涌及周边水体治理问题，保障与慢行系统连接、水陆联动的景区街区环境和运营条件，打造人、水和谐相融的"西关水城"。

5. 完善区域旅游咨询服务网点建设

在陈家祠广场、上下九景区康王中路节点、沙面、恩宁路、西堤等重要旅游景区和商业街区设置咨询服务点，优化完善服务设施及服务项目内容，提升质量和形象。

行业篇

Industry Reports

B.15
广州市酒店业的发展思路与探索

广州市旅游局旅游饭店管理处

摘　要： 目前，广州星级酒店有200多家，随着市场竞争力越来越大，广州酒店业经营发展的压力和瓶颈出现。2013年以来，广州市酒店业经营状况呈下滑趋势，客房均价、单房产值、餐饮收入等都持续下滑，而物价、人力成本持续上升，面临市场竞争力剧增、酒店设施设备老化、一线岗位流动性大、酒店管理人才断层等压力。未来，"全力促进经营，加强质量管理，狠抓成本控制"是广州市酒店创新经营的三部曲。此外，要创建民族品牌酒店就要注重文化内涵，创造广州特色；实施服务创新，培养忠诚顾客、创新服务模式；引进国际品牌酒店职业经理人，促进广州酒店业尤其是星级酒店的可持续发展。

关键词： 广州 酒店业 经营发展 民族品牌

一 广州市星级酒店的基本情况及经营状况

目前，广州有星级酒店 217 家，五星级 23 家，四星级 41 家，三星级 128 家，二星级 25 家。2014 年统计的 216 家星级酒店中，营业收入总额为 80.18 亿元，其中客房营业收入占 47.68%、餐饮营业收入占 34.85%，酒店的平均房价为 473.05 元，平均出租率为 61.28%。

二 酒店经营发展的压力和瓶颈

自 2013 年以来，广州市酒店业经营普遍进入下行通道，客房平均房价、单房产值、餐饮收入持续下滑，而物价、人力成本持续上升，令酒店经营雪上加霜。酒店在 2014 年的经营发展中，面临着以下四个方面的挑战与压力。

（一）日益加剧的市场竞争压力

一是近年来崛起的"地产+酒店"的商业模式，令高星级酒店增量如雨后春笋，2013、2014 年广州地区新投入市场的豪华酒店总房数持续增加。广州四星级以上酒店在与世界一流品牌和国内新建的高端酒店竞争过程中，由于硬件设施包括建筑结构、楼层高度、客房面积和停车位等都存在不足，给酒店经营效益的提升和品牌的发展带来了一定程度的制约。二是政策因素的限制以及国内外经济的不稳定态势，令公务、商务客人及旅游休闲的需求和费用预算不增反减，令酒店业供求失衡的问题更加突出，市场竞争进一步加剧。

（二）设施设备老化的维保压力

目前广州的星级酒店中，大多数为经营 10 年以上的酒店，有的是 20 年

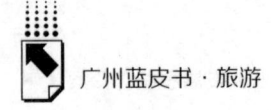

甚至30年的老酒店，大部分设施设备已逐步出现老化现象，一定程度上制约着酒店服务水平的提升，也加大能耗管理难度，阻碍运营成本降低。而日益增加的维保费用更加剧了酒店资金运作的压力。

（三）一线岗位用工短缺及管理人才断层的压力

酒店缺员压力较大，而一线部门的压力更为严重。近年来，酒店行业由于经营微利，薪酬偏低，吸引力下降，加上新酒店涌现对劳动力的需求不断增加，普遍出现"用工荒"问题，尤其是基层员工招工困难。另外，有些酒店特别是国有企业酒店，开业时间较长，管理人员逐渐高龄化，而新生代员工缺乏经验和磨炼，令酒店部分管理岗位和关键业务岗位出现人才断层现象。

（四）经营成本居高不下的压力

一是广东酒店餐饮行业"税重费多"，政府收取的各项税费种类繁多且明显高于其他省份和城市，经行业调研发现，就广州、上海、南京三地对比，广州饮食业税费最高。广州的税费超过40项，总税费率12.5%；上海17项，总税费率9.4%；南京只有14项，总税费率8.7%，以广州远洋宾馆为例，2014年共缴纳税费2290万元，占全年营收约18%。同时广州酒店业的水、电等能源费用计收标准较外省同行相比明显高。二是国内物价高涨、人工成本居高不止以及承担的高额租金折旧及分摊等费用，加大了经营成本。

三　酒店创新发展的思路和具体举措

"全力促进经营，加强质量管理，狠抓成本控制"是酒店创新经营的三部曲。

（一）全力促进经营

密切关注国内外经济动态及宏观经济发展情况，掌握行业发展趋势，深化营销策略谋划，不断探索并优化酒店经营定位，制定阶段性经营策略，建立科学的收益管理体系。整合产品资源和销售渠道，深化产业策划和营销联动，营销工作做到专业化、精细化、个性化和市场化。其主要体现在以下几个方面。

一是在政府会议减少的情况下，把营销的重点转移到大型企业会议销售上，有针对性地拓宽大型国有企业、知名民营企业、外资企业等企业客源的开发渠道，提高客源层次，力争消费潜力更大的商务客源。

二是加强与网络订房公司的合作与沟通。建立"集团统一营销平台"，实现信息化管理。借助宾馆官网，整理散客客史档案，完善会员制度建设，培养忠实客户。加强与新的公司合作，重点提升境外市场覆盖率。同时，加强与旅行社的合作，在宾馆因散客、会议团体、周末客源不足的情况下，及时补充旅游团队客源。同时，加强与各网络订房公司的合作与沟通，掌握市场信息，开发新的合作公司，开拓新的客源市场，发展和拓展散客的数量。

三是运用价格杠杆，提高收费率。加强节假日、季节性和主题性的促销，提前着手，掌握主动，吸引消费，如春节、中秋国庆、夏季假期推出客房优惠促销活动。

四是在餐饮销售上下功夫。很多酒店推出了与有实力的婚庆公司合作的路子，对婚庆喜宴服务和运作流程进行重新设计和改进，吸引更多新人前来消费。创新推出多款成本低、健康养生的美食，受到顾客青睐。

（二）加强质量管理

进一步夯实基础管理，全面提升服务水平和质量。优化管理制度和服务流程，定期开展各类职业技能培训，提高员工素质和业务水平。根据资金及经营场地情况分期分批地对经营区域的设施设备进行必要的更新，不断改善客人消费体验，以保持酒店竞争力。

（三）狠抓成本控制

（1）加大成本控制力度，强化厉行节约意识。采取有效措施，严格控

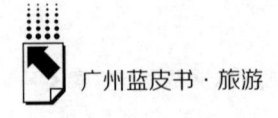

制能源费用和人力成本，合理降低销售费用、管理费用和财物费用，优化岗位配置，提升人均创利增长率，提高酒店利润空间。

（2）继续完善酒店绩效考评和激励机制，实现酒店收益与员工收入的挂钩联动，激发企业发展的内动力。

（3）进一步加强全面预算管理，做到事前预算、事中控制、事后考评，提高管理决策的科学水平。

四 关于民族品牌酒店发展之路的探索与思考

（一）现状与挑战

近年来，随着跨国酒店集团的快速发展，我国本土的民族品牌酒店业的发展面临着巨大的压力和冲击，一些前所未有以及潜在的危机逐渐凸显。在这样的国际竞争国内化和国内市场国际化的背景下，我国酒店业，尤其是民族品牌酒店业的发展，在以往价格的竞争和服务质量的竞争的基础上，已经逐渐进入一个新的发展阶段——无形产品竞争阶段，也是酒店文化环境方面的竞争。

从现代企业发展的环境看，现代酒店既需要相关服务设施具备很高的舒适度，也要求酒店主动营造一种独特的文化氛围，目的是最大化地满足旅客的体验需求、审美愉悦以及精神需求等。在深入了解和体验国际国内品牌酒店的基础之上，通过对比分析，本文认为民族品牌酒店主要面临着以下几个方面的挑战。

1. 传统的服务已不能满足高端旅客需求

传统的细节化、个性化的服务已不能很好地满足高端旅客的需求。作为民族品牌酒店，在同个区域、平台或市场的竞争情况下，不仅要不断学习国际品牌酒店的优质服务质量，更要有意识地塑造自身的品牌文化体系，营造一种独特的文化氛围。

2. 品牌的维护意识较弱

从国际上看，国际品牌酒店的发展已经有了上百年的历史，具有非常强的品牌维护意识。比如，很多企业的董事会都会设立品牌委员会，在企业的管理结构方面也有相应的品牌管理经理。因此，在品牌的创建、维护等方面，都需要从观念、战略上积极学习国际知名民族品牌酒店业的发展，以维护并提升本土的品牌形象。

3. 缺少自身独特的品牌个性

塑造民族品牌受到许多因素的影响，而其前提和核心则是服务质量。企业文化、服务特点的不同将引发各品牌具有不同的独特个性。比如，美国品牌酒店在服务方面追求的是"效率"，欧洲品牌酒店在服务方面更追求"品质"。欧洲的酒店通常通过服务将对当地历史和文化的尊重传达给客人，其服务不仅体现在体验方面，更是上升到价值观的层面。由此可知，民族品牌酒店在面临国际品牌酒店竞争的背景下，必须以塑造自身品牌为主线，不断打造本土的民族品牌酒店。

（二）策略与措施

面对全球经济一体化所带来的机遇及挑战，民族品牌酒店要充分利用已有的传统文化，进行人本化管理，主抓市场。本文认为民族品牌酒店的发展，应该要从以下三个方面来采取相应的措施。

1. 注重文化内涵，创造广州特色

品牌酒店的文化内涵应受到高度重视，其一是强调营销活动的文化性，可以在产品设计、销售的过程之中，增加酒店产品等文化因素。其二是丰富酒店服务的文化内涵，培养并提高酒店员工的综合素养和品位，实现"佣人式"服务向"绅士式"服务转变，力求在服务质量方面有所文化突破。因此，国内品牌酒店的发展应该积极借鉴国际品牌酒店的发展经验，以中国文化中的情感取向为突破口，形成品牌文化体系，创造具有自身独特魅力的文化氛围。

2. 注重服务创新，实现服务模式创新

服务创新是酒店得以发展的关键和核心，品牌酒店要在服务上不断创新，逐渐培养客户的忠诚度，建立起独具特色的创新服务模式。当前时代，

消费者大多追求多样化、个性化的消费产品，期望通过购买、体验不同的产品和服务来展现自己的个性、品位及格调等。在这种情况下，民族品牌酒店就不能简单地将服务模式界定在规范化的服务方面，更重要的是基于规范化服务，以"量体裁衣"的方式为每一位顾客提供个性化的产品与服务，以满足其实际体验和精神上的需求。

3. 积极引进人才，培育职业经理人

塑造民族品牌酒店，很重要的一方面就在于人才。要引进国际品牌酒店的职业经理人，有效管理和提升民族品牌酒店形象，在竞争中学习，在学习中成长。首先，邀请国际品牌酒店的高层管理者，对国内酒店的中高层管理者进行专业化的培训，以提升酒店管理者的综合素质。其次，邀请一些具有丰富国际品牌酒店工作经验的职业经理人对酒店各个部门进行跟网指导，不断提升酒店新的活力。

五 意见的建议

（1）建议广东财税及相关能源、行政等部门对酒店业税费、能源费用政策进行调研，参照国内其他省份、一线城市的模式，适当压缩税费种类，调整酒店用水、用电能源收费计费分类，帮助酒店业应对市场寒冬期。

（2）希望广东省政府层面出台相关政策，对参与评星的酒店和通过评定性复核的酒店给予奖励资金。

B.16
广州市旅游投诉分析

广州市旅游局质监所

摘　要： 近年来，广州市加大旅游市场的监管力度，2014～2016年，广州市旅游局共接到投诉、咨询及举报工单7322件，其中投诉类工单6942件。旅游投诉来源主要是12345热线、12301热线、省局政务网转办、省所转办、局长信箱等，投诉的热点有酒店问题、景区问题、行程安排不合理、交通纠纷、价格纠纷、餐饮住宿纠纷等。

广州旅游市场面临着旅游质监不到位、标准化服务水平不高、旅游产品信息不透明、地接社的服务质量缺乏监控、导游执业机制不完善、合同意识薄弱等问题。因此，广州旅游需要整合旅游市场监管资源，增强旅游消费两端的法律意识，加强旅行社旅游质监建设，强化"诉""案"结合，不断优化旅游业发展的市场环境。

关键词： 旅游业　旅游投诉　市场监管

一　数据分析

（一）旅游投诉方面

（1）2014年至2016年前三季度共接到投诉、咨询及举报工单7322件。其中，投诉类工单有6942件（见表1）。

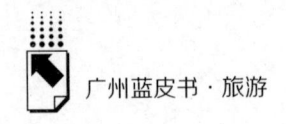

表1　广州市旅游局接待投诉、咨询及举报工单

单位：件

工单类型＼年限	2014年	2015年	2016年前三季度	共计
投诉	2012	2709	2221	6942
咨询	159	59	50	268
举报	0	38	9	47
建议	0	28	2	30
求助	0	1	9	10
其他	0	14	11	25
共计	2171	2849	2302	7322

（2）2014年至2016年前三季度接到的7322件工单现均已办结。其中，6942件投诉类工单，依法受理了6090件，不予受理852件（见表2）。

表2　受理的投诉类工单处理情况

单位：件，万元

分类	＼年限	2014年	2015年	2016年前三季度	共计
处理结果	不予受理	160	367	325	852
	受理	1852	2342	1896	6090
	共计	2012	2709	2221	6942
理赔金额	国内	34.13	105.40	85.90	225.4
	出境	68.24	217.91	328.31	614.5
	共计	102.37	323.31	414.21	839.9

（3）2014年至2016年第三季度每季度旅游投诉情况（见图1）。

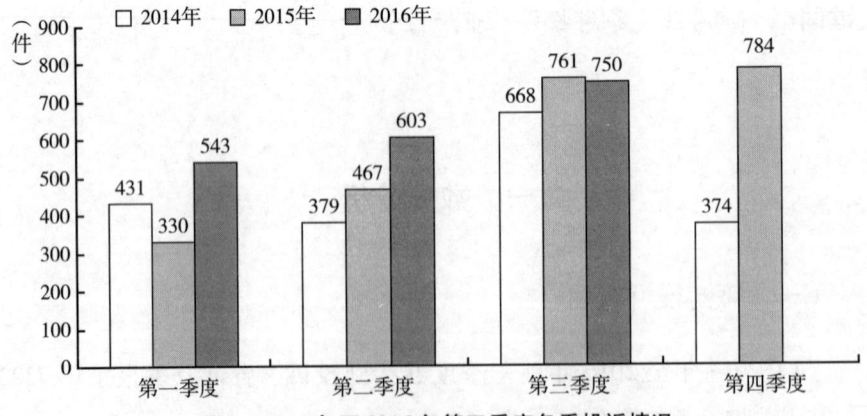

图1　2014年至2016年第三季度各季投诉情况

(4)2014年至2016年第三季度每季度旅游投诉增长情况（见图2）。

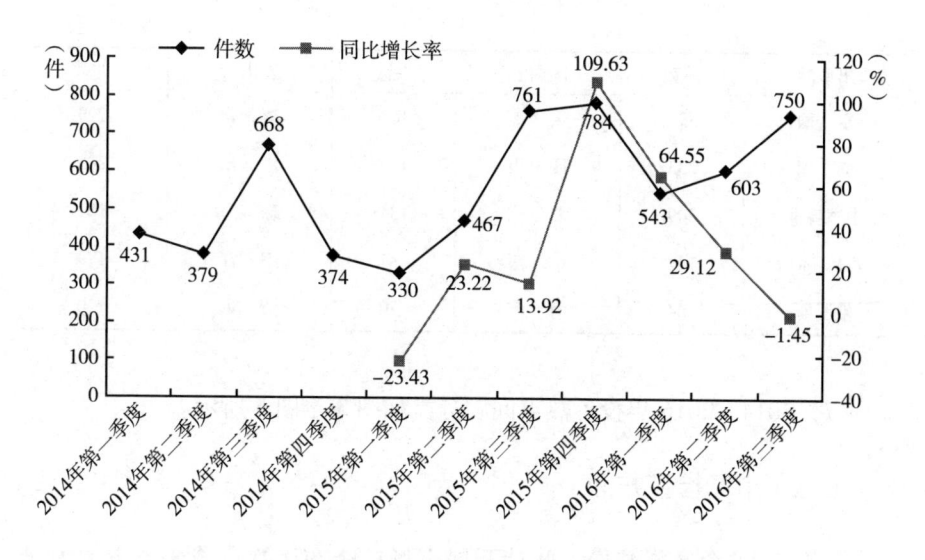

图2　2014年至2016年第三季度各季度旅游投诉增长情况

(5)已受理的投诉类工单按接收渠道分类情况（见表3）。

表3　已受理的投诉类工单按接收渠道分类情况

单位：件

投诉来源 \ 年限	2014年	2015年	2016年前三季度	共计
12345热线	1536	1863	1656	5055
12301热线	167	304	126	597
省局政务网转办	76	108	56	240
省所转办	0	9	6	15
局长信箱	16	15	13	44
市民来访来信	57	41	36	134
信访转办	0	0	2	2
局智慧平台	0	0	1	1
其他	0	2	0	2
共计	1852	2342	1896	6090

(6)旅游三大市场投诉情况（每一市场前五名）如表4所示。

表4 广州旅游三大市场投诉情况（前五名）

单位：件

出境游	件数	国内游	件数	省内游	件数
泰 国	394	云 南	162	惠 州	229
韩 国	233	四 川	140	广 州	205
中国香港	209	北 京	134	珠 海	181
日 本	147	广 西	87	阳 江	179
俄罗斯	64	海 南	70	清 远	130

（7）2014~2016年投诉热点问题分类如图3至图5所示。

（二）市场检查方面

广州市11个区旅游局，共计开展市场检查301次（含联合执法检查73次），出动检查人员1331人次，检查经营单位664家次。其中，广州市旅游局质监所开展旅游市场检查94次，出动人员522人次，检查经营单位203家次，在交通口岸及景区（景点）对45名正在带团的导游进行持证上岗检查，驱散街边派发非法旅游宣传广告单人员49人次，收缴非法旅游宣传广告单约3万张。联合各级公安、工商、交通、物价、税务等部门开展执法检查行动，联合执法18次，出动人员248人次，对41个疑点进行执法检查，移交工商部门处理的案件2件，移交公安部门处理的案件1件（见表5）。

市场案件办理方面，截至12月28日，质监所收到旅游市场案件133件，同比上涨38.54%。对涉嫌违规经营旅游业务案件进行立案调查17宗，同比上涨70%，其中7宗案件进行了行政处罚，5宗案件拟进行行政处罚。依法对3家单位发出责令改正通知书，与上年持平；已对7家（位）违法经营旅游业务的单位和个人进行行政处罚，拟对8家（位）违法经营旅游业务的单位和个人进行行政处罚，是上年的7.5倍，罚没金额合计235233.66元（见图6）。

广州市旅游投诉分析

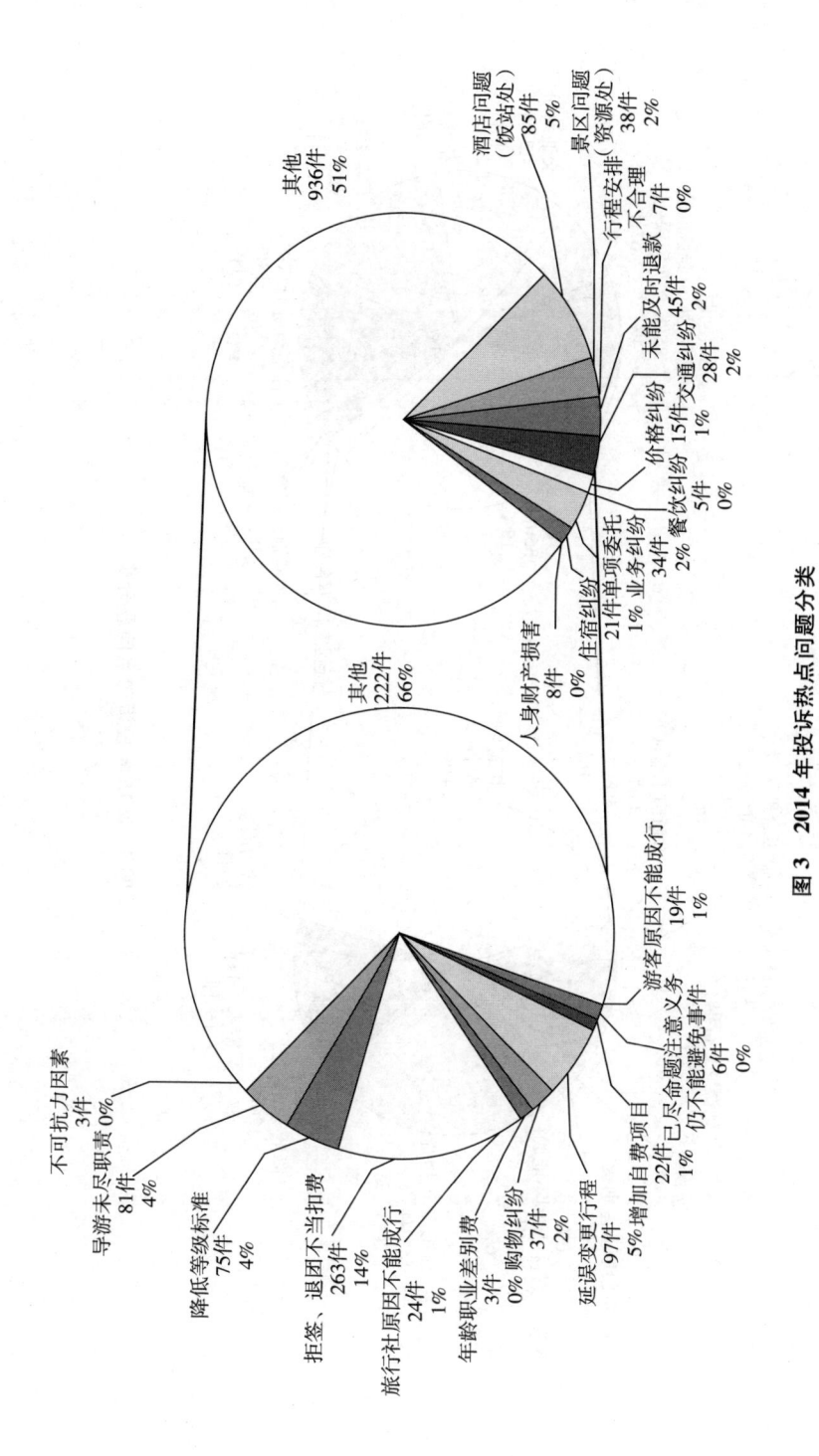

图3 2014年投诉热点问题分类

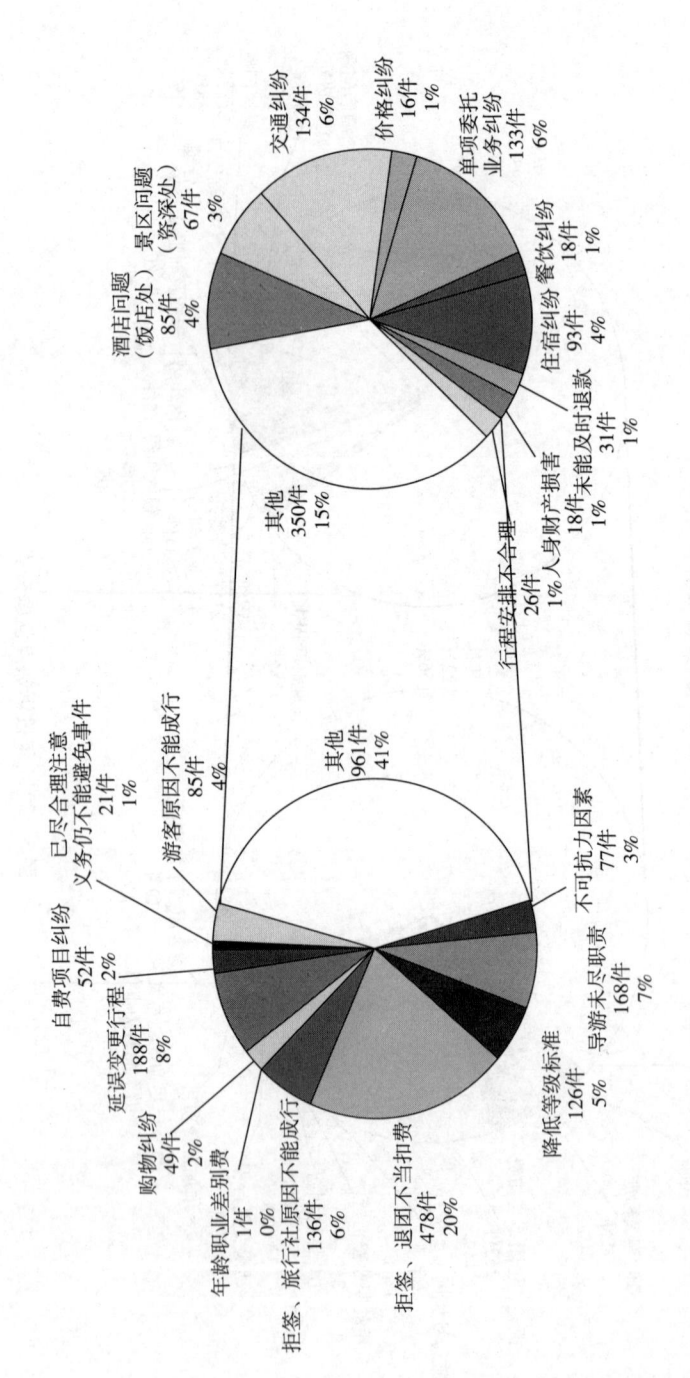

图4 2015年投诉热点问题分类

广州市旅游投诉分析

图5 2016年投诉热点问题分类

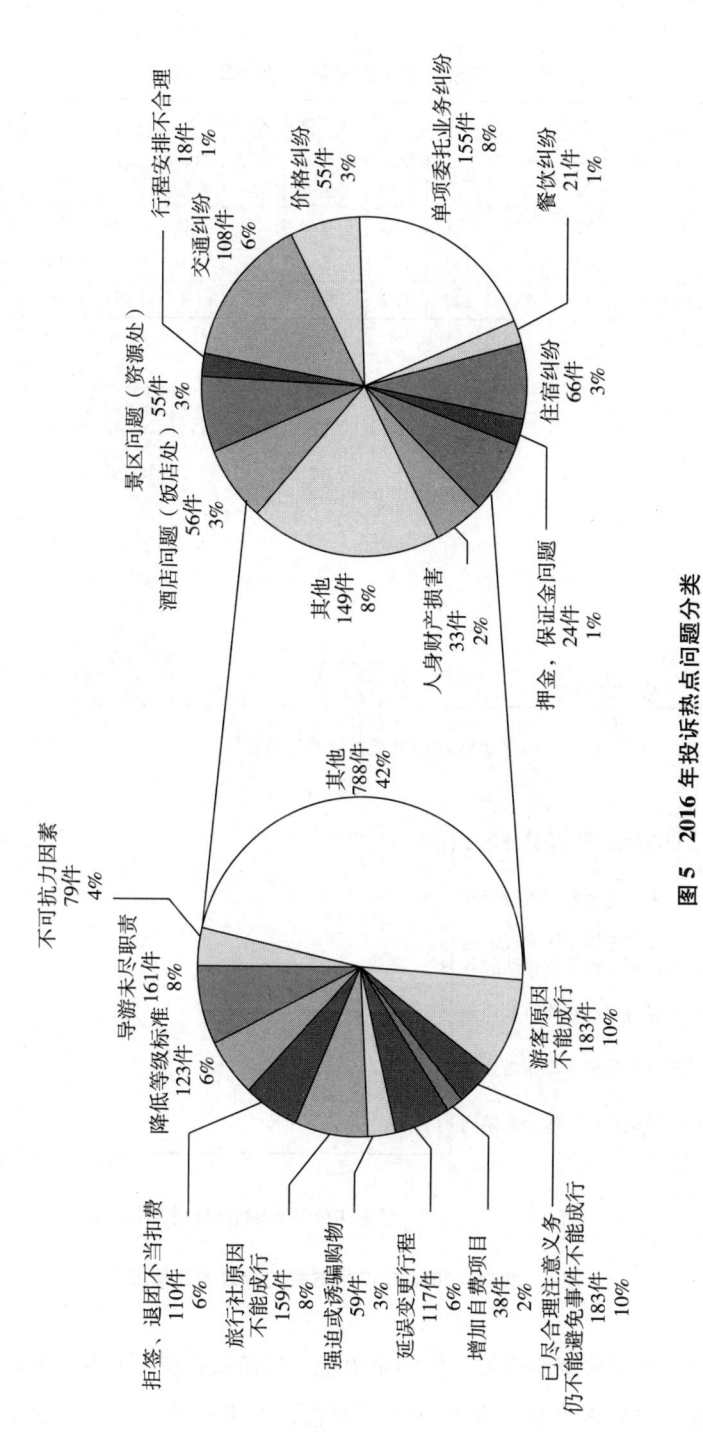

广州蓝皮书·旅游

表5 广州市各区旅游局出动检查情况

类别	出动检查次数（次）	出动检查人员（人次）	检查涉旅企业（家次）								检查团队导游（人次）
			旅行社	饭店	景点（区）	旅游车船公司	购物点	旅游演艺场所	其他	合计	
质监所	94	522	128	4	10	0	16	0	48	203	45
各区	207	809	153	143	119	3	10	1	29	461	0
合计	301	1331	281	147	129	3	26	1	77	664	45

（a）2014~2016年旅游行政处罚案件

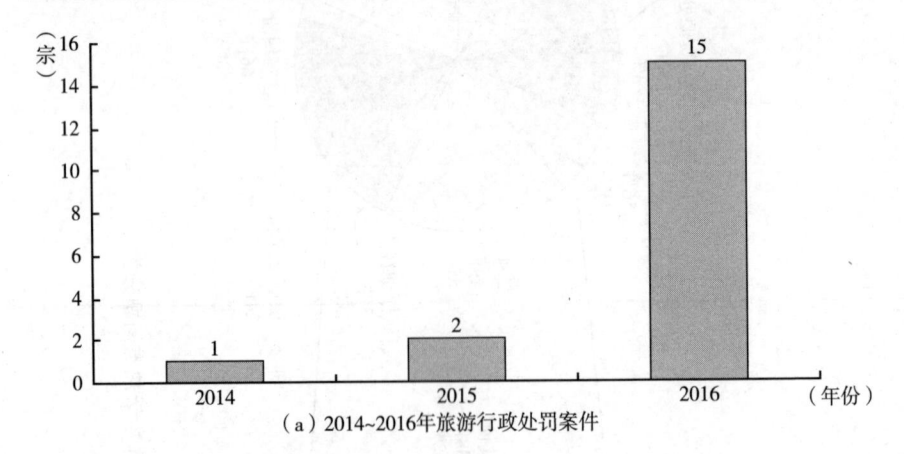

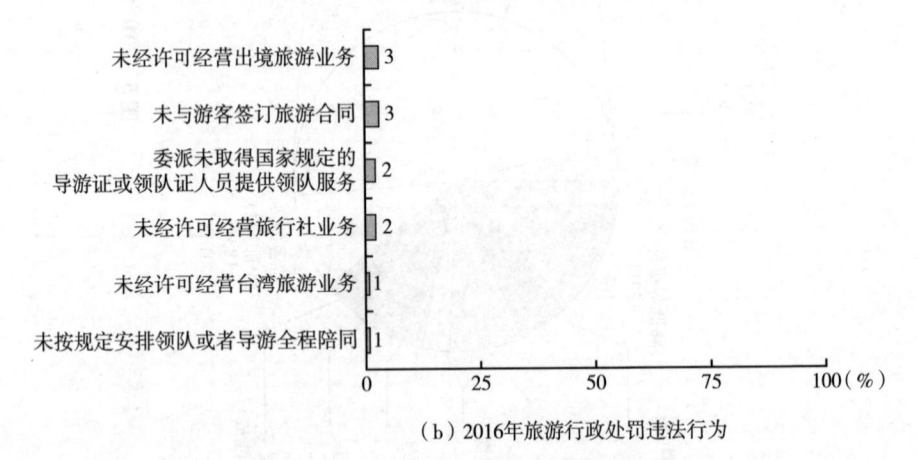

（b）2016年旅游行政处罚违法行为

图6 2014~2016年广州市旅游行政处罚情况

严格依法调解旅游投诉。作为全市统一旅游投诉受理机构，市旅游质监所认真秉承"游客为本、服务至诚"理念，严格按照"依法依规、有礼有节"的原则,始终坚持有效化解投诉纠纷,认真倾听意见建议,从速办理涉旅举报和投诉。2017年,结合广州旅游市场新动态,按局领导加强数据分析工作的指示,完成了《广州市旅游投诉三年分析报告》的撰定,为下一步更好地履行旅游市场监管职能提供可靠的数据支撑。

广州市旅游质量监督管理所通过各类维权渠道接到旅游投诉、咨询、举报等工单共2920件,同比上升2.53%(第一、第二季度投诉量明显增加,第三、第四季度略有下降),见图7。

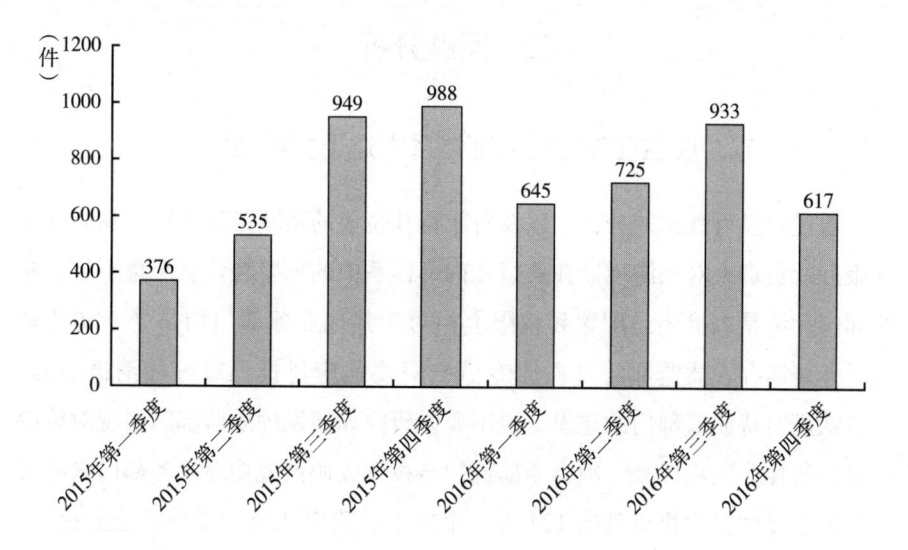

图7 截至12月26日接收工单数情况

旅游投诉接收渠道分别为:广州12345政府服务热线平台转办2460件;12301全国旅游投诉与举报热线平台转办272件;省局政务网及省质监所转办100件;局长信箱(政务咨询与投诉、局微博)27件;市民来访来信投诉56件;信访转办投诉2件;民生热线、智慧平台、3·15现场各1件。

其中,投诉类工单2792件,受理并已办结2278件,不予受理394件,未办结120件。经调解,为投诉人挽回经济损失483.62万元(其中,国内游100.40万元,出境游383.22万元);咨询、举报及其他类工单128件已办结102件,因不属于单位职权或管辖范围退单的20件,未办结6件。实

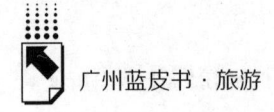

时办结率95.68%，法定期限办结率100%，工单办结平均时长为12个工作日。

根据2017年5月开始实施的《广州市12345政府服务热线群众满意度评价工作办法》，市政务办向进行过旅游投诉的市民进行满意度回访，根据回访意见得出群众满意率：7月88.46%、8月90%、9月76.99%、10月83.53%、11月79.01%。

二 问题分析

（一）旅游质监在旅行社内部体系中处于弱势地位

通过对投诉数据的分析，以及对旅行社企业的实际走访检查，我们发现各旅行社负责人对旅游质监在旅行社内部体系中的重要性认识严重不足，质监部门无论是人员还是配置和权限上相对于其他业务部门均是处于弱势地位，并普遍存在质监部门（质监专员）只要能应付投诉就好的消极心态，没有认真对待质监部门的建设，更不要说研究如何发挥质监部门实现对旅游质量的监控。三年以来，因为质监部门与投诉人协商成功而业务部门未能及时赔款引发的二次投诉就有124件。事实上，我们认为大部分的旅游投诉，都可通过质监部门对各环节的事前监控而避免。

（二）标准化服务水平不高

目前，国家出台了《旅行社服务通则》（LB/T 008 - 2011）、《导游服务质量》（GB/T 15971 - 1995）等13个旅行社行业服务标准。从三年的投诉数据来看，各旅行社均未能认真执行这些国家行业服务标准，引发了如降低等级标准、年龄职业差别收费、延误变更行程、增加自费项目等854件投诉。

（三）旅游产品信息不透明

目前的旅游产品，均无"产品使用说明书"。旅行社推出的旅游产品，只有旅游合同及行程表对该产品进行简单的说明，而且大量使用概念性模糊的词语，不能透明地、准确地公开该旅游产品的全方位信息，造成旅游消费者在模糊认识旅游产品的情况下进行购买。这种企业与消费者对旅游产品认知信息不对称的情况，极容易产生不同的认识点，在旅游产品消费终结后，往往就会产生服务质量投诉的问题。例如价格纠纷、交通纠纷、餐饮纠纷、住宿纠纷和行程安排不合理等投诉就有567件。

（四）对地接社的服务质量缺乏有效监控

从目前的旅游投诉情况来看，由地接社服务质量问题引起的游客投诉比较多。某些组团社对地接社的服务质量缺乏有效监控，致使一些地接社在利益的驱动下，置游客利益于不顾，随意降低接待标准、变更旅游行程等，严重损害了游客的合法利益。当事后游客提出投诉时，组团社就成了代罪羔羊，承担起对游客赔偿的责任。因此组团社必须重视地接社的选择，出团前注意与地接社签订好接待合同，并制定有效措施对地接社的服务质量进行跟踪和监控。

（五）导游执业机制不完善

导游服务质量问题在旅游投诉中占有很大比重。究其原因，我们认为很大程度上是因为一些旅行社对导游人员的聘用把关不严，对服务质量监控不严，甚至随意聘用无证导游进行带团，从而造成一系列服务质量的问题以及不安全的隐患。另外，导游服务质量问题在旅游投诉中占有很大比重，更深层次原因是：目前，导游人员的执业机制不完善，大部分导游属于社会自由职业者，大部分导游与各旅行社之间的关系属于短时（5~6天）聘用性质，导游在各旅行社之间流动，造成部分导游人员随意泄露企业经营秘密，引起同行企业恶性竞争，另外，部分导游对自我职业及企业没有归属感，容易放弃责任，未能做到落实行程、协调关系、监控质量的作用；由于导游人员的薪酬体系、保障体系得不到有效保障，导游人员在工作之中产生赚快钱思想，做出欺骗客人购物、强迫客人参加自费景点等不良的行为，从

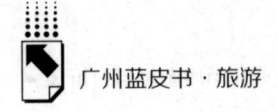

而给游客和企业带来不必要的损失和影响。三年以来，对导游的投诉就有410件。

（六）广告宣传不谨慎

近年来，旅行社将广告宣传作为吸引游客眼球，抢占客源市场的一大利器，骤眼看去报纸、杂志上的旅游广告铺天盖地，强大的宣传攻势可谓前所未有。诚然，这种广告宣传攻势能够为企业带来利润，但有些旅行社在注重广告宣传经济效益的同时，却忽略了广告的规范性和客观真实性，例如"超豪华""准五星"等广告语，往往因为广告宣传内容与实际不符引起客人不满，甚至引发投诉。三年以来，因旅行社不能成团引发的退款赔偿投诉就有319件。

（七）随意改变行程安排

实践中，某些旅行社合同意识比较薄弱，往往为了业务操作方便而忽略了与客人确定行程表内容以及保持行程表内容前后一致的问题，从而引起客人的不满和投诉。例如，有的游客报名参加旅游团时，前台工作人员并没有一同将行程表发给游客并加以确认，而只是口头承诺了行程安排或者承诺以广告内容为准，但到真正发行程表时，具体行程安排却做了变更，使游客大为不满和产生抵触情绪。再如，有的旅行社在报名时确实发给了游客相应的行程表也得到了游客的认同，但却在临出团前未征得客人同意的情况下又单方面变更了行程表的内容，向客人另发新的行程表，引发了客人与旅行社的矛盾，同时也严重损害了旅行社的诚信形象。再有就是，我们发现目前有些旅行社在报名时发给客人的行程表中会加有"在不减少景点的前提下，旅行社有权变更行程安排，一切以最后派发的行程表内容为准"，或"此行程表仅供参考，以旅行社最终提供的行程表为准"等类似的格式条款，希望以此能够方便自身及时对业务操作进行调整，同时又不会产生相应的法律责任。然而，这些旅行社的想法极其天真，实际情况是随意操作只会引发投诉纠纷。

（八）合同意识薄弱

目前有些旅行社在思想上存在误区，认为在旅游目的地发生的服务质量问题，例如导游增加甚至强迫客人去购物点、诱导游客买假货等，是地接社的责任，应当由地接社直接对游客进行赔偿，与组团社无关。事实上在旅游纠纷中，由于旅游合同的双方当事人是游客和组团社，因此根据合同相对性原则，在旅游行程中发生的服务质量问题应当由组团社为第一责任人，而不论该服务质量问题是由地接社、汽车公司，还是其他原因引起的。而针对该投诉而言，根据我国相关法律法规的规定，组团社是有义务对导游增加购物点以及客人在购物点购买到假货向客人承担退赔责任的。

（九）法定的三个重要义务履行存在瑕疵

无论是《消费者权益保护法》《合同法》，还是《旅游法》都规定了旅行社必须要对游客履行三个重要义务：告知义务、安全保障义务、协助义务。从三年投诉数据分析，各旅行社在履行这三个法定重要义务的过程中存在瑕疵，使得在处理59件涉及人身财产损害纠纷的过程中，"政、企、客"关系十分尖锐。

（十）酒店、景区投诉不容忽视

三年以来，我们还处理了广州市星级酒店投诉226件，主要问题集中在入住和退房时间不合理、订房退订纠纷和酒店服务人员服务态度等方面；另外，我们还处理了广州市A级景区投诉160件，其中涉及长隆景区的投诉比例较多。

三 对策建议

（一）整合旅游市场监管资源

目前，旅游市场监管职责由局旅行社管理处与旅游质监所共同负责，局旅行社管理处集中在新设旅行社审批、旅行社安全生产监督、诚信旅行社评定、旅行社保证金管理等领域；旅游质监所则聚焦在旅游投诉处理、旅游市场执法检查等项目，两个承担旅游市场监管职责的处室，已经形成良好的分工合作机制。但是，现行的分工合作机制与《国务院办公厅关于加强旅游市场综合监管的通知》文件提倡的"要根据深化行政管理体制改革的精神，创新执法形式和管理机制"要求不相适应，跟不上全域旅游监管模式节奏。

（二）增强旅游消费两端的法律意识

近年，旅行社行业在媒体曝光多起行业害群之马的劣迹之后，影响巨大，市民普遍认为旅行社行业存在"潜规则"；另外，经过三年投诉的数据分析，各旅行社也的确存在合同意识不强、随意更改行程等现象。为此建议加大力度宣传《旅游法》《消费者权益保护法》和《合同法》等法律法规，增强旅游消费客户端与企业端的法律意识，打破这些似是而非的"潜规则"印象，建立"明规则"。

（三）要求各旅行社加强旅游质监建设

利用国家旅游局即将颁布《旅游经营者投诉处理规范》的契机，在旅行社行业内开展"提质降诉"工程，"提质"有两重含义：一是提升旅游服务质量，让市民真切满意；二是提高旅游质监在旅行社内部体系当中的地位，发挥旅游质监部门的监管职能，严格监控旅游操作中的各环节，让各旅行社企业实现自我监管。

（四）强化"诉""案"结合

下大力气处理"诉"转"案"案件，对旅游投诉中呈现的违反《旅游法》的行为严查速办，对违反《旅游法》行为实行零容忍。通过长效措施，对违反《旅游法》的企业和个人依法处罚并进行公示，增加违法经营成本，以儆效尤，用旅游行政处罚手段反促旅行社认真对待市民的旅游投诉。虽然，加大行政处罚力度会给违法经营的旅行社带来短暂阵痛，但是，可以换来整个旅行社行业不再长痛。

B.17
广州地区旅游人才培养现状及对策分析

秦瑞英*

摘 要： 随着广州市旅游业的快速发展，其对旅游人才的市场需求越来越大。目前，广州地区院校设置旅游专业的有37所，主要有中职、专科、本科、硕士、博士五个层次教育。不同层次的旅游人才，其培养模式、培养规模、培养目标以及旅游人才质量都存在一定的差异。整体来看，广州地区存在旅游人才供需不匹配、师资力量较弱、校企合作不深入、定位不明确等问题。因此，从长远来看，广州市应完善旅游人才的培养结构，建设"双师型"教师队伍，设立专门旅游院校，扩大旅游在地区的影响力。

关键词： 旅游院校 旅游人才 人才培养

一 广州地区旅游人才培养现状

（一）旅游院校基本情况

1. 旅游教育院校总体规模

2016年广州地区旅游教育院校共37所，主要是本科、高等职业教育、

---

* 秦瑞英，广州市社会科学院产业经济与企业管理研究所研究员、博士。

中等职业教育三个层次，分别有15所、12所、10所。按照院校所属管理机构，可划分为中央部属、教育部直属、广东省属、广州市属四种类型。其中，广东省属院校21所、广州市属院校12所、中央部属院校2所、教育部直属高校2所（见表1）。

表1 广州地区旅游教育主要院校

院校类型	院校级别及数量	院校名称
本科	教育部直属(2所)	中山大学、华南理工大学
	中央部属(1所)	暨南大学
	广东省属(11所)	华南农业大学、华南师范大学、广东财经大学、广东工业大学、广州商学院、广东技术师范学院、中山大学南方学院、广东财经大学华商学院、广东外语外贸大学南国商学院、广东白云学校、广州培正学院
	广州市属(1所)	广州大学
高职	广东省属(9所)	广东省外语技术学院、广东轻工职业技术学院、广东女子职业技术学院、广东机电职业技术学院、广东科贸职业技术学院、广州华夏职业技术学院、广东行政职业学院、广东农工商职业技术学院、广东岭南职业技术学院
	广州市属(3所)	广州城市职业学院、广州番禺职业技术学院、广州铁路职业技术学院
中职	中央部属(1所)	广州潜水学校
	广东省属(1所)	广东省旅游职业学校
	广州市属(8所)	广州市白云行知职业技术学校、广州市旅游商务职业学校、广州市从化区职业技术学校、广州市工贸技师学院、广州土地房地产管理职业学校、广州市增城区东方职业技术学校、广州市轻工技师学院、广州市南沙区岭东职业技术学院

2. 办学层次

目前，广州地区的旅游教育涵盖博士、硕士、本科、专科（含高职）和中等职业教育五个培养层次（见表2）。

表2 广州地区旅游教育办学层次

旅游院校类型	院校数量	院校名称
设立博士点院校	4所	中山大学、华南理工大学、暨南大学、华南师范大学
设立硕士点院校	7所	广东财经大学、广州大学、华南农业大学、中山大学、华南理工大学、暨南大学、华南师范大学

续表

旅游院校类型	院校数量	院校名称
本科教育	15所	广东工业大学、广州商学院、广东技术师范学院、中山大学南方学院、广东财经大学华商学院、广东外语外贸大学南国商学院、广东白云学院、广州培正学院、广东财经大学、广州大学、华南农业大学、中山大学、华南理工大学、暨南大学、华南师范大学
专科教育	12所	广州铁路职业技术学院、广东省外语技术学院、广州城市职业学院、广州番禺职业技术学院、广东轻工职业技术学院、广东女子职业技术学院、广东机电职业技术学院、广东科贸职业学院、广州华夏职业技术学校、广东行政职业学院、广东农工商职业技术学院、广东岭南职业技术院校
中等职业教育	10所	广东省旅游职业学校、广州市白云行知职业技术学校、广州市旅游商务职业学校、广州潜水学校、广州市从化区职业技术学校、广州市工贸技师学院、广州市土地房地产管理职业学校、广州市增城区东方职业技术学校、广州市轻工技师学院、广州市南沙区岭东职业技术学院

3. 办学性质

广州地区开设旅游专业的院校中公办高校31所（含独立学院2所），民办高校6所。本科院校中60%为公办学校，高职院校中83%为公办院校，所有中职学校均为公办性质（见表3）。

表3　广州地区旅游教育院校办学性质

学校类型	办学性质	学校名称
本科	公办(9所)	中山大学、华南理工大学、暨南大学、华南师范大学、广东财经大学、广州大学、华南农业大学、广东工业大学、广东技术师范学院
	民办(4所)	广州商学院、中山大学南方学院、广东白云学院、广东培正学院
	独立学院(2所)	广东财经大学华商学院、广东外语外贸大学南国商学院
高职	公办(10所)	广州铁路职业技术学院、广东农工商职业技术学院、广东省外语艺术学院、广州城市职业学院、广州番禺职业技术学院、广东轻工职业技术学院、广东女子职业技术学院、广东机电职业技术学院、广东科贸职业技术学院、广东行政职业学院
	民办(2所)	广州华夏职业技术学院、广东岭南职业技术学院
中职	公办(10所)	广东省旅游职业学校、广州市白云行知职业技术学校、广州市旅游商务职业学校、广州市潜水学校、从化市职业技术学校、广州市工贸技师学院、广州市土地房产管理职业学校、增城区东方职业技术学校、广州市轻工技师学院、广州市南沙区岭东职业技术学校

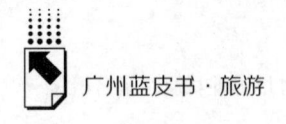

（二）旅游院校师资力量

1. 本科院校

（1）师资规模。2014~2016年广州地区本科院校旅游专业教师数量从2014年的248人增长到2016年的602人（见表4）。2016年，旅游专业博士生导师26人，师生比1:2.5；硕士生导师78人，师生比1:4.5。与硕士和博士相比，本科教师的教学压力明显增大，2016年师生比达1:30，教师教学压力较大。

表4 2014~2016年广州地区本科院校旅游专业教师规模

单位：人

年份	博士			硕士			本科		
	教师数	在校学生数	师生比	教师数	在校学生数	师生比	教师数	在校学生数	师生比
2014	14	43	1:3	54	160	1:3	180	9689	1:54
2015	21	38	1:2	87	283	1:3	291	9878	1:34
2016	26	63	1:2.5	78	347	1:4.5	498	14821	1:30

（2）教师结构。总体来看，广州地区本科类院校的教师队伍整体素质较高，学历是硕士及以上，职称以高级及以上级别为主。年龄上中年教师是中坚力量，博士和硕士一般是有资历的教师。广东省重点高校，如中山大学和华南理工大学，教师整体素质在本科类院校中占据高地，拥有一支、学历、职称、年龄结构合理，教学和科研能力强的教师队伍（见表5）。

2. 高等职业教育院校

（1）师资规模。2016年广州地区高职院校旅游专业专任教师数194人，师生比1:30。近两年高职学生的规模呈缩减趋势，但教师数量有所上升，教师负担有所下降（见表6）。

（2）教师结构。以广东轻工职业技术学院为例，其旅游专业分旅游管理、酒店管理和会展策划与管理、涉外旅游四个方向，其中酒店管理专业的

表5　广州地区本科院校旅游专业教师结构

单位：人

学校名称	专业名称	专任教师数	教师年龄 35岁以下	教师年龄 36~45岁	教师年龄 45岁以上	教师职称 正高	教师职称 副高	教师职称 高级	教师职称 中级	教师职称 中级以下	教师学历结构 博士	教师学历结构 硕士
中山大学	旅游管理（博）	8	0	4	4	4	0	0	0	0		
中山大学	旅游管理（硕）	17	4	9	4	6	10	1	0	0		
中山大学	旅游管理（本）	10	4	3	3	4	3	3	0	0		
中山大学	酒店管理（本）	9	2	7	0	2	5	2	0	0		
中山大学	会展经济与管理	10	4	5	1	1	4	5	0	0		
华南师范大学	旅游管理（硕）	11		9	2	5	6				9	1
华南师范大学	旅游管理（本）	11	3	4	4	3	5	3			9	2
华南师范大学	酒店管理	8	2	6		2	5	0	1		7	1
华南师范大学	会展经济与管理	8	2	5	1		6	2			7	1
广东财经大学	旅游管理（硕）	9				3	3		3		5	4
广东财经大学	旅游管理（本）	9	1	3	5	3	3		3		6	3
广东财经大学	酒店管理	8		3	5	1	5		2		1	7
广东财经大学	会展经济与管理	6	3	1	2		3		3		4	2

表6　广州地区高职院校旅游专业教师规模

单位：人

年份	当年专任教师（导师）数	高职在校学生数	师生比
2014	128	8305	1∶65
2015	116	6206	1∶54
2016	194	5832	1∶30

教师数量最多（15名），约占所有教师的50%，教师年龄主要是36~45岁的中年群体。涉外旅游和会展策划与管理等比较新的专业以青年教师为主，职称基本是中级及以上级别，教师学历整体以硕士生为主（见表7）。

表7 广州地区高职院校旅游专业教师年龄、职称、学历结构

单位：人

学校名称	专业名称	专任教师（导师）数	教师年龄 35岁以下	教师年龄 36~45岁	教师年龄 45岁以上	教师职称 正高	教师职称 副高	教师职称 高级	教师职称 中级	教师职称 中级以下	教师学历结构 博士	教师学历结构 硕士	教师学历结构 本科
广东轻工职业技术学院旅游系	旅游管理	7	1	5	1		3		4		1	6	
	酒店管理	15	2	11	2	2	3		10			14	1
	涉外旅游	1	5	1		3	4			1	6		
	会展策划与管理	8	5	3			3		5		1	7	

3. 中等职业教育院校

（1）师资规模。2016年广州地区中职院校旅游专业的专职教师数529人，师生比1∶14，远低于高职生和本科生的师生比。2015~2016年中职教师人数分别增长74%、100%，而学生人数逐年下降，强烈的反差体现出来的就是师生比的急剧下降（见表8）。

表8 广州地区中职院校旅游专业教师规模

单位：人

年份	当年专任教师（导师）数	中职在校学生数	师生比
2014	152	10331	1∶68
2015	265	9457	1∶36
2016	529	7160	1∶14

（2）教师结构。学历上，以广东省旅游职业学校为例，教师中博士4人，硕士280人，本科116人。相比于本科和高职教师的学历水平，中职院校对教师的要求较低，本科学历的教师占比约29%。年龄上，整体来看偏年轻化，45岁以上教师占比为20%~25%，中青年老师占大多数。职称上，

以广州市旅游商务学校为例,副高级职称教师人数 19 人,中级职称教师 46 人,中级以下教师人数 6 人,没有正高级别的教师。

(三)旅游专业人才培养规模

1. 在校生规模

2014～2016 年,广州地区旅游教育院校的在校生人数总体呈下降趋势,2016 年 20223 人,同比下降 21.8%(见图 1)。但博士和硕士在校生数呈不断上升趋势,2016 年增长 65.79% 和 22.61%,高层次人才的培养规模增长飞速(见图 2)。本科、高职和中职在校生数量则有一定程度的减少,2016 年本科生在校生同比减少 30.96%,高职在校生减少 7.04%,中职在校生减少 24.29%(见图 3)。

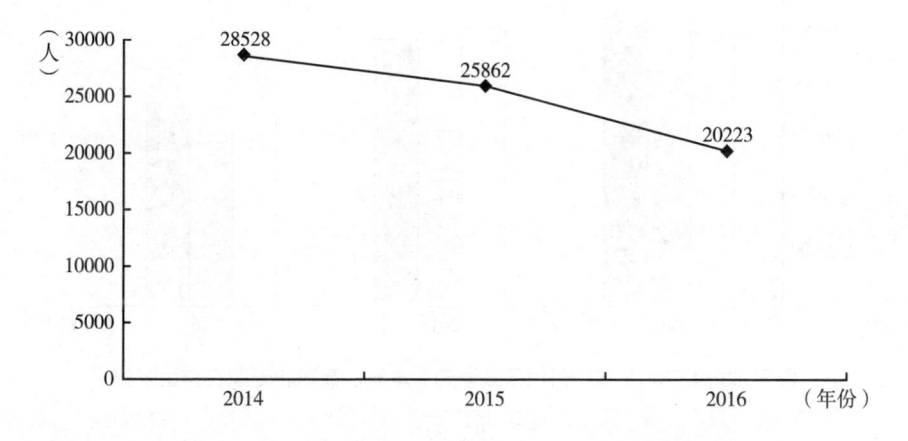

图 1　2014～2016 年广州地区旅游专业在校生整体规模

2. 招生规模及生源

2014～2016 年,广州地区旅游教育总体招生规模从 8624 人下降到 6794 人,招生总名额在下降。而博士和硕士生的招生规模在大幅度增长,2016 年博士生招生人数 18 人,增长 63.64%,硕士生招生人数 129 人,增长 29%。但是旅游专业的博士和硕士生占比很小,2016 年仅占比 2.16%(见图 4)。

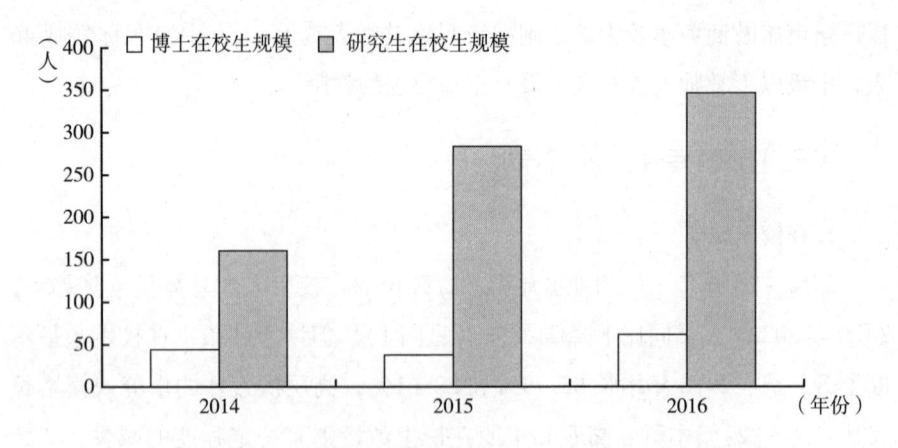

图2　2014~2016年广州地区旅游专业硕博士在校生规模

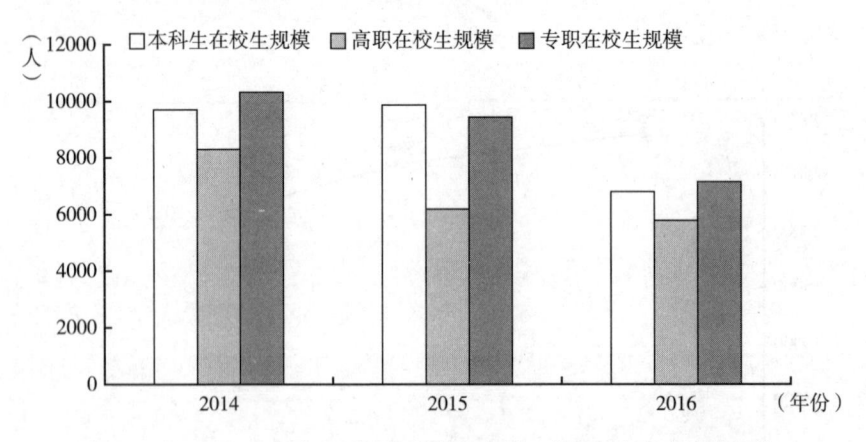

图3　2014~2016年广州地区旅游专业本科、高职和专职在校生规模

从生源上来看，本科教育院校的省内生源与省外生源人数相当，如中山大学的外省学生与广东本省学生几乎各占50%。但是由于地理位置等多种因素，高职和中职学校辐射范围还主要在广东境内，以珠三角地区为主。

3. 毕业生规模

2014~2016年，广州市旅游教育院校毕业生总规模呈下降趋势，2016年毕业生总人数5991人，减少23.59%。而博士和硕士毕业生数量在增长，2016年博士毕业12人，增长50%；硕士毕业118人，增长40.48%。本科、高职、中职教育毕业生在下降，2016年本科毕业1667人，下降30.51%；

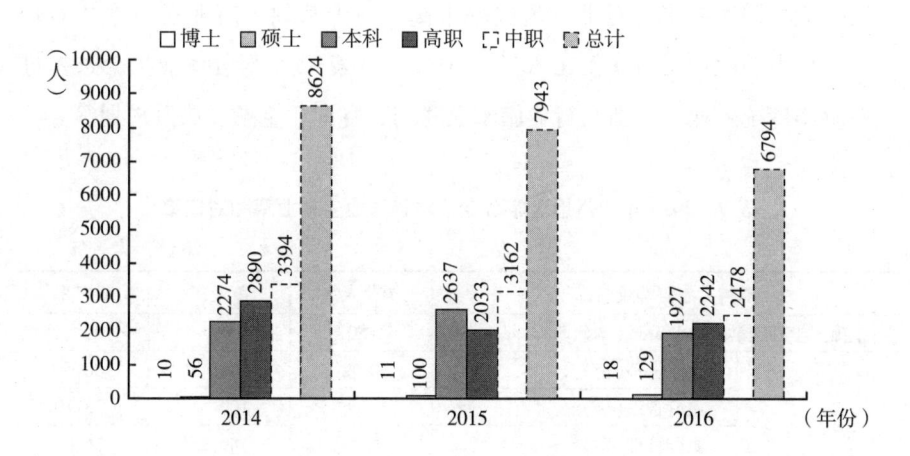

图4　2014~2016年广州地区旅游教育院校旅游专业招生规模

高职教育毕业2041人，下降7.14%；中职教育毕业2153人，下降31.69%（见图5）。

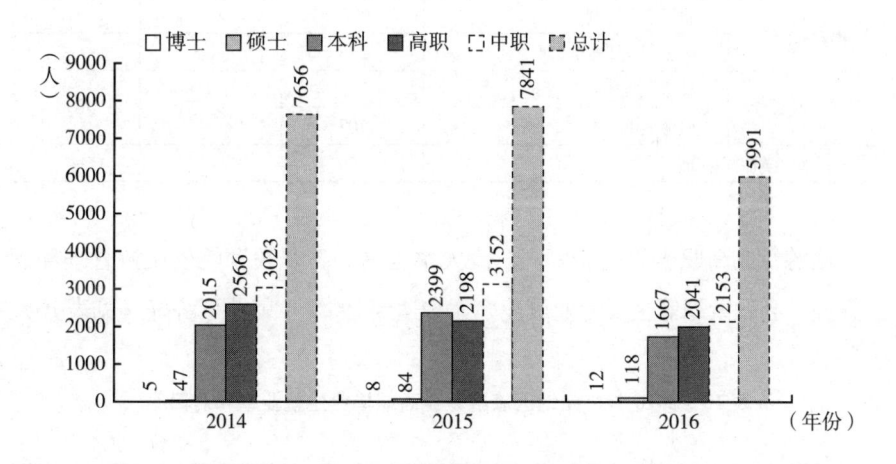

图5　2014~2016年广州地区旅游专业毕业生规模

4. 就业情况

旅游专业本科毕业生就业率高，但专业对口率较低。本科院校尤其是重点学校的学生毕业后，约1/3选择出国深造或者继续读研，学生总体就业率一般都在90%以上，就业率非常可观。但只有小部分人进入旅游行业，而且很少能长期留在旅游行业，流失率很高。博士和硕士就业对口率相对较高，本科生的就业对口率仅在30%~70%（见表9）。部分毕业生会选择进入旅游非传统行业，如新兴行业旅游互联网、咨询、金融、旅游规划等。

表9　2016年广州地区旅游专业本科毕业生就业率和对口率

单位：人，%

本科类旅游院校名称		毕业人数	就业率	对口率
中山大学管理学院旅游管理(本硕博)		50	100	100
中山大学旅游学院	旅游管理(博)	8	100	100
	旅游管理(硕)	38	100	38.10
	旅游管理(本)	95	89.85	36.00
	酒店管理(本)	71	90.32	40.63
	会展经济与管理	94	94.17	32.69
华南理工大学旅游管理(本、硕、2+2)		92	—	30
暨南大学旅游管理(本硕博)		52	95	70
华南师范大学旅游管理硕士		8	100	100
广东财经大学	旅游管理(硕)	10	100	
	旅游管理(本)	275	98.8	
华南农业大学	林学(森林公园管理)(硕)	3	92.5	30
	旅游管理(本)	107		
广东工业大学旅游管理		50	99	—

旅游专业高职毕业就业率高，流失率也高。高职教育院校旅游管理和酒店管理、会展策划等主要专业就业率大多达到100%，就业形势好（见表10）。

表10　2016年广州地区旅游专业高职毕业生就业率和对口率

单位：人，%

高职院校名称		毕业人数	就业率	对口率
广州番禺职业技术学院(旅游管理+酒店管理)		213	100	47.7
广东轻工职业技术学院	旅游管理	45	100	73
	酒店管理	176	100	82
	涉外旅游	96	67	70
	会展策划与管理	53	100	69
广东机电职业技术学院旅游管理		207	99	71

高职毕业生虽然就业率高，但在旅游行业的人才流失率也很高，平均流失率达到了40%，仅有30%~40%选择留在企业。出于学生年龄小不成熟、行业内薪资水平整体较低、上升空间小等原因，很多学生流向边缘服务行业，如银行、医院、物业管理。

中等职业旅游教育院校就业质量不高。中职院校整体就业率比较高，广州市南沙区岭东职业技术学校旅游专业毕业生的就业率达100%，广州市旅游商务职业学校毕业生选择升学（高职）的有80%。相比于高职，中职的就业质量不是很好，主要是起薪很低，都从基层做起；职业生涯成长路径有瓶颈；中职升学渠道不通畅，选择面窄。

（四）旅游专业人才培养模式

1. 本科院校

本科教育旅游院校本科生教育是4年制，主要进行基础课、专业课、专业实习等的培养。硕士的培养模式以科研为主，在读三年，1年级有课，后两年写论文和找工作。博士至少三年，要在顶级刊物上发表一定数量的研究论文的基础上，完成课程才能如期毕业。

在专业实习培养方面，本科生实习单位根据酒店管理、旅游管理、会展等专业不同而有所区别，一般都会在旅游企业，包括酒店、旅游电商、旅游景点、主题公园等。各院校一般与旅游企业有固定的合作关系，为学生提供实习场所，如中山大学和长隆集团、华南理工大学和香格里拉等。有些院校本身就是校企合作的产物，如暨南大学深圳旅游学院；有些院校与国外大学联合培养，有"2+2"和"3+1"等不同形式。

2. 高等职业教育院校

高职院校注重学生应用技能的培养，与企业合作力度较大，在学术和科研的要求上不高。如广州番禺职业技术院校以产学研结合的人才培养模式，实施"双证书"制度，培养学生的职业技能；广东省外语艺术学院与企业合作建立"A商务中心"，使之成为集项目教学、实习实训、职业培训、职业技术鉴定、社会服务功能等于一体的教学生产实训基地；广东科贸职业技术学院推行"学分制"和"双证书制",设有"国家职业技能鉴定所",为学生提供80多种中高级职业技术资格的培训、考试与认证;广州华夏职业学院与200余家大中型企事业单位建立了紧密的校企合作关系,与明珠工业园区签订《校政企合作协议》,构筑了实习与就业的畅通平台,为学生铺设了通往职场的快速通道。

3. 中等职业教育院校

中职学生因为年龄普遍较小,一般有就业和升学两手抓模式,提升学生就业率的同时也培养学生继续攻读高职学位。从化市职业技术学校以"中专大专套读,毕业领双证"的教学理念培养学生;广州市工贸技师学院通过与美国江森集团、瑞典卡尔拉得公司、中外运长航集团、广州数控等300多家知名企业合作,构建"校企双制、工学一体"的办学模式和高技能人才培养模式;广州市土地房产管理职业学校"以能力为本位,努力办出职教特色"的办学理念,培养学生的综合职业能力,以推行模块式教学为主要内容的各专业的整体教学改革。

整体来看,不同办学层次的人才培养模式有很大的不同。硕士、博士的培养主要是高等级科研型人才,课程以理论研究和论文写作为主;本科教育培养模式上理论课程较多,课外时间和实习只占到教学任务的一小部分,可能会使学生的实操能力较弱;高职教育的培养是理论课程与大量实践教学相结合,注重校企合作;中职教育则主要培养高素质的技能型人才。

(五)旅游专业人才培养目标

1. 本科教育旅游院校

基于教育部1998年发布的国家旅游管理专业目录和专业介绍的规定,旅游管理专业的培养目标为培养"德智体全面发展的,具有旅游管理专业知识,能在旅游管理行政部门、旅游企事业单位从事旅游管理工作的高级人才"。高校旅游管理专业以教育部要求的目标为基础,并结合学校特点有针对性地制定培养目标,主要从个人的基本素质、旅游专业的基本理论知识和基本技能三层面着手(见表11)。

表11　广州地区本科院校旅游专业培养目标

院校名称		培养目标	就业方向
华南农业大学旅游管理专业		培养具备生物学、生态学、地理学、旅游管理学、森林保护学、旅游规划设计等方面知识的高素质综合型人才	在林业、旅游、海关、城建等企事业单位从事森林保护、旅游管理、动植检疫及景区规划设计等工作
暨南大学管理学院旅游管理专业		具备管理学和旅游管理理论基础,掌握旅游企业和服务性企业管理实务,有较强的工作能力和创新精神	教育科研机构、旅游企事业单位、大中型企业的管理与研究
华南理工大学旅游与酒店管理学院		具有经济、管理学理论基础,掌握国际旅游管理专业相关理论知识及技能,外语、计算机应用能力较强	国际酒店、旅游业管理中的领导人才,或者继续深造
中山大学旅游学院	旅游管理与规划系	培养旅游规划、旅游景区管理、旅游信息化与电子商务方面的人才	旅游咨询、旅游规划、旅游房地产、旅游投资、园林景观设计、旅游景区、主题公园、旅游地产,或继续深造
	酒店与俱乐部管理系	具有酒店和俱乐部管理知识及技能,具备先进的管理理念和良好领袖气质的中高级职业经理人	旅游行政管理部门、国际知名饭店、现代新型度假村、旅游国际组织机构,或继续深造
	会展经济与管理系	培养展览、会议、大型活动和节庆策划、组织、营销和运营的中高级专业人才	政府商务、文化、体育等部门,展览、会议、演出、礼仪、婚庆、节庆活动策划,酒店、旅行社的会展管理与服务,教育、科研机构或者继续深造
华南师范大学旅游管理学院	旅游管理系	培养具有旅游管理专业知识,能胜任旅游行政管理部门、旅游企事业单位的应用型管理人才	旅游行政管理部门、旅游规划与策划机构,旅游商务、旅游地产、旅游广告与营销策划、旅游度假区、世界遗产地、主题公园等企业,或继续深造
	酒店管理系	培养具有国际酒店接待业服务理念和专业知识、能胜任国际酒店接待业服务、运营及管理的专业人才	在国际连锁酒店集团及高星级酒店管理公司各项服务、运营及管理工作,也可以在各级旅游行政管理部门、旅游策划及规划咨询公司、各类旅游度假区、国际连锁餐饮企业等工作,或继续深造
	会展经济与管理系	培养具有熟悉国际会展业运营规则、擅长各类会展及节事活动策划与组织、能胜任会展经营管理工作的策划师、营销师、项目经理等专业人才	在会展行业协会、会展专业组织、会展服务公司、会展场馆、会议中心、演艺公司、节庆礼仪公司、会展物流公司等从事会展策划、公关、设计、制作、现场运营管理工作,亦可在各类企业机构的市场推广、营销传播、活动策划等部门工作,部分学生可从事与事件、会展相关的研究工作,或继续深造

续表

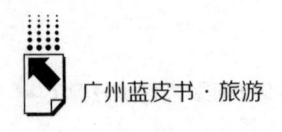

院校名称		培养目标	就业方向
广州大学旅游学院	旅行社经营管理	具有现代旅游业经营管理理念，外语能力强	国内外旅行社、旅游企事业单位等
	酒店与餐饮	掌握中外宾馆经营管理和餐饮服务管理的理论基础，熟悉宾馆各部门的运作，外语交际能力和计算机应用能力强	国内外宾馆与餐饮行业，旅游企事业单位等
	会展与商务旅游方向	具备旅游经济和管理的基本理论基础，熟悉中外交易会、展览会、商务会议的经营管理，外语水平较高	国内外会展与商务旅游的高级经营管理，旅游企事业单位等

2. 高等职业教育旅游院校

通过对广州地区主要高等职业教育院校旅游专业的培养目标分析（见表12），主要体现在以下几个方面。

（1）人才培养的高级性。高职旅游管理专业的人才培养属于高等教育的范畴，培养学生具有较强的实践能力和分析、解决旅游企业现实问题的能力，以较宽的知识面和较深的基础理论知识区别于中等职业教育。

（2）人才类型的应用性。高职旅游管理专业培养的人才是旅游企业一线的高级人才，注重培养学生具备现代旅游业的管理理念和经营手段，能够在现实的工作中，用所学的理论知识解决各种实际问题，并且具备自主学习、自我提高的能力。

（3）就业方向的基层性。高职旅游管理专业人才培养的目标是旅游企业的第一线，就业岗位群是旅游企业。因此，毕业生就业方向带有明显的基层性。

3. 中等职业教育院校

培养具有特定技能或者专注于特定领域的应用型技能人才，学生毕业去向绝大部分是旅游企业的各个基层。以广州潜水学校和广州市轻工技师学院的学生培养目标和就业方向为例，如表13所示。

表12　广州地区高职院校旅游专业培养目标

院校名称		培养目标	就业方向
广州番禺职业技术学院	旅游管理	培养"一技之长＋综合素质"的高技能人才	国内导游；国际领队 旅行社计调员；销售员 旅游顾问；其他基层管理人员
	酒店管理		酒店服务员、领班或主管 调酒师；茶艺师；专职管家 销售员、收银员、夜审员 招聘专员
广东轻工职业技术学院	旅游管理	培养能适应生产、建设、管理、服务一线岗位需要的工作能力，具备良好的职业道德、健康的个性品质和较强的可持续发展能力的高级技术技能型人才	旅行社、旅游景区、在线商旅企业、移动新媒体企业和高星级酒店
	酒店管理	能适应生产、建设、管理、服务第一线岗位需要的工作能力，具备良好的职业道德、健康的个性品质和能力的国际酒店高级技术技能型人才	星级酒店的前台接待、中西餐厅、客房服务、康乐中心、行政及后勤等服务与管理；导游、营销、管理工作，以及各类企事业单位、机关的礼仪、翻译、公关等工作
	会展策划与管理	培养具有国际化视野，具备会展职业关键能力与创新创业能力，"懂策划、会设计、善沟通、精营销"的高素质、复合型、创新型人才	在会展企业、广告公司等单位从事会展策划、公关、设计、制作、现场运营管理工作，在旅游公司或旅行社、旅游管理公司、移动新媒体企业从事各类策划活动、庆典仪式、旅游的策划与执行工作
广东岭南职业技术学院	涉外酒店管理方向	培养能适应经济全球化需求，立足广州经济开发区，为珠三角地区众多高星级酒店、旅游行业、服务行业以及茶叶营销行业提供高技术高技能型人才	在旅游行政管理部门、行业协会、旅行社、酒店、旅游交通企业、景区、会展中心等单位从事行业管理、服务、导游、人力资源培训等工作

表13　广州地区中职院校旅游专业培养目标

院校名称		培养目标	就业方向
广州潜水学校	旅游潜水专业	学生要获得潜水、水手、救生员、导游资格等多个证书，身体素质好，水性好	海上救助、海事、海关缉私、公安特警、海洋馆、海（水）上乐园、旅行社等单位
广州市轻工技师学院	旅游与酒店管理专业	培养适合产业发展需要的实用型、复合型经营管理人才	在五星级酒店、旅行社、大型景区等企业从事服务与管理工作

273

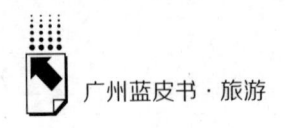

二 广州地区旅游人才培养存在的问题分析

（一）旅游人才供需不匹配

1. 旅游人才培养规模与快速发展的旅游业不匹配

近几年，广州市旅游总收入增速很快，2016年旅游总收入达3217.05亿元，2014~2016年同比增长13.89%、16.7%和12.0%。可见，随着经济的发展和人民物质生活水平的不断提高，广州市旅游产业发展迅速，一直保持两位数的增长速度。但是同期，广州地区旅游教育院校的在校生规模呈现负增长趋势，与旅游业的发展不匹配。

2. 旅游人才培养规模占广州市人才培养总规模的比重下降

2014年，广州地区普通高等教育和中等职业教育的在校生共有126.39万人，其中旅游相关院校或者专业的在校生共有28528人，占比2.26%；2015年，广州地区普通高等教育和中等职业教育的在校生共有128.03万人，其中旅游相关院校或者专业的在校生共有25862人，占比2.02%，有下降趋势。

（二）旅游人才断层现象严重

从人才培养层次来看，2016年广州地区培养的旅游专业人才中，博士、硕士和本科生占比分别是0.31%、1.71%和33.80%，高职生和中职生分别占比28.81%和35.37%（见图6）。本科生与研究生之比约20∶1，专科生与研究生之比约37∶1。发达国家数据表明：旅游人才金字塔结构要求本科生与研究生之比为10∶1，专科生与研究生比例为16∶1。而与国外相比还有巨大差距，存在着旅游人才断层的现象，基层技能型人才比例太大，硕士和博士等高层次知识型人才太少，旅游类学生的进一步深造可能性较低。

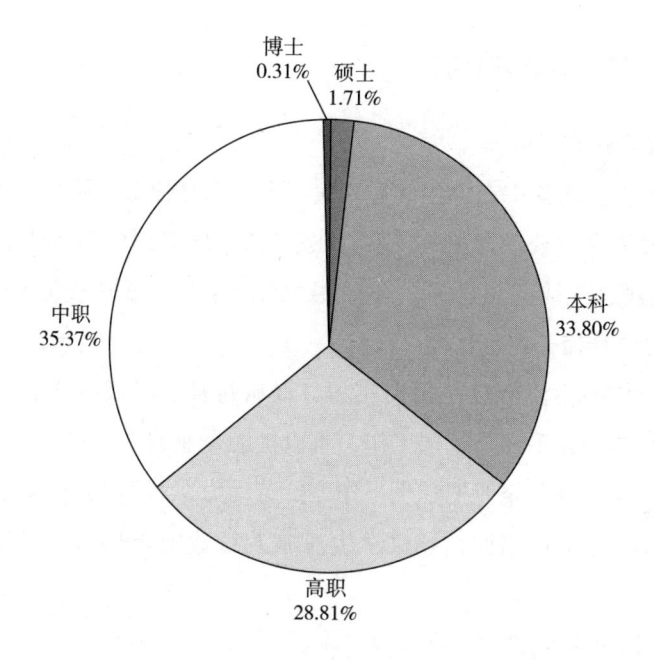

图6 2016年广州地区旅游教育培养结构

（博士 0.31%，硕士 1.71%，本科 33.80%，高职 28.81%，中职 35.37%）

（三）师资配备不足

1. 师资力量不足

其主要表现在师生比过低、教师人才缺少，以中山大学为例：中山大学旅游学院在广东旅游院校中本科招生规模最大，每年本科招生300人左右；在国内985高校中硕士招生人数最多，规模最大。但师资严重短缺，只有30人左右，教师承担着教学与科研双重压力，工作量是普通老师的3~4倍。老师与学生数量不匹配，1位老师要辅导50~60名学生，压力和工作量大，难以一对一辅导，影响教学质量。

2. 双师型教师短缺

不论是对于高等职业教育还是中等职业教育的院校来说，培养专业型技能人才所需要的双师型教师资源不足，一些教师的实践经验少，缺乏行业观察和国际视野，教师队伍的整体建设有待加强。

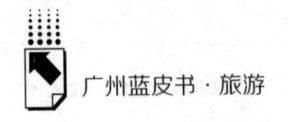

（四）校企合作不够深入

1. 校企合作方式单一

目前校企合作集中在学生的短期实习上，在其他如产研结合等方面缺乏合作，学校和企业缺乏真正的联系。在学生实习过程中，学校与企业的交流较少，不能联合指导学生发展，学生很难将所学与所做联系起来。

2. 校企合作流于表面形式

校企合作的主流依然是顶岗实习，以旅行社、星级酒店、景区景点为主，学生从事的几乎都是基层工作，难以接触企业的中高层管理，学到的东西很有限。绝大部分企业把学生当作廉价劳动力，而不进行培养；工作强度较大，占用工余时间培训，导致学生对旅游行业缺乏热情，很难留在实习企业。

3. 实训基地不完善

实训基地主要分校内、校外，校内实践基地是由学校建设的与专业相关的实训室，如番禺区职业技术学校旅游专业的导游实验室、茶艺室等。虽然院校设置了一些校内实训基地，但实训条件不足，实训室开放成本较高，缺乏资金支持，院校的资金压力较大。各院校也有签约的校外实践基地，但质量参差不齐，且学生大多在基层岗位，不利于学生职业能力的培养。

（五）人才培养目标定位不明确

一些院校开展旅游教育的出发点可能是为了生存、扩招，较少考虑发展因素，存在"依托专业而设课""依教师而设课"等情况，目标定位不太清晰，从而导致课程设置、教学计划等针对性不强，很多课程是因人而设，培养的人才在知识结构、能力结构方面难以适应旅游行业相关岗位的任职要求。主要表现在：硕士生和本科教育"理论化"，实践与理论结合松散；专科教育"本科化"，所学的内容与市场或行业需求相差较大，一定程度上造成了毕业生"高不成、低不就"；此外，职业教育"普教化"，教学内容与市场需求严重脱节。

三 旅游专业人才培养的对策建议

(一)明确培养目标

1. 准确定位培养方向

根据办学层次的不同,人才培养目标也不相同。院校应该结合实际,准确地定位学生的培养方向。中职院校更倾向于培养面向服务层的旅游管理人才;高职院校所培养的应该是高端技能型的旅游人才,从服务层向管理层渗透;本科院校应该专注于管理层人才的培养,充分平衡理论与实践。明确人才培养的区域性,结合地方现状有针对性地进行教学和实践。

2. 明确人才素质结构

人才素质结构是人才培养应该达到的标准,对院校而言,则是学生的就业能力和专业能力。院校应该明确培养目标,在学生的知识素养和专业技能上多下功夫,将目标具体化,例如必须熟练掌握一门外语,考取导游资格证等。院校不止于教书,更在于育人,在职业道德与思想品德的培育上,院校也应该多多关注学生,这也是素质结构的一部分。

(二)加强师资队伍建设

高等院校要加强人才引进,健全教师队伍;职业院校要加强师资队伍建设,建设专兼职相结合的"双师型"教师队伍,加强校内外实训基地的建设,保障实践性技能课的落实。学校要重视"双师型"教师的培养,鼓励教师考取在职学位、参加专业培训等,提高教师学历和知识水平。同时,设置激励机制,鼓励专业教师参加资格考试和技能大赛,提高"双师型"教师队伍的整体素质。在条件允许的情况下,选派教师出国培训,学习相关经验,进一步提升专业水平。另外,可安排教师到相关企业挂职,提高实际操作技能,站在旅游发展前沿。

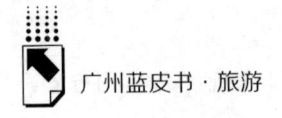

（三）推进校企合作

1. 政府层面

政府加大经费投入，保障院校积极建设实训基地，优化课程。不断完善相关政策法规，将经费落到实处，给校企合作提供保障，减小阻力，从而提高学生的专业水平和就业质量。推动景点等事业单位进行实践基地、科研基地建设。推进旅游院校联盟的建设，提高行业协会的地位，使各院校共享市场调研成果，共同促进，共同发展。

2. 学校层面

学校加大市场调研力度，与其他院校合作，整合资源，扩大调研的宽度和深度，及时了解市场需求，适时调整课程设置，避免所教与所需脱节。积极与企业联系，鼓励教师在企业任职，提高教师的专业水平，促进校企合作。

3. 企业层面

企业应从战略角度，积极配合政府和学校，培养学生的专业能力，增强合作意识。与旅游院校合作，产学研一体，充分利用院校资源，进一步促进企业自身的人才培养。企业要与院校建立起长期的合作关系，联合培养人才，加强校外实践基地的建设，改变学生是廉价劳动力的实习现状，使学生有所获、企业有所得。

（四）设立专门旅游院校

广州目前还没有专门的旅游院校，不能凸显或提高旅游专业在全省的高度，如四川（本科）、山西、山东旅游学院。设立专门的旅游院校有利于培养本土化的旅游人才，即关注并解决当地社会发展和行业自身问题的人才，切实加强旅游文化教学和研究。让学生接受浸入式的教育，有利于加深学生对旅游行业的理解，培养一批具有地方情感、能够主动服务旅游行业发展的新动力和继承人，从而为旅游发展提供有效的人才和智力支持。

参考文献

刘俊华：《山东省高职旅游管理专业人才培养研究》，山东师范大学硕士学位论文，2008。

王建军、陈文君、陈平、廖建华、宋传敏：《"双核三方"模式下的高职旅游管理专业"2+1"人才培养模式：以广州城市职业学院为例》，《广州城市职业学院学报》2011年第2期。

黄继华、任欣颖：《酒店管理专业校企合作育人模式的选择、比较与反思——以广东农工商职业技术学院为例》，《广东农工商职业技术学院学报》2016年第1期。

刘雨涛：《SWOT视角下行业院校非行业特征专业特色建设研究：以广州铁路职业技术学院涉外旅游专业为例》，《南方职业教育学刊》2013年第4期。

杨琳曦：《TAFE模式中教师考核培训体制研究》，《旅游纵览》（行业版）2014年第6期。

杨琳曦：《TAFE制度中以职业能力为中心的人才培养研究：以广东机电职业技术学院TAFE旅游管理专业为例》，《旅游纵览》（下半月）2014年第3期。

饶雪梅：《高职酒店管理专业"服务管理渐进、全程工学交替"人才培养模式的实践与探索——以广州番禺职业技术学院酒店管理专业为例》，《经济师》2010年第7期。

尹春洁：《高职院校"双导师制"人才培养模式的构建与实践——以广东省外语艺术职业学院为例》，《船舶职业教育》2015年第6期。

饶尹婕：《高职院校校企合作的经验与启示：以广东岭南职业技术学院为个案》，华中师范大学硕士学位论文，2013。

徐芳：《工学结合　半工半读：广州铁路职业技术学院人才培养模式探索与实践》，《中国科技信息杂志》2010年第8期。

刘佳环、郭盛晖：《工学结合的两年制高职旅游管理专业人才培养模式探析：以广州番禺职业技术学院为例》，《河北旅游职业学院学报》2009年第4期。

刘雨涛、胡秦葆：《和谐就业视角下的高职旅游人才培养模式的探索与实践：以广州铁路职业技术学院旅游专业为例》，《广州广播电视大学学报》2010年第5期。

杨香花、余琳、廖晓中：《高职旅游管理专业校企合作的问题与措施》，《职业教育研究》2011年第7期。

吴强：《企业需求导向下的中职旅游人才培养模式研究：以广州地区旅游企业与中职学校为例》，《中国集体经济》2012年第13期。

B.18
广州地区院校旅游专业设置现状及对策分析

罗瑞瑞[*]

摘　要： 作为经济发达城市，广州旅游业发达，旅游出入境游人数多，旅游市场需求量是地区院校设置旅游专业的重要考量因素。目前，广州地区设置旅游专业的37所院校中，有中职、专科、本科、硕士、博士五个层次。本科教育偏向于理论与研究型，专科和中职教育偏向于实践和动手操作能力，每所院校的旅游专业设置都有偏重，不同层级培养中的专业设置、课程设置存在一定的重复，结构不合理，缺乏地方特色。基于此，广州地区院校旅游专业设置应实现对接，在课程内容和专业设置上体现广州特色。

关键词： 旅游专业　专业设置　课程设置

一　广州地区旅游专业设置现状

（一）本科教育院校专业设置及特点

1. 设置旅游专业的院系基本情况

从广州地区设置有旅游管理专业的15所本科院校来看，旅游专业学科

---

[*] 罗瑞瑞，广州市旅游智库研究员、硕士。

建设的背景各具特色，除独立的旅游学院之外，还依托于林学、地理、管理、经济等相关学院，各院校在人才培养上各有侧重。中山大学旅游学院从地理学院分支而来，课程偏向于旅游地理；暨南大学的旅游管理以管理学为学科基础；华南农业大学的旅游管理专业设在林学院，由森林旅游演化而来，课程也有多处与林学相关。对联合办学的广州大学中法旅游学院，出于联合培养的考虑，外语课程的增加不可避免，同时也会更多地涉及国际旅游的一些方面（见表1）。

表1 广州地区本科高校旅游专业依托院系

院校名称	所属院系		历史沿革
华南农业大学旅游管理专业	林学院		2001~2006年:森林资源保护与游憩（森林旅游） 2006年第一年旅游管理专业招生
暨南大学管理学院旅游管理专业	管理学院		—
华南理工大学旅游与酒店管理学院	经济与贸易学院		2004年在广州大学城华南理工大学南校区建立。之后，整体并入经济与贸易学院。2013年，作为经济与贸易学院的一部分，恢复建立旅游与酒店管理学院
中山大学旅游学院	旅游管理与规划系	旅游学院	2004年，旅游学院在中山大学地理学院的支持下成立的，四年常驻珠海校区
	酒店与俱乐部管理系		
	会展经济与管理系		
广州大学中法旅游学院	旅游与休闲管理系	中法旅游学院（合作办学）	2001年，由广州市政府与法国教育部共同签署合作办学协议，经广东省人民政府批准依托广州大学旅游学院组建
	酒店管理系		
	会展经济与管理系		
华南师范大学	旅游管理	旅游管理学院	2000年，华南师范大学旅游管理全日制本科专业开始招生，2000年9月，成立旅游管理系，行政上隶属于华南师范大学人文学院，2001年3月，旅游管理系从华南师范大学人文学院独立出来，2013年，成立华南师范大学旅游管理学院
	酒店管理		
	会展经济与管理		
广东工业大学	旅游管理	管理学院公共管理系	—
广东财经大学	旅游管理	地理与旅游学院	从1986成立的烹饪工程系基础上发展起来
	酒店管理		
	会展经济与管理		

2. 专业方向

在广州的旅游院校中，本科层面专业方向一般分为旅游管理、酒店管理、会展经济与管理三个类别，硕士与博士层面的专业方向为旅游管理类。部分院校在招生时的专业为旅游管理类，学生在大类培养一段时间后进行专业的选择和分流。华南师范大学、中山大学、华南农业大学、广东财经大学有资格进行硕士的招生和培养，以旅游管理类为主，硕士人数整体较少，也未有更明显的专业细分（见表2）。

表2 广州地区旅游教育本科院校专业方向

单位：人

学校	学历	专业（类、方向）	实际招生数	在校生数
华南师范大学	硕士	旅游管理类	7	7
		其他	15	14
	本科	旅游管理	141	141
		酒店管理	237	237
		会展经济与管理	213	213
		其他（2016级尚未分专业）	179	179
华南理工大学	博士	旅游管理类	3	8
	硕士	旅游管理类	6	6
	本科	旅游管理	未分流	84
中山大学旅游学院	博士	旅游管理类	9	28
	硕士	旅游管理类	41	106
	本科	旅游管理		298
		酒店管理		142
		会展经济与管理		275
华南农业大学	硕士	旅游管理类	291	454
		其他旅游相关方向	3	9
	本科	旅游管理	90	350
广东财经大学	硕士	旅游管理类	—	15
	本科	旅游管理	—	391
		酒店管理	—	399
		会展经济与管理	—	357
广东工业大学	本科	旅游管理	50	200

3. 课程结构

本科院校注重知识理论的学习，必修课占比较大；在公共课、专业课与实践课的比例中，实践课的占比相对较小。大部分课程由学校安排，学生选择余地较小。如中山大学旅游管理专业学生的总学分要求155分，其中必修课为112分，占比72.3%，华南师范大学的必修课占比近78%。从实践课与公共课、专业课等的比例来说，实践课偏少。华南师范大学的实践课程只占到16.6%（见表3）。

表3 华南师范大学课程结构

单位：分，%

课程类型	课程性质	学分	占最低毕业学分比例
公共基础课程	必修	40	25.6
	选修	10	6.4
学科大类课程	必修	43	26.9
专业领域课程	核心课程 必修	14	8.9
	方向课程 选修	20	12.7
	实践课程 必修	26	16.6
	选修	4	2.5
合计		157	100

4. 能力培养

本科院校旅游专业学生的能力培养注重理论知识的学习。从院校的课程设置来看，大部分属于知识理论型课程，实践课程和拓展类课程比较少。旅游有其自身特点，属于服务业，涉及行业广泛，需要不断与业内、业外人接触，因此，从事旅游行业的人员除了自身技能强外，还要能胜任管理工作，而本科院校对此不够重视。另外，当前广州地区院校旅游管理相关专业的课程设置，对职业道德的教育几乎没有涉及（见表4）。

（二）高等职业教育院校专业设置及特点

1. 基本情况

目前，广州地区共有12所高职院校开设旅游相关专业，包括广州铁路

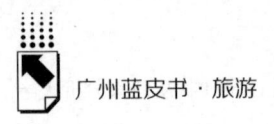

表4 广州地区旅游本科院校专业及其主要课程

院校名称		主要课程
华南农业大学旅游管理专业		旅游学、导游学、旅游地理学、旅游心理学、旅游政策与法规、旅游会计学、旅游经济学、旅行社与酒店管理、旅游规划、旅游市场学、生态旅游学、森林保护学、森林生态学、森林经理学、景观生态学、观赏树木学、野生动物学、旅游英语、旅游管理信息系统等
华南理工大学旅游与酒店管理学院		旅游学导论、接待服务业管理、市场营销学、酒店管理原理、休闲业管理、旅游资源开发与管理、旅游规划原理、旅游与酒店业信息系统、酒店业财务会计、旅游职业发展与创业教育
中山大学旅游学院	旅游管理与规划系	旅游规划与公共政策、旅游项目投资与运营、旅游电子商务、旅游管理信息系统、旅游地产与土地利用、景观设计、平面设计、旅游目的地营销、社区旅游规划与管理、文化旅游、世界遗产概论、网络营销、网络地理信息系统、Java程序设计及网页制作、旅游景区管理
	酒店与俱乐部管理系	酒店收益管理、人力资源管理、餐饮经营管理、住宿管理、酒店管理信息系统、高尔夫概论、酒店规划与投资、饭店营销策划与市场推广、俱乐部管理、高尔夫俱乐部运营管理、休闲与体育管理、会员制管理
	会展经济与管理系	会展概论、展览策划与组织、会议策划与组织、节庆活动策划与管理、文化创意产业导论、跨文化交流(双语)、体育与赛事策划、营销经典案例分析、展示设计
广州大学中法旅游学院	旅游与休闲管理系	管理学、经济学原理、统计学、会计学、市场营销原理、人力资源管理、财务管理、旅游学概论、旅游法规、旅游经济学、旅游资源与开发、旅游管理信息系统、旅游文化、旅游心理学、现代酒店概论、国际礼仪及各专业方向主干课程
	酒店管理系	—
	会展经济与管理系	大学英语、高等数学、管理学、经济学原理、统计学、会计学、市场营销原理、人力管理、会展概论、会展法规、国际贸易、中外经济地理、公共关系学、展览策划与组织管理、会展营销、会议策划与组织管理、市场调研与预测、会展项目管理
华南师范大学	旅游管理	旅游英语、旅游可持续发展、旅行社经营与管理、旅游规划原理、旅游地理学、城市旅游与休闲管理、景区运营与管理等
	酒店管理	旅游商品学、饮食文化、社区旅游理论与实践、城市更新与旅游发展、城市与区域经济学、东南亚旅游经济与海洋文化、酒店规划与设计、食品营养与卫生、中国地理文化与节事策划、会展的文化政治学等
	会展经济与管理	会展英语、展览策划、会议管理、会展礼仪与服务、节事策划与组织管理、会展展示设计、展览工程管理等
广东工业大学	旅游管理	管理学、经济学、会计学、营销学原理、旅游资源学、旅游经济学、旅游心理学、国际酒店管理、旅行社经营与管理、旅游电子商务等

续表

院校名称		主要课程
广东财经大学	旅游管理	宏观经济学、微观经济学、金融学、统计学、管理学、营销学、服务管理、人力资源管理、管理信息系统、会计学、财务管理、经济法学；旅游与休闲导论、旅游消费行为、旅游经济学、旅游调研统计、旅游政策法规、旅游地理学、旅游文化学、旅游资源开发与管理、旅游规划策划、旅游业投融资、旅游项目管理、跨国旅游企业管理、景区（点）经营管理、住宿业经营管理、餐饮经营管理、旅行社经营管理、导游业务、旅游战略管理、旅游业成本控制、旅游电子商务；旅游专业英语、旅游英语口语、第二外语（日语）等
	酒店管理	管理学、管理信息系统、经济学、统计学、会计学、经济法、旅游学概论、酒店管理概论、酒店前台与客房管理、酒店餐饮管理、酒店财务管理、酒店人力资源管理、酒店品牌建设与管理、现代服务业管理、酒店商务英语、酒店公关礼仪、旅行社经营管理、酒店物业管理、会议与宴会管理、酒店主题活动策划
	会展经济与管理	管理学、经济学、管理信息系统、统计学、会计学、财务管理、现代服务业概论、会展概论、会展战略管理、会展产业经济、会展项目管理、会展营销原理与实务、会展策划、节事活动策划与管理、会议策划与管理、场馆管理与现场服务、会展礼仪、会展政策与法规、参展商管理、会展人力资源管理、会展企业管理、会展客户关系管理

职业技术学院、广东省外语艺术学院、广州城市职业学院、广州番禺职业技术学院、广东轻工职业技术学院、广东女子职业技术学院、广东机电职业技术学院、广东科贸职业学院、广州华夏职业学院、广东行政职业学院、广东农工商职业技术学院、广东岭南职业技术学院。各院校的专业课程设置主要有涉外旅游、酒店管理、旅游管理、会展策划、旅游语言。目前在校生5498人，2016年毕业人数1962人，招生2113人（见表5）。

2. 专业方向

高职院校的专业细分较为明显，专业课程偏向实践应用，大部分从属于管理系、旅游系、外语系，在专业方向上也有差异。旅游管理专业主要是旅行社相关的人才培养，例如导游、旅游顾问等。酒店管理专业主要培养能够胜任酒店工作的人才以及酒店需要的人才，例如服务员、调酒师等。会展策划则专注于策划、设计、营销人员的培养。旅游语言的相关专业着重培养语言技能。

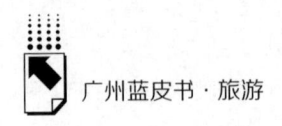

表5　广州地区高职院校开设旅游专业基本情况

单位：人

学校名称	院系名称	专业名称	实际招生数	在校生数
广州铁路职业技术学院	经济管理系	涉外旅游	129	334
广东省外语艺术学院	国际经贸学院	涉外旅游	80	276
广州城市职业学院	旅游系	旅游管理	87	274
		酒店管理	98	29
		会展策划与管理	58	169
广州番禺职业技术学院	人文社科学院	旅游管理	113	191
		酒店管理	98	234
广东轻工职业技术学院	旅游系	旅游管理	83	215
		酒店管理	185	545
		涉外旅游	81	8
		会展策划与管理	108	268
广东女子职业技术学院	管理系	旅游管理	43	144
		酒店管理	172	446
广东机电职业技术学院	外语商务学院	旅游管理	116	435
广东科贸职业学院	人文外语系	应用英语（国际商务会展）	133	267
广州华夏职业学院	管理学院	旅游管理	54	110
		酒店管理	50	126
广东行政职业学院	外语系	旅游英语	31	98
广东农工商职业技术学院	商务系	旅游管理	93	292
		酒店管理	102	347
		会展策划与管理	91	286
	外语系	旅游英语	166	564
广东岭南职业技术学院	管理学院	酒店管理	71	174

在专业背景较为明显的学校，旅游专业背景明显。如广州铁路职业技术学院的涉外旅游专业，以学院内轨道特色非常鲜明的城市轨道交通运营管理专业客运方向为依托，以校企合作办学、订单培养为方式，积极拓展旅游客运（铁路乘务）方向。

3. 课程结构

高职的课程设置非常注重实践课程，占的比重也较高，安排了很多的实践/实习课，同时对公共基础课和专业理论课也给予了一定重视，与其培养高素质的技能人才的目标相符。

4. 能力培养

学生培养既涉及管理方面，也对个人技巧和沟通等给予了足够的重视。学生需要修读公共课程以提高知识和道德素养，专业课程涉及旅游行业的理论和基础知识，专业领域的客户课程注重个人职业能力的培养。综合来看，高职院校更倾向于培养基层管理者。

5. 校企合作

广州旅游院校与企业合作主要有以下五种形式：企业为学生提供顶岗实习；企业为教师提供实践岗位；企业为学校提供兼职教师；学校派教师为企业员工提供培训；企业院校共建实训基地。大部分院校以前三种为主。

顶岗实习是旅游职业院校专业培养的重要一环，也是院校与企业合作的主要方式。学生到实际的企业工作岗位实习，独立承担岗位的工作任务，提高专业能力、操作技能和综合素质，加深对行业的认识。高职院校通常安排半年到一年的时间让学生到合作企业顶岗实习。顶岗实习的岗位一般是基层的岗位，例如酒店服务员、景点接待员等。

（三）中等职业教育院校专业设置及特点

1. 基本情况

广州地区有10所中职院校开办中餐烹饪与营养膳食、西餐烹饪、高星级饭店运营与管理、旅游服务与管理等专业，在校生7160人，2016年招生2478人，毕业生2153人（见表6）。

2. 专业方向

中职旅游教育的专业集中于酒店管理、餐饮烹饪、旅游服务与管理，以旅游与服务管理最多。在课程设置上，主要的培养技能集中在饭店和导游服务两点上，根据专业的不同侧重点差别较大。

旅游服务与管理专业安排旅行社、导游方面的课程及部分酒店基础知识；高星级饭店运营与管理/酒店管理专业的课程是酒店服务、餐厅、客房

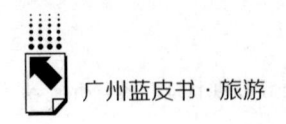

表6　广州地区旅游中职院校专业概况

单位：人

学校名称	专业名称	实际招生数	在校生数
广东省旅游职业学校	旅游服务与管理	715	2065
	酒店管理	690	2047
广州市白云行知职业技术学校	餐饮	181	535
广州市旅游商务职业学校	高星级饭店运营与管理	255	772
	旅游服务与管理	145	373
	会展服务与管理	29	101
	茶艺与茶营销	20	65
广州潜水学校	旅游服务与管理	78	169
广州市从化区职业技术学校	旅游服务与管理	8	56
	高星级饭店运营与管理	11	57
广州市工贸技师学院	旅游服务与管理	30	80
广州土地房产管理职业学校	旅游服务与管理	35	35
广州市增城区东方职业技术学校	旅游服务与管理	23	115
	高星级饭店运营与管理	34	124
广州市轻工技师学院	旅游与酒店管理	160	400
	烹饪	30	80
广州市南沙区岭东职业技术学校	旅游服务与管理	34	86

等；会展服务与管理专业的课程涉及会展的基础知识及会展策划等；茶艺和茶营销专业的课程设置大多与茶有关，如茶文化、茶叶感官审评等（见表7）。

3. 课程结构

中职教育的实践课程占比较高，公共基础课较少，安排在专业方向上的课程较多，选修课程只占到7%左右。中职院校的学生会安排半年到一年的时间进行顶岗实习，实习时间较长。以广州市从化区职业技术学校的课程安排为例，企业岗位实习占到总学时的33.5%，除专业课的课堂教学外占比最多，文化课占到22%，相对较少（见表8）。

4. 能力培养

中等职业旅游教育院校的培养偏重实践技能，理论知识较少，更多的是实操性技能培养。中职旅游的专业操作能力大致可分为饭店服务技能、导游

表7 广州旅游中职院校专业及主要课程

院校名称		主要课程
广州市从化区职业技术学校	旅游管理	景区服务与管理、茶艺、商务服务、旅行社业务和管理、酒店管理基础知识、旅游摄影、综合艺术教育、插花、现场讲解、礼仪与形体、客房服务、前厅服务、餐饮服务
	酒店管理	酒店市场营销、礼仪与形体、菜点酒水、餐饮服务、客房服务、前厅服务、西餐服务、插花教程、中国饮食文化、公共卫生和旅游保健、茶艺、会展服务、服务语言艺术、食品营养学
广州市旅游商务职业学校	旅游服务与管理	政策法规、导游业务、全国导游基础知识、广东导游基础知识、模拟导游、会展旅游实务、旅游线路开发、旅行社专业英语、酒店服务常识、地方旅游资源、酒店软件应用、酒店专业英语、前厅服务、宴会菜单设计、酒店沟通技巧、康乐服务
	会展服务与管理	会展概论、会议策划与营运、展览策划与运营、会展营销、节庆活动策划与营运、会展旅游、旅游学概论、旅游心理学、会展文案、会展英语、会展接待实务、会展信息应用技术、礼仪常识
	高星级饭店运营与管理	餐厅服务、客房服务、前厅服务、旅游心理学、酒店英语、酒店管理概论、市场营销
	茶艺与茶营销专业	茶文化概述、礼仪训练、茶艺服务、餐厅服务、茶叶感官审评、市场营销、茶馆经营与管理、茶艺英语应用、服务心理分析、茶叶贸易

表8 广州市从化区职业技术学校课程结构

单位：学时，%

课程类别	必修课		选修课			
			限选课		任选课	
课程类型	基础模块		专业模块		拓展模块	
	文化课	专业通用课	专业专门化课	专业实践课	专业课	人文课
课时数	672	288	768	1306	32	32
比例	21.7	9.3	24.8	42.2	2.0	
课程类别	文化课（人文课）		专业课（课堂教学）	综合实训课	企业岗位实习	
课时数	704		1088	270	1036	
比例	22.7		35.1	8.7	33.5	

服务技能和其他服务技能。饭店服务技能包括摆台、折花、斟酒、分菜、调酒、铺床、整理客房、清洁客房等；导游服务技能有带团技能、讲解技能、交际技能等；其他服务技能包括水果拼盘、插花艺术、茶艺表演、会场布置等。除此之外，是基本的具体实践能力的培养，关于知识素养和职业道德的

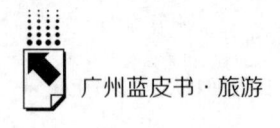

课程。

5. 校企合作

中职院校与企业合作的岗位大多是基层，签订合同的企业集中在旅行社、酒店行业。如旅游商务职业学校与白天鹅酒店集团、岭南集团、长隆集团、嘉逸集团、广之旅、南湖国旅、南方航空、银雁金融服务公司等企业建立密切的合作关系，建成稳定的顶岗实习基地88个。合作方式主要有：旅游企业中高层管理者担任本专业建设指导委员会委员；校企共建校外实习基地，共同对实习生进行管理和考核；聘请旅游企业业务骨干为本专业兼职教师；教师到旅游企业挂职锻炼；旅游企业赞助和支持校内实训室建设与导游技能大赛活动。中职院校的企业实习与专业较为对口，一家企业可能与多家院校进行合作。

二 广州地区院校旅游专业设置存在的问题分析

（一）专业设置不合理

1. 专业设置重复

目前，广州地区院校旅游专业的课程中，有不少课程是与学科基础课程重复的。比如，部分关于学科的基本概念在不同的课程中出现多次，也有一些内容多次重复。存在这种现象的主要原因是不同的教师教授不同的课程时，缺乏一定的协调和沟通，没有对不同的课程进行有效的整合。结果就是既严重影响增设学科新内容，也大大降低了学生对学习新知识的热情，还缺少学习更多新知识的机会。同时，这也在很大程度上造成了教育资源的浪费以及学生精力不集中、专业学不精，从而不能很好地实现教学质量的最优化。

2. 专业结构不合理

在专业结构的设置上，院校对管理类专业比较偏重，容易忽视市场需求。管理类专业是目前高校招生的热门专业。多数院校旅游专业的设置都带管理二字，但市场对旅游基层人才需求较多，过度追求培养管理型人才与市场的需求有所冲突。在课程设置上，管理类课程也需视市场情况安排。

3. 专业方向细分不够

多数院校的旅游专业，在其课程设置方面都比较宽泛，很少进行细分，一般就是将旅游专业统分为旅游管理、酒店管理、会展经济与管理三大类。中职的专业分的较为细致，高等职业教育和本科的专业则比较宽泛。旅游是一个跨学科的专业，涉及的面较为广泛，课程细分不明显导致学科整体较为松散，专业课程缺乏侧重点，课程体系不完善，不利于整个专业课程体系的建设。

（二）课程设置欠佳

1. 课程结构有待完善

课程结构包括课程类型、学时学分、实践课和理论课、选修课和必修课等。旅游行业要求从业人员有较宽的知识面，从当前旅游专业的课程结构所包含的知识量来看，可以满足该行业从业者的基本要求，然而对学生能力以及职业道德等方面的培养还比较缺乏。多数院校在设置课程体系方面，都是从原有知识体系的学科结构出发的，一般都是公共基础课、专业课、专业实践课。对高等院校而言，重学术和重应用的两种倾向较为明显；对职业院校来说，课程设置仍以系统的知识传授为主，课程之间的横向衔接不足，缺乏整合和针对性。在职业院校课程设置中，未能充分考虑学生意见和需求，导致课程安排与学生学习意愿不一致。

2. 实践课程设置不足

在教育部发布的《关于制定高职高专教育专业教学计划的原则意见》中，明确提出三年制专业的课程设置中，其实践教学一般不应低于教学活动总学时的40%，综合各中高职院校的教学计划，实践教学一般占到总学时的30%左右，院校可酌情增加实践课程。总体来说，广州地区旅游教育院校的实践课程情况，本科的实践课程较少，偏重知识和理论的学习，中高职的实践课程相对较多。

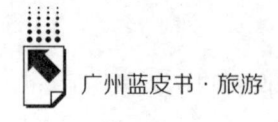

3. 课程内容缺乏特色

一是专业课程区分不明显，不同旅游专业的课程间存在着大量相似课程，专业特色不强，没有明显的专业区分。二是专业课程重复率高，以旅游学、旅游经济学、旅游地理学、旅游文化学、旅游心理学等课程内容为例，其中含有大量重复内容，重复学习这些内容会浪费学生的宝贵时间。其中固然存在现有旅游理论不完善的问题，但学校也要更加深入地思考和研究课程内容的搭配和设置。

4. 课程内容与实际需求脱节

部分院校的旅游专业由其他学科改建而来，拥有浓厚的原来专业的色彩，因此，在专业设置、培养目标以及课程体系设置等方面同旅游行业的发展、内涵、规律等缺乏衔接，专业背景过重，应用性和实践性并未得到体现。另外，面对快速发展的旅游市场，一些课程已经不适合当今的旅游发展，难以适应旅游企业岗位需求。

5. 课程内容缺乏地方特色性

大部分旅游教材是全国性的旅游课程，无法顾及地方实际甚至学校实际，较少有学校进行针对地方、本校实际的课程开发，使得各学校课程相似，缺乏特色。结合就业现状来看，很大一部分学生选择在广东地区就业，应针对广东旅游业发展进行课程开发，使之更能够符合学生需求，突出地方特色，培养地方专业旅游人才，服务地方经济。

三 对策建议

（一）调整课程结构

1. 因校制宜进行课程设置

旅游专业培养层次不同，人才培养目标不同，对旅游专业学生的培养不能一概而论，应该依据各个学校的学生特点、学校资源等合理地设置安排课程。职业院校学生培养应遵循能力本位，以就业为导向，在课程设置中，应以面向行业、面向市场的教学为主,突出实践能力的培养,平衡基础课、专业课、实践课之间的关系。高等院校应该注意理论与应用课程的融合,结合自身特点和教学长处,有的放矢地进行学生的培养。

2. 课程设置要体现个性化

在不同专业的授课上,教授给学生的内容需要有针对性,注意教材的选择和授课的灵活性。旅游高等教育是宽泛化和精细化的结合,亦是理论和应用的结合,具体的培养方案和课程选择需要综合考虑师资、学生特点、行业需求等多种因素,降低不同课程内容的重复率,全盘考虑人才的培养。

3. 增加实践课程

依据学校的培养目标,合理分配实践课程与基础课程的关系,适当增加实践课程,提高实践课程的质量,不仅培养学生的技术水平,更要培养学生的职业能力。

(二)更新课程内容

随着旅游业的迅速发展,旅游业的人才需求也不断发生变化,学校现有课程应具备时代特色,跟上旅游业的发展节奏,适应现代旅游业对人才的需求。在课程设置方面,应以体现地方特色为重点,多设置一些与本地文化关联性较强的课程,从而更好地为本地旅游业服务。课程需要符合本地的旅游业和社会以及学生的发展需求,依据学校现状,结合广州现有旅游资源,有针对性地开展本地旅游相关课程,通过合理的组织和引导,培养区域性旅游人才。

(三)统筹专业设置对接

政府角度要统筹本科、职业院校的旅游专业设置,实现中职、高职、本科、研究生、博士的对接。职业院校与本科的专业设置差别较大,没有对接,导致读中高职的学生很难再继续深造。根据不同的办学层次和院校自身情况,专业设置应该有所区别。在中职、高职、本科以及之后的深造路径上,政府应该对此进行基础的统筹,使人才培养阶梯化,淡化不同层次之间的鸿沟,增加学生深造的可能性,培养更丰富的旅游人才。

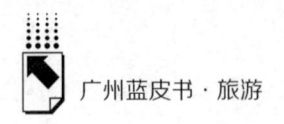

参考文献

杨群祥：《高职教育培养学生职业能力教学模式的创新——广东农工商职业技术学院培养学生职业素质的实践探索》，《中国高教研究》2006 年第 10 期。

林红梅、宋竟青：《高职旅游管理类专业校内生产性实训基地企业化运作的研究：以广州铁路职业技术学院涉外旅游专业为例》，《南方职业教育学刊》2012 年第 2 期。

严辉华：《高职旅游管理专业校内实训室建设的思考：以广州城市职业学院为例》，《漯河职业技术学院学报》2011 年第 6 期。

董斌、陶正平、赵平丽、杨懋勋：《高职园林、园艺两专业交融式一体化培养模式：以广东农工商职业技术学院为例》，《广东农工商职业技术学院学报》2011 年第 1 期。

李莹：《高职院校专业培养课程体系研究：苏州市职业大学旅游管理专业课程体系案例研究》，苏州大学硕士学位论文，2007。

许智科、谭黎君：《培养技能型人才的高职院校〈公共关系学〉课程改革研究——基于广州华夏职业学院的实践与探索》，《企业改革与管理》2016 年第 15 期。

许宝利：《浅析高职酒店管理专业学生顶岗实习：以广东岭南职业技术学院为例》，《现代商业》2011 年第 15 期。

王小娟：《涉外酒店管理专业顶岗实习质量研究——以广东外语艺术职业学院酒店管理专业为例》，《湖北经济学院学报》（人文社会科学版）2014 年第 1 期。

尹春洁：《艺术设计协同育人平台的建设与实践：以广东省外语艺术职业学院为例》，《安徽警官职业学院学报》2015 年第 5 期。

杜伟茹：《职业教育专业化之英语教学面向专业初探：以广州华夏职业学院公共英语教学为例》，《当代教育实践与教学研究》2015 年第 9 期。

普布多吉：《把握中职旅游教学现状，改进中职旅游教学》，《华夏地理》2016 年第 7 期。

忻吉良：《论中职旅游专业学生能力架构的搭建与深化》，《科教文汇》2011 年第 7 期。

伍欣、彭文胜、江波：《省教育厅全省中职学校教学标准开发——旅游服务与管理专业企业人才需求调研报告》，《教育教学论坛》2015 年第 44 期。

高涵、梁琳、文苗：《职业院校实践教学现状分析：基于广东省旅游职业技术学校调查》，《滁州职业技术学院学报》2014 年第 2 期。

杨静：《北京吉利大学旅游管理专业课程体系优化研究》，广西师范大学硕士学位论文，2015。

丁宗胜：《高职旅游管理专业项目课程结构优化及模式选择》，《无锡商业职业技术学院学报》2010 年第 4 期。

段立霞：《高职院校旅游管理专业课程设置研究：以山东省职业院校为例》，山东师范大学硕士学位论文，2014。

郭岚：《基于能力本位的高职旅游管理专业课程设置改革初探》，《南昌高专学报》2010 年第 6 期。

张素娟：《基于企业工作岗位分工的高职旅游管理专业课程设置及建设研究：以石家庄职业技术学院为例》，河北师范大学硕士学位论文，2009。

陈才、张燕燕、刘英：《旅游管理专业课程结构的系统分析与优化设计》，《旅游学刊》2006 年第 21 期。

B.19
在线评论有用性影响因素研究

——基于去哪儿网酒店在线评论数据

王 玥*

摘　要： 随着Web 2.0时代的来临，在线评论在消费者购买决策中起到的作用越来越不能忽视，尤其是旅游产品中典型的体验类产品——酒店。但是因为信息化的高度发展，很多产品往往有成千上万条评论，消费者面临着信息过载的风险，很难有效率地从这些评论中选择对自己有用的评论。基于此，本文试图在前人的研究基础上进一步完善，构建出在线评论的有用性影响因素的模型并进行检验，帮助消费者更加高效地进行决策。本文利用八爪鱼软件和人工的方式搜集了国内大型旅游OTA去哪儿网上不同景点附近最热门的18家酒店下的2300条评论样本和评论者信息，在信息接受模型的基础上，利用在线评论自身特征和评论者特征两个维度，构建了在线评论的有用性影响因素模型，并提出了评论中图片数量和评论阅读量这两个新的具有极强解释力的影响因素，对已有的理论模型有了很多补充。研究发现在线评论的极端性对于在线评论的有用性有着显著性的影响，差评更容易受到消费者的关注并且被认为有用；在线评论的长度和内容全面性都与在线评论有用性呈正相关；评论中的图片数量越多该条评论越容易被认为有用，评论的阅读量越多该条评论越容易被认

---

* 王玥，中山大学旅游学院旅游管理专业2013级本科生。

为有用；评论发表的时间越长，越容易被认为有用。

关键词： 在线评论　旅游　消费　酒店

一　引言

随着 Web 2.0 时代的来临和旅游线上 OTA 的兴起，产品的信息透明度越来越高，消费不再是一个简单的单向购买过程，在线评论在网络购买决策中所起到的作用越来越不可忽视，越来越多的人倾向于从网络上获得信息。以往研究表明七成左右的消费者会在互联网上搜索在线评论来帮助自己做出购买决策，而有九成的企业认为用户评价和推荐是促成消费者购买决策的关键因素，网络新时代的来临使每个人成为信息的缔造者，很多消费者对在线评论的依赖不断加深，需要根据在线评论才能做出购买决策，其对产品的认知态度受到在线评论的巨大影响。大多数消费者在网上消费前会浏览已有的在线评论来判断产品的质量等问题，进而影响购买决策的产生。中国电子商务研究中心监测数据显示，2015 年中国网购用户规模达到 4.6 亿人，较 2014 年的 3.8 亿人，同比增长 21%，2015 年中国网络零售市场规模则到达了 38285 亿元，同比增长了 35.7%，中国的在线消费在飞速发展中，网购者的数量不断增长，网购规模也在不断扩大。在这种背景下，研究在线评论有用性和其影响因素具有很强的现实意义。

在信息化的大时代背景下，旅游行业的网络化进程也在不断推进，在线旅游市场交易规模增长迅速。根据 2016 年中国旅游行业市场规模分析及发展趋势预测报告，2011~2015 年我国在线旅游市场规模在不断扩大（见图 1），2015 年，我国在线旅游市场规模为 4326.6 亿元，同比增长 40.2%，在我国旅游产业的渗透率是 11.6%，而且据估计未来在线旅游在整体旅游产业中所占的比例会不断提高。随着电子商务的发展，关于在线评论和在线评论有用性的研究逐渐增多，但是已有的研究大部分都针对的是豆瓣、亚马逊等社区中的影评和书评等分享型在线评论或者搜索型购买产品的在线评论，例如电子产品、数码产品等，关于旅游产品这种体验型产品的研究并不多，因此本文选择旅游产品作为研究对象。目前在线旅游市场中在线交通、在线住宿和在线度假旅游的占比分别为70.2%、18.2%和11.6%。在线交通产品因为其性质在线评论较少，多数仅仅只有关于产品的评分，而酒店产品作为传统在线旅游产品中典型的体验型产品，拥有良好的在线评论基础，因此本文选择酒店产品作为研究对象。

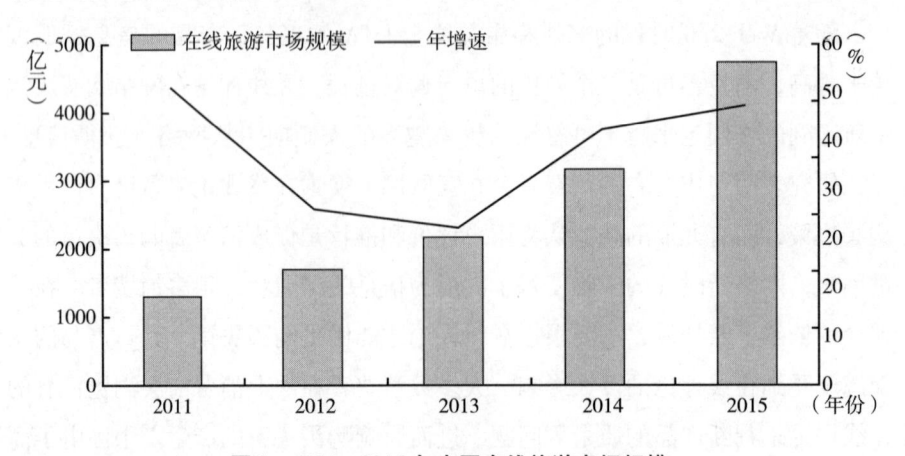

图1　2011~2015年中国在线旅游市场规模

资料来源：中国产业信息网，http://www.chyxx.com/industry/201607/433410.html。

因为目前网络环境复杂，消费者在做出决策前往往面临着海量的信息，存在着信息过载的风险。那么在面临大量繁杂的信息时，什么样的在线评论更能帮助消费者有效地做出购买决策呢？到底什么样的在线评论会被消费者认为更有用？本文将对这个问题做出探索并进行回答。

二　文献综述

电子口碑（Electronic Word-of-Mouth），又被称为在线评论。Litvin等人（2008）将在线评论定义为"基于互联网科技下所有直接由消费者发出的关于特定商品、服务或者卖家的使用或特性的信息交流"。近几年关于在线评论的研究主要分为两个大的方面，一个是在线评论的促成因素，一个是在线评论的影响，这里又可以分为企业和消费者两个角度分别进行不同的探讨，我们可以认为当消费者在做出购买决策时，如果这条在线评论对他已有的关于商品或者服务的认知产生了影响，那么这条在线评论就对他有用，本文主要探索的也就是在线评论的有用性及其影响因素。

Litvin 等人（2008）提出人际关系和口碑是消费者做决策时一个最为重要的信息资源，尤其在接待业和旅游行业中，这些行业的产品难以预先做出评价，在线评论所起到的作用非常大。Vermeulen 和 Seegers（2009）从评论的情感倾向维度进一步提出积极评论和消极评论虽然都提升了消费者对于酒店的认识，但是积极的评论对消费者的行为有一个积极的影响，而消极评论影响则很小。近几年关于在线评论的研究逐渐系统化，Raffaele 和 Fraser（2014）采用了详尽可能性模型（ELM）。他们测量了信息质量六个维度的影响，结果显示，产品排名、信息准确性、信息增值、信息相关性和信息及时性是旅行者在住宿条件下获取信息的有力预测因素。Zhiwei Liu 等人认为评论者特征（包括个人信息披露度和等级专业度等）和评论本身特征（包括定量的星级和长度以及定性的可读性和感知愉悦性）都影响到评论的有用性。关于在线评论有用性的探索开始丰富起来，各种指标也在不断完善中。

目前，国内的研究大多为实证研究。郝媛媛基于 Ghose 等人的研究，在对他们的研究进行改进后，以体验型商品电影的在线评论为研究对象，发现在线影评中积极的情感倾向、较高的正负情感混杂度、较高的主客观表达混杂度以及较长的平均各句长度，对评论的有用性具有显著的正面影响。卓四清和冯永洲基于 TripAdvisor.com 的 4258 条酒店评论数据进行实证研究，发现评论内容长度、评论极端性、评论有用性投票数、评论者认可度和个人信息披露对在线评论有用性具有显著正影响。总体来说，大部分学者都认同评论的长度对评论有用性有显著正影响，其余的包括评论者权威性、评论者等级等影响因素还未达成一致。

综合来说，对在线评论研究的理论主要来自心理学、消费者行为学、社会学等，研究主要从三方面开展：影响消费者发布在线评论的因素，即前因变量的探索；在线评论的影响作用，即后果变量的研究；还有相关调节变量的影响。在线评论实证研究领域目前缺乏统一的研究框架，而且在这一领域中涉及的变量较多，已有的模型中，信息接受模型最符合本文的验证设想，认为是信息的来源与信息自身质量构成了信息的可信性。因此，本文试图在信息接受模型的基础上，结合前人研究基础，将消费者特征和在线评论特征作为自变量，时间变量作为控制变量对特定旅游在线产品的有用性进行探索。从研究内容上，目前已有的研究大部分专注于评论本身的量化特征，没有同时将评论中图片的作用和评论者的特征，也就是在线评论的来源纳入其中。而根据Sussman和Siegal（2003）的信息接受模型（见图2），信息的内容质量和信息源的可靠性都是影响消费者对在线评论感知有用性的直接因素。因此，本文将基于本土在线旅游网站去哪儿网上的酒店在线评论数据，在前人的研究基础上构建出在线评论有用性模型进行实证研究，并对其影响因素和作用方式进行扩充和探究。

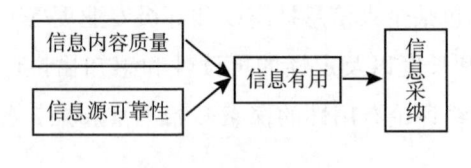

图2 信息接受模型

三 假设提出与理论模型的构建

（一）在线评论自身特征对评论有用性的影响

1. 在线评论情感倾向对评论有用性的影响

国内外许多学者的研究发现，文本的正负情感倾向对消费者感知评论的价值有很大的影响。张艳辉、李宗伟等（2017）根据淘宝网的海量在线评论数据构建模型，研究表明，中差评对评论有用性具有显著的正向影响作用，据此提出假设 1。

H1－a：在线评论的极端性对在线评论有用性存在显著影响（极端评论更有用）；

H1－b：评论的评分与在线评论有用性呈负相关（人们更关注差评）。

2. 在线评论内容充实度对有用性的影响

张小泉等人研究了评论评分和长度对在线评论有用性的影响，结果表明其对在线评论有用性有显著正影响，据此提出假设 2。

H2－a：在线评论长度与在线评论有用性呈正相关；

H2－b：在线评论内容全面性与在线评论有用性呈正相关。

3. 在线评论中的图片对在线评论有用性的影响

根据信息的可视性原理，文字类评论虽然往往拥有更好的逻辑文法以便进行更好的解释说明，但是图片类信息往往比文本类信息更加的直接，比较真实客观地反映事物本来的面貌，能使消费者快速地从图片中提取到自己想要的信息，也更容易得到消费者的信任并对其购买决策产生影响，提出假设 3。

H3：评论中包含图片的数量与评论有用性呈正相关。

4. 评论的阅读量对在线评论有用性的影响

评论的阅读量是一个累积的量值，目前还没有人对在线评论的阅读量进行研究，但是在很多旅游在线网站中消费者浏览商品评论时可以看到的评论默认排序是以评论的热度为依据的。评论的热度很大一部分取决于评论的点击量，也就是评论的阅读量。因此，阅读量高的评论往往会排在默认评论前列更容易得到人们的关注从而增加有用性投票数，据此我们提出假设 4。

H4：评论的阅读量与评论有用性呈正相关。

（二）评论者特征对评论有用性的影响

1. 评论者权威性对在线评论有用性的影响

一般来说，评论者评论数量越多，等级越高，发布过的专家点评数越多，其网购经验就越丰富，发表的评论越专业，从而会得到更多的消费者认

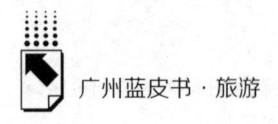

可，本文据此提出假设5。

　　H5-a：在线评论者等级与在线评论有用性呈正相关；

　　H5-b：在线评论者发表过的评论数量与在线评论有用性呈正相关；

　　H5-c：在线评论者发表过的专家点评数量与在线评论有用性呈正相关。

2. 评论者社会中心度对在线评论有用性的影响

从社会学的角度入手，在社会网络理论中，个体在社会网络中的影响力由个体在社会中的中心度决定，中心度是分析网络中特性节点的关键步骤。其中包含了两个意思，一个是评论者的内向网络中心度，一个是评论者的外向中心度，这两者共同构成了评论者的社会中心度和社会网络，也可以俗称为人际圈子。有研究表明，社会网络对于信息的传播和扩散起了很大作用，综上所述，在消费者对用户评论的有用性评价过程中，评论者的网络中心度将会起到积极的正向影响，因此，本文提出假设6。

　　H6-a：评论者的内向网络中心度与其发布的在线评论有用性呈正相关；

　　H6-b：评论者的外向网络相关度与其发布的在线评论有用性呈正相关。

（三）其他相关因素对在线评论有用性的影响

除了在线评论本身的特征和评论者的特征之外，评论的时效性也可以极大地影响在线评论的有用性。以往也有研究者对评论曝光时间对评论有用性的影响进行了研究。汪涛、王魁和陈厚（2015）从归因理论的视角出发，探索了购买与评论间的时间间隔与物质型和体验型产品如何相互作用以影响评论的有用性感知。结果表明，对于体验型产品来说，时间间隔近可以提高评论的有用性感知，据此提出假设7。

　　H7：评论发布时间与评论有用性呈正相关。

（四）理论模型构建

信息源主要由网站产品本身和评论者的特征所决定，信息源越认为可靠，在线评论越有用，因为本文选取的所有评论全部来自去哪儿网，因此网站信息来源默认相同，评论自身特征和评论者的特征作为本次研究的主要探究目的。基于以上观点本文提出以下研究框架（见图3）。

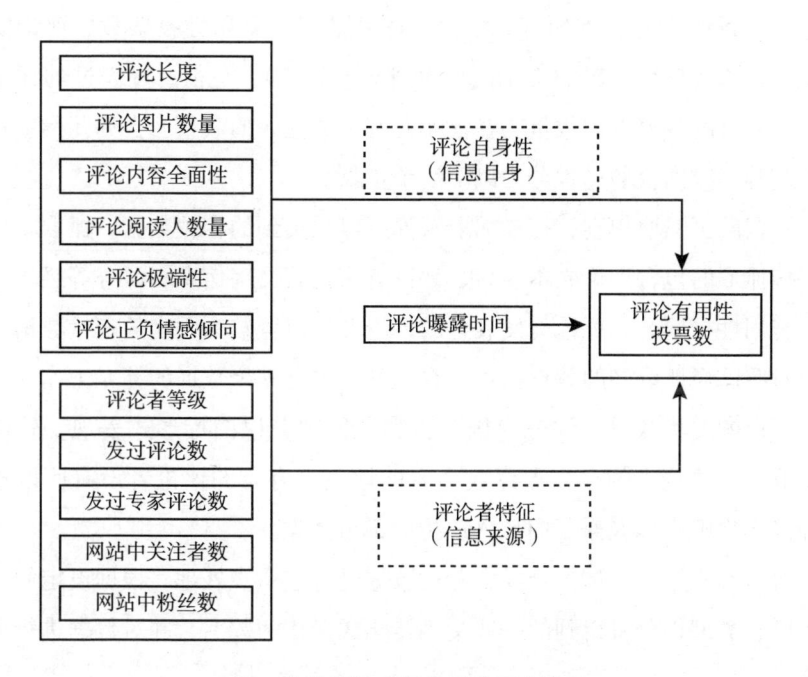

图3 在线评论有用性影响因素模型

四 数据的获取与分析

（一）数据收集

本文的数据来自去哪儿网（www.qunar.com），网站的信息质量和口碑是影响一个消费者持续使用旅游在线网站的重要因素。而去哪儿网是中国领先的旅游搜索引擎，目前全球最大的中文在线旅行网站。

本次研究选取了去哪儿网上不同城市不同旅游景点的最热门酒店共18家（每个样本酒店评论数量均在1000条以上），通过八爪鱼网页内容抓取软件和人工补录共得到2300条包含多个信息的在线评论及其评论者相关信息的数据库。其中第一批数据获取时间为2016年4月，有1100余条，后来于2017年3月又进行了信息的补充，进一步抓取评论共1200余条。直接数据包含每条评论的文本内容、评分、图片数量、有用性投票数、评论阅读量、发表或者最后编辑的准确时间和评论者的ID、头衔、发表过的评论数量、发表过的专家点评数量、在去哪儿网上关注人的数量、去哪儿网上粉丝的数量等。数据获取过程分为以下三个步骤。

设置网页抓取规则，初步抓取软件可以采集到的相关数据。抓取软件可以直接抓取的包含评论文本内容、评论者头衔等文字信息和评分等级、阅读量、有用性投票数、评论者发表过的评论数等位置较为固定的定量数据。

对照已经抓取到的数据信息，在网站上进行其余数据的补充工作。包含每条评论的图片数量、评分（因为去哪儿网评分以图标形式表现，软件难以抓取）和评论者的专家点评数（有的评论者有有的评论者没有所以难以设计采集规则）以及采集时软件漏掉的部分数据。

对所有原始数据进行合并，并对数据进行进一步处理。根据设定的标准或者已有类型划分将得到的一些文字转化成量化的数字，并对数据进行人工赋值。

（二）研究变量

为了解决信息过载的问题，去哪儿网会在每条评论的最后设置在线评论有用性的按钮，消费者浏览完评论后可以选择是否按下"有用"。这些有用性投票信息是为了帮助消费者进行信息的过滤和选择。已有的关于在线评论有用性的很多研究将评论有用投票数与总投票数的比作为在线评论有用性的指标开展在线评论有用性的相关研究，但是很多网站并没有设置总投票数这个数据，那么对于这些没有总投票数的网站来说，在线评论有用性的测度并不适合已有的模型。所以我们的在线评论有用性采用评论自身有用性投票数与所有评论中最多评论有用性投票数的比值。

经过处理后最终数据库包含一个因变量与11个自变量和1个控制变量。各变量名称和相关测度见表1。

表 1　变量名称与测度

变量类型		变量名称	变量测度
因变量		在线评论有用性	有用性投票数/最高的有用性投票数
自变量	评论自身特征	评论长度	评论全文的字数
		内容全面性	人工进行打分，1~7分
		评论评分情感倾向	评论打分值，1~5分
		评论极端性	对评分进行分类，0,1
		评论的可视性	评论中包含图片数量
		评论阅读量	评论总阅读量
	评论者特征	评论者内向网络中心度	评论者在去哪儿网里的粉丝数量
		评论者外向网络中心度	评论者在去哪儿网中关注的好友数
		评论者权威性	评论者在网络在线平台的点评等级：点评新手；初级点评师；中级点评师；高级点评师；点评达人；高级点评达人；点评大师（按顺序从1~7赋值）
		评论者经验技能	评论者在社区中发表评论总数
		评论者专业程度	评论者发表过的专家点评数量
控制变量		评论曝光天数	评论距收集时已发表天数

关于在线评论的情感倾向，目前还没有达成统一的认知刻度，本文选取评论者对在线评论的打分作为评论的情感倾向判断依据，评分越低，评论的情感倾向越负面，评分越高评论的情感倾向越正面。因为已有研究表明极端评论更容易有用，因此除将评论评分作为一个自变量外，还对在线评论进行了极端性的一个归类，因为市场的优胜劣汰原则，在抓取到的数据中，大部分评论都是4分及以上的好评，差评比较少，因此将3分和4分的评论划分为非极端评论，赋值为0；将1分、2分和5分的评论都划分为极端评论，赋值为1。评论的长度就是在线评论文本的字符数。评论的全面性则是对酒店产品的不同部分进行划分，依据评论文本中对几个方面的涉及进行打分，表现评论文本内容的充实度（见表2）。点评者等级依据去哪儿网站上划分的评论者头衔进行赋值，有1~7个等级。

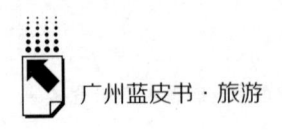

表2 评论全面性赋值标准

评论全面性评分	评论全面性评定标准
每涉及右边一项内容得一分,总分为各项得分相加共1~7分	地理位置(包含酒店区位、交通方便程度等)
	性价比(包含酒店价格及消费者对价格的感知)
	服务(工作人员态度等)
	客房(包含房间内部设施与环境)
	酒店内配套设施(休闲娱乐设施,大堂走廊等状况)
	餐饮(酒店内餐饮口味、价格)
	整体氛围和感受

(三)分析方法

因为此次研究目的是得到一个预测性较好、拟合优度较高的在线评论有用性预测模型,而且研究中涉及的自变量较多,因此本文选择利用SPSS 22.0软件通过多元逐步回归法对模型和假设进行检验。

五 结果分析

(一)描述性统计分析

变量描述性统计分析结果显示,一定时间段内有用性投票数最低为0,但最高也可以达到104,有用性投票数均值为0.764(见表3),这说明只有比较少的在线评论得到了有用性的投票,表明大部分的消费者并没有对在线评论进行有用性投票的习惯,只有当评论对于消费者非常有用的情况下才会进行投票。消费者评分的均值和中位数都在4附近,表明目前大部分消费者倾向于给高分。评论极端性偏向于1,说明发表评论的评论者大部分给出的是差评或者5分的极度好评,说明发表评论的消费者整体消费体验比较两端性。平均评论长度为100个字符左右,最小值为3个字符,最大值可达到2922个字符数量。

根据基础的均值和频率分析可以发现,50%的评论用户都只发过三条或者以下的评论，抽取样本中90%左右的用户都只发过10条或者以下的评论，极少数用户发评论数量可达到几十条甚至上百条，说明发评论的用户中大部分发评论数量较少。还可以发现在这些用户所发的评论中，大部分评论的全面性都比较低，整体全面性均值为2.33，一半以上的用户也没有放图片的习惯。很多评论都只是打分和简单的几句话。说明目前旅游地酒店产品的评论数量和质量都有很大的提升空间，在线评论的发展阶段还比较初级。评论者的关注人数量平均数为0.37，粉丝数量平均数为1.13，都不高，而且95%以上的评论者并不关注别的用户也没有粉丝基础，这表明旅游在线OTA评论者的群组性与豆瓣等相比还较差，未来发展用户间的联系还有很大空间。

最后，在线评论的人均阅读量达到了47.274次，而且除几条评论阅读量为0外，99%以上的评论都得到了大于等于1次的阅读量，而且最高的阅读量达到了6251次，这与在线评论人均0.764个、最高104个的有用性投票数相比相差了几十倍，这也进一步说明了虽然关于评论有用性的投票数量不多，但是浏览评论的消费者非常多。这说明消费者对于在线评论的需求是很大的，进一步完善评论的有用性评价体系很有必要。

表3 描述性统计分析

单位：个，次

变量名称	N	极小值	极大值	均值	标准差
评论有用性	2300	0.000	1.000	0.007	0.039
有用性投票数量	2300	0.000	104.000	0.764	4.011
评论极端性	2300	0.000	1.000	0.718	0.450
评论评分	2300	1.000	5.000	4.472	0.9256
评论长度	2300	3.000	2922.000	99.623	260.904
评论全面性	2299	0.000	7.000	2.334	1.219
评论中图片数	2299	0.000	50.000	2.054	5.507
点评者等级	2300	1.000	7.000	1.638	1.091
点评者发过评论数	2299	1.000	461.000	7.651	21.650
点评者发过专家点评数	2300	0.000	429.000	2.198	21.341
评论者关注人数量	2298	0.000	75.000	0.372	3.437
评论者粉丝数量	2299	0.000	334.000	1.129	12.587
评论的时效值	2299	5.000	1004.000	229.199	159.385
评论的阅读量	2298	0.000	6251.000	47.274	367.138

此次还将所有评论按照评分进行了分类，可以看出，随着评分越来越低，有用性投票数大于等于1的比值越来越高，这说明评分越低，评论越容易得到有用性的投票（见表4）。

表4 不同评分有用性投票数统计分析

单位：个，%

评分	总数量	有用性投票数≥1数量	有用性评论占比
5分	1471	223	15.13
4分	503	91	19.50
3分	175	35	20.00
2分	76	18	23.53
1分	75	32	42.86

（二）模型估计与结果

回归过程将上述自变量通过相关性的大小逐次加入模型中，并不断剔除掉降低了模型拟合优度和显著性的自变量，最后得到的模型除点评者等级、专家点评数和评论者粉丝数量由于效果不显著未进入模型之外，其余的变量均进入模型。该模型所有自变量VIF值均小于7.418，不存在较强的共线性，模型效果良好。回归分析结果表明，模型中的参数都具有较高的显著性水平（见表5）。最终模型的拟合优度R^2为0.594，调整R^2为0.591，显著性为0.000，与同类研究相比，模型的拟合结果较好，表明模型能够解释近六成的在线评论有用性。

其中，五个模型的因变量都是在线评论有用性，模型1只加入了控制变量时效值，模型2中加入了评论长度、评论全面性、评论评分和评论极端性四个比较常见的评论自身特征。因为阅读量和图片数量是提出的比较新的变量，因此在模型3中单独放出作为重点检验的变量。模型4中加入了评论者等级、发表评论数和发表过的专家点评数三个评论者权威性的相关变量。模型中则加入了评论者关注人数量和评论者粉丝数量这两个变量。回归模型的检验结果如表5所示。

在线评论有用性影响因素研究

表5 回归模型结果

类别	Model 1	Model 2	Model 3	Model 4	Model 5	VIF
时效值	0.245*** (0.000)	0.135*** (0.000)	0.070*** (0.000)	0.071*** (0.000)	0.069*** (0.000)	1.103
评论长度		0.536*** (0.000)	0.126*** (0.000)	0.123*** (0.000)	0.121*** (0.000)	3.943
评论全面性		0.046** (0.001)	0.062*** (0.001)	0.064*** (0.001)	-0.058*** (0.000)	1.455
评论评分		-0.041* (0.001)	-0.070*** (0.001)	-0.070*** (0.001)	-0.081*** (0.000)	1.360
评论极端性		0.028** (0.002)	0.030* (0.002)	0.033* (0.002)	0.038** (0.002)	1.362
图片数量			0.131*** (0.000)	0.127*** (0.000)	0.170*** (0.000)	3.725
阅读量			0.549*** (0.000)	0.547*** (0.000)	0.561*** (0.000)	1.528
评论者等级				-0.012(0.001)	-0.012(0.001)	2.719
发表评论数				0.051(0.000)	0.064(0.000)	7.418
专家点评数				-0.019(0.000)	0.006(0.000)	4.083
关注者数量					-0.118*** (0.000)	2.367
粉丝数量					0.010(0.000)	4.183
常量	-0.006(0.002)***	-0.005(0.004)	0.004(0.003)	0.003(0.004)	0.005(0.004)	
F值	108.517***	195.831***	341.973***	239.752***	205.761***	
R²	0.060	0.366	0.586	0.587	0.594	
调整R²	0.060	0.364	0.584	0.584	0.591	
N	2298	2298	2298	2298	2298	

注：***、**、*分别表示在1%、5%、10%的水平下显著（双尾检验）；括号内为标准误差值。

根据多元线性回归得到的自变量显著性情况，对提出的假设进行判别，结果如表6所示。

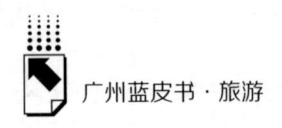

表6　假设检验结果

假设	描述	结果
H1-a	在线评论的极端性对在线评论有用性存在显著影响	接受
H1-b	评论的评分与在线评论有用性呈负相关	接受
H2-a	在线评论长度与在线评论有用性呈正相关	接受
H2-b	在线评论内容全面性与在线评论有用性呈正相关	接受
H3	评论中包含图片的数量与评论有用性呈正相关。	接受
H4	评论的阅读量与评论有用性呈正相关	接受
H5-a	在线评论者等级与在线评论有用性呈正相关	拒绝
H5-b	在线评论者发表过的评论数量与在线评论有用性呈正相关	拒绝
H5-c	在线评论者发表过的专家点评数量与在线评论有用性呈正相关	拒绝
H6-a	评论者的内向网络中心度（关注者数）与其发布的在线评论有用性呈正相关	拒绝
H6-b	评论者的外向网络相关度（粉丝数）与其发布的在线评论有用性呈正相关	拒绝
H7	评论发布时间长度与评论有用性呈正相关	接受

（三）结果与分析

从分析结果来看，提出的12条假设有7条是接受了的，11个自变量加1个控制变量共有8个结果显著，说明提炼出来的在线评论有用性影响因素是比较符合实际、比较准确的。模型整体拟合度也很高，证明该模型对于在线评论的有用性解释度较好。

接受假设H1-a，接受在线评论的极端性对在线评论有用性存在显著影响。接受假设H1-b，即接受评论的评分与在线评论有用性呈负相关。正如前面所说，极端正向和负向的评论都会对消费者的感知产生较大的影响，因为从消费者的角度来说，极端正向的评论一般代表评论者对产品的大力支持，会增加消费者对于产品的好感，而差评则会激起消费者对于风险的感知，相对于极端好评和差评中评则没有明显的指向性，起的作用相对较小。评论的评分与在线评论有用性呈负相关，说明评论的分值越低越容易有用，这说明人们更关注差评，可能是因为人们面对未知的产品时，规避风险的心理较强。

接受H2-a，即接受在线评论长度与在线评论有用性呈正相关。

接受 H2-b，即接受在线评论内容全面性与在线评论有用性呈正相关。这两个假设其实都反映的是在线评论包含的信息量的丰富度，在线评论长度较长，包含的信息量也就越大，排除掉部分是无效信息之后长的在线评论对消费者了解产品确实有很大的帮助，这与张小泉等人的研究结果相同，另外，在线评论的内容全面性可以帮助消费者同时了解产品的不同方面的情况，是一个比较客观的影响因素。

接受 H3，评论中包含图片的数量与评论有用性呈正相关。在网络高度发展的今天，在线评论不再是单一的文本格式，越来越多的网站和平台开始接受并且鼓励消费者发布图片评论，因为图片评论往往包含了巨大的信息量，而且比较真实和客观，就像俗语所说"眼见为实"，更多的消费者在浏览评论时会下意识地寻找带有图片的评论，也可能是因为图片为文字评论提供了相应的佐证，更加证实了文字评论的真实性，总之，图片在在线评论中起到的作用不容小觑。

接受 H4，即在线评论的阅读量与在线评论的有用性呈显著正相关。阅读量由于一些网站并不能获取，在目前关于在线评论有用性模型的构建中并没有出现过，它是一个很容易被忽视的变量，但是阅读量对在线评论的有用性解释度却最高，标准系数为 0.561，比其他的解释变量要高很多。为什么会出现这种现象？可能主要是和目前在线评论网站的评论排序筛选有关。评论的阅读量是一个累积的量值，在很多旅游在线网站中消费者浏览商品评论时可以看到评论默认排序是以评论的热度为依据的，而评论的热度很大一部分取决于评论的点击量，也就是评论的阅读量。因此，阅读量高的评论往往会排在默认评论前列，更容易得到人们的关注从而增加有用性投票数，这样的评论排序机制无形中直接增加了阅读量高的评论的曝光率，而阅读的人多了，基数大了，有用性投票数量就会上升，这样又会吸引更多的人点开，这是一个良性的循环。

拒绝 H5-a，H5-b 和 H5-c，评论者等级、发过评论数和评论者曾经写过的专家点评数在评论有用性模型中并不显著。可能是因为评论者等级和曾经有的专家评论数虽然代表着这个评论者过去的权威性和专业性，但是不

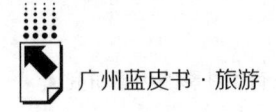

一定代表着他们的评论的质量会普遍较高。而且目前整体评论者等级偏低，高等级评论者非常少见，有很多专家评论的评论者也非常少，数据有所失衡，可能这一部分数据数量太少而造成结果的不显著。

拒绝 H6-a 和 H6-b，即拒绝评论者社会中心度对于在线评论有用性有正向的影响。这与殷国鹏的研究结论不同，不过因为他选取的样本是豆瓣兴趣小组的影评数据，豆瓣兴趣小组与去哪儿网这种旅游电商平台不同，各个评论者之间的链接度更高，互动也更多。而在去哪儿网在线评论的社区中，关注别人比较多的人更多地去关注别人但是不一定会换来别人的关注，而且总体样本中关注了别人或者有粉丝数量的人就寥寥无几，这或许会造成结果的不显著或者偏差。

接受 H7，即接受评论发布时间长度与评论有用性呈正相关。因为评论发布时间越长，评论的暴露时间就越长，那么它客观上被人看到的可能性就越大，评论有用性投票数就会越多。

六 结论与反思

本文以旅游地的酒店产品为研究对象，基于去哪儿网上不同旅游地的18家热门酒店的2300条在线评论，利用渐进式多元回归法在前人的研究基础上构建了同时考虑在线评论自身特征和评论者特征的在线评论有用性影响因素模型，并且得出了以下几条结论。

在线评论的极端性对于在线评论的有用性有着显著性的影响，极端好评和极端差评更容易得到有用性的投票。并且与好评相比，差评更容易受到消费者的关注并且被认为有用，这可能是因为消费者对于风险的感知使得消费者更容易相信并采纳差评。

在线评论的长度和内容全面性都与在线评论有用性呈正相关。这说明在一定限度内在线评论越长，评论文本中描述产品的维度越多，越容易被认为有用。

评论中的图片数量越多，该条评论越容易被认为有用。因为图片可以让消费者更加快速地提炼出自己需要的信息并且与文字信息相比更加地客观与可信；在线评论的阅读量越多，该条评论越容易获得有用性的投票，大的阅读量可以将此条评论排在默认排序的评论前列，无形地增加该条评论出现在公众视野中的机会，对消费者来说增强了它的易获得性，所以更容易得到有用性的投票。

评论发表的时间越长，越容易得到有用性的投票。因为该条评论客观上暴露的时间比较长。

通过本次研究希望可以对旅游产品线上销售者、平台和消费者合理运用在线评论提出一些建议，主要分为两个方面：一是销售者应该注意改进自己的在线评论系统，完善更新奖励措施，促进消费者发表正面的、较长和图片数较多的评论，对品牌形成提升和推广，增加流量；二是消费者在众多评论中可以优先选择5分和1~2分的评论，图片较多、较长的评论进行浏览，以快速高效地完成购买决策前的信息收集与评估过程。

参考文献

Ghose A. , Ipeirotis P. G. , "Designing Novel Review Ranking Systems: Predicting the Usefulness and Impact of Reviews", *Proceedings of the Ninth International Conferenceon Electronic Commerce*, NewYork, NY, USA: Association Computing Ma-chinery (ACM), 2007.

Litvin, S. W. , Goldsmith, R. E. , Pan, B. , "Electronic Word - of - mouth in Hospitality and Tourism Management", *Tourism Management*, 2008 (29).

Antoni Serra Cantallops, Fabiana Salvi, "New Consumer Behavior: A Review of Research on EWOM and Hotels", *International Journal of Hospitality Management*, 2014 (36).

Litvin, S. W. , Goldsmith, R. E. , Pan, B. , "Electronic Word - of - mouth in Hospitalityand Tourism Management", *Tourism Management*, 2008 (29).

Zhiwei Liua, Sangwon Parkb, "What Makes a Useful Online Review? Implication for Travel Product Websites", *Tourism Management*, 2015 (47).

Sussman S. W. , Siegal W. S. , "Informational Influence in Organizations: An Integrated Approach to Knowledge Adoption", *Information Systems Research*, 2003 (14).

卓四清、冯永洲：《在线评论有用性影响因素实证研究——基于 Tripadvisor. com 酒

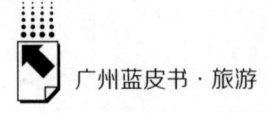

店评论数据》,《现代情报》2015年第4期。

莫岱青:《2015年中国网络零售市场数据监测报告》,《计算机与网络》2016第10期。

程方园:《中国在线旅游市场发展趋势探析》,《旅游纵览》2017年第1期。

郝媛媛、叶强、李一军:《基于影评数据的在线评论有用性影响因素研究》,《管理科学学报》2010年第8期。

卓四清、冯永洲:《在线评论有用性影响因素实证研究》,《现代情报》2015年第4期。

张艳辉、李宗伟、赵诣成:《基于淘宝网评论数据的信息质量对在线评论有用性的影响》,《管理学报》2017年第1期。

郑时:《旅游在线评论有用性影响因素分析》,哈尔滨工业大学硕士学位论文,2011。

殷国鹏:《消费者认为怎样的在线评论更有用?——社会性因素的影响效应》,《管理世界》2012年第12期。

汪涛、王魁、陈厚:《时间间隔何时能够提高在线评论的有用性感知》,《商业经济与管理》2015年第2期。

张丽:《在线评论的客户参与与动机与评论有效性研究:基于中国大型B2C电子商务网站的实证分析》,南开大学博士学位论文,2011。

借 鉴 篇

Reference Reports

B.20
国内主要城市旅游发展的比较研究

秦瑞英　罗瑞瑞*

摘　要： 近几年，广州旅游业持续稳定发展，旅游发展速度高于全市GDP增长速度。作为国家中心城市之一，广州旅游业发展在国内主要旅游城市中一直保持着第一梯队的地位，在旅游资源丰富度、旅游便利程度、旅游市场广泛度、旅游增加值以及旅游业对当地社会和经济的带动作用等方面，都具有较大的优势和基础。

作为省会城市，广州旅游业在省内的地位遥遥领先于其他城市，旅游发展优势明显。广州市旅游总收入、旅行社经营情况均稳居第一，广州市旅游业发展带动了全省旅游业的发展，对全省贡献较大。未来很长一段时间，广州市旅游业在全省的地位仍然处于领先地位。

---

* 秦瑞英，广州市社会科学院产业经济与企业管理研究所研究员、博士；罗瑞瑞，广州市旅游智库研究员、硕士。

广州蓝皮书·旅游

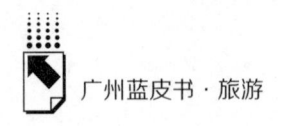

关键词： 旅游城市　旅游业　对比分析

一　国内地位——处于国内旅游城市的第一梯队

借鉴国内外研究成果，结合资料的可获取性，选取国内北京市、上海市、深圳市、天津市、重庆市、武汉市、杭州市、苏州市和成都市9个城市与广州市进行对比，并分析广州市旅游业在国内的地位。这9个城市经济发达，旅游资源丰富，基础设施完善，社会服务意识先进，拥有发展旅游业的良好基础和条件，因此，广州市与这9个城市的旅游业对比能合理反映广州市旅游业的发展水平在全国的地位。

（一）旅游业增加值全国排名第三，仅次于北京、上海

2015年广州市旅游业增加值为1221.25亿元，全国排名第三，分别是排名第一北京市和排名第二上海市的70.99%、79.53%（见图1），成都、杭州等其他城市紧追不舍，全国第三的地位受到威胁。

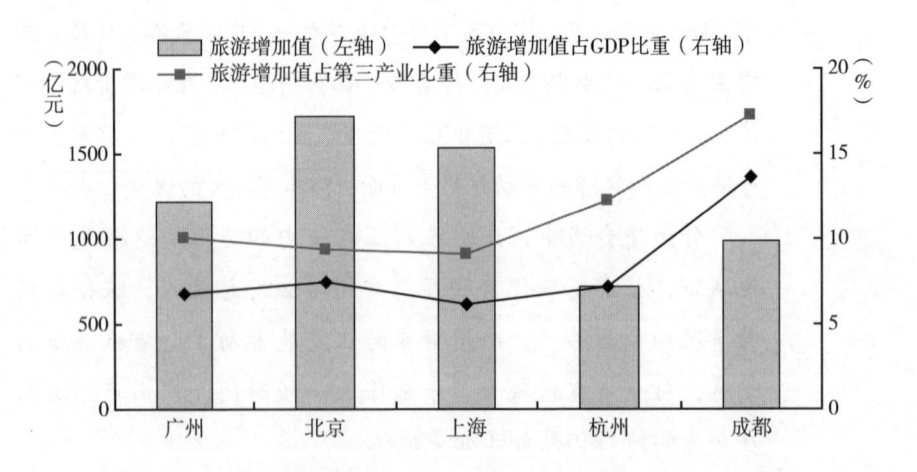

图1　2015年主要城市旅游增加值及其占比

资料来源：各地方统计年鉴。

从旅游业增加值占GDP和第三产业的比重看，2015年广州市旅游增加值占GDP的比重为6.75%，与北京市、上海市、杭州市和成都市四个城市相比，广州市居第四，分别低于成都市和北京市6.86个和0.75个百分点；广州市旅游业增加值占第三产业的比重为10.05%，高于北京市和上海市，低于成都市和杭州市，居第三，分别比成都市和杭州市低7.18个和2.24个百分点。

（二）旅游总收入以微弱优势领先天津，排名第三

从旅游总收入的绝对值来看，十个城市可分为三个梯队：第一梯队为北京市和上海市，2015年的旅游总收入介于3000亿~5000亿元；第二梯队为广州市和天津市，近两年的旅游总收入介于2500亿~3000亿元；其他6个城市为第三梯队，旅游总收入均不超过2500亿元。2015年广州市旅游业总收入为2872.18亿元，在国内主要城市中排名靠前，处于第二梯队的领先位置，但与第一梯队的北京市和上海市有一定差距，分别是北京市和上海市的66.26%、71.82%（见图2）。

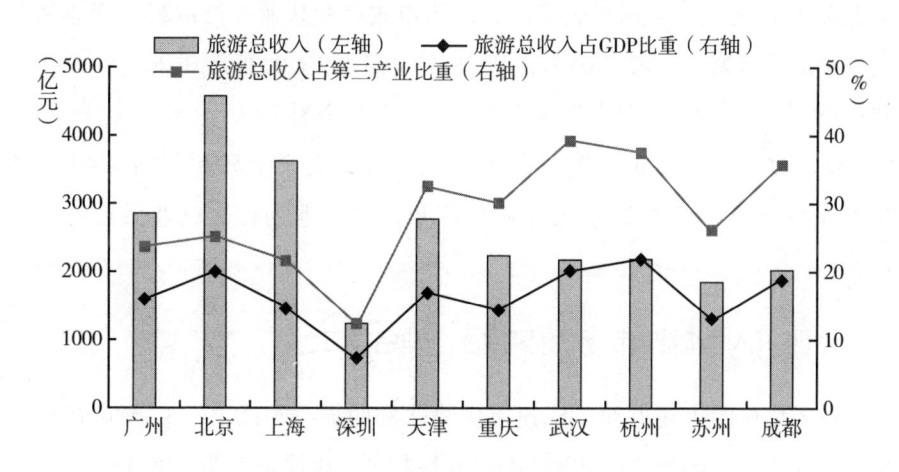

图2　2015年城市旅游总收入及其占GDP、第三产业之比

资料来源：中国旅游统计年鉴和各地方统计年鉴。

2015年广州市旅游业总收入增长速度为13.89%，全国排名第四，高于第一梯队的北京市和上海市6.25个和7.04个百分点，但低于成都市、杭州

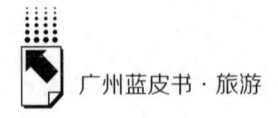

市和深圳市8.79个、2.77个和0.14个百分点。成都市和杭州市虽属于第三梯队，但是近两年发展势头迅猛，如能继续保持高速的增长，有跻身第二梯队、赶超广州市的可能，威胁到广州市全国第三的地位。

（三）旅游业就业人员全国排名第二，超越上海

旅游业具有强大的就业效应，能够为社会提供就业机会。由于统计口径差异和统计数据的可得性，无法获得直接或间接旅游业从业人数，仅能获得2014年广州、北京、上海、深圳、天津、重庆的星级饭店、旅行社及旅游景区的从业人数，以此为城市旅游业从业人数。以上旅游城市的旅游从业人数分别为8.98万、16.20万、8.91万、7.72万、3.11万、5.98万人，分别占当地全社会从业人员的1.14%、1.40%、0.65%、0.86%、0.35%、0.35%。可以看出发展旅游业成为解决当地就业，特别是服务业就业问题的重要途径。

2014年广州市旅游业从业人数为8.98万人，是北京的55.43%，略高于上海0.07万人，全国排名第二；广州市旅游业从业人员占第三产业从业人员比重排名第一，占2.05%，比北京、深圳和上海高出0.24个、0.4个和0.99个百分点；广州市旅游从业人员占全社会从业人员的比例为1.14%，排名第二，低于北京0.26个百分点，高于上海和深圳0.49个和0.28个百分点（见图3）。可以看出广州市旅游业为社会就业做出的贡献较大。

（四）入境旅游市场优势明显，排名第二

在入境旅游市场方面，广州市优势非常明显。2015年，广州市接待入境旅游人数排全国第二，达到803.58万人次，比深圳市少415.12万人次，但比北京市和上海市多383.58万和3.42万人次（见图4）。

从旅游外汇收入看，2015年广州旅游外汇收入为56.96亿美元左右，全国第二，比上海市少2.64亿美元，但超过北京市10.88亿美元和深圳市11.3亿美元，和其他城市的旅游外汇收入相比有巨大的优势。

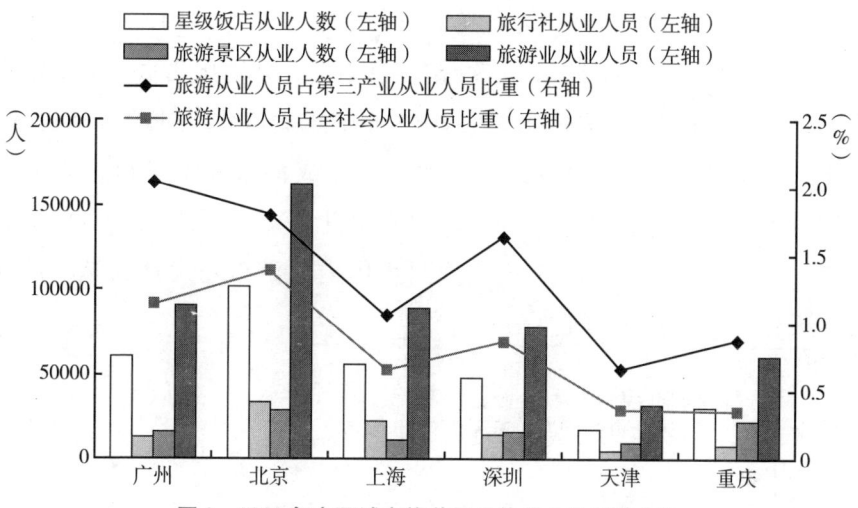

图3　2014年主要城市旅游行业从业人数及其占比

资料来源：中国旅游统计年鉴及地方统计年鉴。

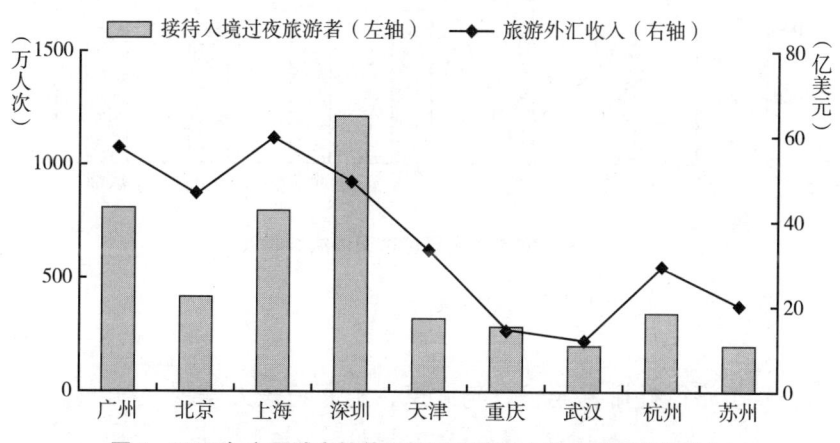

图4　2015年主要城市接待入境过夜旅游人数及旅游外汇收入

资料来源：各地方统计年鉴。

由此可知，广州市入境旅游市场和全国其他城市的市场相比更为广阔，发展态势良好。

（五）国内旅游市场潜力巨大，增速超越北京、上海

广州市作为岭南文化的代表城市，既有积淀丰厚的历史文化遗迹，

又有别具特色的南国自然风光，吸引了大量内地游客。2015年广州市国内旅游收入为2520.52亿元，在全国排名第三，分别比北京市和上海市少1799.48亿和484.21亿元。从2015年国内旅游收入的增长速度看，广州市增长速度为15.34%，排名第三，比成都市和重庆市分别低了7.52个和2.37个百分点，但比北京市和上海市分别高出7.26个和13.49个百分点（见图5），说明广州市国内旅游市场发展快速，后劲足，还有很大的增长空间。

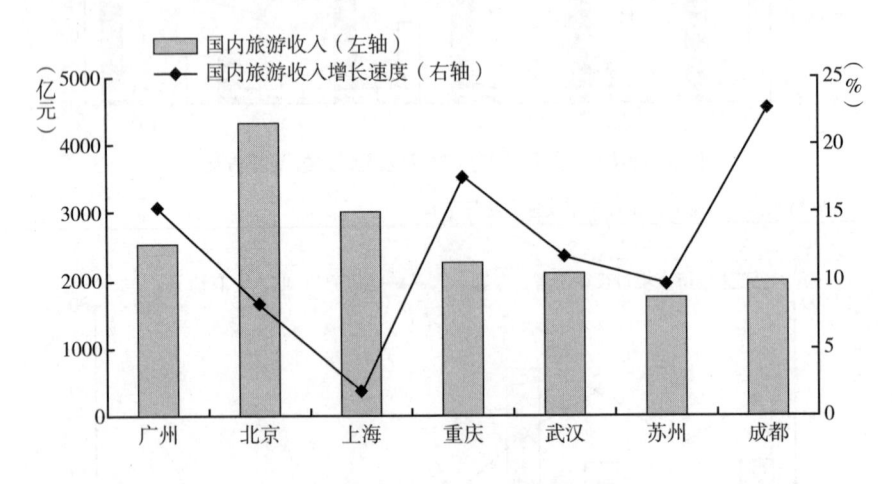

图5 2015年主要城市国内旅游收入

资料来源：各地方统计年鉴。

（六）旅行社排名第三，与北京、上海有较大差距

2015年，广州市旅行社共有460家，旅行社营业收入269.78亿元，旅行社数量在全国城市中优势不明显，但是营业收入仍能排名前三，仅次于北京市和上海市（见图6）。北京和上海的旅行社数量和营业收入都远远超过国内其他城市，北京2015年旅行社数量为1238家，是广州市的2.69倍；旅行社营业收入为835.58亿元，是广州市的3.10倍，说明广州市旅行社的数量和营业能力都跟北京市和上海市有一定的差距，与其他城市的水平相当，有微弱优势。

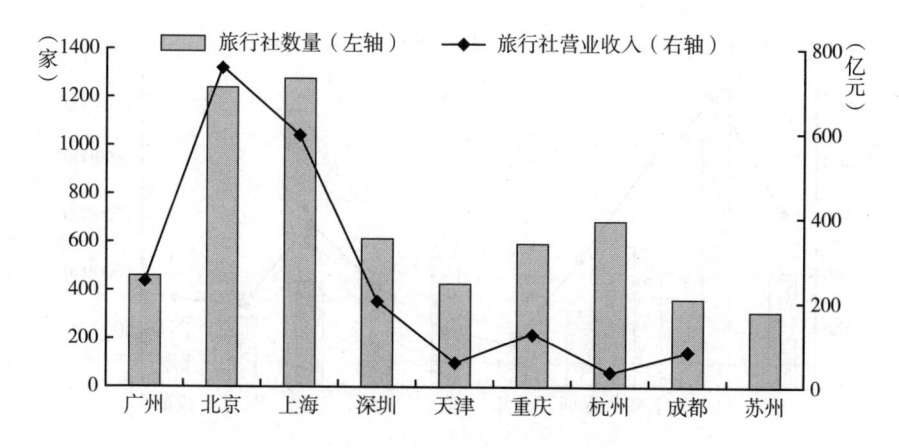

图 6　2015 年主要城市旅行社数量及营业收入

资料来源：中国旅游统计年鉴及各地统计年鉴。

（七）住宿业被其他旅游城市赶超，排名第四

2015 年，广州市共有 204 家星级酒店，在全国属于第二梯队，排名第四。北京排名第一，其星级酒店数有 528 家，是广州市的 2.42 倍；第二梯队中上海市、重庆市的星级酒店数也略超过广州市，分别比广州市星级酒店数多了 43 和 28 家（见图 7）。从住宿业营业收入看，城市排名情况却有所不同。广州市虽然在星级酒店的数量上被重庆超越，但是住宿业营业收入却远超过重庆，2015 年广州住宿业营业收入为 155.04 亿元，是重庆的 3 倍以上。

在各城市 2015 年星级酒店开房率方面，广州市仍排名前三，为 61.83%，但优势不明显，除广州市、上海市、深圳市均超过 60%，其余城市大多保持在 56%~59%。

（八）旅游景区数量少，但营业收入处在中等水平

广州市旅游 A 级景区和 5A 级景区数量比较少，分别为 50 和 2 家，在 10 个城市中排名倒数第二，仅超过深圳市。排名第一的北京市的 A 级景区数量是广州的 4.54 倍，5A 级景区数量是广州的 4 倍（见图 8）。

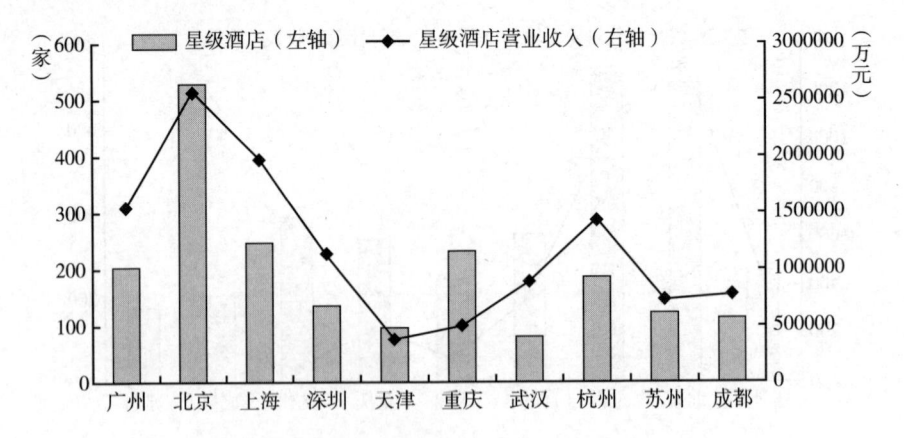

图7 2015年主要城市星级酒店数和住宿业营业收入

资料来源：中国旅游统计年鉴和各地方统计年鉴。

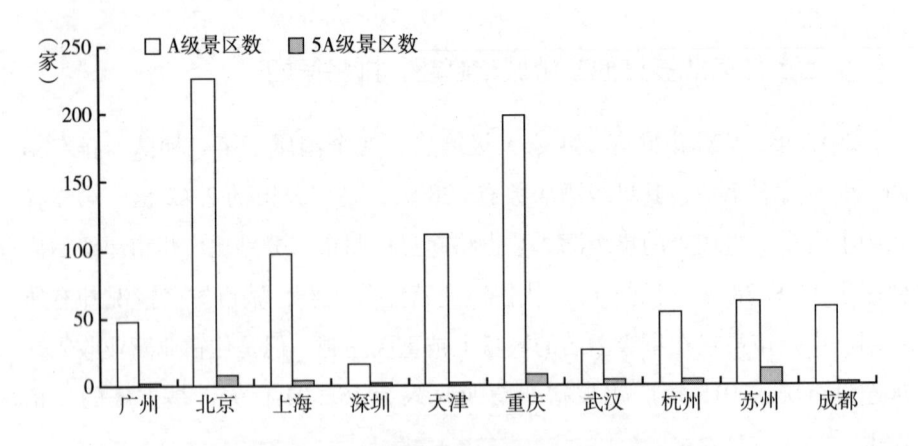

图8 2015年主要城市A级景区及5A级景区数

资料来源：中国旅游统计年鉴及各地方统计年鉴。

由于统计口径和统计数据的可得性，仅比较广州市、北京市、深圳市、杭州市和成都市5个城市的旅游景区营业收入。2015年广州市旅游景区营业收入49.64亿元，比成都和北京分别少了71.89亿和23.22亿元，在5个城市中排名第三，与成都市和北京市差距比较大，且与排名第四的深圳市差距很小。

综合来看，广州市虽然在自然和历史文化等旅游资源上比较匮乏，但是通过人造旅游资源，如主题公园也可以获得较高的旅游收入，吸引游客游玩。

二 省内地位——遥遥领先省内其他城市

（一）旅游业增加值占全省比重超1/4

2015年广州市旅游业增加值为1221.25亿元，占全省旅游业增加值的26.19%（见表1），旅游业增加值占GDP增加值的比重高出全省平均水平0.35个百分点，占第三产业增加值的比重则低于全省平均水平2.6个百分点，说明旅游业在广州市服务经济发展中的地位和作用还有待加强。

表1 2015年广东省和广州市旅游业增加值及其占比

单位：亿元，%

地区	旅游业增加值	旅游业增加值占GDP比重	旅游业增加值占第三产业比重
广东省	4663	6.40	12.65
广州市	1221.25	6.75	10.05

资料来源：《广东统计年鉴》和《广州市旅游统计汇编》。

（二）旅游业总收入稳居全省第一

2015年，广州市旅游业总收入占全省旅游总收入的31.63%，且远超过其他地区的旅游业总收入，是排名第二的深圳市旅游业总收入的2.31倍（见图9、表2），对全省旅游业做出巨大的贡献，省内地位超然。

表2 2015年广东省和广州市旅游总收入及其占比

单位：亿元，%

地区	旅游总收入	旅游总收入占GDP比重	旅游总收入占第三产业比重
广东省	9080.76	12.47	24.64
广州市	2872.18	6.75	10.05

资料来源：《广东统计年鉴》及《广州统计年鉴》。

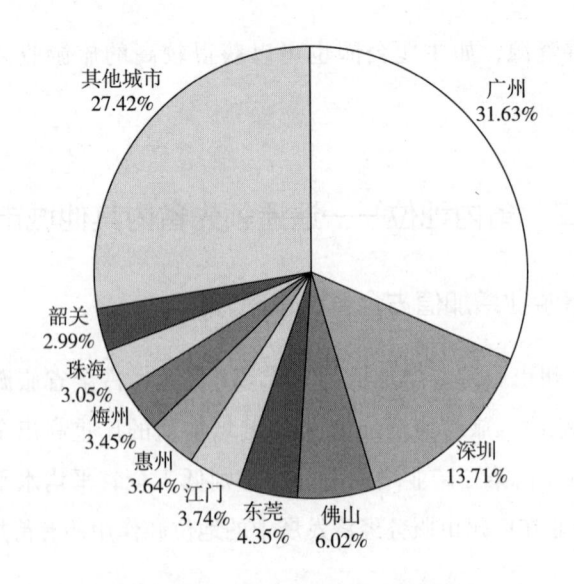

图 9　2015 年广东省前 10 名城市旅游收入占比

资料来源：《广东统计年鉴》。

比较而言，发现广州市旅游总收入占 GDP 和第三产业的比重分别比全省平均水平低出 5.72 个和 14.59 个百分点，说明旅游业在广州市产业，特别是第三产业中的贡献还有进一步提升的空间。

（三）旅游企业就业人员占全省比重超20%

2015 年广州市星级饭店从业人数为 38543 人，占广东省的 26% 以上；旅行社从业人数为 13826 人，约占全省的 22%；景区从业人数为 16307 人，约占全省的 18%。广州市旅游企业从业人数在全省占比较高，体现了广州市旅游企业为广东省提供了较多的就业机会，对社会贡献较大。

2015 年广州市旅游业从业人数为 6.87 万人，占第三产业就业人数的 1.49%，占全社会就业人数的 0.85%，均高于全省平均水平，说明广州市旅游业的就业效应高于全省平均水平，旅游业能为广州市和全省解决就业问题提供支持。以上仅是旅游企业为社会提供的就业情况，结合旅游直接和间接就业人数，可判断广州市在全省创造就业方面有更大贡献。

（四）入境旅游市场领先省内其他城市，与深圳相当

2015年广东省接待入境过夜旅游人数为3446.94万人次，同比增长2.57%；相比之下，2015年广州市接待入境过夜旅游人数为803.58万人次，占全省接待入境过夜旅游人数的23.31%（见表3）。虽然广州市的入境游客全省占比已超1/4，但落后于深圳市，比深圳市少415.12万人次。

表3　2015年接待入境过夜旅游人数及旅游外汇收入

项目	广州市	广东省	占比（%）
接待入境过夜旅游者（万人次）	803.58	3446.94	23.31
旅游外汇收入（亿美元）	56.96	178.85	31.85

资料来源：《广东统计年鉴》和《广州统计年鉴》。

尽管广州市入境游客数量少于深圳市，但其旅游外汇收入却要高于深圳市，表明广州市入境游客平均消费要高于深圳市。2015年广州旅游外汇收入占全省旅游外汇收入的31.85%，比深圳市的旅游外汇收入多7.28亿美元（见表4），广州市旅游业体现强大的创汇效应。

表4　广东省接待入境过夜游客人数及旅游外汇收入城市排名

市别	接待入境过夜游客人数（万人次）	排名	旅游外汇收入（万美元）	排名
深　圳	1218.70	1	496837	2
广　州	803.58	2	569601	1
珠　海	309.52	3	96264	6
东　莞	254.55	4	157743	3
惠　州	222.59	5	88494	7
江　门	195.07	6	96887	5
佛　山	137.48	7	137548	4
潮　州	60.24	8	22304	10
中　山	59.81	9	29843	9
肇　庆	49.57	10	32231	8
全省合计	3445.37	—	1788766	—

资料来源：《广东统计年鉴》。

（五）国内旅游市场稳居全省第一

2015年广东省接待国内过夜游客3.28亿人次，同比增长11.47%；广州市接待国内过夜游客4854.37万人次，占全省接待过夜游客总人次的14.81%（见表5），相比2014年下降0.65个百分点，但广州市仍然排名全省第一，比排名第二的深圳市多697.87万人次，是第三名的湛江市的2.81倍（见表6），和省内其他城市的接待国内过夜游客拉开比较大的差距。

表5　2014~2015年接待国内过夜游客及国内旅游收入

类别	广州市	广东省	占比（%）
接待国内过夜游客（万人次）	4854.37	32779.82	14.81
国内旅游收入（亿元）	2520.52	7976.60	31.60

资料来源：《广东统计年鉴》和《广州统计年鉴》。

表6　2015年广东省接待国内过夜游客前10名的城市

市别	接待国内过夜游客（万人次）	排名	国内旅游收入（亿元）	排名
广　州	4854.37	1	2520.52	1
深　圳	4156.50	2	938.23	2
湛　江	1729.59	3	267.05	9
珠　海	1709.00	4	217.33	13
惠　州	1644.19	5	275.60	7
东　莞	1624.21	6	297.79	5
江　门	1543.24	7	279.81	6
梅　州	1522.71	8	307.09	4
汕　头	1426.30	9	254.61	10
揭　阳	1401.74	10	205.84	17
全省合计	32779.82	—	7976.60	—

资料来源：《广东统计年鉴》。

2015年广州市国内旅游收入占全省国内旅游收入的31.60%，远远超过省内其他城市，牢牢占据第一的位置，是排名第二的深圳市国内旅游收入的2.69倍，可以看出广州市作为广东省的省会城市能吸引了大量国内游客。

（六）旅行社经营情况全省第一

2015年广州市旅行社数量为460家，占全省旅行社总数的21.40%；旅行社营业收入为251.17亿元，占全省比重约40%，说明广州市的旅行社在数量和经营情况上都在全省领先。

（七）住宿业领先优势明显

2015年广州市星级酒店为204家，占全省星级酒店数量的21.25%；住宿业营业收入为155.04亿元，占全省住宿业营业收入的21.37%（见表7），稳居第一，与其他城市拉开较大差距，是第二名的深圳市住宿业营业收入的1.8倍，第三名珠海市的3.8倍（见表8）。

表7　2015年广东省和广州市的星级酒店数量及住宿业营业收入

类别	广州市	广东省	占比（%）
星级酒店数量（家）	204	960	21.25
住宿业营业收入（亿元）	155.04	725.57	21.37

资料来源：《广东统计年鉴》和《广州统计年鉴》。

表8　2015年广东省住宿业营业收入前10名城市

单位：万元

市别	住宿业营业收入	市别	住宿业营业收入
广　州	2326575	茂　名	267885
深　圳	1299670	中　山	259131
珠　海	618485	江　门	239835
东　莞	471438	湛　江	193226
佛　山	394293	河　源	172343
惠　州	368387	全省合计	7255699

资料来源：《广东统计年鉴》。

（八）旅游景区（景点）数量优势明显

与省内其他城市相比，广州市景区数量在全省具有较大的优势，但是A

级、5A级和4A级景区的占比下降幅度比较大，在15%~20%（见表9），说明广州市虽占有全省比较多的旅游资源，但在优质旅游资源上的占有率较低。

表9 2015年广东省和广州市的各级景区数量

单位：家，%

项目	类别	广州市	广东省	占比
景区数量	A级	48	285	16.84
	5A级	2	11	18.18
	4A级	24	158	15.19

资料来源：《广东统计年鉴》和《广州统计年鉴》。

三 总结

（一）旅游业已成为城市竞争的关键

从全国主要城市的旅游业发展情况来看，旅游业增加值占全市GDP比重都超过5%，旅游业已经是一个城市的战略性支柱产业，也是城市竞争的关键所在。旅游业的发展迅速带动了相关行业的发展，经济、社会效益明显，极大地提升了城市综合实力，城市形象突出。

（二）广州旅游业发展整体水平相对较高

从国内主要旅游城市对比来看，广州旅游业发展居第一梯队，旅游增加值、旅游总收入、旅游外汇收入等方面都位居全国前三；从省内来看，广州旅游业发展水平远高于其他城市，国内游、入境游、旅行社经营情况、旅游总收入等都稳居全省第一，旅游发展规模较大，影响显著。

（三）广州仍需加快发展旅游业，提升城市竞争力

虽然广州旅游业发展较快、优势突出，但对比分析可知，与北京、上海

相比，仍存在一定的差距。此外，杭州、成都、天津等城市近几年旅游业发展速度很快，旅游市场逐渐稳定，有超越广州之势。从省内看，深圳近几年经济发展迅速，旅游业发展水平较高，旅游资源丰富，成为省内城市中与广州竞争最大的城市。因此，广州要加快旅游业发展步伐，发展旅游新业态，逐步提升城市竞争力。

参考文献

广州年鉴编纂委员会：《广州年鉴》，广州年鉴社，2016。

广州市统计局、国家统计局广州调查队：《广州统计年鉴》，中国统计出版社，2014。

中华人民共和国国家旅游局：《中国旅游统计年鉴》，中国旅游出版社，2015。

顺德区旅游局：《广东旅游年鉴》，南方出版传媒广东经济出版社，2015。

广东省统计局、国家统计局广东调查总队：《广东统计年鉴》，中国统计出版社，2015。

天津市统计局、国家统计局天津调查总队：《天津统计年鉴》，中国统计出版社，2015。

《上海旅游年鉴》编辑委员会：《上海旅游年鉴》，上海辞书出版社，2015。

深圳市统计局、国家统计局深圳调查队：《深圳统计年鉴》，中国统计出版社，2014。

苏州市统计局、国家统计局苏州调查队：《苏州统计年鉴》，中国统计出版社，2015。

武汉市统计局、国家统计局武汉调查队：《武汉统计年鉴》，中国统计出版社，2015。

重庆市统计局、国家统计局重庆调查总队：《重庆统计年鉴》，中国统计出版社，2015。

成都市统计局、国家统计局成都调查总队：《成都统计年鉴》，中国统计出版社，2015。

杭州市统计局、国家统计局杭州调查总队：《杭州统计年鉴》，中国统计出版社，2015。

B.21
国内邮轮旅游发展经验借鉴

王世英*

摘　要： 自2006年歌诗达邮轮进入中国市场以来，国内邮轮旅游呈迅猛发展的势头，经过10年的发展，2015年中国成为全球第四大邮轮市场，预计2020年将成为全球第二大邮轮市场。2016年，我国邮轮游客量达439.4万人次，接待邮轮955艘次，继续保持高速增长。2017年国际各大邮轮公司纷纷转向华南市场，中国母港将形成以华东为主导、华北和华南为两翼的新格局。

目前，国内上海、天津等城市的邮轮旅游发展比较成熟，邮轮产业配套也比较完善，其他各地也纷纷建设邮轮母港，大力支持邮轮产业发展，以实现邮轮产业的经济效益。本文借鉴上海、天津、青岛等城市邮轮产业的发展经验，从中发现广州发展邮轮产业应该避免的误区以及为今后如何发展邮轮产业提出建议和对策。

关键词： 邮轮旅游　邮轮港口　邮轮产业

一　国内邮轮旅游发展现状

（一）发展历程

1. 萌芽期（20世纪70～90年代）

20世纪70年代，我国的邮轮旅游开始起步，多个港口有欧美邮轮到

---

* 王世英，广州市社会科学院产业经济与企业管理研究所副研究员、博士。

访，20世纪80年代初，到访我国的邮轮艘次和游客有所增加，主要集中在北方港口，如1988年到访大连的邮轮有31艘次，到港旅客超过2.5万人次。这一阶段，我国的邮轮旅游处于萌芽阶段，发展缓慢，与国际水平相差较大，没有固定的邮轮航线及专用码头，产生的经济影响很小。

2. 探索期（20世纪90年代中期至2005年）

20世纪90年代中期至21世纪初，我国的邮轮旅游发展进入探索阶段，一些城市开始着手进行邮轮基础设施建设的规划，港口的接待设施和功能正在完善，但仍处于较为基础的水平。邮轮的到访仍然比较零散不稳定，发展速度较慢。主要是香港的邮轮接待量增长较为迅速，据统计，2001年大陆居民前往中国香港、新加坡参加邮轮旅游的人数为8325人，2002年激增为5.38万人，2004年乘坐邮轮出入境大陆游客达到9.3万人次。

3. 快速增长期（2006年至今）

21世纪初以来邮轮旅游逐渐兴起，我国邮轮旅游进入快速发展阶段，过去10年，国际邮轮业在中国的增长率高达70%。2006年7月，歌诗达的"爱兰歌娜"号邮轮在上海北外滩客运码头首航。自2008年以来，中国大陆接待母港出入境邮轮和邮轮游客数量年均增速分别达到52.6%和68.7%。2009年皇家加勒比的"海洋神话号"进入中国市场，2012年和2013年皇家加勒比以"亚洲巨无霸"船型推动中国邮轮市场升温，2015年皇家加勒比又在中国部署"海洋量子号"。与此同时，以天海邮轮为代表的中国邮轮品牌也进入市场。2015年中国邮轮市场的规模超过100万人次，成为全球第四大邮轮市场。

总体而言，国内邮轮产业经过近几十年的发展，实现了从无到有的突破，并且在近几年发展十分迅猛，邮轮港口相关基础设施和集疏运体系建设逐渐成型，邮轮口岸配套服务日臻完善，邮轮码头商业功能不断拓展，邮轮艘次和人数不断增长，国内邮轮旅游迎来良好的发展契机。

（二）主要邮轮公司

从2015年开始，皇家加勒比、歌诗达、丽星、公主等国际邮轮公司纷

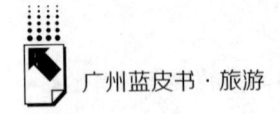

纷部署中国市场，母港邮轮增至12艘，运力快速增加。

1. 皇家加勒比国际游轮

皇家加勒比国际游轮是皇家加勒比邮轮集团旗下的品牌，拥有25艘邮轮组成的船队。至2017年共有4艘邮轮布局中国市场，分别为海洋量子号、海洋赞礼号、海洋水手号、海洋航行者号。具体如表1所示。

表1 皇家加勒比国际游轮在中国市场布局的邮轮特征

名称	国内投入时间	排水量	房间数	载客量
海洋量子号	2014年	168666吨	2090间	4180人
海洋赞礼号	2016年	168666吨	2090间	4180人
海洋水手号	2014年	137276吨	1557间	3114人
海洋航行者号	1999年	137280吨	1557间	3114人

2. 歌诗达邮轮

歌诗达邮轮是世界最大的邮轮公司嘉年华集团旗下的品牌，也是首次进驻中国市场的国际邮轮品牌，至2017年共有赛琳娜号、大西洋号、幸运号、维多利亚号4艘邮轮布局中国市场。具体如表2所示。

表2 歌诗达邮轮在中国市场布局的邮轮特征

名称	国内投入时间	排水量	房间数	载客量
歌诗达赛琳娜号	2007年	114147吨	1500间	3000人
歌诗达大西洋号	2000年	85700吨	1056间	2112人
歌诗达幸运号	2003年	102587吨	1358间	2716人
歌诗达维多利亚号	1996年	75200吨	964间	1928人

3. 公主邮轮

公主邮轮是嘉年华集团旗下的高端邮轮品牌，于2014年正式进入中国，至2017年共有"蓝宝石公主号"及"盛世公主号"2艘邮轮布局中国市场。具体如表3所示。

表3　公主邮轮在中国市场布局的邮轮特征

名称	国内投入时间	排水量	房间数	载客量
蓝宝石公主号	2004年	115875吨	1337间	2674人
盛世公主号	2017年	143000吨	1780间	3560人

4. 地中海邮轮

地中海邮轮有限公司背靠地中海集团，是其旗下的唯一品牌，2016年部署"地中海抒情号"进入中国市场。该邮轮于2003年下水，排水量65591吨，房间数992间，标准载客量1984人。2017年地中海抒情号以天津为母港开展运营。

5. 诺唯真游轮

诺唯真游轮是挪威邮轮集团旗下品牌，2017年其旗下新船"诺唯真喜悦号"进入中国市场，计划于2017年6月28日开启上海母港首航。该邮轮排水量168800吨，房间数1925间，标准载客量3850人。

6. 丽星邮轮

丽星邮轮隶属于云顶集团，其旗下拥有六艘邮轮，2017年部署处女星号于中国市场。处女星号是丽星邮轮的旗舰，排水量75338吨，房间数935间，标准载客量1870人。2017年第一季度处女星号在深圳太子港运营，并将于7月至11月转到上海运营。

7. 星梦邮轮

星梦邮轮是云顶集团打造的首个亚洲本土豪华邮轮品牌，旗下首艘邮轮"云顶梦号"于2016年11月首航。该邮轮排水量151300吨，房间数1680间，标准载客量3360人。云顶梦号于2017年4月至10月以广州为母港运营。

8. 天海邮轮

天海邮轮是国内本土邮轮品牌，隶属于上海大昂天海邮轮有限公司，旗下有"天海新世纪号"，在中国运营。该邮轮购于皇家加勒比游轮有限公司旗下的"精致世纪号"，2015年在中国首航，排水量71545吨，房间数907间，标准载客量1814人。2017年天海新世纪号以上海为主要母港运营。

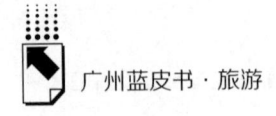

9. 渤海邮轮

渤海邮轮是国内首个自主管理、自主经营的本土邮轮品牌，隶属渤海轮渡股份有限公司，旗下拥有"中华泰山号"邮轮。该邮轮排水量24391吨，房间数396间，标准载客量792人。2017年1月至3月以海口为母港运营，于4月4日开启厦门首航。

10. 钻石邮轮

钻石邮轮是国内最新的本土邮轮品牌，隶属钻石邮轮国际公司，旗下拥有"辉煌号"邮轮。该邮轮购于德国，于2016年7月在上海首航，排水量24782吨，房间数481间，标准载客量为962人。2017年以上海、青岛、大连等港为母港开展运营。

（三）港口布局

目前，国内已有上海、天津、厦门、三亚、青岛、舟山、深圳、广州等十多个沿海城市建成国际邮轮中心。此外，还有一些沿海港口城市已进入建造邮轮码头规划中。从港口的空间分布来看，我国初步形成了以四大邮轮母港为中心的市场格局，包括以上海为中心的长三角地区、以广州为中心的泛珠三角地区、以天津为中心的环渤海地区、以厦门为中心的海峡地区。2016年广州南沙邮轮港和深圳太子湾邮轮港开港，全国新建的邮轮港增至9个。"渤海湾、长三角、珠三角"三大邮轮经济圈格局基本形成，具体如表4所示。

（四）发展规模

自2006年歌诗达邮轮"爱兰歌娜"号以上海为母港首航以来，经过10年的发展，我国邮轮市场呈现井喷式增长，2015年成为全球第四大邮轮市场。中国母港邮轮艘次由2008年的28艘次增长到2015年的539艘次，访问港邮轮由2008年的318艘次下降到2015年的90艘次。2015年我国邮轮市场收入达到45.3亿元，增长35.2%。2016年，我国邮轮游客量达到439.4万人次，接待邮轮955艘次，上海港以289.4万人次领跑全国。2017

国内邮轮旅游发展经验借鉴

表4 我国邮轮港口分布

城市	港口	泊位	码头情况	开港时间
上海	吴淞口国际邮轮港	2个	岸线总长1500米,一期岸线长度774米,建有2个大型邮轮泊位,同时可靠泊1艘10万吨级邮轮和1艘20万吨级邮轮	2012年
		2个	二期建成后码头总长度将达1600米,共可布置2个22.5万吨级和2个15万吨级总计4个大型邮轮泊位	预计2017年
	上海港国际客运中心码头	3个	面积13万余平方米,新建国际客运中心建成后有3个8万吨级客运泊位,年靠泊船舶500艘次,客运量100万人次	2008年
深圳	太子湾	2个	项目用地面积42614.78平方米,建筑面积136650平方米。建有22万吨邮轮泊位1个,5万吨邮轮泊位1个,客运码头3座,生活岸线约600米	2016年
广州	南沙港	3个	万吨级及以上泊位有16个,10万吨级泊位有2个,12万吨级泊位1个,中船龙穴基地已建成9个万吨级的造船和修船码头;(在建)母港建设1个22.5万吨邮轮码头和1个10万吨邮轮码头,码头岸线770米,港池及支航道按通航10万总吨邮轮设计	2016年
天津	天津港	2个	万吨级以上泊位102个,公共泊位岸线总长21.5公里,25万吨级船舶可自由进出港,30万吨级船舶可乘潮进出港	2009年
大连	大连港国际邮轮中心	2个	—	2016年
厦门	厦门港	3个	岸线总长度1419米,计划建设4个泊位。建成后可满足1艘15万吨级邮轮和2艘8万吨级邮轮'三轮同靠',0#泊位码头可满足22万吨邮轮靠泊要求	2016年
三亚	三亚凤凰岛国际邮轮港	1个	无法同时接待同一时段停靠两艘以上邮轮	2007年
		6个	(在建)新建3万吨级和10万吨级码头各1个,15万吨级码头2个及25万吨级码头各1个。二期码头建成后,能同时停靠6艘3万~25万吨级的国际邮轮	—
青岛	青岛国际邮轮母港	3个	共有3个邮轮专用泊位,包含原有六号码头两个泊位,岸线总长度达966米。将新建一个泊位,可停靠22.5万吨邮轮	2014年
舟山	舟山国际邮轮港	1个	10万吨级(兼靠15万吨级)码头,全长356米,宽32米,引桥长188米,设计年客运量约50万	2014年
烟台	芝罘湾港区蓬莱东港区		在建	
海口	秀英港	1个	2个3万吨级集装箱泊位及相应港口配套设施,其中一个泊位兼靠泊国际邮轮	

335

年起国际各大邮轮公司纷纷加码华南市场，中国母港将形成以华东为主导、华北和华南为两翼的新格局。

2016年，上海、天津、大连、厦门、舟山、青岛、深圳、广州、海口、三亚等沿海城市接待邮轮量达1010艘次，同比增长61%，邮轮出入境游客量达456.73万人次，同比增长84%。母港邮轮航次依然处于绝对优势地位，母港邮轮达927艘次，同比增长72%；母港邮轮游客量达428.9万人次，同比增长93%。访问港邮轮航次处于下降的态势，访问港航次仅为83艘次，同比下降8%；访问港邮轮游客量27.759万人次，同比增加8%。邮轮入境旅游的发展形势依然十分严峻，母港邮轮并未带来明显的邮轮经济。

2016年，国内邮轮港口接待国际邮轮艘次中上海、天津、广州分别以513艘次、142艘次、104艘次居前三位；邮轮旅客吞吐量中上海、天津、广州分别以289万人次、71万人次和33万人次同样居前三位（见表5）。

表5　2016年全国主要邮轮港口数据统计

港口名称	年客流量（人次）	同比增长（%）	船舶（艘次）	同比增长（%）
上海港	2894515	77	513	49
天津港	714653	66	142	48
三亚港	96485	-7	25	-17
厦门港	190876	9	79	22
青岛港	89513	178	52	174
舟山港	17777	5	13	8
大连港	64801	158	27	125
广州港	325967	—	104	—
合　计	4394587	82	955	65

注：以上数据不包含国际客运班轮。
资料来源：《2016年世界邮轮旅游城市概况及中国邮轮旅游发展报告》。

此外，国内在线邮轮旅游发展速度迅猛。旅行社一直是邮轮票务销售最重要的渠道，各地线上线下旅行社都大力开展邮轮业务，市场总量日益增大，未来国内邮轮旅游消费市场将持续扩大，旅游需求逐渐多样化。从供给来看，国内邮轮港口布局日益完善，数量较多，各地投入大量资金建设邮轮港口，市场影响力逐渐增强，有关邮轮产业发展的法律法规标准也在不断完善。

二 主要城市发展邮轮旅游的做法

(一)积极出台促进产业发展的政策

近10年,国内邮轮旅游的迅猛发展引起各地方政府的极大重视,为促进本地邮轮产业的经济效应,各地方政府先后出台各种促进邮轮产业发展的有利政策,全面促进地方经济发展。国内上海、天津、厦门等港口城市的邮轮旅游发展比较成熟,出台了较多的促进邮轮产业发展的政策(见表6)。

表6 国内地方邮轮产业发展相关政策

城市	政策全称	出台部门	发布时间
上海	《上海市邮轮旅游合同示范文本(2015版)》	上海市工商行政管理局、上海市旅游局	2015年8月25日
	《上海出入境检验检疫局关于支持上海邮轮产业发展若干意见的公告》	上海市出入境检验检疫局	2015年8月25日
	《上海市推进国际航运中心建设条例(草案)》	市十四届人大常委会第26次会议审议	2015年12月31日
	《上海市服务业发展"十三五"规划》	上海市人民政府	2016年8月22日
	《"十三五"时期上海国际航运中心建设规划》	上海市人民政府	2016年9月
	外国旅游团乘坐邮轮入境15天免签政策正式实施	经国务院批准	2016年10月1日起
天津	《中国邮轮旅游发展实验区建设三年行动方案(2015~2017年)》	天津市人民政府办公厅、市旅游局	2015年4月16日
	《天津市国民经济和社会发展第十三个五年规划纲要》	天津市人民政府	2016年3月
厦门	《关于印发厦门市开展邮轮运输试点示范工作方案的通知》	厦门市人民政府办公厅	2015年6月26日
	《关于加快推进厦门邮轮母港建设的若干意见》	福建省政府办公厅	2015年7月22日
	《关于进一步促进邮轮经济发展的通知》	厦门港口管理局、厦门市旅游局、厦门市财政局	2015年12月15日
	《厦门市综合交通运输"十三五"发展规划》	厦门市人民政府、市交通运输局	2016年10月

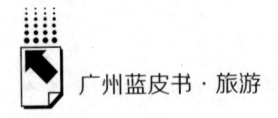

续表

城市	政策全称	出台部门	发布时间
青岛	《关于印发青岛西海岸新区产业发展十大政策实施细则（试行）的通知》	青岛西海岸新区管委青岛市黄岛区人民政府	2015年9月11日
	《青岛市国民经济和社会发展第十三个五年规划纲要》	青岛市人民政府	2016年4月
三亚	《海南省促进邮轮游艇产业加快发展政策措施》	海南省人民政府	2015年10月14日
	《关于提升旅游产业发展质量与水平的若干意见》	海南省人民政府	2016年2月15日
	《三亚市海洋经济发展"十三五"规划》	六届市政府第61次常务会议审议通过	2016年6月
舟山	《舟山市国民经济和社会发展第十三个五年规划纲要》	舟山市人民政府	2016年3月
深圳	《深圳市国民经济和社会发展第十三个五年规划纲要》	深圳市人民政府	2016年4月
广州	《关于加快广州国际邮轮产业发展的若干措施》	广州市政府常务会议讨论并原则通过	2016年12月6日
烟台	《关于加快邮轮游艇产业发展的意见》	烟台市人民政府办公室	2015年3月12日

（二）主动与其他职能部门合作

天津市旅游局积极与其他职能部门合作，共同推动邮轮产业发展。2016年，市旅游局召开天津市邮轮游艇产业发展工作推动会，市商务委、市交委、市财政局、市口岸办、市海事局、滨海新区人民政府、东疆保税港区、天津港集团等部门积极参加并有效合作，各个部门联合推动邮轮旅游的大发展。旅游部门配合市交委，依托天津邮轮母港，借鉴国际邮轮母港发展经验，大力发展邮轮旅游经济和港口文化旅游，打造邮轮经济集聚区，并创造了"空海联运"的交通新模式，为国际旅游发展提供基础支撑。

（三）积极创新运营机制

当前，国内邮轮母港的运营主要靠邮轮公司的靠泊，作为中介平台为船舶提供船补等，大部分码头处于亏损状态。因此，创新母港运营机制，可实现母港经济效益最大化。以青岛为例，青岛邮轮母港的补给主要有两种方式：一是国际补给，邮轮公司到其他国家港口，如釜山进行船补，这种模式占比较大；二是本地补给，由邮轮公司指定供应商并把相关货物运抵本港，然后由本港负责上邮轮并收取一定的服务费。但当前第二种方式主要是国内货物供给，国际货物供给受政策限制几乎不能做。青岛港通过争取，2017年6月8日首次采用"保税进口，查验后置"的方法，在全国领先突破当前我国邮轮供给的查验检疫制度。青岛邮轮母港也正大力推动与市场化公司合作，大力发展垃圾处理等其他港口服务。

（四）大力发展船舶制造业

我国造船行业主要是长江以南的中国船舶工业集团公司（以下简称"中船集团"）和长江以北的中国船舶重工集团（以下简称"中船重工"）两大集团公司。从空间分布来看，目前我国造船业已形成环渤海湾、长三角和珠三角三大造船基地。截至2014年底，中船集团共有包括总部在内的56家下属企事业单位，主要分布在北京、上海、广东、江苏、江西、安徽、广西、香港等地。上海、天津、青岛、大连的船舶公司分布较多，如上海外高桥造船有限公司、上海船厂船舶有限公司、上海江南造船厂、天津新港船舶重工有限责任公司、青岛北海船舶重工有限责任公司、大连船舶重工集团有限公司。

2017年4月28日，"海洋赞礼号"豪华邮轮进入舟山码头，该邮轮在此进行为期五天的保养，主要由舟山中远船务工程有限公司负责，工程结束后开赴天津港。据了解，这是国内船厂首次承接超豪华邮轮保养项目。

（五）支持地方院校开设邮轮相关专业

随着国内邮轮市场运力的激增，邮轮公司对本土乘务人员需求旺盛，最近3~5年，国内很多大中专院校逐渐开设邮轮海乘专业或定向培养班（见表7）。

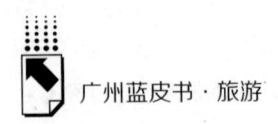

表7　全国开设国际邮轮乘务管理专业的院校

院校名称	所属城市	院校名称	所属城市
福建船政交通职业学院	福州	伊春职业学院	伊春
河北工业职业技术学院	石家庄	南宁职业技术学院	南宁
九江职业大学	九江	武汉城市职业学院	武汉
桂林旅游学院	桂林	海南职业技术学院	海口
浙江交通职业技术学院	杭州	吉林交通职业技术学院	长春
贵州航天职业技术学院	遵义	海口经济学院	海口
广西国际商务职业技术学院	南宁	湖南外贸职业学院	长沙
厦门海洋职业技术学院	厦门	江苏海事职业技术学院	南京
南通航运职业技术学院	南通	三亚城市职业学院	三亚
四川交通职业技术学院	成都	唐山工业职业技术学院	唐山
河南工业职业技术学院	南阳	浙江旅游职业学院	杭州
河北艺术职业学院	石家庄	河北旅游职业学院	承德
吉林电子信息职业技术学院	吉林	武汉外语外事职业学院	武汉
山东交通职业学院	潍坊	青岛酒店管理职业技术学院	青岛
河北交通职业技术学院	石家庄	武汉交通职业学院	武汉
安徽城市管理职业学院	合肥	烟台工程职业技术学院	烟台
石家庄工商职业学院	石家庄	江西工业贸易职业技术学院	南昌
哈尔滨江南职业技术学院	哈尔滨	太原旅游职业学院	太原
黑龙江旅游职业技术学院	哈尔滨	黑龙江生态工程职业学院	哈尔滨
黑龙江煤炭职业技术学院	双鸭山	郑州旅游职业学院	郑州
河北女子职业技术学院	石家庄	内蒙古交通职业技术学院	赤峰
浙江国际海运职业技术学院	舟山	山东旅游职业学院	济南
江西青年职业学院	南昌	三亚航空旅游职业学院	三亚
延安职业技术学院	延安	大连枫叶职业技术学院	大连
天津海运职业学院	天津	内蒙古科技职业学院	呼和浩特
厦门南洋职业学院	厦门	湖北科技职业学院	武汉
海南科技职业学院	海口	佳木斯职业学院	佳木斯
大连航运职业技术学院	大连	泉州海洋职业学院	泉州
郑州城市职业学院	郑州	三亚理工职业学院	三亚
新乡职业技术学院	新乡	青岛远洋船员职业学院	青岛
山东海事职业学院	潍坊	共青科技职业学院	九江

在邮轮管理人才培养方面，上海海事大学成立了亚洲邮轮学院，这是在我国乃至亚洲范围内第一家具有学位授予资格的邮轮管理专业人才培养基地，目的就是培训市场紧缺的本土邮轮管理人才。国内也有船员服务机构，

共有169个，以上海市、山东省、福建省、江苏省、天津市、广东省居多，分别有26个、25个、22个、20个、19个和17个，说明以上省市的船员服务有比较优势。

三　对广州发展邮轮旅游的启示

（一）加强旅游宣传

加强旅游宣传，培育城市品牌和旅游形象。城市主题打造的品牌要鲜明，城市旅游业的发展要求城市有突出的品牌形象，如青岛多年来的旅游形象是滨海旅游休闲度假城市。充分利用各种宣传平台，大力宣传具有岭南文化特色的广州邮轮旅游；加强对国外、省外重要的旅客输出地区的推介，进一步挖掘邮轮旅游客源市场；开发具有广州特色的国际邮轮母港岸上旅游产品，打造华南国际邮轮旅游目的地。

（二）加强区域合作

目前，广州邮轮航次仅有中国香港、越南、日本三条航线，占比90%以上，未来可将航线延伸到中国台湾、新加坡、泰国以及国内沿海等旅游热点地区。由于在地理位置上广州与深圳、香港很近，因此在航线经营上要加强与深圳、香港开展合作，优势互补，如天津市积极开展"京津冀旅游协调发展三年行动计划""大运河京津冀旅游观光带发展规划"。此外，广州要持续推进与"珠三角"及"泛珠三角"地区的协同发展，深度发掘邮轮旅游资源。建立"珠三角"旅游行业监管部门不定期座谈机制，开展黄金周假日旅游区域联动合作；实现旅游信息的互联互通；签订区域旅游合作协议，推动重点旅游区域建设。

（三）加强与其他职能部门的沟通协作

邮轮产业发展涉及口岸办、交通部门、海事局、旅游局等多个部门，仅仅依靠旅游局来实现邮轮产业的经济效应，难度很大，因此，与其他相关职能部门合作是实现旅游大发展的最佳途径。广州旅游相关部门要积极与其他职能部门如交通部、规划局、土地规划局、口岸办、市交委等重要部门展开深度合作，得到政府的重视，拥有更多的话语权。有关部门协作共同出台相关推动邮轮产业发展的政策和宏观发展规划，明确广州发展邮轮产业的发展定位。

（四）加快建设航站楼和码头

邮轮母港的建设可以提高本地市民的生活质量，带动产业链条（旅行社、船供等）发展，促进城市功能完善，提升土地价值升值等。广州要发展邮轮母港经济，打造邮轮母港产业集聚区，以邮轮产业带动其他行业的发展，使邮轮经济成为城市发展的新动力。广州邮轮母港的规划建设，应当凸显前瞻性和预见性，充分考虑邮轮码头建设而形成的邮轮母港产业链发展的需求，在规划邮轮母港时，预留充足拓展空间。在航站楼的建设中，应考虑实际需求，候船的面积不必过大，因为游客到码头将快速检票上船，入境的游客选择游玩；安检等功能区域面积要足够大，快速办理业务；完善商业设施，引进免税店等。

（五）积极打造本土邮轮船队

上海在积极与各大国际邮轮公司合作的同时，通过合作积极打造本土船队，如2014年通过购入"精致世纪"号邮轮，组建本土邮轮公司。在上海国际邮轮经济研究中心举办的"一带一路"与邮轮经济发展专题座谈会上，透露首艘国产豪华邮轮将于2023年交付使用，中船集团、芬坎蒂尼集团和宝山区政府签订三方战略合作意向书，共同推进中国本土豪华邮轮建造。因此，从长远发展角度来看，广州应该考虑组建自己的邮轮船队，争取在邮轮经营上的主动权，如可考虑与云顶邮轮公司或其他欧美邮轮公司合作，通过合资方式组建本土邮轮船队。

（六）加快邮轮专业人才培养

上海市政府十分重视邮轮母港建设和人才建设，上海高校已开设邮轮经济专业、成立研究中心，其人才培养走在全国的前列。而广州地区院系对邮轮相关专业的设置还欠缺。因此，广州要尽快构建国际邮轮产业人才体系，为邮轮经济的发展培养、积聚和储备人才；政府层面应支持广州高校开设邮轮相关专业，探索建立国际邮轮学院；鼓励职业院校开设邮轮研发设计、生产制造、维修保养、航海技术、船供物流和海事法律等特色专业；借助高校、国际邮轮公司等资源，成立专门的邮轮人才培训基地或研究中心等。

（七）加强对邮轮市场的管理

国内上海、天津的邮轮旅游发展相对成熟，但面临着旅行社恶性竞争的问题，不利于邮轮旅游可持续发展。因此，在邮轮业发展中，广州要适当采用行政手段，积极利用市场方式对邮轮旅市场进行有效管理，尽量避免旅行社的恶性竞争，打击低价游，避免出现类似天津的集体罢船的严重事件。尽快出台邮轮旅游合同，规范和保障旅行社、游客的行为。

B.22
德清民宿发展借鉴

——花都精品民宿发展的思考

李振健　来雄智　王婷婷[*]

摘　要： 在大众旅游、休闲旅游和全域旅游"三游"叠加的背景下，民宿已成为生态旅游和乡村旅游发展中的重要组成部分，是农村产业融合发展最有效的切入点，更是"农业+旅游"供给侧结构性改革的重点，对促进乡村旅游转型升级起到重要推动作用。本文基于德清民宿发展经验，着眼于花都精品民宿发展现状，重点分析花都推进民宿发展的限制因素，借鉴德清民宿发展经验，提出切实可行的若干建议。

关键词： 民宿　德清　花都　旅游

民宿作为一种新型的旅游形态，在乡村旅游、休闲度假旅游发展过程中表现出强劲的势头，备受人们青睐。为了了解民宿发展成熟地区的经验，推动花都乡村旅游特别是精品民宿的发展，2016年8月20日至22日，花都区旅游协会组织邀请相关部门、街（镇）和旅游企业赴浙江德清莫干山考察，深入了解莫干山"精品民宿"建设情况。通过与当地有关部门交流、与当地知名民宿设计师座谈，以及深入河口村（隐西）、裸心谷、后坞生活度假

---

[*] 李振健，花都区旅游局副局长；来雄智，花都区旅游局副科长；王婷婷，花都区旅游局科员。

村、下渚湖湿地等地实地考察和交流,搜集了许多一手资料,为花都精品民宿发展提供宝贵的借鉴。

一 德清莫干山民宿经济发展分析

近年来,德清县围绕"生态富民、绿色崛起、和谐跨越"的思路,突出"原生态养生、国际化休闲"旅游发展主题,打造了一批具有独特内涵,深受很多国际游客、国内精英团体以及都市白领青睐和推崇的"洋家乐"、农家乐、青年旅舍等民宿发展新业态,也因此走出了一条独具特色的乡村旅游发展之路,实现了乡村旅游的转型升级。2007年德清县统计管理范围内的民宿85家,接待游客61万人次,营业收入3259.9万元。2015年德清民宿增加到270余家,接待游客461.5万人次,经济总收入7.05亿元,是2007年营业收入的21.6倍。其中以"洋家乐"为代表的特色民宿接待游客28.8万人次,同比增长22.4%,接待境外游客9.3万人次,同比增长20.7%,实现直接营业收入多达3.5亿元,同比增长38.3%。民宿经济已成为德清乡村旅游收入的一个新增长点。

(一)保护生态环境,为民宿发展夯实基础

德清莫干山生态环境基础良好,是特色民宿发展的必要前提,也是不同国家投资者来投资兴业的重要吸引力。为了有效保护莫干山区域的青山绿水,德清县于2005年开始实施西部山区生态补偿机制,并累计投资8000多万元用于关闭或搬迁原有工业企业。近年来,为明显改善生态环境面貌,德清县更是加强对环莫干山区域内污染企业的专项整治,坚持"五水共治""三改一拆""四边三化""和美家园"建设相结合的工作原则,关停禁养生猪养殖等。

(二)完善政策导向,突破民宿发展制约瓶颈

2014年,德清县出台了《德清县民宿管理办法(试行)》,并于11月

印发了《关于促进旅游业加快发展的若干意见》，规范了民宿项目消防、治安、环保、卫生等方面的具体工作，为民宿发展办理各类证件扫清了政策法规方面的障碍，确定了民宿发展在旅游发展中的地位。2015年5月，发布全国首部县级乡村民宿地方标准规范《乡村民宿服务质量等级划分与评定》。11月，推出《关于全面推进农洋家乐休闲旅游业提升发展的意见》，之后按照标准评定出的全县第一批以西坡、清境原舍、山中小筑等为代表的6家精品民宿表彰授牌。同时，制作400余本《民宿创办手册》，发放至筏头乡、莫干山镇等镇，极大地推动了当地民宿的快速发展。

（三）开展规范整治，提升民宿发展品质

德清县创新政府监管和行业自律相结合的行业管理架构，创造性地出台《德清县民宿管理办法（试行）》及《德清县西部民宿规范提升工作方案》，抓好民宿的整治提升工作，通过整治，消除民宿发展中的一些乱象。截至2016年7月，累计验收通过的共169家，证件齐全民宿106家，提出整改意见1800余条，投入整改资金500多万元，有力的规范整治为德清民宿业健康发展扫清了道路。2016年，德清莫干山国际乡村旅游（洋家乐）集聚区被国家旅游局评为中国乡村旅游创客示范基地。

（四）精准产业定位，为民宿发展明确方向

德清莫干山充分利用良好的生态条件、丰富的历史人文资源和良好的区位交通优势，以承接长三角地区高端商务人群休闲度假需求为目标，大力完善各种休闲旅游配套设施，以高端民宿的打造为抓手，形成环莫干山的高端精品民宿聚集区和休闲区。将民宿经济纳入全县旅游总体规划和"十三五"旅游专项规划，按照高端、生态、精致、特色的休闲度假发展方向，坚持科学布局、注重特色、差异发展的原则，努力做到科学合理、因地制宜、有的放矢，全力打造产品多样化、理念国际化的乡村休闲旅游品牌。

二 花都民宿发展基础分析

(一)区位优势明显,交通便利

花都是广州市的北大门、国际机场所在地,区位优势明显;是广州市构建国际航空枢纽和建设"三中心一体系"的重要战略节点,距离广州中心城区仅40公里,位于广州中心城市30分钟都市圈内,向南辐射珠三角,向北影响全中国,交通便利。随着广州北站的高标准升级扩建、国际空铁联运体系的加紧建设、地铁8号和9号线等重点交通工程的动工和开通,"七纵七横"和"内外两环"的大综合交通枢纽体系正逐步形成,将成为推进花都旅游发展的强劲动力和提升花都旅游品牌的强力支撑。

(二)村落资源富集,发展基础牢固

花都区是"山川钟灵秀"之地,生态环境优美;是太平天国洪秀全的故乡,拥有丰厚的历史文化底蕴;岭南特色的古村落遍布花都,特色各异。据调查统计,区内现存较为完整的古村落有20余个,其中塱头村、茶塘村、藏书院村、三华村、高溪村田心庄、港头村被评为广东省古村落,塱头村还被评为中国历史文化名村和中国传统村落。近年来,随着古村落的保护性开发,吸引了众多知名企业和文化创意者入驻,为民宿发展提供了广阔的开发空间。塱头古村充分利用破旧闲置的古建筑,吸引明伦书院前来落户,打造书画院、茶馆、沉香茶道等文化产业的集聚地。洛场村利用旧民居和古碉楼打造"花山小镇";在修复和保护碉楼的同时,积极引入社会资本和有实力的文化经营企业对碉楼及旧房屋进行适度的文化创意开发,现已成功引入"喜洲吧"、"朴食"、"歌乐吧"、"碉楼驿站"、歌乐艺术空间艺术展馆、寒花山书院、主题民宿"上庄精品酒店"、歌乐凡尘影视工作室等21家文化创意企业,初步形成了集文化创艺、博物展览、美食娱乐、度假休闲于一体的文化园区。

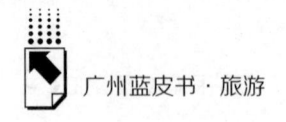

（三）政府重视，政策给力

随着旅游业发展的带动作用日趋明显，各级政府高度重视旅游发展，广州市更是将发展旅游业作为建设国家重要中心城市、推动产业结构调整、转变经济发展方式和建设宜居城乡"首善之区"的重要举措。2017年广州市旅游业发展第十三个五年计划提出了"推进国家旅游综合改革试点城市建设，打造30个以上国民旅游休闲示范景区和30个旅游文化特色村，鼓励发展自驾车旅居车营地、帐篷酒店、民宿等新型住宿业态"的重要举措。2016年，花都在区"十三五"规划中，明确了"国际空铁枢纽、高端产业基地、休闲旅游绿港、幸福美丽花都"的建设目标，2017年区委十四届三次全会报告进一步明确了"树立全域旅游理念，做大'旅游+'这篇大文章，引导旅游业与工业、农业、文化、教育等深度融合，打造全新的休闲旅游目的地"的目标。

三 花都民宿发展制约因素分析

（一）缺少支持，民宿难以"合法合规"

就目前广州及花都民宿发展情况来看，传统村落建筑、乡村居民办民宿不仅要跨越行业许可的门槛，而且需面对消防、卫生等手续，特别是广州近年来停办"临商证明"及"住改商"，使民宿难以"合法合规"。如：在卫生许可方面，由于国家、省、市对于民宿业暂无行业规范及相关卫生标准，区、县级卫生行政部门只有审批、核发辖区内住宿场所的《卫生许可证》职能，暂无法以民宿行业标准来进行卫生许可；在消防许可方面，乡村民宿的土地性质为宅基地，并非商业性用地，户主需到国规局申请土地性质的变更，待国规局同意后，根据《建设工程消防监督管理规定》第十五条之规定，向公安机关提供建设工程规划许可证明文件申报消防手续；在工商登记许可方面，按照"先照后证"的前置审批许可制度，民宿业属于后置审批事项；在行政准入方面，区安监局行政许可职权事项为"危险化学品经营许可证核发""烟花爆竹经营许可证核发（批发与零售）"，但并无与民宿准入相关的行政许可事权。

（二）缺乏规划指导，民宿难以规范发展

尚未编制民宿发展的专项规划，缺乏科学指导。当前，现有的少部分民宿大多是房主利用自家住宅，经过适当改造装修开办的，具有较强的随意性，风格特色不突出，品位档次较低，布局相对分散，基础设施和旅游公共服务设施配套不足，留不住游客，这在很大程度上阻碍了民宿产业的发展。因此，亟须科学规划等上层理论指导。

（三）缺乏发展模式的探索，民宿发展难以找准方向

民宿开发建设不仅涉及开发公司和投资方，还涉及乡村、村民。在民宿发展模式上，不仅有公司租赁流转、农户收租的模式，有"公司+农户"、按股分红的模式，有乡村集体开发、共同发展的模式，还有建管分离、经营外包的模式。目前，花都区传统古村落建筑、民居基本处于空置状态，由于缺乏发展模式的探索，大多存在所有权不明晰或者使用权分散等问题，如塱头古村民居租用困难，一定程度上阻碍民宿经济的发展。

四 花都区发展民宿的若干建议

花都发展民宿的条件和德清县非常相似，都毗邻大都市，有良好的生态条件、丰富的山水和农村旅游资源。花都外部交通比德清更加优越，地处珠三角的北缘，所处的珠三角是中国最富庶的地区之一，境内有普铁、高铁、高速公路和机场，交通便捷，区位优势明显。在考察过程中，我们有一个共同的感受，花都与德清的差距，不是自然风貌的差距，不是经济上的差距，而是发展理念上的差距，他们有很多做法值得我们学习。要切实加快花都民宿的发展，我们要认真做好以下几方面的工作。

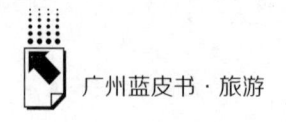

（一）制定民宿审批新标准，破解民宿办证现实难题

由于民宿是一个新生事物，目前国家没有出台相关政策法规，审批办证成了制约民宿发展的一个重要问题。因此，我们应该结合农村实际，针对民宿的行业特点，制定符合客观实际、又有利于民宿发展的消防、卫生、环保、国土等部门审批的行业新标准，这样一来既保证相关部门监管的需要，又能满足民宿发展的现实需求。同时，可借鉴德清政府的做法，成立由政府办、发改、财政、国土、交通、农业、旅游、公安、消防、环保、卫生、工商、食品药品监管等多部门组成的民宿发展协调小组办公室，对乡村民宿经营项目的报批建设进行前期的综合预估与评价，联合检查和审批，提高工作效率，努力破解办证难、发证难等问题。

（二）出台民宿发展新政策，创造民宿健康发展条件

目前民宿已经成为一种热潮席卷全国，它已经成为旅游发展和投资的一个风口，创造出新的旅游投资和消防需求。发展民宿不但会提高旅游接待能力，解决万达文旅城开业面临的住宿接待能力不足的问题，还能创造出新的旅游吸引物，丰富花都乡村旅游发展的元素，促进花都乡村旅游提质增效。因此，我们要充分认识发展民宿的重要意义，及早出台符合花都实际的民宿发展政策，抓住机遇，推动花都民宿发展。简化民宿报批流程，完善各种示范文本，建立村民委员会参与、行业协会管理、街镇统筹和主管部门指导的运作机制，确保民宿有序、健康发展。

（三）拓宽民宿融资渠道，多方筹措民宿发展资金

积极拓宽融资渠道，通过政府搭台、企业唱戏的方式，引导市场资金参与民宿建设。德清莫干山洋家乐，通过构建良好的投资环境，吸引外来资本特别是国外资金来推动高端民宿的建设与经营，将新理念带入乡村。同时，德清创造性地发明"民宿贷"，为民宿发展量身定制信贷产品，用信用、保证、抵押等担保方式，一次性申请到相对普通贷款期限更长、利率更低的贷

款，并且支持贷户在额度内循环使用、随借随还，为民宿经营者提供便利。成立民宿发展专项基金，一是通过以奖代补的方式，对民宿经营者进行扶持；二是编制民宿发展总体规划，确保花都民宿有序发展；三是增加财政投入，通过税收减免、整体营销、提供软装设计等方式，支持民宿发展。

（四）创新土地使用模式，解决制约民宿发展核心问题

制约乡村旅游发展的核心是土地问题，花都民宿发展可以借鉴德清做法。莫干山裸心谷首创与环境协调的坡地乡居建设模式，在国土建设部的肯定下，实现了点状供地，并成为全国的试点。即投资方只需购置房屋落地的面积，其他坡地、林地等租赁即可，既降低了用地指标，又降低了公司投资的风险。此外，允许农村集体经营性土地入市（出售使用权）等，也为乡村旅游发展拓宽了路径。花都也可以划定一定区域，在区域内开展民宿经营管理的，适用本办法。

（五）创新利益分配方式，实现民宿发展多方共赢

民宿开发建设不仅涉及开发公司和投资方，还涉及乡村、村民。德清在民宿经营管理模式上，采取多条腿走路的方式，积极厘清各方利益。有公司租赁流转、农户收租的模式，有"公司＋农户"、按股分红的模式，有乡村集体开发、共同发展的模式，还有建管分离、经营外包的模式。不管哪种模式，德清县政府都予以支持，从政策上积极引导。同时定期举办村民培训班，鼓励带动当地村民积极投身到民宿发展中来，分享民宿发展红利，带动当地村民共同致富。

（六）引进专业技术人才，培育民宿设计经营专业团队

德清莫干山洋家乐的崛起是高端经营者主导的结果，在各个群落高端经营者一直起引领和示范作用，从而带动了整个区域向高端发展，形成国际品牌。德清民宿吸引了全国乃至世界的设计师"大咖"前来创作，每栋民宿都是设计师心灵的创作，每个细小的环节、部件，都经过精雕细琢、巧夺天

工，因而极具吸引力。花都在民宿发展方面要借鉴德清经验，可由政府统筹，协调高校、科研机构、网络"大咖"等，积极吸引艺术、摄影、设计、建筑等专业复合型人才、专业化设计团队进驻，专职民宿发展，并定期组织民宿发展研讨会，形成良好的民宿发展氛围，研讨民宿发展战略。

（七）坚持个性化发展，打造富有本地特色的精品民宿

民宿项目在发展中要根据自身的特色亮点，合理地构建当地浓郁特色的地方菜，让客人把味道带回家。我们不能照搬德清模式，在花都民宿发展中，要充分利用港头村、塱头村等特色的古建筑资源，以古建筑为载体，赋予民宿新内涵；要充分利用红山村、蓝田村、王子山等生态资源，打好生态牌；要充分融"民俗"和文化创意于"民宿"，打造花山小镇、香草世界、珠宝小镇等文化创意类聚集区，构建富有花都地方风情的民宿文化，在广州这样一个大都市的周边创造一个具有地方特色的旅游市场。

参考文献

广州市旅游局：《广州市旅游业发展第十三个五年规划（2016－2020年）》，2017年。

《强化战略执行　保持奋发有为——努力开创枢纽型幸福美丽花都建设新局面》，《花都通报》2017年第1期。

朱晨霞：《浙江永嘉县乡村旅游中民宿发展的对策研究》，吉林大学硕士学位论文，2014。

刘晴晴：《民宿业态发展研究——台湾经验及其借鉴》，青岛大学硕士学位论文，2015。

B.23 后记

2017年是《广州旅游产业发展报告》编制的第一年，受到项目组高度重视及各位作者大力支持。各位项目组成员认真细致工作，各位专家以翔实的数据、深入的调研和严谨的态度进行分析研究，报告比较全面地反映和总结了广州市旅游产业发展的状况、问题及成效，预测了广州市旅游产业的发展趋势，并提出一些可借鉴的建议和意见。《广州旅游产业发展报告》是在全国主要旅游城市中较早编辑出版的旅游产业发展报告，将成为业界和学界研究广州旅游产业的权威资料。

为做好本报告的编辑出版工作，编辑部根据当前旅游行业研究热点以及广州市旅游业重点关注领域，明确了重点研究领域，进行了大量翔实研究，同时邀请学者就这些领域进行专题性研究，并且按照规范的体例对文稿进行了仔细编辑。本报告由22篇调研报告组成，共分6个篇章，试图在全面反映广州旅游产业发展状况的基础之上，围绕广州推进国家重要中心城市、全面上水平和国际旅游城市、国际旅游目的地建设的战略目标进行理论探索，为广州旅游业发展和有关政策制定提供理论支撑。

十八大以来，党中央非常重视旅游业发展，指出"旅游是综合性产业，是拉动经济增长的重要动力"，近几年先后出台旅游法以及《国民旅游休闲纲要》《国务院关于促进旅游业改革发展的若干意见》《国务院办公厅关于进一步促进旅游投资和消费的若干意见》等法规和文件，使旅游业的性质、地位、作用和发展目标更加明确。广州旅游产业的发展应围绕国家战略部署，充分借鉴外地经验，全面总结以往成绩及不足，积极推动旅游业综合改革和旅游业供给侧结构性改革。本报告秉承"产业发展报告"的宗旨，站

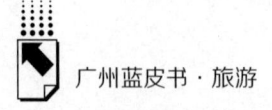

在产业层面对广州旅游业进行研究。我们期待业界人士和广大读者对本书不足之处提出宝贵意见和建议，以帮助我们进一步改善。

2017 年 11 月

社会科学文献出版社　　**皮书系列**

✤ 皮书起源 ✤

"皮书"起源于十七、十八世纪的英国，主要指官方或社会组织正式发表的重要文件或报告，多以"白皮书"命名。在中国，"皮书"这一概念被社会广泛接受，并被成功运作、发展成为一种全新的出版形态，则源于中国社会科学院社会科学文献出版社。

✤ 皮书定义 ✤

皮书是对中国与世界发展状况和热点问题进行年度监测，以专业的角度、专家的视野和实证研究方法，针对某一领域或区域现状与发展态势展开分析和预测，具备原创性、实证性、专业性、连续性、前沿性、时效性等特点的公开出版物，由一系列权威研究报告组成。

✤ 皮书作者 ✤

皮书系列的作者以中国社会科学院、著名高校、地方社会科学院的研究人员为主，多为国内一流研究机构的权威专家学者，他们的看法和观点代表了学界对中国与世界的现实和未来最高水平的解读与分析。

✤ 皮书荣誉 ✤

皮书系列已成为社会科学文献出版社的著名图书品牌和中国社会科学院的知名学术品牌。2016年，皮书系列正式列入"十三五"国家重点出版规划项目；2013~2018年，重点皮书列入中国社会科学院承担的国家哲学社会科学创新工程项目；2018年，59种院外皮书使用"中国社会科学院创新工程学术出版项目"标识。

中国皮书网

（网址：www.pishu.cn）

发布皮书研创资讯，传播皮书精彩内容
引领皮书出版潮流，打造皮书服务平台

栏目设置

关于皮书：何谓皮书、皮书分类、皮书大事记、皮书荣誉、
皮书出版第一人、皮书编辑部

最新资讯：通知公告、新闻动态、媒体聚焦、网站专题、视频直播、下载专区

皮书研创：皮书规范、皮书选题、皮书出版、皮书研究、研创团队

皮书评奖评价：指标体系、皮书评价、皮书评奖

互动专区：皮书说、社科数托邦、皮书微博、留言板

所获荣誉

2008年、2011年，中国皮书网均在全国新闻出版业网站荣誉评选中获得"最具商业价值网站"称号；

2012年，获得"出版业网站百强"称号。

网库合一

2014年，中国皮书网与皮书数据库端口合一，实现资源共享。

权威报告·一手数据·特色资源

皮书数据库
ANNUAL REPORT(YEARBOOK) DATABASE

当代中国经济与社会发展高端智库平台

所获荣誉

- 2016年，入选"'十三五'国家重点电子出版物出版规划骨干工程"
- 2015年，荣获"搜索中国正能量 点赞2015""创新中国科技创新奖"
- 2013年，荣获"中国出版政府奖·网络出版物奖"提名奖
- 连续多年荣获中国数字出版博览会"数字出版·优秀品牌"奖

成为会员

通过网址www.pishu.com.cn或使用手机扫描二维码进入皮书数据库网站，进行手机号码验证或邮箱验证即可成为皮书数据库会员（建议通过手机号码快速验证注册）。

会员福利

- 使用手机号码首次注册的会员，账号自动充值100元体验金，可直接购买和查看数据库内容（仅限使用手机号码快速注册）。
- 已注册用户购书后可免费获赠100元皮书数据库充值卡。刮开充值卡涂层获取充值密码，登录并进入"会员中心"—"在线充值"—"充值卡充值"，充值成功后即可购买和查看数据库内容。

数据库服务热线：400-008-6695
数据库服务QQ：2475522410
数据库服务邮箱：database@ssap.cn
图书销售热线：010-59367070/7028
图书服务QQ：1265056568
图书服务邮箱：duzhe@ssap.cn

卡号：362848988483
密码：

S 基本子库
SUB DATABASE

中国社会发展数据库（下设12个子库）

全面整合国内外中国社会发展研究成果，汇聚独家统计数据、深度分析报告，涉及社会、人口、政治、教育、法律等12个领域，为了解中国社会发展动态、跟踪社会核心热点、分析社会发展趋势提供一站式资源搜索和数据分析与挖掘服务。

中国经济发展数据库（下设12个子库）

基于"皮书系列"中涉及中国经济发展的研究资料构建，内容涵盖宏观经济、农业经济、工业经济、产业经济等12个重点经济领域，为实时掌控经济运行态势、把握经济发展规律、洞察经济形势、进行经济决策提供参考和依据。

中国行业发展数据库（下设17个子库）

以中国国民经济行业分类为依据，覆盖金融业、旅游、医疗卫生、交通运输、能源矿产等100多个行业，跟踪分析国民经济相关行业市场运行状况和政策导向，汇集行业发展前沿资讯，为投资、从业及各种经济决策提供理论基础和实践指导。

中国区域发展数据库（下设6个子库）

对中国特定区域内的经济、社会、文化等领域现状与发展情况进行深度分析和预测，研究层级至县及县以下行政区，涉及地区、区域经济体、城市、农村等不同维度。为地方经济社会宏观态势研究、发展经验研究、案例分析提供数据服务。

中国文化传媒数据库（下设18个子库）

汇聚文化传媒领域专家观点、热点资讯，梳理国内外中国文化发展相关学术研究成果、一手统计数据，涵盖文化产业、新闻传播、电影娱乐、文学艺术、群众文化等18个重点研究领域。为文化传媒研究提供相关数据、研究报告和综合分析服务。

世界经济与国际关系数据库（下设6个子库）

立足"皮书系列"世界经济、国际关系相关学术资源，整合世界经济、国际政治、世界文化与科技、全球性问题、国际组织与国际法、区域研究6大领域研究成果，为世界经济与国际关系研究提供全方位数据分析，为决策和形势研判提供参考。

法律声明

"皮书系列"（含蓝皮书、绿皮书、黄皮书）之品牌由社会科学文献出版社最早使用并持续至今，现已被中国图书市场所熟知。"皮书系列"的相关商标已在中华人民共和国国家工商行政管理总局商标局注册，如LOGO（ ）、皮书、Pishu、经济蓝皮书、社会蓝皮书等。"皮书系列"图书的注册商标专用权及封面设计、版式设计的著作权均为社会科学文献出版社所有。未经社会科学文献出版社书面授权许可，任何使用与"皮书系列"图书注册商标、封面设计、版式设计相同或者近似的文字、图形或其组合的行为均系侵权行为。

经作者授权，本书的专有出版权及信息网络传播权等为社会科学文献出版社享有。未经社会科学文献出版社书面授权许可，任何就本书内容的复制、发行或以数字形式进行网络传播的行为均系侵权行为。

社会科学文献出版社将通过法律途径追究上述侵权行为的法律责任，维护自身合法权益。

欢迎社会各界人士对侵犯社会科学文献出版社上述权利的侵权行为进行举报。电话：010-59367121，电子邮箱：fawubu@ssap.cn。

社会科学文献出版社